Die Erben von Eldingen

Band 1

Salina Voltaire

Salina Voltaire

Die Erben von Eldingen

Band 1

Historische Familiensaga

DeBehr

Herausgeber: Verlag DeBehr, Radeberg
Erstauflage: 2020
ISBN: 9783957537409

Ähnlichkeiten zwischen den Personen dieses Romans und realen Personen, ob lebendig oder tot, wären rein zufällig und unbeabsichtigt. Sämtliche Begebenheiten in meiner Geschichte sind frei erfunden.

Widmung

Für meinen Vater Wolfgang,
der stolz auf mich wäre.
Ich weiß, dass er lächelt.

Für Tante Lisa und Tante Käthe,
denen ich einen großen Teil
meiner wunderbaren Kindheit verdanke.

Inhalt

1

1654

Baron Karl-Wilhelm von Eldingen stand im roten Salon an den Flügelfenstern und blickte nachdenklich hinaus. Die sonst so gepflegten Rasenflächen im Park waren mit herbstlichem Laub bedeckt. Der Regen peitschte gegen die Fenster. Ein trüber Tag, dachte er, passend zu meinem Vorhaben.

Joseph, sein treuer Freund und Diener, betrat wie jeden Tag um diese Uhrzeit den Raum, um das Feuer im Kamin zu schüren und Holz nachzulegen, damit es im Salon zur Teestunde wohlig warm war.

„Joseph, wenn du die Kerzen angezündet hast, sag bitte meinem Sohn Bescheid, dass ich ihn hier pünktlich zur Teestunde erwarte."

„Sehr wohl, Herr." Obwohl sie sich schon seit Kindheitsbeinen kannten, ließ Joseph es nie an der nötigen Etikette fehlen.

Der Baron saß bereits in seinem Lehnstuhl vor dem Kamin, als Punkt sechzehn Uhr, wie immer ohne anzuklopfen, sein Sohn Heinrich zur Tür hereinstürmte.

„Guten Tag, Vater", platzte er völlig außer Atem heraus.

„Guten Tag, mein Sohn. Etwas weniger stürmisch, dafür mit gekämmten Haaren, wäre mir dein Erscheinen lieber gewesen", er machte eine fast unmerkliche Pause. „Setz dich bitte. Ich habe mit dir etwas Wichtiges zu besprechen."

Joseph trat, nach einem dezenten Klopfen, mit einem Tablett Obsttörtchen ein. „Darf ich den Tee einschenken?"

„Nein, heute nicht", antwortete der Baron kurz angebunden.

Joseph zuckte zusammen und schloss mit einem leisen „Jawohl, Herr“, die Tür hinter sich.

Heinrich sah seinen Vater erstaunt an. So unhöflich gegenüber seinem Diener kannte er ihn nicht. Ihm wurde etwas mulmig.

„Nimm dir Tee und schenk mir bitte auch ein, wie immer.“

Nachdem Heinrich dies getan hatte und sie sich beide ein Törtchen genommen hatten, fuhr der Baron fort. „Nun Heinrich, ich habe dir einen wichtigen Entschluss mitzuteilen“, er suchte nach den richtigen Worten. „Kurzum, du wirst jetzt bald der rechtmäßige Herr auf Schloss Eldingen sein und somit auch über alle Ländereien, Wälder und das gesamte Vieh. Weiter trägst du dann auch die Verantwortung über alle Pächter und unsere Dienerschaft sowie deren Familien.“

„Aber Va…“

„Unterbrich mich nicht! Es fällt mir, weiß Gott, nicht leicht. Das kannst du mir glauben! Zu meinem Leid habe ich seit zehn Jahren kein Wort mehr von deinem Bruder gehört. Trotz all meiner Beziehungen konnte ich nicht herausfinden, wo er jetzt steckt oder ob er überhaupt noch lebt.“

Der Baron trank von seinem Tee, bevor er weitersprach: „Ich bin jetzt vierundsechzig und ich spüre, wie meine Kräfte langsam nachlassen. Wir haben alles getan, um unser Gut durch den Krieg zu bringen. Das hat mich sehr viel Kraft gekostet. Jetzt fühle ich mich nicht mehr in der Lage, alles richtig auf Vordermann zu bringen. Ich kann die Dinge, die nötig sind, um diesen Besitz voll und ganz zu leiten, nicht mehr tun. Nehmen wir nur das Reiten. Ich habe schon lange nicht mehr in einem Sattel gesessen. Dir ist sicherlich aufgefallen, Heinrich, dass ich dich immer öfter losgeschickt habe, um nach dem Rechten zu sehen. Wenn ich es unbedingt selbst tun musste, dann hat mich Gottfried kutschiert. Mir fehlt die Kraft, die Knochen tun mir weh und ich bin schnell erschöpft“, er hustete und musste mehrmals tief Luft holen, bevor er von seinem Tee trinken konnte.

Während Heinrich seinem Vater Tee nachschenkte, dachte er: *Ja, es stimmt, Vater ist alt geworden und nicht mehr bei bester Gesundheit, aber warum hat er mir nicht schon eher gesagt, wie es ihm geht?* Er wagte aber noch nicht, etwas zu sagen.

„Heinrich, mich plagen diese Gedanken schon eine ganze Weile. Ich wollte dir so lange wie möglich Zeit lassen, um deine Freiheit zu genießen. Das habe ich deiner Mutter an ihrem Sterbebett versprochen. Aber jetzt ist es Zeit für dich, Verantwortung zu übernehmen, und zwar nicht nur für das Gut, sondern auch für eine Familie. Ja, du hast richtig gehört. Für eine Familie, und zwar deine eigene, du musst heiraten!“

Heinrich schluckte.

„Zu einem gut geführten Haus gehört die Hand einer Frau. Diese Hand fehlt, seitdem deine Mutter gestorben ist und das ist über vier Jahre her. Man merkt dies an allen Ecken und Enden.“

„Entschuldige bitte, Vater“, Heinrich konnte es jetzt nicht mehr länger aushalten, „du tust ja gerade so, als wärst du uralt und hier im Haus würde alles drunter und drüber gehen.“

„Ach, Junge, dasselbe habe ich damals auch zu meinem Vater gesagt. Kinder wollen ihre Eltern immer so sehen, wie sie einmal waren. Aber dem ist leider nicht so. Die Zeit ist jetzt gekommen, um kürzer zu treten und mich zurückzuziehen. Joseph und unsere liebe Hermine müssen entlastet werden. Sie haben zusätzlich, seit Mutters Tod, große Teile der Haushaltsführung übernommen und kümmern sich auch um die meisten Belange des Gesindes. Ich bin ihnen sehr dankbar dafür, aber das ist viel zu viel für die beiden. Es fehlt einfach eine Frau im Haus, die sich um diese Dinge kümmert.“

Der Baron sackte in seinem Lehnstuhl etwas zusammen. Das Gespräch schien ihn sichtlich anzustrengen.

„Ich weiß, ich habe dich heute überrumpelt. Du bist sicher sehr überrascht. Es ist nicht so schlimm, wie es im Moment scheint. Ich werde dir weiterhin mit meiner Erfahrung zur Seite stehen und dir beibringen, was du wissen musst.“ Er hatte erneut einen Hustenanfall.

Heinrich fühlte sich hilflos. Sein Vater mochte es nicht, wenn um ihn Aufhebens gemacht wurde und er nahm keine Hilfe an.

„Nur noch eins, mein Sohn. Du kennst mich, mein Entschluss steht fest. Daran ist nicht mehr zu rütteln. Ich habe bereits alles in die Wege geleitet. Georg Wilhelm, der Herzog von Celle, hat die Übergabe an dich bereits genehmigt. Dies ist ein Sonderfall, weil Otto als Erstgeborener eigentlich der Erbe dieses Gutes ist. Aber es muss weitergehen, das hat auch der Herzog eingesehen. Falls dein Bruder vor meinem Ableben wieder auftaucht, tritt die normale Erbfolge in Kraft.“

Baron Karl-Wilhelm machte eine kleine Pause, um durchzuatmen.

„Bei der Wahl deiner Gemahlin lasse ich dir selbstverständlich deine Freiheit. Nur standesgemäß und aus gutem Haus sollte sie sein. Eine entsprechende Mitgift wäre ebenfalls gut. Aber für den Fall, du bräuchtest auch in dieser Richtung meine Unterstützung, habe ich schon Erkundigungen eingezogen. Jetzt denk bitte in Ruhe über das nach, was ich dir gesagt habe. Wir klären morgen Vormittag die weiteren Dinge“, seufzte er. „Bitte schenk mir noch eine Tasse Tee ein und bring mir meine Decke. Mich hat das Gespräch sehr erschöpft.“ Der Baron schloss die Augen.

Heinrich tat wie ihm geheißen und verließ leise den Salon.

Vor der Tür blieb er kurz stehen und holte einmal tief Luft. Dann rannte er, mehrere Stufen auf einmal nehmend, die Treppe hinunter. In der Empfangshalle rammte er Joseph leicht, sodass dieser nach hinten taumelte und gerade noch Halt an einen Stuhl fand. Heinrich lief weiter zum Stall. Dort schwang er sich auf seinen abgesattelten Hengst Adolpho und ritt in einem wilden Galopp davon. Am Kutscherhäuschen vorbei auf die gegenüberliegenden Felder zu.

Inzwischen hatte der Regen wieder eingesetzt, doch Heinrich merkte es nicht.

Das war doch Heinrich, dachte Gottfried, der Kutscher, als er einen Blick aus dem Fenster warf. Er stand auf, trat an das Fenster und sah dem Reiter nach. *Doch, doch,* dachte er*, es ist Heinrich. Wo will er denn hin? Warum in dieser Eile bei dem Wetter? Irgendetwas stimmt hier ganz und gar nicht.* Mit diesen Gedanken lief er zur Hintertür. Dort stülpte sich die Stiefel über, schnappte sich im Vorbeigehen seine Jacke und schlug im Laufschritt den kurzen Weg zum Stall ein.

Gottfried schwang sich, noch sehr behände für sein Alter, auf sein Pferd. Eine gute Sicht war bei dem starken Regen und dem Tempo, in dem er ritt, fast nicht mehr möglich. Er ahnte aber, wenn der Reiter wirklich Heinrich war, welches Ziel dieser hatte.

Auf halber Strecke zwischen Eldingen und Metzingen lag ein langgezogenes Wäldchen, durch das ein kleiner Bach verlief. An einer Bachbiegung gab es einen offenen Unterstand, in den sich die Landarbeiter mit den Pferden, zur heißen Mittagszeit oder bei schlechtem Wetter, zurückziehen konnten.

Inzwischen hatte Heinrich den Unterstand erreicht. Während seines Ritts hatte er fast ununterbrochen geflucht. Seine Tränen aus Wut und Verzweiflung hatten sich mit dem Regen vermischt. Er sprang ab, zügelte seinen aufbäumenden, schnaubenden Hengst und führte ihn zum Bach. Im Unterstand rieb er Aldolpho mit trockenem Stroh ab.

„Heinrich! Hab ich es mir doch gedacht, dass ich dich hier finde!“, hörte Heinrich die tiefe donnernde Stimme seines väterlichen Freundes.

Heinrich sah nicht einmal auf, ihm war alles egal, seine Tränen ließen sich auch nicht verbergen.

„Was zum Teufel ist in dich gefahren? Bei diesem Wetter in einem lebensgefährlichen Galopp durch die Gegend zu preschen? Noch dazu ohne Sattel! Dir hätte sonst was passieren können!“, brüllte Gottfried ihn an.

Heinrich reagierte immer noch nicht. Er gab Aldolpho etwas Heu zum Fressen und setzte sich auf ein paar Holzstämme.

Gottfried sah, wie Heinrich zitterte und Tränen über sein Gesicht liefen. Er ließ sich neben ihm nieder und wusste nicht, was er sagen sollte.

Nach einer Weile versiegten die Tränen. Heinrich schnäuzte sich in seinen Ärmel. Mit verzweifelter, zittriger Stimme sagte er fast unhörbar: „Onkel Gottfried, ach, Onkel Gottfried.“

„Sprich, Hein“, ermunterte er ihn und strich ihm beruhigend über den Rücken.

Endlich fing Heinrich an zu erzählen. Erst leise stockend dann lauter und kräftiger, bis er am Ende fast vor Empörung schrie. Gottfried schwieg weiter, stand auf, führte sein Pferd zum Bach. Das Gewitter war schon fast über ihnen. Er rieb sein Pferd ab und setzte sich wieder. Während dieser Zeit hatte sich Heinrich beruhigt. Er starrte vor sich auf den Boden.

„Hein“, Gottfried räusperte sich, „ich sehe, du hast dich etwas beruhigt. Möchtest du Wasser? Ich habe einen Krug vom Bach mitgebracht.“

Ein kurzes „Nein“ kam zurück.

„Heinrich, es wird schon dunkel. Gleich setzt das Gewitter ein. Lass uns langsam zum Kutscherhaus zurückreiten, uns trocknen und eine Tasse heißen Tee trinken.“

Sie sahen die ersten Blitze und hörten das Grollen des Gewitters.

Heinrich erwiderte nichts, stand aber auf und führte Aldolpho nach draußen. Als sie sich auf ihre Pferde schwangen, meinte er: „Und wo ist dein Sattel?“ Worauf beide lachen mussten.

Kurz nachdem sie sich auf den Rückweg gemacht hatten, sahen sie es.

Dichter Rauch stieg über dem Schloss auf. Ohne ein weiteres Wort gaben sie ihren Pferden die Sporen und ritten, wie von Furien getrieben, los. Je näher sie kamen, desto besser konnten sie erkennen, aus welcher Richtung der Rauch kam. Es war nicht direkt das Schloss, das brannte, etwas weiter seitlich. Dort lagen die Pferdeställe, die neue Scheune und das Gesindehaus. Als sie das Kutscherhaus fast erreicht hatten, sahen sie die Flammen in den Himmel lodern. Beim Kutscherhaus angekommen, sprangen sie von ihren Pferden, brachten sie schnell in den Stall und liefen zum Schloss. Ja, jetzt waren sie sich, trotz des dichten Qualms, sicher. Die neue Scheune brannte! Nun konnten sie auch erkennen, dass die gesamte Dienerschaft, das Gesinde und einige Nachbarn schon vor Ort waren. Viele liefen noch hin und her um Decken, Tücher, Eimer, Schaufeln und andere Gegenstände heranzuschaffen. Andere hatten bereits eine Kette für die Wassereimer gebildet.

Plötzlich erkannte Heinrich zwischen den vielen Menschen Hermine, Joseph und seinen Vater! Er lief zu ihnen hin und versuchte, seinen Vater vom Feuer wegzuziehen. Dieser wehrte sich und schlug mit aller Kraft weiter auf das Feuer ein.

Heinrich schrie ihn an: „Vater, Vater, hör auf! Ich mache für dich weiter! So hör doch!“ Heinrich versuchte weiter, seinen Vater wegzuzerren. Es hatte keinen Sinn. Er merkte, dass er seinen verbissen kämpfenden Vater nicht erreichen konnte. Er lief weiter, um sich der Reihe der Wasserholer anzuschließen.

Sie kämpften Stunde um Stunde. Es kamen immer mehr helfende Hände aus den Dörfern.

Nach gut vier Stunden hatten sie den Brand soweit unter Kontrolle, dass sich die ersten Helfer ausruhen konnten. Heinrich hatte zwischendurch seinen Vater, Joseph und Gottfried aus den Augen verloren. Nun war es Zeit, dass auch er eine kurze Pause machen konnte.

In seiner Nähe stand, wie alle anderen völlig erschöpft, Lennard der Stallmeister. Heinrich fragte ihn, ob er seinen Vater gesehen hätte. Dieser deutete nur mit dem Kopf in Richtung Schloss. In der Schlossküche fand er Katharina, Hermines Tochter vor. Sie gab ihm Auskunft, dass sich sein Vater, Joseph, Gottfried und Hermine in der Empfangshalle aufhielten. Dort angekommen sah er einige Personen auf provisorischen Lagern ruhen. Gottfried machte gerade ein Feuer im großen Kamin, Hermine ging von Lager zu Lager mit einem Eimer Wasser, um die Menschen zu säubern. Aber seinen Vater und Joseph sah er nicht.

Ein beunruhigendes Gefühl beschlich ihn. Zügig ging er weiter zu den Gemächern seines Vaters. Er sah seinen Vater rußgeschwärzt und keuchend auf seinem Bett liegen. Joseph versuchte, ihm löffelweise Wasser einzuflößen, aber die Hustenanfälle ließen es nicht zu.

Heinrich sah Joseph an, dieser warf einen Blick auf den Baron, dann zu ihm, dann in Richtung Tür. Das war ein Zeichen, dass es wirklich ernst um seinen Vater stand und er schnellstens den Arzt holen sollte. Auf dem Flur kam ihm Hermine entgegen. Sie teilte ihm mit, wie viele Leute verletzt waren und der Arzt schon gerufen worden war.

Heinrich half Joseph, seinen Vater zu entkleiden und zu säubern. Als dort vorläufig nichts mehr zu tun war, ging er Hermine und Gottfried zur Hand. Sobald der Arzt eintraf, führte er in sofort zu seinem Vater.

Dieser lag dort eingefallen, völlig entkräftet und leise röchelnd mit Schweißperlen auf der Stirn. Nach der Untersuchung machte ihnen Doktor Röder keine großen Hoffnungen, dass der Baron diese Nacht noch überleben würde. Zu seiner ohnehin schon chronischen Bronchitis waren eine Rauchvergiftung und jetzt noch Fieberanfälle hinzugekommen. Sie wurden angewiesen, ihm ständig Flüssigkeit einzuträufeln und kalte Wadenwickel zu legen.

Joseph und Heinrich wechselten sich die ganze Nacht damit ab. Sie hatten sich zwei bequeme Sessel an das Krankenlager geschoben, in denen sie von Zeit zu Zeit in einen kurzen Schlaf fielen.

Der Baron kämpfte bis zum Morgengrauen um sein Leben. Mit einem kaum merklichen Händedruck in Heinrichs Hand und einem leisen Seufzer entschlief Baron Karl Wilhelm von Eldingen friedlich.

Von Schmerz und tiefer Trauer überwältigt, kümmerten sich alle im

Schloss um die Dinge, die getan werden mussten. Der Arzt wurde geholt, um den Tod zu bestätigen. Pastor Boreen zur letzten Ölung und zum Gebet gerufen. Die Spiegel im gesamten Schloss wurden zugehängt. Der Leichnam des Verstorbenen wurde gewaschen und mit dem Totenhemd angekleidet. Der Sargtischler machte ruhig und unauffällig seine Arbeit. Die Schlosskapelle wurde für die Aufbewahrung hergerichtet. Die Totenwachen eingeteilt. Joseph und Hermine regelten, was zu regeln war.

Gegen Mittag entdeckte Joseph den tief schlafenden jungen Baron Heinrich halb auf einem Stuhl sitzend im Gemach seines Vaters. Sie schafften ihn ins Bett, deckten ihn gut zu und beteten für einen erholsamen und kräftigenden Schlaf. Den brauchte der junge Herr jetzt dringend.

Heinrich schlief fast zwei Tage durch. Abwechselnd wurde er von Hermine, ihrer Tochter Katharina, Joseph und dem Kutscher Gottfried mit kräftigender Brühe und stärkenden Kräutertees versorgt.

Gegen Mitternacht des dritten Tages kamen viele Menschen zum hellerleuchteten Schloss. Sie warteten im Fackelschein auf den großen schwarzen Holzwagen. Der mit Zierrat vergoldete Sarg des alten Barons wurde von den Sargträgern aus der Kapelle getragen und vorsichtig auf den Wagen geladen.

Als der Wagen von der Schlosskapelle losfuhr, folgten die Verwandten, Freunde und viele Bürger dem Gespann zum Friedhof. Dort wurde Baron Karl-Wilhelm in der Familiengruft beigesetzt. Pastor Boreen sprach noch ein paar Worte und lud alle Menschen für den nächsten Tag in die Eldinger Dorfkirche „Sankt-Marien“ zur Totenmesse.

Pastor Boreen sprach bei der Messe ehrfurchtsvoll, wohlwollend, ja fast liebevoll, über den verstorbenen Baron. Er war ein guter und gerechter Herr für die gesamte Dorfbevölkerung gewesen.

Heinrich, der einsam und verlassen in der Adelsbank saß, merkte sehr wohl, dass diese Worte in seine Richtung zielten. Seine Schultern fühlten sich, unter der schweren Bürde dieser Erbschaft, wie mit Blei beladen an. Ab jetzt hatte er allein die gesamte Verantwortung über jeden und alles. Mit den Worten Zuversicht und Zusammenhalt entließ Pastor Boreen die Versammelten.

Die anschießende Verköstigung verlief gesittet und in Ruhe.

Baron Heinrich

Nach zwei Tagen, in denen Heinrich nur durchs Haus schlich oder stundenlang im gelben Salon aus dem Fenster starrte, wurde er von Joseph aus seiner Lethargie gerissen.

„Herr Baron, ich muss Ihnen leider mitteilen, dass es Gottfried sehr schlecht geht." Joseph wusste, wie alle anderen im Schloss, das Gottfried der väterliche Freund seines jungen Herrn war. Heinrich hatte ihn sogar, mangels engerer Verwandter, zum „Onkel" auserkoren, ebenso wie er zur Köchin „Tante Hermine" sagte.

„Was hat er denn?", fragte Heinrich fast teilnahmslos.

„Beim Brand ist ein spitzer Dachbalken vom First gebrochen und hat sich in seinen Oberschenkel gebohrt. Er hatte sich sein Bein nur notdürftig verbunden, weil er sich zuerst um alle anderen Verletzten gekümmert hat. Dann war da der …"

Heinrich unterbrach ihn genervt. „Bitte komm zur Sache, Joseph."

„Ja, also sein Bein hat sich entzündet und er liegt nun mit Fieber im Bett."

Abrupt sprang Heinrich bei dem Wort „Fieber" auf. „Lass sofort nach Dr. Röder schicken. Ich reite schon voraus."

Im Kutscherhaus fand er Gottfried schweißgebadet auf seinem Bett liegend vor. Er war nicht ansprechbar. Heinrich bemerkte, dass er von jemandem mit Essen und Getränken versorgt worden war. Es roch fürchterlich im Zimmer. Er riss die Fenster weit auf. Während er auf den Arzt wartete und Gottfried kalte Wadenwickel anlegte, machte er sich schwere Vorwürfe. *Mein Gott, was für ein egoistischer Unmensch bin ich eigentlich? Immer haben sich alle um mich gekümmert. Haben sich um mein Wohlergehen gesorgt und ich? Was habe ich getan? Nichts! Nichts! Und noch mal nichts! Habe mich nur in meinem Selbstmitleid gesuhlt! Pfui Teufel. Wie konnte ich nur!*

Vor Wut über sich selbst liefen ihm die Tränen über die Wangen. Während Heinrich unermüdlich Gottfried Wadenwickel anlegte und ihn so gut es ging wusch, versuchte er, ihm zwischendurch mithilfe eines feuchten Tuches Flüssigkeit einzuträufeln. Er sprach unablässig mit ihm, aber Gottfried reagierte nicht.

Nach zwei endlosen Stunden trafen endlich Dr. Röder und Joseph ein. Der Arzt untersuchte Gottfried kurz.

„Herr Baron, da kommt jede Hilfe zu spät. Unter normalen Umständen würde ich Gottfried das Bein amputieren und einen Aderlass legen. Aber er hat schon zu viel Blut verloren. Die Blutvergiftung ist so weit fortgeschritten, dass der ganze Körper vergiftet ist. Wir können jetzt nur noch den Pastor holen und seine Familie benachrichtigen. Es tut mir sehr leid."

Heinrich sagte kein Wort mehr.

Gottfried bekam eine standesgemäße Beerdigung. Er hatte zwar keine Verwandten, war aber so angesehen und beliebt bei der Dorfbevölkerung, dass ihm viel mehr Menschen als üblich die letzte Ehre erwiesen.

Heinrich schwieg weiter. Eines Morgens betrat Joseph sein Schlafgemach und meldete ihm Advokat Hans von Mollenstein. Dieser möchte ihn in wichtiger Angelegenheit sprechen. Widerstrebend erhob er sich von seinem Bett, indem er jetzt tagelang, in der Hoffnung durch den Schlaf seinen Schmerz zu lindern, gelegen hatte. Er warf sich seinen Hausmantel über und schlurfte zum Empfangszimmer.

Hans von Mollenstein erschrak sichtlich bei Heinrichs Anblick. Ungepflegt, abgemagert, grau im Gesicht und eine strenge Duftnote verbreitend ließ sich Heinrich, ohne zu grüßen, in einen großen Lehnstuhl fallen.

„Guten Morgen, Heinrich." Er sprach ihn mit Vornamen an, weil er ihn schon von klein auf kannte. „Ich bin in der Angelegenheit deiner Erbschaft hier."

Heinrich reagierte nicht.

„Dein Vater hat mir einen Brief gegeben, den ich dir im Falle seines Todes überreichen soll." Da Heinrich immer noch nichts sprach, sagte er: „Ich lege ihn hier auf den Tisch. Wenn du Fragen hast, stehe ich dir gern zur Verfügung." Verärgert verließ er, ebenfalls grußlos, das Zimmer.

Heinrich starrte bis zum Abend auf den ungeöffneten Brief. Später schlurfte er wieder zurück in sein Zimmer und ließ sich auf sein Bett fallen. So machte er tagelang weiter. Wenn er nicht schlafen konnte, setzte er sich vor den Brief, berührte diesen aber nicht.

Hermine und Joseph begannen, sich jetzt ernsthaft Sorgen zu machen. Heinrich schien in Schwermut verfallen zu sein. Das Einzige, was ihnen beiden noch ein wenig Hoffnung machte, war, dass er ab und zu in seinem Essen herumstocherte und wohl mehr gedankenlos als aus Appetit einen Bissen in den Mund steckte. Bei Doktor Röder erkundigten sie sich, ob die Flüssigkeitsmenge ausreichend sei, die der junge Baron zu sich nahm. Für eine gewisse Zeit schon, meinte dieser, aber nicht sehr lange.

An einem Vormittag, als Hermine mit ihrer Tochter Katharina das Essen zubereitete, meinte diese plötzlich, „Mutter was hältst du davon, wenn wir dem jungen Baron Kräuter ins Essen mischen, damit er wieder Appetit bekommt?"

Hermine hörte nur mit halbem Ohr zu und meinte: „Ja, mach das mal."

Katharina packte die Gelegenheit beim Schopf und fragte ihre Mutter, die nicht richtig zuhörte: „Kann ich heute Nachmittag Rachel besuchen?"

„Ja, ja, mach das mal", kam die erhoffte Antwort.

Am Nachmittag verschwand Katharina unauffällig. Hätte sie sich bei ihrer Mutter abgemeldet, wäre sicher noch reichlich im Schloss zu tun gewesen.

So ging sie bei trockenem Wetter eine knappe halbe Stunde bis ans andere Ende von Eldingen zu ihrer Freundin Rachel. Rachels Mutter teilte ihr mit, dass diese zum Holzsammeln im Wald wäre und vor dem Abend nicht nach Hause kommen würde. Sie bot Katharina ein Glas warme Milch an und sie kamen ins Plaudern. Rachels Mutter erkundigte sich nach dem Befinden des jungen Barons. Katharina schilderte sein seltsames Benehmen und erklärte ihr die Idee mit den Kräutern. Rachels Mutter hörte aufmerksam zu. Sie gab ihr den Rat, sich an die Hebamme Helene zu wenden. Diese hätte reichlich Erfahrung mit Kräutern. Da Katharina auf ihrem Rückweg zum Schloss an dem Haus der Hebamme vorbeikam, klopfte sie dort an die Tür und traf Helene auch an. Nachdem sie der Hebamme Heinrichs Zustand erklärt hatte, meinte Helene: „Ich glaube, ich habe tatsächlich noch einige getrocknete Kräuter, die ihm helfen könnten."

Sie verschwand für einige Zeit in einem anderen Zimmer. Katharina hörte Helene dort vor sich hinreden und hantieren. Als sie wieder kam, erklärte sie Katharina, dass zunächst der übliche Tee des Barons ausgetauscht werden müsse. Der neue Tee sei appetitfördernd. Wenn Heinrich den Unterschied bemerken würde, solle sie ihm sagen, dass der alte Tee erst wieder besorgt werden müsse. Aber das würde ihm in seinem Zustand wahrscheinlich gleichgültig sein, mutmaßte Helene. In drei Tagen solle Katharina wiederkommen. Bis dahin habe sie die nötigen Kräuter für das Essen besorgt. Damit würden Heinrichs Lebensgeister geweckt werden. Katharina bedankte sich.

Im Schloss war Katharina sich nicht mehr sicher, ob sie ihrer Mutter von ihren neuen Erkenntnissen erzählen sollte. Da sie für das Teekochen im Schloss zuständig war, verließ sich ihre Mutter darauf, dass genügend Vorräte in der Kammer waren. Sie beschloss noch am selben Abend, Heinrichs Tee auszutauschen.

In der Küche schimpfte ihre Mutter mit ihr, damit hatte sie gerechnet. Katharina hatte die Zerstreutheit ihrer Mutter schließlich ausgenutzt. Sie half ihr, das abendliche Mahl vorzubereiten. Zum Schluss kochte sie eine große Kanne Tee für die Dienerschaft und eine kleinere Kanne für Heinrich. Sie sollte entsprechend Helenes Anweisung zwei Löffel Kräuter für die vorgesehene Menge Wasser nehmen, befand aber, sechs könnten auch nicht schaden und würden schneller helfen. Sofort stieg ein zarter Duft nach Vanille auf. Katharina deckte den großen Küchentisch ein. Zunächst kam Joseph herein, gefolgt von Lennard dem Stallmeister. Dieser bemerkte, es würde so lecker in der Küche riechen. Was Hermine nicht wunderte, schließlich kam er aus dem Stall. Bevor sie zusammen Abendbrot aßen, brachte Joseph das Tablett mit dem Abendessen und dem Spezialtee zu Heinrich hinauf.

Katharina war ungewöhnlich still an diesem Abend. Hermine schob das auf ihre Schelte. Aber eigentlich wartete Katharina voller Spannung darauf, dass Joseph später das Tablett wieder herunterholte. Sie wollte sehen, ob Heinrich etwas von dem Tee getrunken hätte.

Nachdem die Küche später aufgeräumt, das Geschirr gewaschen und verräumt war, machte Joseph sich auf den Weg, um sich nach weiteren Wünschen des jungen Barons zu erkundigen.

Wie immer in der letzten Zeit, hatte Heinrich keine besonderen Wünsche und das Essen kaum angerührt. Die Teekanne sollte Joseph allerdings dort lassen, wie Heinrich ihm mit einer Handbewegung deutete. Katharina nahm dies als gutes Zeichen.

Gegen elf Uhr in der Nacht wurden Hermine und Katharina von Joseph aus dem Schlaf gerissen. Baron Heinrich wünsche noch Tee und etwas zu essen. Hermine drehte sich brummend um, also musste Katharina sich einen Wollschal umlegen und mit Joseph in die Küche gehen.

Da das Feuer nicht mehr richtig brannte, dauerte es eine Zeit lang, bis das Wasser für den Tee heiß genug war. Sie schnitten in der Zwischenzeit einige Scheiben Brot, Schinken und etwas von Heinrichs Lieblingskäse. Joseph dekorierte die kleine Platte mit eingelegten Gurken. Auch einen geschnittenen Apfel legte er dazu. Katharina fragte Joseph, ob Heinrich etwas gesagt hätte. Nein, er habe nur auf die Teekanne gedeutet und die Hand mehrmals zum Mund geführt und dabei die Lippen auf und zu gemacht. Katharina bereitete vorsichtshalber Tee für eine zweite Kanne vor. Sie hatte keine Lust, noch mal in der Nacht aufzustehen. Sie erklärte Joseph, er brauche das heiße Wasser nur bis drei Daumen unter den Rand auffüllen und einige Minuten warten, bis die Kräuter durchgezogen waren. Dann legte sie sich wieder schlafen.

Joseph war durch die ungewöhnliche Unterbrechung seines Schlafes wieder hellwach. Nachdem er Heinrich bedient hatte, bereitet er sich die zweite kleine Kanne Tee zu. Er setzte sich, in eine Decke eingehüllt, vor die Feuerstelle in der Küche.

Auch Lennard war aus seinem Schlaf gerissen worden. Die Kuh Klara kalbte. Auf dem Rückweg sah er einen, zu dieser Nachtstunde unüblichen, hellen Feuerschein in der Schlossküche. Lennard sah dort nach dem Rechten und fand Joseph friedlich schlummernd vor dem Feuer. Ein wunderbarer Duft von Vanille erfüllte die Küche. Lennard nahm sich von dem noch warmen Tee einen Becher. Weil er so lecker schmeckte, gleich noch einen zweiten Becher, bevor er zurück zu seinem Lager ging.

Die Nachtruhe war schnell vorüber. Kurz vor sechs weckte Hermine ihre Tochter auf. Hermine und Katharina verrichteten routiniert ihre morgendliche Arbeit. Sie schürten das Feuer im Ofen und kneteten den am Vortag angesetzten Teig, aus dem sie große Brotlaibe formten.

Wie aus dem Nichts stand Baron Heinrich auf einmal in der Küche. „Ich möchte Hörnchen und Vanilletee," und weg war er. Hermine ließ vor Schreck das letzte Stück Teig fallen. Katharina stand wie vom Blitz getroffen völlig erstarrt da.

„Guck weg", sagte Hermine und wischte den heruntergefallenen Teig an ihrer Schürze ab. Sie fing an, daraus Hörnchen zu formen. „Steh nicht da wie ‚Lots Weib'. Du hast doch gehört, was Heinrich gesagt hat. Er hat Hunger. Also bereite alles vor. Und koche Tee. Welchen „Vanilletee" meint er überhaupt?"

Katharina schwante nun, dass sie ihrer Mutter langsam die ganze Geschichte beichten müsse.

„Mutter, ich …"

„Ach, bevor ich es vergesse", unterbrach Hermine ihre Tochter. „Du warst gestern so schnell weg. Du hättest noch vier lange schwarze Lederbänder vom Schuhmacher mitbringen müssen. Also musst du heute noch mal los bei dem miesen Wetter, aber es ist ja deine Schuld."

Das passte prima. Katharina hatte soeben festgestellt, dass der Tee nicht mehr für zwei Tage reichen würde.

„Wann soll ich denn gehen?"

„Am besten gleich nach dem Frühstücksabwasch. Joseph braucht die Bänder dringend für seine Stiefel. Und dann gehst du gleich noch bei der Hebamme Helene vorbei und fragst nach Kräutern, die du gestern erwähnt hast."

Das ist noch besser, dachte Katharina. „Womit soll ich bezahlen?"

„Beim Schuhmacher kannst du anschreiben lassen. Für Helene nimmst du frisches Brot und etwas Schinken mit. Das gibst du ihr aber erst, wenn sie dir entsprechende Kräuter gegeben hat."

Gesagt, getan. Nach dem Frühstücksabwasch lief Katharina gleich los. Jetzt war der Spezialtee sowieso schon fast alle, weil Joseph und Lennard zum Frühstück diesen auch wieder trinken wollten. Ihre Mutter und sie selbst hatten ebenfalls einen Becher getrunken. Er schmeckte wirklich sehr gut.

Bei Helene bekam sie nur noch „Spezialtee" für einen Tag. Sie gab Katharina allerdings noch einmal die Anweisung, nicht mehr als zwei Löffel davon aufzubrühen. Für die Kräutermischung gegen Schwermut müsse sie morgen wieder kommen. Dann hätte Helene alle Kräuter zusammen. Sie würde außerdem einen großen Beutel mit anderen gut duftenden Teegewürzen zusammenstellen, da sie von der letzten Mischung keine Vorräte mehr hätte.

Der Schuhmacher hatte die vier Bänder vorrätig und so war Katharina schon nach einer Stunde zurück im Schloss. Das wiederum erfreute ihre Mutter, weil sie heute zum Mittag einen sättigenden Kohleintopf mit Kartoffeln zubereiten wollte. Dafür musste viel geschnitten werden.

Katharina erklärte ihrer Mutter, dass sie morgen eine neue Teemischung sowie Kräuter gegen Schwermut abholen könnte.

Lennard kam in die Küche geschlichen.

"Was willst du denn schon wieder hier?", fuhr Hermine ihn an.

„Kann ich bitte noch etwas zu essen bekommen, ‚Mine'? Es ist noch so lange hin bis zum Mittag."

Katharina wusste, was nun kommen würde, denn ihre Mutter hasste Unterbrechungen jeglicher Art bei ihrer Arbeit und wenn jemand sie „Mine" nannte, rastete sie richtig aus.

„Was? Ich höre wohl nicht richtig? Du warst erst vor einer knappen Stunde hier, weil du was zu essen wolltest. Zum Frühstück hast du auch schon die doppelte Menge gegessen. Du frisst mir noch die Haare vom Kopf! Und nenne mich ja nie wieder Mine! Das darf nur der junge Baron!“ Während Hermine so weiter schimpfte, knallte sie ihm ein Stück steinhartes Brot und kalten Tee vom Vortag auf den Tisch. Diesen nahm sie eigentlich für ihr abendliches Fußbad. „Hier, tunk dir das ein, das muss reichen.“

Lennard tat wie ihm befohlen. Noch auf dem harten Brot kauend, verschwand er schnell aus der Schusslinie.

Dafür kam Joseph.

„Was ist? Ich habe nicht gehört, dass Heinrich schon wieder geläutet hat“, fuhr Hermine auch diesen an.

„Nein, hat er auch nicht. Ich war gerade bei ihm und er möchte noch Tee und vier Hörnchen mit Butter.“ Joseph hatte für sich auch gleich zwei Hörnchen mit eingeplant. Er traute sich nicht Hermine um etwas zu essen bitten, wenn sie in dieser Stimmung war.

„Ist gleich fertig. Und du?“, sie schaute Joseph misstrauisch an. „Willst du nichts?“

„Nein“, log er, obwohl ihm der Magen schon leise knurrte.

Später murmelte Hermine vor sich hin. *Ich hätte schwören können, dass Joseph gelogen hat. Der Hunger stach ihm fast aus den Augen. Heinrich war vorhin auch schon einmal da und jetzt schon wieder! Ich glaube, es liegt an dem Tee. Ja, das muss es sein!*

Beim Mittagessen schlangen die Männer den Kohleintopf geradezu hinunter. *Das muss aufhören!,* dachte Hermine, w*enn die Männer so weiter essen, werden sie noch alle dick, behäbig und faul. Über Heinrichs Appetit freue ich mich ja. Das ist ein gutes Zeichen.*

Ab sofort gab es für die Dienerschaft keinen Spezialtee mehr.

Am nächsten Tag machte sich Katharina wieder auf den Weg ins Dorf. Sie bekam die Kräuter und die neue Teemischung von Helene, dafür gab sie ihr Brot und Käse. Katharina bekam genaue Anweisungen und musste Helene dieses Mal versprechen, sich absolut daran zu halten. Sie sollte ihr in einer Woche berichten, ob sich die Stimmung des jungen Barons schon gebessert hätte.

Die Tage vergingen ohne merkliche Veränderungen. Heinrich

schlurfte leise durchs Schloss, da er sich nicht mehr die Mühe machte, sich anzuziehen, geschweige denn zu rasieren oder sich zu waschen. Das tägliche frische, unbenutzte Waschwasser nahm Joseph mittlerweile zum Blumengießen und die Mühe, den sonnabendlichen Badezuber mit wohlduftendem Zusatz herzurichten, machte er sich gar nicht mehr. Heinrich tat nichts außer essen, trinken und stundenlang auf den Brief zu starren. Unberührt lag dieser wie vor Wochen abgelegt auf derselben Stelle.

Als Heinrich bei einer seiner Runden an der Schlossküche vorbeischlurfte, hörte er Joseph aufgebracht schimpfen.

„Ich halte das nicht mehr aus! Das kann mir keiner mehr zumuten! Wenn der alte Baron, ‚Gott hab ihn selig', das wüsste! Er würde sich im Grab umdrehen!" Heinrich blieb stehen und hörte nun aufmerksamer zu. „Dieser Gestank! Seit Wochen hat der junge Baron die gleichen Kleider an. Ganz zu schweigen davon, dass er sich nicht wäscht, kämmt oder womöglich rasiert! Wenn ihn jemand so sehen würde. Eine Schande ist das! Ja! Eine Schande für das Schloss, für uns und für alle Dorfbewohner! Jawohl eine Schande! Und eines sag ich dir, Hermine, ich habe ja viel Geduld, du kennst mich. Ich habe Heinrich mit großgezogen und ihn so lieb wie einen eigenen Sohn. Aber was genug ist – ist genug! Er tut nichts! Er macht nichts! Aber er stinkt wie ein ganzer Stall Viecher! Ja, das kann er, und zwar mittlerweile richtig gut! Alles überlässt er uns. Nächste Woche ist Heiligabend. Was sollen wir tun? Gibt es Geschenke für alle wie jedes Jahr? Oder gibt es keine? Gibt es eine kleine Zusammenkunft in der Halle oder nicht? Das Gesinde fragt mich schon. Was bitte schön, soll ich ihnen sagen? ‚Dem jungen Baron beliebt es, in seinem eigenen Gestank zu sitzen? Das reicht ihm, mehr braucht er nicht und wir sind ihm alle egal. Oder was?"

Joseph hatte schon zu Beginn seiner Tirade Heinrichs Schlurfen gehört. Der zu Anfang leichte strenge Geruch, den Heinrich verströmte, wurde intensiver. Joseph war sicher, dass Heinrich ihn belauschte. „Und ich bin noch lange nicht am Ende! Lennard steht es auch bis zum Hals! Er muss jetzt auch noch Besorgungen machen seit Gottfrieds Tod. Soll er vielleicht auch noch den Baron vertreten und alle Pächter zu Weihnachten abfahren? Lennard weiß doch so schon nicht, wo ihm vor lauter Arbeit der Kopf steht! Er, ein ‚Lennard von Eckberg‘, mit seinem Wissen in der Vieh- und Pferdezucht, bekommt doch mit seinen jungen Jahren viel eher eine Stelle als ich. Eine Schande ist das! Ja, eine Schande …“

Joseph hörte Heinrich leise wegschlurfen, schimpfte aber lauthals eine Weile weiter. Als er sich sicher war und die Luft besser wurde, ließ Joseph sich auf einen Schemel plumpsen. „So, das wäre geschafft. Jetzt muss ich etwas trinken.“

Hermine stand noch immer wie angewurzelt auf demselben Fleck. So viel hatte sie Joseph in den ganzen Jahren nicht reden hören.

„Du hast das extra gemacht, oder?“

„Ja, habe ich. Gute Augen, gute Ohren und eine feine Nase gehören zu meiner Arbeit dazu. Ja, ich habe darauf gewartet, dass der junge Herr in der Nähe ist. Jetzt hoffe ich nur, dass sich dieses ganze Theater auch gelohnt hat. Ich weiß wirklich nicht mehr ein noch aus.“

In Heinrichs Gemächern waren alle Fenster aufgerissen. Es war eiskalt und zog fürchterlich. Er machte sich auf den Weg ins Empfangszimmer. Dort herrschte der gleiche Zustand. Sogar der Brief war wohl vom starken Wind auf den Boden gefegt worden. Automatisch hob Heinrich ihn auf und legte ihn zurück auf seinen angestammten Platz. Ihn fröstelte es. Er zog weiter von Zimmer zu Zimmer. Überall waren die Fenster weit aufgerissen und ein eiskalter Wind durchzog die Räume. Schließlich landete er im Zimmer seiner verstorbenen Mutter. Heinrich hatte es seit ihrem Tod nicht übers Herz gebracht, hineinzugehen. Dort war es warm und gemütlich. Sogar ein adventlicher Strauß stand auf ihrem Sekretär. Er konnte ihren Duft riechen. Wie magisch angezogen, ging er auf ihren Frisiertisch zu. Hier hatte er oft als Kind mit ihren Bürsten, Kämmen, glänzenden Schleifen und Bändern gespielt. Direkt unter ihrem, mit Gold verziertem Spiegel lehnte ein Umschlag mit seinem Namen darauf. Wenn sie sich besonders über ihn gefreut hatte, von ihm enttäuscht war oder einen Wunsch hatte, stand dort ein an ihn gerichteter Brief. Auch diesen nahm er wie gewohnt, setzte sich auf ihren Frisierschemel und begann zu lesen.

Mein geliebter Sohn Heinrich,

ich schreibe Dir diese Zeilen, weil ich euch sehr bald verlassen muss. Meine Krankheit lässt es nicht zu, dass ich in dieser menschlichen Hülle hier auf der Erde weiter sein darf. Aber in meinem Herzen werdet ihr immer sein und in Gedanken werde ich bei Euch sein.

Du bist jetzt erwachsen und wirst bald Herr auf Schloss Eldingen sein und eine große Verantwortung tragen müssen. Ja, das wird Dir so bald nicht gefallen, ich weiß. Aber es ist unumgänglich, da auch Dein Vater nicht mehr bei allerbester Gesundheit ist.

Ich habe Deinem Vater das Versprechen abgenommen, dass er Dich nach meinem Tod noch eine Weile in Ruhe lässt. Dich vorsichtig, langsam, aber stetig in Deine zukünftigen Aufgaben einführt und Du nach und nach größere Aufgaben übertragen bekommst. Unterschätze die Arbeit Deines Vaters nicht. Du hast davon nur einen Bruchteil mitbekommen, weil wir Dir eine unbeschwerte Jugend ermöglichen wollten.

Jetzt ist es aber an der Zeit. Andere, viel jüngere Männer als Du, mussten schon vor Jahren die gesamte Verantwortung für ihren Besitz übernehmen. Sie haben es geschafft und das wirst Du auch. Unterschätze Dich nicht (ich weiß Du hast einen Hang zum Selbstmitleid), aber überschätze Dich auch nicht, mein Sohn!

Du wirst mit Deinen Aufgaben wachsen und Du hast so viel Unterstützung wie nur irgend möglich. Angefangen bei Deinem Vater, der seine Bücher auf das Sorgfältigste geführt hat. Dazu Hans von Mollenstein, den Du in allen juristischen Fragen zurate ziehen kannst. Sowie Joseph und Tante Hermine, die sich mit den Abläufen im Schloss und der restlichen Dienerschaft auskennen. Dazu noch Lennard von Eckberg, der seine Tiere mehr zu lieben scheint als eine Frau. Er hat eine hervorragende Hand für die Pferdezucht. Und Deinen Onkel Gottfried natürlich, der alle Menschen in den Dörfern kennt, überall gern gesehen ist und selbst das Unmöglichste irgendwie beschaffen kann. Sie alle werden Dich unterstützen. Aber nur, und das merke Dir für Dein ganzes Leben, wenn Du ihnen mit dem gleichen Respekt begegnest, den sie Dir entgegenbringen. Nur dann und wirklich nur dann werden sie an Deiner Seite stehen. Sie werden alles dafür tun, dass es Dir, Deiner Familie und letztendlich damit auch ihnen gut geht. Vergiss nie, sie für ihre Arbeit und ihren Einsatz zu loben und ihnen zu danken. Dann werden sie es auch Dir danken und ihre Arbeit gerne tun. Erinnre Dich daran, wie wir Dich auch immer für besonders gute Leistungen gelobt haben. Behandele alle Mitmenschen so, wie auch Du gern behandelt werden möchtest.

Kurzum, nimm Dir Deinen Vater zum Vorbild. Sei gut, wenn nötig auch hart, aber bemühe Dich, dabei gerecht zu sein.

Falls Dir irgendwann ein Fehler unterläuft, und das wird es mein Sohn, scheue nicht davor zurück, Dich bei der entsprechenden Person persönlich zu entschuldigen, sei es auch die niedrigste unter dem Gesinde, der Ärmste unter den Armen oder gar ein Dir feindlich gesonnener Mensch. Das, lieber Heinrich, zeigt wahre menschliche Größe.

Nun zum Schluss wünsche ich mir von Dir, wie von jedem in unserer Familie, dass Du niemals Schande über uns bringst. Du weißt, eine Mutter sieht immer und überall alles, auch wenn sie nicht direkt neben Dir steht. Ich habe euch nach bestem Wissen und Gewissen erzogen und es wäre das Allerschlimmste, was ihr mir antun könntet, wenn ich mich für einen von Euch schämen müsste.

Ich umarme Dich und wünsche Dir für Deine Zukunft, dass alle Deine Wünsche auf die eine oder andere Weise in Erfüllung gehen. Das werden sie mit deinem Zutun auch. Manchmal muss man sich im Leben selbst etwas erkämpfen.

In ewiger Liebe, Deine Mutter

Kleine Tränen liefen Heinrich über die Wangen. Es durchfuhr ihn ein Ruck. Da waren sie wieder, diese Wörter, Joseph hatte sie auch gesagt: Schande, sich für ihn schämen und dann auch noch Selbstmitleid.

Heinrich begann zu begreifen, was Joseph und seine Mutter meinten. Auch warum im ganzen Schloss alle Fenster aufgerissen waren. Es sollte ihn aus seiner Trauer oder besser vielleicht seinem „Selbstmitleid“ reißen. Ja, so musste es sein. Sie schämten sich für ihn, den neuen jungen Herrn, den jetzigen Baron.

Noch während er darüber nachdachte, führten ihn seine Schritte hinunter in Richtung Schlossküche. Hier und da sah Heinrich in einem der Spiegel einen fremden Menschen. Er kannte ihn nicht. Dieser Mensch hatte zottelige Haare, einen ebenso ungepflegten Bart und ging nach vorn gebeugt wie ein alter Mann. Der Mann war ihm schon einige Male aus den Augenwinkeln aufgefallen. Er hatte ihm allerdings weiter keine Aufmerksamkeit geschenkt. Auch eben, im Spiegel über dem Frisiertisch seiner Mutter, hatte er ihn kurz gesehen. *Sollte er dieser Mann etwa sein?* Heinrich wollte nicht darüber nachdenken.

In der Küche traf er Katharina an. Sie erschrak bei seinem Anblick. Sie hatte Heinrich schon wochenlang nicht mehr gesehen, nur gerochen. Dieser Gestank war unverwechselbar und so wusste sie gleich, dass kein Fremder vor ihr stand. Heinrich bat sie, ein Bad für ihn einzulassen und Joseph zu fragen, ob der ihm beim Rasieren und Haareschneiden behilflich sein könnte.

Aufgeregt stellte Katharina sofort einige Eimer Wasser auf den Ofen und suchte ihre Mutter und Joseph. Erfreut über den Wunsch des jungen Herrn begannen die drei nun, sein Bad vorzubereiten. Als es fertig war und eine wohlige Wärme im Baderaum herrschte, suchte Joseph nach Heinrich. Er fand Heinrich, „den Brief“ seines Vaters lesend, im Empfangszimmer vor. Joseph lächelte innerlich ob seines gelungenen Planes.

Heinrich ließ sich mit einem wohligen Seufzer im Badezuber nieder. Er genoss es, rasiert und gewaschen zu werden. Nebenbei fragte Joseph ihn, was mit seiner getragenen Kleidung werden sollte. „Verbrennen“ bekam er die Anweisung.

„Möchte der junge Herr heute Abend im Speisesalon sein Mahl zu sich nehmen?“, fragte er ihn.

„Nein, Joseph, ich möchte mit dir, Hermine, Katharina und Lennard in der Küche essen. Ich habe einiges mit euch zu bereden“, bekam Joseph eine freundliche Antwort.

„Sehr wohl, Herr Baron. Zu welcher Stunde wünscht Ihr zu speisen?“

„Zu eurer gewohnten Zeit, Joseph. Sag mir nur bitte rechtzeitig Bescheid, damit ihr nicht warten müsst.“

Heinrich fand sich pünktlich in der Küche ein. Als sie saßen, stand er auf, schaute jedem Einzelnen freundlich in die Augen und begann mit aufrechter gerader Haltung: „Ich möchte mich zuerst bei euch allen entschuldigen. Ich habe mich gehen lassen. Ich habe euch dadurch viel Kummer und Sorgen bereitet. Wahrscheinlich viel mehr als ich es mir vorstellen kann. Ich habe nicht nur euch, sondern auch alle anderen mit den Sorgen und Nöten allein gelassen. Ich habe in meinem Selbstmitleid nicht daran gedacht, dass auch ihr einen guten Herren und einen lieben Freund verloren habt. Es tut mir aufrichtig leid, dass ich nur an mich gedacht habe.“

Joseph räusperte sich dezent.

„Nein, Joseph. Ich bin noch nicht fertig. Ganz besonders tut es mir leid, dass ihr euch für mich schämen musstet“, bei diesen Worten sah er Joseph an. „Meine Eltern hätten sich im Grab umgedreht, hätten sie mich sehen und riechen können. Ich möchte mich hiermit aufrichtig und ehrlich entschuldigen und hoffe, dass ihr mir verzeihen könnt. Ich verspreche euch hier und jetzt, dass ich mich nie wieder im Leben so gehen lassen werde, egal was auch passieren mag.“ Heinrich machte eine kurze Pause und trank etwas von dem Tee, bevor er weiterfuhr. Seine Kehle war rau, er hatte wochenlang fast kein Wort mehr gesprochen. „Nun ist es höchste Zeit, dass ich in die Fußstapfen meines Vaters trete. Ich werde mich bemühen, ein „guter Herr“ für euch zu werden. Doch das werde ich nicht ohne eure Hilfe schaffen. Ich bitte euch, mir, wie ihr es schon bei meinen Eltern getan habt, mit Rat und Tat zur Seite zur stehen.“

Nach diesen letzten Worten setzte er sich. Nach einem stummen Tischgebet aßen sie gemeinsam.

Hermine brach als Erste das betretene Schweigen, das sich breitgemacht hatte: „Heinrich, jetzt kommt alles wieder in Ordnung. Du hast heute einen guten Anfang gemacht und natürlich werde ich dir immer helfen, soweit ich kann.“ Nun beeilten sich auch die drei anderen, ihrem jungen Herrn ihre Unterstützung zu versichern.

Heinrich bedankte sich bei ihnen und schlug vor: „Beginnen wir doch gleich jetzt. Wir brauchen dringend einen Ersatz für Gottfried. Hat jemand von euch einen Vorschlag?“

„Ja“, meldete sich Lennard sofort zu Wort. „Es gibt da diese zwei Brüder Berger in der Ziegelei. Der ältere unterstützt seinen Vater in der Ziegel-Brennerei und der jüngere, Georg, ist ein ausgezeichneter Reiter. Er kümmert sich um das bisschen Vieh und zwei alte Gäule, die noch nach dem Krieg übriggeblieben sind. Den könnten wir fragen."

Der Vorschlag wurde mit allgemeiner Zustimmung aufgenommen. Stundenlang ging es noch so weiter. Heinrich lernte schon an diesem ersten Abend viel von seinen Getreuen. Sie erzählten ihm, was im Argen lag oder wo es besonders gut funktionierte. Ab jetzt, so wurde abgemacht, würden sie jeden Abend in der Küche zusammen essen und alle anfallenden Dinge besprechen. Heinrich ging mit guter Laune ins Bett und schlief seit Wochen das erste Mal tief und fest.

Am nächsten Tag in der Früh machte Heinrich sich voller Schwung an die Arbeit. Zunächst las er den Brief seines Vaters mehrmals durch. Anschließend ging er über das ganze Anwesen. Er begutachtete ausgiebig den Brandschaden und kontrollierte die Ställe. Er bedankte sich bei jedem für die Hilfe beim Brand und die Anteilnahme beim Begräbnis seines Vaters.

Schon am Nachmittag stellte sich Georg Berger aus der Ziegelei bei ihm vor. Sie waren sich auf Anhieb sympathisch. Georg trat seinen Dienst zwei Tage später an.

Heinrich stürzte sich regelrecht in die Arbeit. Er beantwortete die Beileidsschreiben. Es waren an die zweihundert. Ein Drittel von entfernten Verwandten, von denen er noch nie gehört hatte. Viele von völlig unbekannten Menschen. Diese wiesen teilweise recht offensichtlich darauf hin, dass sie aufgrund ihrer Verwandtschaft irgendwie doch beim Erbe berücksichtigt werden müssten. Wieder andere wiesen auf Geschäfte hin, in denen sein Vater ihnen noch Gold, Vieh oder andere Naturalien schuldig wäre. Auf Anraten des Advokaten Hans von Mollenstein beantwortete er auch die dreistesten Briefe höflich, denn man wusste ja nie, was die Zukunft bringen würde.

Danach begann Heinrich Urkunden, Kaufverträge, Pachtverträge, Lieferverträge und viele andere Vereinbarungen zu studieren. Allein die Bücher seines Vaters, die dieser auf das Gründlichste geführt hatte, nahmen Monate in Anspruch.

Rosalie-Sophie

Der Todestag seines Vaters näherte sich. Heinrich saß bei einem Gläschen Wein vor dem Kamin und dachte an seine Eltern.

Vater, ich denke, du kannst jetzt langsam ein wenig stolz auf mich sein. Ich bin fast „auf dem Laufenden" und so gut wie über alles und jeden im Bilde. Ich habe deine Empfehlungen aus deinem langen Brief befolgt. Genau wie Mutters Ratschläge. Und sie waren allesamt unentbehrlich. Ohne eure Ratschläge und die Menschen, die mir in dem vergangenen Jahr zur Seite gestanden haben, hätte ich diese Aufgabe nicht bewältigen können.

Auch mit der Gräfin von Heimtraut stehe ich in Verbindung, Vater. Mir ist zwar noch ganz und gar nicht danach, eine Familie zu gründen, aber ich sehe es ein. Dieses Haus braucht die Hand einer Frau. Wenn ich mich so umsehe, Mutter, fehlt es wirklich an allen Ecken und Enden. Die Vorhänge sind verblichen und bekommen schon Risse, das Porzellan ist angeknackst. Die Kleidung der Dienerschaft ist gelinde gesagt schäbig geworden und frische Blumen gibt es schon lange nicht mehr im Haus. Die Liste ließe sich beliebig fortsetzen. Aber da ist diese junge Witwe aus dem Dorf. Ihr habt es immer stillschweigend geduldet. Sie hat mich auch in diesem letzten Jahr noch gewärmt. Wenn ich mich einsam fühlte, hat sie mir Trost gespendet.

Ich weiß nicht, wie ich ihr beibringen soll, dass ich irgendwann eine Frau nehmen werde. Ach, wenn nur noch „Onkel Gottfried" da wäre, er wüsste bestimmt einen Rat. Oder, ja vielleicht auch Joseph?

Schließlich ist er alt genug. Ja genau, ich werde Joseph um Rat fragen.

Er bat Joseph um ein vertrauliches Gespräch.

„Joseph, dies Gespräch muss unbedingt unter uns bleiben. Ich habe vor, nach Ablauf der Trauerzeit, um eine Ehefrau zu werben."

Josephs Augen leuchteten bei dieser erfreulichen Mitteilung auf.

„Es ist nur jetzt so, das da, na ja, da ist eine junge Witwe, mit der ich ...", Heinrich wusste nicht weiter.

„Ja, Herr, ich weiß."

Heinrich stutzte. „Was? Wieso weißt du das?"

„Nicht nur ich weiß es. Das ganze Dorf weiß es mittlerweile. Obwohl Herr Baron sich stets solche Mühe gegeben haben, diskret zu sein. Schräg gegenüber von Frau Ludmilla wohnt die alte Lehrerwitwe und die hat es nicht so mit der Diskretion."

„Nun gut, Joseph, daran kann ich jetzt auch nicht mehr viel ändern. Aber ich brauche deinen Rat in dieser Sache. Wie kann ich Ludmilla klar machen, dass diese Besuche von mir bald zu Ende sein werden. Wie schaff ich das, ohne das sie mir böse ist und ich sie fürchterlich kränke?"

„Sie wird auf alle Fälle gekränkt sein, das ist bei Frauen immer so. Dumm ist sie nicht. Und sie muss ihre drei kleinen Kinder allein durchbringen. Vielleicht kann Herr Baron da irgendetwas mit Geld machen? Ich werde eine Nacht darüber schlafen. Vielleicht habe ich noch einen besseren Einfall."

Am nächsten Tag empfahl Joseph seinem jungen Herrn, es bei Ludmilla zunächst einmal zum Trost mit einer Kuh, einer Ziege und ein paar Hühnern zu versuchen. Ludmilla wäre auch noch jung genug, um wieder einen Mann zu finden.

Erleichtert machte sich Heinrich gegen zehn Uhr abends auf den Weg. Er wartete in der Ecke des Holzschuppens auf Ludmilla. Dort hatten sie sich ein kuscheliges, kleines Liebesnest eingerichtet. Heute musste er lange auf sie warten. Das kam manchmal vor, wenn eines ihrer Kinder krank war.

Als sie endlich kam, war er nicht mehr so zuversichtlich.

„Ach, endlich Ruhe", strahlte Ludmilla ihn an. „Die Kleine hat mal wieder Husten und Schnupfen. Ich musste warten, bis sie endlich eingeschlafen war. Morgen werden wahrscheinlich alle krank sein. Wenn bloß nicht die Kräuter so teuer wären."

Heinrich kannte das schon. In solchen Fällen gab er ihr ein paar Groschen. Das tat er jetzt auch. Daraufhin schmiegte sie sich in seine Arme und fing an, seinen dicken Mantel aufzuknöpfen.

„Ludmilla, ich muss dir etwas sagen."

„Ja, mein Lieber?", murmelte sie verführerisch. Sie bedeckte seinen Hals mit Küssen. „Was gibt es denn so Wichtiges?"

„Ich werde heiraten", platzte es aus ihm heraus.

Ruckzuck ließ Ludmilla von ihm ab, gab ihm eine schallende Ohrfeige. Sie schrie ihn an: „Was fällt dir eigentlich ein? Nur weil du jetzt ein Baron bist, meinst du, du kannst mich behandeln wie eine Schlampe?"

Heinrich wusste nicht, wie ihm geschah.

„Du kommst und gehst, wann du willst! Habe ich dir nicht etwa Wärme und Trost gespendet in all der Zeit? Ich dachte, ich wäre mehr als nur eine Bettgefährtin für dich. Aber nein, der ‚hochwohlgeborene feine Herr' belieben jetzt, die Nase voll zu haben! ‚Die Magd hat ihre Schuldigkeit getan', nicht wahr? Jetzt kann sie verschwinden! Am besten auf Nimmerwiedersehen! Aber da hast du dich geschnitten! Das lasse ich nicht mit mir machen!" Ludmilla wurde immer lauter. Er versuchte, sie zu beruhigen und sie zu umarmen.

„Wehe du fasst mich noch einmal an! Dann garantiere ich für nichts mehr! Du mieser Lump! Als wenn ich nicht andere Männer hätte haben können! Nein, ich musste ja unbedingt auf dich reinfallen! Auf dein hübsches Lächeln, deine guten Manieren! Da pfeif ich jetzt drauf! Das kannst du dir sonst wo hinstecken! Heb dir das bloß für deine ‚Zukünftige' auf! Die wird es bitter nötig haben. Und deine paar Groschen kannst du dir ebenfalls in deinen Allerwertesten stecken! Damit lasse ich mich jetzt nicht mehr abspeisen! Das wird dich teuer zu stehen kommen!", kreischte sie.

Aha, das meinte Joseph wohl mit sie wird auf alle Fälle gekränkt sein. Ich lasse sie einfach weiter schreien. Irgendwann wird ihr schon die Luft ausgehen. Hoffentlich, bevor die Nachbarn alle aufgewacht sind.

Ihr Kreischen wurde nun zu einem Krächzen, dann leiser, bis sie nur noch flüstern konnte: „Ich muss trinken."

Er gab ihr von dem Wein, den er mitgebracht hatte. Traute sich aber nicht, sie zu berühren, da ihr immer noch vor Wut die Tränen über die Wangen liefen.

Als die Tränen versiegten und Ludmilla nicht mehr zitterte, entschuldigte Heinrich sich mit sanfter Stimme bei ihr. „Ich wollte dir nicht wehtun, dich nicht verletzen. Natürlich bist du nicht irgendeine ‚Dahergelaufene' für mich. Das weißt du auch ganz genau. Ich schätze und achte dich. Ich bin dir sehr dankbar, dass du in der Zeit, als es mir so schlecht ging, für mich da gewesen bist. Es ist für uns beide doch die ganze Zeit klar gewesen, dass unsere Verbindung eines Tages zu Ende sein muss. Du hast damals sogar davon angefangen. Von mir wird einfach erwartet, standesgemäß zu heiraten. Um Liebe geht es dabei nicht. Ich kann mir nicht vorstellen, für eine andere Frau so etwas Ähnliches wie für dich zu empfinden. Ich kenne ja noch nicht einmal eine Frau, die infrage kommen würde. Ich wollte dich nur darauf vorbereiten, dass es in einem Jahr vielleicht so weit sein könnte. Bis dahin muss ich sehr zurückhaltend leben. Auch wenn ich dich nicht missen möchte. Ich will eigentlich auch noch gar keine Familie gründen. Aber ich muss."

Ludmilla sah ihn immer noch nicht an und schwieg weiter.

„Du sollst wissen, dass du immer etwas ganz Besonderes für mich warst", fuhr Heinrich fort. „Ich werde ewig dankbar sein, dass ich dich kennengelernt habe." Eigentlich hatte Heinrich nun alle Dinge gesagt, die er sich vorgenommen hatte.

„Milla, du bist doch so schön und du bist eine wirklich gute Mutter. Du kannst dir doch die Männer aussuchen. Ich bin sicher, du wirst noch eine gute Partie machen." In dem Moment, wo er die Worte aussprach, wusste er, dass es falsch war.

Mit eiskalter ruhiger Stimme wandte Ludmilla sich ihm zu. „Es stimmt alles, was du gesagt hast. Nur hast du vergessen, dass du mir drei meiner besten Jahre gestohlen hast. In dieser Zeit habe ich tatsächlich einige ‚gute Partien' ausgeschlagen. Die kann ich jetzt nicht mehr nachholen. Also machen wir es kurz. Was bietest du mir an?"

Heinrich überkam eine Gänsehaut. Ludmilla strahlte eine Eiseskälte aus. Überrascht von diesem knallharten Geschäftston blieb ihm der Mund offen stehen.

„Na, was ist? Du hast dir doch schon überlegt, wie du mich abschieben kannst, oder? Nun mach schon!"

„Nun ja, ich wollte dir Folgendes anbieten, damit ihr versorgt seid. Eine Milchkuh, eine Ziege und ein paar Hühner. Bis du jemanden gefunden hast."

„Ach ein paar Hühner, ja? Dir ist wohl noch gar nicht aufgefallen, dass es hier überall nach Hühnerdreck stinkt? Nein, Hühner habe ich genug. Also, was noch? Meine Zeit wird knapp! Ich muss nach der Kleinen sehen und mir anschließend eine ‚gute Partie' suchen."

„Ein Schaf?", versuchte Heinrich einzulenken.

„Pass mal auf, ich mache dir jetzt einen Vorschlag. Entweder gehst du darauf ein oder nicht. Wenn nicht, werde ich überall im Dorf herumerzählen, dass du mich und die Kinder geschändet hast. Ich werde dann auch dafür sorgen, dass deine ‚Zukünftige' davon erfährt. Hast du mich verstanden, oder soll ich es wiederholen?"

„Ja."

„WAAAS – JA?"

„Ja, ich habe verstanden", erwiderte er nun auch geschäftsmäßig.

„Ich will zwei Milchkühe und einen Bullen. Zwei Ziegen und einen Bock. Einen guten Esel. Einen Holzkarren mit Gespann für den Esel. Holz für einen Viehstall. Der alte ist zu klein. Und zehn Silberstücke für jeden von uns. Also vierzig Silberstücke. Bist du damit einverstanden? Sonst …"

Heinrich wollte nur noch weg. Weg von dieser Frau, die er so gemocht hatte und die sich nun als eiskalter, berechnender Mensch herausstellte. „Ja, ich bin mit allem einverstanden. Der Vertrag wird morgen aufgesetzt. Damit ist die Sache zwischen uns erledigt", er drehte sich um und ging.

Ludmilla hatte nicht damit gerechnet, dass es so einfach sein würde. Sie rieb sich die Hände. In ein paar Tagen wäre sie eine wohlhabende Frau. Eine ‚gute Partie' brauchte sie nun nicht mehr zu machen.

Noch in der Nacht traf Heinrich Joseph in der Schlossküche an. Erschüttert erzählte er von Ludmillas Forderungen. Joseph konnte sich ein Schmunzeln nicht verkneifen. „Ja, so sind sie, die Weibsbilder. Wenn sie noch eine ganze Brut zu versorgen haben, können sie zu richtig bösen Furien werden. Ich hätte den Herrn Baron doch wohl besser vorbereiten sollen.“

„Was hätte ich denn anders machen können?“

„Gar nichts. Wenn eine Frau so verletzt ist, haben wir Männer keine Möglichkeit mehr, sie vom Gegenteil zu überzeugen. Jeder Versuch ist sinnlos. Nein, Ihr habt alles richtig gemacht, Herr. Ein Kompliment muss ich Euch machen. Ihr habt Euch keine „Dumme“ ausgesucht. Das spricht für Euch. Ludmilla ist in ein paar Tagen eine wohlhabende Frau. Sie wird noch viel aus ihrem Leben machen. Um sie braucht Ihr Euch nicht mehr zu sorgen, Baron. Allerdings rate ich Euch, den Vertrag sehr sorgfältig aufzusetzen. Lasst Euch über jedes Tier, das Geld und Sonstiges den Erhalt bestätigen. Man weiß nie. Ludmilla wird jetzt Geschmack daran finden. Ich denke, sie wird sich niemals einen anderen Mann ins Haus holen. Der würde nur über ihr Geld bestimmen und sie müsste ihn umsorgen. Nein, das wird sie nicht tun. Davon bin ich überzeugt.“

Zwei Tage später bekam Ludmilla alles, was sie verlangt hatte. Sie unterschrieb den Vertrag, in dem sie für immer auf weitere Forderungen verzichtete.

Nun konnte sich Heinrich auf die Suche nach einer standesgemäßen Herrin für Schloss Eldingen machen.

Die Trauerzeit, von einem Jahr und sechs Wochen, war kurz vor Weihnachten vorüber. Heinrich schrieb an die Gräfin von Heimtraut. Er wünschte der gesamten Familie ein frohes Weihnachtsfest und fragte an, ob er im neuen Jahr seine Aufwartung machen dürfe.

In diesem Jahr konnte die Schlossfamilie das Weihnachtsfest wieder so feiern, wie es seit uralten Zeiten üblich war. Das Schloss wurde von oben bis unten mit weihnachtlichen Sträußen und Kränzen geschmückt. In der festlichen Eingangshalle lagen, für die Dienerschaft und das gesamte Gesinde, liebevoll ausgesuchte Geschenke. Nach dem Gottesdienst in der vollen Kirche bescherte Heinrich jeden Einzelnen persönlich. Mit einer Dankesrede beendete Heinrich den offiziellen Teil des Abends. Dann aßen sie alle zusammen in der Empfangshalle und feierten die Ankunft des Jesuskindes in Bethlehem.

Die Zeit zwischen den Tagen konnten sie dieses Jahr ohne Trauer und Sorgen verbringen.

Anfang des Jahres fand Heinrich unter der Post ein Schreiben der Gräfin von Heimtraut. Sie bedankte sich für seine Wünsche und lud ihn herzlich zu Besuch ein. Er möge nur rechtzeitig seine Ankunft anmelden und wenn möglich ein kleines Portrait von sich beilegen. Sie schilderte ihm ihre familiäre Situation. Als Verwitwete von Schwarzberg hatte sie in recht jungen Jahren mit ihren drei Töchtern den ebenfalls verwitweten Grafen von Heimtraut mit sieben Söhnen geheiratet. Dieser war leider vor einigen Jahren verschieden. Sie bedauerte seinen Tod sehr, da er die große Liebe ihres Lebens gewesen sei. War sie durch die Witwenschaft ihrer ersten Ehe schon eine wohlhabende Frau geworden, war sie nun eine reiche Frau. Von ihren gemeinsamen zehn Kindern waren leider sechs Söhne im Krieg gefallen und eine Tochter verstorben.

Aus diesen Informationen entnahm Heinrich, dass der Gräfin die Vermählung ihrer drei unverheirateten Kinder am Herzen lag und die beiden Komtessen eine beachtliche Mitgift mitbringen würden. Heinrich ließ sich im Dorf ein Portrait anfertigen und kündigte seinen Besuch für Anfang Februar an.

Als Heinrich mit Georg auf dem Anwesen der Heimtrauter eintraf, wurden sie herzlich aufgenommen. Georg übernahm, nach einer kurzen Einführung von Joseph, für diese Zeit die Rolle seines Kammerdieners. Damit hatte Georg das Recht, sich in Heinrichs Nähe aufzuhalten. Zwischen Heinrich und Georg hatte sich eine Freundschaft entwickelt. Wenn sie unter sich waren, duzten sie sich.

Im übergroßen Salon des Hauses wurde Heinrich mit dem Stiefsohn, Graf Karl und der älteren Tochter der Gräfin, Rosalie-Sophie bekanntgemacht. Die Gräfin war eine feine Frau. Sie war trotz ihres Alters, mit Mitte vierzig, immer noch eine sehr attraktive Erscheinung. Sie war ganz in naturfarbene Seide gekleidet. Dezenter Halsschmuck, kleine wertvolle Ringe sowie ein feines exquisites Armband vervollständigten ihr Äußeres. Heinrich erkannte daran ihren ausgezeichneten Geschmack und den wahrhaftigen Reichtum der Gräfin von Heimtraut. Solche Dinge wahrzunehmen und einschätzen zu können, hatte er von seiner Mutter gelernt.

Es herrschte eine zwanglose, heitere Atmosphäre, nicht zuletzt durch die Anwesenheit zweier verheirateter Cousins mit ihren Familien. Bei Tee und Biskuits plauderte es sich ganz gemütlich mit der Familie über dieses und jenes. Zwischendurch bedauerte die Gräfin, dass leider ihre jüngere Tochter Elisabeth zur Zeit nicht im Haus weilte. Sie leistete einer erkrankten Tante Gesellschaft. Sie versicherte ihm aber, dass Elisabeth bei einem Besuch ihrerseits in Eldingen selbstverständlich dabei sein würde. Heinrich interessierte die Abwesenheit der jüngeren Tochter nicht weiter. Er hatte genug damit zu tun, sich auf die vielen Anwesenden zu konzentrieren und keinen Fehler zu begehen.

Beim Abendessen wurde er als Tischherr der Komtesse Rosalie-Sophie platziert. Sie war wie ihre Mutter eine elegante, gepflegte und aufgeschlossene Erscheinung. Die Konversation mit ihr war für ihn auch kein Problem. Nur schien sie sich ausschließlich für die neueste Mode und das Wetter zu interessieren. Da konnte er nicht allzu viel beitragen, was auch nicht von Nöten war, da sie ununterbrochen redete.

Nach dem Essen gingen die Herren in die Bibliothek, um dort bei einem guten alten Brand eine Pfeife zu genießen. Die Unterhaltung bezog sich dabei auf die Regentschaft des Königs, eventuell bevorstehende Kriege, Ernten, diverse Geschäfte und Finanzen. Das war heute das Thema. Graf Karl-Gustav von Heimtraut führte die Geschäfte derer von Heimtraut. Er wollte sich während des Gespräches einen groben Überblick über das Vermögen Baron Heinrichs beschaffen. Schließlich ging es bei einer eventuellen Verbindung mit einer seiner Stiefschwestern nicht nur um das Wohlergehen seiner Schwester, sondern um die ganze Familie. Von Heinrichs Vermögen würde ein Zustandekommen der Verbindung abhängen. Karl-Gustav stellte es so geschickt an, dass sich Heinrich nicht überprüft fühlte. Sie verglichen einfach ihre Werte, indem sie ihre Erfahrungen mit

Pächtern, Vieh, Gehöften, Abholzung und Vermarktung des Holzes, Stallungen und vieles mehr austauschten. Dabei bekamen sie beide einen groben Überblick über die aktuelle Lage des anderen. Karl-Gustav war angenehm überrascht. Angesichts der Tatsache, dass Heinrich erst vor einem Jahr das väterliche Erbe übernommen hatte, kannte er sich erstaunlich gut aus. Sicher war Heinrich bei Weitem nicht so reich wie seine Familie. Aber trotz Heinrichs kurzer Erfahrung und seiner erst zweiundzwanzig Jahre, wusste er ganz genau, worüber er sprach.

Karl-Gustav wechselte nun das Thema: „Ich darf Sie doch Heinrich nennen, Herr Baron? Dann plaudert es sich einfacher."

„Mit Vergnügen, Herr Graf."

„Obwohl ich fast so alt bin wie meine Stiefmutter, wäre es mir sehr recht, wenn Sie mich Karl-Gustav, nein besser noch, nur ‚Karl', nennen würden. Heute haben Sie meine Stiefschwester Rosalie-Sophie und einige der Familie kennengelernt, nur Elisabeth noch nicht. Haben sie diesbezüglich Fragen?"

„Nun ja, wie Sie wissen, ist meine Mutter bereits vor fünf Jahren verstorben und es wird Ihnen bei Ihrem Besuch auffallen, dass die Hand einer Frau im Haus fehlt. Hat eine Ihrer Schwestern schon etwas Erfahrung in der Haushaltsführung sammeln können?"

„Rosalie ist mehr den schönen Künsten zugetan, aber selbstverständlich hat sie von Mutter einiges gelernt. Elisabeth hat ein Jahr das Internat für höhere Töchter besucht. Dort wurden die jungen Damen, soweit ich mich erinnere, auch in Haushaltsführung unterrichtet. Ebenfalls in allem was die Etikette in unseren Kreisen und bei Hofe angeht. Aber machen Sie sich doch morgen selbst ein Bild von Rosalie. Sie werden mir gestatten, Ihnen morgen Vormittag einen Teil unserer Ländereien zu Pferde zu zeigen. Am Nachmittag würde ich Ihnen empfehlen, mit Rosalie einige Stallungen zu besichtigen und einen ausgiebigen Spaziergang über das Anwesen zu machen. Um auf Ihre Einladung zurückzukommen, verehrter Heinrich, wann würde es Ihnen passen, uns auf Schloss Eldingen zu empfangen?"

„Wie wäre es Ende April?", schlug Heinrich vor.

„Gut, abgemacht. Selbstverständlich werden Sie bei dieser Gelegenheit Elisabeth kennenlernen. Die gesamte Familie wird aber nicht anreisen. Wir möchten Ihnen nicht zu viel Umstände bereiten. Sie werden nur mit meiner Mutter, meinen beiden Schwestern und mir vorlieb nehmen müssen. Wenn es Ihnen keine Umstände bereiten würde, gedenken wir, ein paar Tage bei Ihnen zu verweilen. Auf der Rückreise werden wir noch guten Freunden in Celle einen Besuch abstatten.“

„Es ist mir eine Ehre, Karl.“

Heinrich fiel ein Stein vom Herzen. Er hätte gar nicht gewusst, wie er diese große Familie hätte unterbringen sollen. Es würde ohnehin schon schwierig genug sein, die passenden Gemächer für die vier und deren Bedienstete herzurichten. So verblieben sie bis zum nächsten Morgen.

Zur gleichen Zeit tanzte Komtesse Rosalie-Sophie vor Freude durch das Zimmer ihrer Mutter.

„Mama, ich spüre es. Nein, ich weiß es ganz genau, diesmal ist es der Richtige. Ach, ich bin ja so aufgeregt. Hast du bemerkt, wie er mir das Salz reichte? Wie er mir aufmerksam zuhörte? Wie unauffällig er meine Servierte aufhob? Wie dezent er die Augen von meinem Dekolleté abwendete, um mich nicht anzustarren? Wie reizend er …“

Nein, die Gräfin hatte nichts von alldem bemerkt. Heinrich hatte sich ganz normal benommen, wie es sich gegenüber jeder Dame gehört. „Kind, komm wieder zu dir“, sagte sie lachend. „Es ist noch viel zu früh, um irgendetwas zu unterstellen.“

„Ach, Mama, du verstehst es nicht. Du hast ja keine Ahnung!“, trällerte Rosa und lief dabei ständig in ihr Zimmer, um andere Kleider zu holen. „Sag mir lieber, welches Kleid ich morgen tragen soll? Dieses hier, oder das gelbe? Nein, ich glaube das grüne. Oder vielleicht doch das rote?“

Danach holte Rosa eine Auswahl an Schuhen, Hüten, Spitzentaschentücher und Schmuck. Nur um endlich festzustellen, dass sie weder das richtige Kleid noch Schuhe, Hüte und Accessoires besaß. Sie brach in Tränen aus. Die Gräfin tröstete ihre frisch verliebte Tochter damit, dass sie, egal was sie anziehen würde, immer reizend aussehen würde. Wenn der junge Baron ebenso für sie empfinden würde, bemerkte er gar nicht, wie sie gekleidet sei. Rosalie-Sophie beruhigte sich und war auf einmal vor Erschöpfung todmüde. „Mama, ich kann das heute nicht mehr entscheiden. Morgen früh ist auch noch genug Zeit dafür."

Währenddessen hatte der zum Kammerdiener aufgestiegene Georg die Gemächer seines jungen Herrn hergerichtet. Er hatte die Pferde versorgt und sich in der Küche eingefunden. Von Joseph hatte Georg den Auftrag erhalten, sich genau umzusehen, denn der Schein konnte auch trügen. Joseph hatte schon Menschen kennengelernt, die mit Reichtum nur so protzten, aber in Wirklichkeit keinen Groschen besaßen.

In der Küche musterte Georg unauffällig die Ausstattung, die Sauberkeit und wie die Dienerschaft gekleidet war. Das Abendessen für die Dienerschaft war mehr als ausreichend. Der Ton untereinander locker und nett. Aber auch hier wurde auf eine strenge Etikette seitens der Zofen und des Butlers Wert gelegt. Insgesamt bekam Georg einen sehr zufriedenstellenden Eindruck.

Joseph hatte ihm Heinrichs persönliche Wünsche notiert und er hatte sie auswendig gelernt. Georg gab sie an den Butler und die Köchin weiter. Eigentlich hatte Heinrich keine besonderen Wünsche, aber als Mann von Stand musste er welche äußern. So dachten sich Heinrich und Georg eben einige Wünsche aus, die aber völlig den allgemeinen Gepflogenheiten des Hauses entsprachen.

Dies machte wiederum einen sehr guten Eindruck auf das Personal, dadurch hatten sie keinerlei Mehrarbeit. Das Personal kam einstimmig zu der Erkenntnis, das Baron Heinrich ein äußerst angenehmer Zeitgenosse war, zudem auch noch bescheiden.

Joseph wusste, dass sich das sehr schnell unter der Dienerschaft herumsprach und letztendlich auch der Gräfin zu Ohren kommen würde.

Noch in der Nacht teilten sich Heinrich und Georg ihre Eindrücke mit. Bevor Georg sich zurückzog, siegte seine Neugier. „Was für einen Eindruck hast du von Rosalie-Sophie?"

„Sie ist eine ganz reizende Erscheinung wie ihre Mutter. Und sehr aufgeschlossen. Leider konnte ich zu unserer Unterhaltung nicht sehr viel beisteuern. Mal sehen, wie es morgen mit uns weitergeht."

Aha, dachte Georg, *das wird nichts, entweder sofort oder nie. Wie ihre Mutter. Nur reizend. Sehr aufgeschlossen bedeutet wohl Quas-*

selstrippe. Zum Thema nicht viel beisteuern, wahrscheinlich über die neueste Mode, oder Klatsch und Tratsch vom Königshof. Nein, das wäre für ihn auch keine passende Frau. Mit diesen Gedanken schlief Georg ein.

Karl ritt gemeinsam mit Heinrich über einen Teil der Ländereien. Heinrich war beeindruckt. Später erklärte ihm Karl auf der Landkarte die tatsächliche Größe des Heimtrauter Besitzes.

Karl bemerkte, dass Heinrich niedergeschlagen wirkte. „Verehrter Heinrich, lassen Sie sich davon nicht einschüchtern. Selbst ich kann manchmal nicht fassen, wie groß unser Besitz ist. Dazu gehören auch eine Menge Menschen, für die wir Verantwortung tragen. Das ist manchmal nicht leicht. Die Hälfte unserer Ländereien würde es auch tun. Dann hätte ich mehr Zeit für meine Familie und der Jüngste bin ich auch nicht mehr. Sehen Sie sich heute Nachmittag mit Rosalie-Sophie einige Stallungen an. Genießen Sie den Anblick unserer Pferde und stellen Sie dem Stallmeister ruhig Fragen. Ich habe ihn schon angewiesen, Ihnen bei Bedarf zur Verfügung zu stehen."

Beim Mittagessen bat Heinrich die Gräfin um Erlaubnis, mit Komtesse Rosalie-Sophie spazieren zu gehen. Es wurde abgemacht, sich um drei Uhr am Pavillon zu treffen. Freifrau von Dornenbach, Gesellschafterin der Gräfin, sollte sie als „Anstandsdame" begleiten.

Rosalie war reizend anzusehen. Heinrich machte ihr Komplimente, worauf Rosalie, wie eingeübt, leicht rosige Wangen bekam. Ununterbrochen wies sie Heinrich auf dieses und jenes hin. Heinrich konnte überhaupt keine Fragen stellen. Es wäre sehr unhöflich gewesen, Rosalie zu unterbrechen. Endlich waren sie bei den Stallungen angelangt. Heinrich war begeistert von den Stuten und Zuchthengsten, wahre Prachtexemplare. Rosalie bemerkte, dass sie seine Aufmerksamkeit nicht mehr allein besaß. Sie griff in ihre Trickkiste. Einmal ließ sie ihr Schirmchen fallen, oder stolperte ein wenig gegen ihn. Ein anderes Mal verrutschte ihr Hütchen, weil sie unauffällig eine Hutnadel herausgezogen hatte. Dann wieder fiel ihr Fächer hin. So ging es in einem fort.

Heinrich ging Rosalie Getue auf die Nerven. *Mein Gott ist sie ungeschickt. Das ist ja nicht auszuhalten.* Heinrich kam nicht dazu, dem Stallmeister auch nur eine Frage zu stellen. Kurz entschlossen beendete er den Rundgang. Er gab vor, sein Kammerdiener müsse noch dringend einen geschäftlichen Brief besorgen. Heinrich entschuldigte sich formvollendet und Rosalie-Sophie nahm ihm das Versprechen ab, morgen den Rundgang fortzusetzen. Erleichtert, der Gesellschaft dieser anstrengenden jungen Dame zu entkommen, lief Heinrich beschwingt los. Bei Georg traf er auf vollstes Verständnis.

Um auf irgendeine Weise aus dieser Sache rauszukommen, entwickelten sie einen Plan. Georg sollte mit einem fingierten Brief zur Poststation fahren. Von dort sollte er mit einem dringenden Brief für den Baron zurückkehren. Bis Georg zurück war, hatte Heinrich sich einen triftigen Grund ausgedacht, um sofort abreisen zu können. Heinrich nahm den Brief von Georg vor Zeugen in Empfang. Er ging kurz in sein Zimmer, wartete dort einige Minuten, um anschließend nach Graf Karl zu suchen. Im Arbeitszimmer des Grafen erzählte Heinrich mit betrübter Stimme von dem eiligen Brief. Er müsse sofort nach Eldingen zurückkehren, weil dort die Schweinepest ausgebrochen sei.

Graf Karl hatte vollstes Verständnis für seine plötzliche Abreise. Das Wort Pest, egal in welchem Zusammenhang, war für jeden ein Gräuel. Im Gegenteil, Graf Karl freute sich über das Verantwortungsgefühl seines eventuellen Schwagers.

Der Rest der Verabschiedung verlief freundschaftlich mit dem erneuten Versprechen, Ende April zum Gegenbesuch auf Schloss Eldingen einzutreffen. Währenddessen hatte Georg ihre Sachen gepackt und die Pferde anspannen lassen. Sie konnten sofort losfahren.

Als sie Heimtraut hinter sich gelassen hatten, platzte es aus ihnen heraus. Über ihren geschickten Schachzug konnten sie sich vor Lachen nicht mehr beherrschen.

Die ganze Fahrt über, bis tief in die Nacht, amüsierten sich Heinrich und Georg über ihre geglückte „Flucht“ vor der reizenden Rosalie-Sophie.

Zufrieden und völlig erschöpft schliefen beide ein.

Elisabeth

Heinrich ließ eine angemessene Zeit verstreichen, um die vermeintliche Schweinepest zu überwinden. Darauf schrieb er einen Brief an den Grafen von Heimtraut, indem er ihm davon berichtete. Er bat den Grafen, die gesamte Familie herzlich zu grüßen, aber nicht ausdrücklich die Komtesse Rosalie-Sophie.

Diese war enttäuscht von ihrem „neuen Richtigen“, sah aber leider keinen Anlass ihm zu schreiben, da er sie mit keinem Wort persönlich erwähnt hatte. Die Gräfin sorgte dafür, dass Rosalie bald Bekanntschaft mit einem neuen Heiratskandidaten machte. Somit war die Welt im Hause Heimtraut wieder in Ordnung.

Im Eldinger Schloss hingegen fingen die Vorbereitungen für den in zehn Wochen anstehenden Besuch der Heimtrauter an.

Auch wenn keine familiäre Verbindung zustande kommen würde, so wollte Heinrich die gräfliche Familie trotzdem beeindrucken. Eventuell könnte eine geschäftliche Beziehung daraus entstehen.

Die Zimmer im Schloss wurden neu aufgeteilt. Heinrich zog in die alten Gemächer seines Vaters. Die Salons, Eingangshalle und das Empfangszimmer wurden neu gestrichen. Alte Möbel wurden durch neue ersetzt, die nötigsten Vorhänge erneuert und das angeschlagene Geschirr ersetzt. Nur die Räume seiner Mutter ließ Heinrich unangetastet.

Heinrich und die gesamte Dienerschaft wurden neu eingekleidet. Die Kleidung war nicht nur verschlissen, auch die Mode hatte sich nach dem Dreißigjährigen Krieg geändert.

Hermine bekam endlich ihren lang ersehnten riesigen Küchenofen mit allen neuzeitlichen Erfindungen. Weil der Küchenofen schon so teuer war, entschied Heinrich, gleich die gesamte Küche auf den neuesten Stand zu bringen.

Auch in den Stallungen wurde einiges auf den neusten Stand gebracht. Ebenso im Gesindehaus, was schon längst überfällig war. Die abgebrannte Scheune wurde wieder aufgebaut und zu guter Letzt wurde auch noch eine sportliche Kutsche angeschafft, worüber sich Georg riesig freute.

Alle hatten die Befürchtung, diese Vorhaben nicht bis zum Heimtrauter Besuch zu schaffen. Daher fassten sie ohne irgendwelche Aufforderungen mit an und arbeiteten bis spätabends und sogar an den Sonntagen. Obwohl es viel Arbeit war, bereitete es ihnen auch Freude, das Schloss sowie alles andere im neuen Glanz zu sehen.

Der Besuch verschob sich auf Ende Mai. Daher hatten sie noch Zeit, überall letzte Hand anzulegen. Hermine und Katharina erprobten Rezepte. Sie stellten außerdem Konfekt für die jungen Komtessen her, was die anderen Schlossbewohner erfreute, weil sie das Konfekt probieren mussten.

Schon beim Kutscherhäuschen vor der Auffahrt zum Schloss wurden Gräfin Beatrice und den Komtessen von Georgs zwei entzückenden Töchtern kleine selbstgepflückte Blumensträuße überreicht.

Auf der kleinen Freitreppe des Schlosses empfing Heinrich mit seiner Dienerschaft die Gäste. Als sie hineingehen wollten, bemerkte die Gräfin, dass ihre jüngere Tochter nicht bei ihnen stand.

„Karl, schaust du bitte schnell einmal nach, wo Elisabeth ist? Herr Baron, entschuldigen Sie bitte die Unhöflichkeit meiner Tochter“, wandte Gräfin Beatrice sich an Heinrich.

In diesem Moment bemerkte Heinrich ein Stück Stoff im Rhododendronbusch, genauer gesagt ein Hinterteil. Der Kopf war nicht sichtbar. Schmunzelnd deutete er in die Richtung. „Könnte es sein, dass …?“

„Elisabeth, was machst du denn da? Komm sofort hierher!“, empörte sich Gräfin Beatrice.

Elisabeth tat wie ihr befohlen. Kurz vor der Freitreppe sah Heinrich sie an. Ihr Haar war zerzaust, ihr Kleid beschmutzt und eingerissen. Auf dem Arm hielt sie ein kleines undefinierbares Knäuel. Das alles sah Heinrich nicht wirklich. Es sah nur ihre wunderschönen Augen, die vor Freude strahlten.

„Mama, sieh nur! Ist es nicht zum Verlieben?“, fragte Elisabeth.

„Ach, Kind“, Gräfin Beatrice war die Situation unerträglich peinlich. „Was soll ich nur mit dir machen?“

Heinrich fand plötzlich die Sprache wieder und rettete die Gräfin: „Das könnte ein ausgebüchster Welpe sein. Vor einigen Wochen hat der Nachbarhund Nachwuchs bekommen. Kommen Sie, ich nehme Ihnen das Tier ab.“ Er streckte Elisabeth seine Arme entgegen.

In dem Moment sah Elisabeth ihn das erste Mal an. Ihre Blicke trafen und verloren sich ineinander. Die Welt um sie herum existierte nicht mehr. Es setzt eine unerwartete Stille ein. Keiner der Anwesenden wagte, sich zu bewegen oder auch nur einen Ton zu sagen. Sie waren Zeuge, wie „Amors Pfeil“ die beiden getroffen hatte. In ihrer Mitte stand das zukünftige Herrschaftspaar von Schloss Eldingen.

Die Sekunden schienen zu Minuten zu werden. Bis das Knäuel eine Art leises Bellen von sich gab. Der Zauber war verschwunden. Die Gesellschaft brach in heiteres Gelächter aus und machte sich auf den Weg ins Innere des Schlosses. Das Knäuel wurde Lennard von Eckberg übergeben, der es badete und fütterte.

Der Rest des Tages verging schnell. Die Besucher bezogen ihre Räumlichkeiten, ruhten etwas aus und machten sich frisch.

„Mama, fragte Rosalie-Sophie leise und nachdenklich. „War es das vorhin?“

„Ja, Rosa, das war es. Das war das Wunder der Liebe. Ich habe es selbst erleben dürfen und wünsche jedem Menschen auf der Welt, dass es ihm auch vergönnt ist. Ganz besonders dir wünsche ich es, mein Kind. Das ist das Wundervollste, was es gibt. Nur behüten und pflegen muss man die Liebe sein Leben lang, sonst geht sie ein wie eine welke Blume“, klärte Gräfin Beatrice ihre Tochter auf.

Elisabeth und Heinrich hatten an diesem Tag keine Gelegenheit gehabt, sich zu unterhalten. Nur heimliche kurze Blicke konnten sie austauschen. Wie, um zu sehen, dass es den anderen auch wirklich gab.

Für den nächsten Vormittag wurde ein Rundgang über das Schlossgelände verabredet.

Ausgeruht und frisch machte sich die muntere Gesellschaft bei schönstem Maiwetter auf. Die Bäume hatten ihr erstes zartes Grün entblättert und die Rhododendren standen in ihrer vollen Pracht um das Schloss und im gepflegten Park.

Nach einer angemessenen Zeit griff Gräfin Beatrice zu einer List. Um den Frischverliebten ein wenig Zweisamkeit zu ermöglichen, täuschte sie einen Schwächeanfall vor. Die kleine Gesellschaft war in heller Aufregung. Bis sie sich von ihrer kleinen vorgetäuschten Ohnmacht erholt hatte und erklärte, dass es nur vorübergehend sei.

Die Sache mit der Ohnmacht beherrschte die Gräfin perfekt. Das hatte sie von ihrer Mutter gelernt. *„Kind, eine elegante Ohnmacht musst du beherrschen. Du wirst diese Kunst im Leben öfter gebrauchen können, als du dir jetzt vorstellen kannst. Der Zeitpunkt ist wichtig und Länge ist ausschlaggebend. Sonst wird womöglich noch ein Arzt herbeigerufen"*, pflegte ihre Mutter zu sagen, wenn die Ohnmacht noch nicht so perfekt verlief. In der Tat war der Gräfin diese „Kunst" schon einige Male sehr hilfreich gewesen. Vornehmlich in unerträglich langweiligen Situationen konnte sie so entkommen.

Obwohl Gräfin Beatrice mehrmals versicherte, dass es ihr wieder gut gehe (dies gehörte ebenfalls zu einer überzeugenden Inszenierung), bestand die Gesellschaft darauf, sie ins Schloss zurückzubringen.

„Das ist ganz reizend von euch. Rosa würdest du zu meiner Linken gehen? Karl reich mir bitte den Arm auf der anderen Seite. Ja, so ist es gut. Herr Baron, Elisabeth, in ein paar Minuten sind wir wieder zurück."

Nun standen Heinrich und Elisabeth da und wussten vor Verlegenheit nicht, was sie tun sollten. Da kam ihnen ein kleines Etwas aus dem Wald entgegen, hinter ihm hörten sie fluchend Lennard von Eckbergs Stimme: „Du kleiner Racker! Hörst du wohl! Wo bist du? Bleib endlich stehen! Ich habe noch anderes zu tun, als dir den ganzen Tag hinterherzulaufen. Es reicht jetzt!“

Inzwischen hatte das Knäuel den Rocksaum von Elisabeths Kleid erreicht und bemühte sich, darunter zu kriechen.

„Oh, Herr Baron, Komtesse. Entschuldigen Sie bitte, der Welpe, den Sie mir gestern anvertraut haben, ist ausgebüchst. Ich kann ihn nirgends finden.“

„Schon gut, Lennard.“ Heinrich hatte Mühe, sein Lachen zu unterdrücken, zumal Elisabeth leise quietschende Geräusche von sich zu geben schien.

„Wir werden die Augen offen halten. Er wird sich sicher bald wieder einfinden. Sie können jetzt unbesorgt wieder an Ihre Arbeit gehen.“ Sie warteten, bis Lennard außer Sichtweite war, bevor Elisabeth leicht den Rock anhob und ein paar Schritte zurücktrat. Da war er, der kleine süße Racker. Elisabeth nahm ihn vorsichtig hoch, um dieses Mal nicht ihr Kleid zu ruinieren. Aber der Welpe wollte nicht. Er wollte runter und die Gegend erkunden. Heinrich und Elisabeth amüsierten sich prächtig. Sie lachten so laut, dass einige Schlossbewohner aus den Fenstern schauten. Entfernte sich Elisabeth einige Meter vom Knäuel, so kam er gleich hinter ihr gelaufen. Er schien sie zu seinem Frauchen auserkoren zu haben.

Die Gräfin, die das Ganze vom Salon verfolgt hatte, kam zu dem Schluss, dass ihre Ohnmacht völlig überflüssig gewesen war, die beiden hatten wieder keine ungestörte Zeit miteinander. *„Ich muss mir etwas anderes einfallen lassen“,* überlegte sie.

Am Abend kam ihr der Zufall zu Hilfe. Nach dem Abendessen zogen sich die Damen zurück, um sich ihrer Handarbeit zu widmen. Die Männer gingen in die Bibliothek. Plötzlich sagte Rosa, sie sei unpässlich und kurz danach kam ihr Stiefsohn Karl und meinte, er müsse noch einen äußerst dringenden Brief schreiben. *„So so“,* dachte Gräfin Beatrice. *„Rosa war erst vor ihrer Abreise unpässlich gewesen und Karl hatte sich auf der Herfahrt richtig gefreut, seine gesamte Post erledigt zu haben. So viel Feingefühl hätte ich den beiden gar nicht zugetraut.“* Die Gräfin verabschiedete sich ebenfalls, indem sie sich auf ihre Ohnmacht bezog und vorgab, müde zu sein.

„Mach nicht so lange, mein Kind, morgen ist auch noch ein Tag.

Wir werden alle schon bald tief und fest schlafen. Sei also bitte leise, wenn du zu Bett gehst. Entschuldige mich bitte bei Baron Heinrich, falls du ihn noch sehen solltest."

Elisabeth durchschaute dieses Spiel nicht, bei ihr blieben nur die Worte: *„Sei leise, alle schlafen tief"* und *„Wenn du den Baron siehst"* hängen. Nichts wäre ihr lieber gewesen, als ihn zu sehen.

Heinrich, allein in der Bibliothek, wusste nicht so recht, wie er sich verhalten sollte. Er entschloss sich, den Damen noch etwas Gesellschaft zu leisten. Er klopfte leise an die Salontür. Als niemand antwortete, öffnete er zögerlich die Tür einen Spaltbreit. Da saß sie, allein im Schein des Kaminfeuers mit einer Handarbeit und dem kleinen schlafenden Welpen zu ihren Füßen. Ein entzückendes Bild. Er hüstelte dezent, um Elisabeth nicht zu erschrecken: „Darf ich Ihnen noch etwas Gesellschaft leisten, Komtesse?"

Elisabeth hatte das leise Klopfen und das Öffnen der Tür sehr wohl gehört und antwortete mit wohlklingender Stimme. „Sehr gerne, Herr Baron. Es ist mir etwas langweilig, weil meine Familie schon zu Bett gegangen ist", sie drehte ihm ihr schönes Gesicht zu. Beide strahlten sich an.

Es wurde ein wundervoller Abend. Sie hatten keine Scheu voreinander. Sie erzählten sich kleine Jugendstreiche und Familiengeschichten. Um kurz vor Mitternacht verabschiedete sich Elisabeth. Heinrich und sie hatten herausgefunden, dass beide gerne zu Pferde unterwegs waren. Sie versicherten sich gegenseitig ihr größtes Bedauern, dass daraus wohl nichts werden würde. Gräfin Beatrice ritt nicht mehr aus. Rosalie-Sophie schätzte das Reiten überhaupt nicht. Karl plagte zur Zeit der Rücken und Freifrau von Dornenbach, die auch als Anstandsdame einsprang, konnte nicht reiten.

Beim Frühstück versuchte jeder vergeblich, die beiden Verliebten nicht anzustarren. Sie selbst sahen aber nur sich.

„Heinrich, wie wäre es, wenn wir uns heute Vormittag über Ihre Geschäfte unterhalten würden? Eventuell kann ich Ihnen ein paar Ratschläge geben oder Sie haben Fragen an mich. Am Nachmittag würde ich einen kleinen Ausritt empfehlen. Bei diesem schönen Wetter. Ich selbst kann daran leider zurzeit nicht teilhaben. Mein Kreuz, wissen Sie“, fügte Karl noch hinzu, als seine Familie ihn verwundert ansah. Für Graf Karl war es schon längst klar, dass einer Heirat nichts mehr im Wege stand. Also warum so tun als ob? Er war eben ein Mann der Tat, der gern die Dinge zum Abschluss brachte.

Der Rest der Familie stimmte Karl zu, es wäre doch eine Schande, das schöne Wetter nicht zu nutzen. Freifrau von Dornenbach schien geradezu begeistert von dem Vorschlag zu sein, was wiederum auf ein gewisses Unverständnis traf, weil sie gar nicht reiten konnte. Alle zufrieden, weil sie nun Zeit für sich hatten, verteilten sich im Haus.

Nur Gräfin Beatrice wünschte, Elisabeth in ihrem Zimmer zu sprechen. „Nun, mein Kind, wie gefällt es dir hier auf Schloss Eldingen?“

„Mama“, strahlte Elisabeth. „Ich möchte am liebsten für immer hier bleiben.“

„Ja, das kann ich gut verstehen. Es ist wunderschön hier. Aber nun sag mir, was ist mit dir und Baron Heinrich? Ist es so, wie es aussieht? Seid ihr beide euch so sehr zugetan?“

„Von meiner Seite aus ganz sicher. Ich möchte immer in seiner Nähe sein. Er hat sich in dieser Hinsicht noch nicht ausgedrückt. An seinen Augen und seinem Lächeln glaube ich zu merken, dass es ihm ebenso ergeht.“

„Lisa, soweit ich seine Blicke deuten kann, hast du recht. Allerdings ist es noch viel zu früh, um etwas fest zu machen. So wie es aussieht, werdet ihr zwei heute Nachmittag wohl alleine ausreiten müssen. Vielleicht ergibt sich dabei irgendetwas Konkreteres, aus dem du schließen kannst, wie ernst es Baron Heinrich mit dir ist. Doch bitte sei vorsichtig. Ich vertraue dir. Ich denke aber, es gibt noch einige Dinge zwischen Mann und Frau, die wir besprechen müssen. Damit meine ich nicht die Sache mit den Kindern. Wie das funktioniert, hat dir sicherlich Rosalie schon erzählt. Stimmt’s?“

„Ja, Mama.“ Elisabeth wurde rot. Es war ihr unangenehm, wenn ihre Mutter über solche Dinge sprach. Obwohl sie selbst diese Sache für ganz natürlich hielt. Sie hatte es von klein auf bei allen Tieren beobachtet.

„Gut, Kind, dann werde ich dir einig Ratschläge geben, damit einer erfolgreichen Verbindung nichts mehr im Wege stehen kann.“

Bis zum Mittagessen gab die Gräfin alle Ratschläge, die sie für wichtig hielt, an Elisabeth weiter. So wie es schon in allen Völkern dieser Erde über Jahrmillionen von Mutter zu Tochter üblich war.

Heinrich und Karl tauschten unterdessen ihre Erfahrungen in puncto Geschäft aus. Ohne dass Karl ihn fragen musste, bot Heinrich ihm Einblick in seine Bücher an. Karl bedankte sich für sein Vertrauen. Er wusste dies sehr zu schätzen, denn kein Mann ließ sich gern in seine Bücher blicken. Auch erkannte Karl an diesem Angebot, wie ernst es Heinrich mit Elisabeth meinte und dass er nicht auf Elisabeths Mitgift spekulierte.

Gegen Mittag konnte sich Karl doch nicht ganz der Fürsorgepflicht seiner Schwester gegenüber entziehen. Er seufzte in Gedanken, schließlich hatte er den Ausritt selbst „eingefädelt." Obwohl ihm bewusst war, dass die beiden alleine ausreiten würden. Er holte tief Luft und erklärte sehr ernst: „Verehrter Heinrich, so wie es aussieht, werden Sie wohl mit Elisabeth allein ausreiten müssen. Da ich Sie als außergewöhnlichen ehrenhaften Kavalier einschätze, gehe ich davon aus, dass Elisabeth in Ihrer Begleitung, jetzt und in Zukunft, rein gar nichts zustoßen wird und sie völlig unbeschadet wieder hierher zurückkehrt."

Heinrich, der ahnte, dass Elisabeth Karls Lieblingsschwester war, nahm die Worte so auf, wie sie gemeint waren: *„Wenn du ihr zu nahe kommst oder Elisabeth von anderer Seite auch nur irgendeine Gefahr droht, bist du tot, Bürschchen. So wahr ich hier stehe. Und das gilt für alle Zeiten. Schreib dir das hinter deine Ohren!"* Heinrich versicherte Karl, Komtesse Elisabeth selbstverständlich völlig unversehrt wieder zurückzubringen. Während dieser Zeit wollte Karl sich gern weiter Heinrichs Bücher ansehen.

Zur vereinbarten Uhrzeit brachte die gesamte Familie Elisabeth zu den Stallungen. Dort wartete Heinrich schon mit zwei seiner prächtigsten Pferde. Das Aufgebot der ganzen Familie bedeutete für ihn. „Wenn du Elisabeth nicht unversehrt wieder zurückbringst, bekommst du es nicht nur mit Karl zu tun." Heinrich nahm es ihnen nicht übel. Nein, im Gegenteil, es imponierte ihm. Mit den besten Wünschen für eine gute Unterhaltung ritten sie im leichten Trab davon. Heinrich bemerkte schnell, dass Elisabeth eine geübte und sichere Reiterin war. Sie machten beide eine hervorragende Figur zu Pferde.

Nach einer Stunde schlug Heinrich Elisabeth vor, zu seinem Lieblingsplatz zu reiten. Dort könnten sie eine kleine Rast einlegen. An seinem Lieblingsplatz angekommen, berührten sie sich zum ersten Mal. Heinrich reichte ihr die Hand und umfasste ihre zierliche Taille, um ihr beim Absteigen behilflich zu sein. Ganz selbstverständlich nahmen sie sich bei der Hand. Sie mussten ein paar Schritte bis zu einer kleinen Lichtung am Ufer der Lutter gehen. Heinrich legte seinen leichten Mantel über einen Baumstamm, auf dem sie Platz nahmen. Einige Minuten sagte keiner von ihnen etwas, sie genossen einfach nur die Nähe des anderen.

„Ich kann verstehen, dass dies dein Lieblingsplatz ist", duzte Elisabeth ihn. „Es ist wunderschön hier. Wie in einer anderen Welt."

„Ich habe diesen Ort erst vor ein paar Wochen entdeckt. Hierher, habe ich mir vorgestellt, werde ich nur die Frau meines Herzens führen. Du weißt, was es bedeutet, Elisabeth. Du hast von meinem Herzen Besitz ergriffen und darum bist du jetzt hier." Wie selbstverständlich kamen die Worte über seine Lippen. Er hatte überhaupt keine Angst, dass sie seine Gefühle nicht erwidern könnte.

„Ja, Lieber", sagte sie mit rosigen Wangen. „Ich weiß, was es bedeutet. Ich danke dir dafür. Auch du hast mein Herz von der ersten Sekunde an erobert."

Es war viel zu früh, aber er war sich seiner Gefühle so sicher, wie er es noch nie im Leben gewesen war. „Elisabeth, könntest du dir vorstellen, hier mit mir, auf Schloss Eldingen als neue Baronin zu leben?"

Statt ihm zu antworten, hielt Elisabeth ihm ihre entzückenden Lippen zu einem Kuss hin. Heinrich kam ihr vorsichtig entgegen. Sie gaben sich einen sanften Kuss.

„Das war Antwort genug, Heinrich", besann Elisabeth sich schnell auf ihre sittsame Erziehung. „Ja, ich kann es mir vorstellen. Und ich wünsche mir sehr, hier mit dir zu leben."

„Ich weiß, es geht viel zu schnell. Wir kennen uns doch erst ein paar Tage. Aber ich bin mir so sicher", erklärte Heinrich.

Praktisch, wie sie war, antwortete Elisabeth ihm: „Das haben wir uns ja so nicht ausgesucht. Es ist einfach passiert. Warum sollen wir dann warten, wenn es doch nicht zu ändern ist? Tiere machen bei Weitem nicht so ein Brimborium. Sie merken es und dann nehmen sie die Sache so, wie sie ist. Es wird ja nicht besser, wenn es länger dauert. Man quält sich nur."

Der Vergleich mit den Tieren stimmte ihn heiter. Er konnte sich ein Lachen nicht verkneifen.

„Was ist? Habe ich etwas Falsches gesagt?", fragte Elisabeth.

„Nein, nein, süße Lisa. Du hast das ganz richtig erklärt. Es ist so. Nur würde ich dich ungern mit einem Huhn oder einer Ziege vergleichen."

Sie zwickte ihn in die Seite und er knuffte vorsichtig zurück. Sie lachten und neckten sich, bis sich ihre Lippen so nahe kamen, dass ein weiterer Kuss unvermeidlich war.

„Genug ist genug, mein Kind", ahmte Elisabeth den strengen Tonfall ihrer Mutter nach. „Die Regeln müssen eingehalten werden. Sonst gibt es Ärger. Leider", fügte sie leise hinzu.

„Leider", pflichtete ihr Heinrich bei. „Wie geht es jetzt weiter? Karl überprüft im Moment meine Bücher. Ich hoffe, er ist zufrieden."

„Nimmst du mich auch ohne Mitgift?"

„Was ist das für eine überflüssige Frage?", erstaunt sah Heinrich sie an.

„Nun, dann ist es doch völlig egal, was Karl von deinen Büchern hält. Ist er nicht zufrieden und stimmt einer Verbindung nicht zu, dann reiße ich eben aus. An meinem Entschluss ist nicht mehr zu rütteln. Da gibt es kein „Hin und Her" mehr."

„Gut." Was sollte Heinrich da noch sagen?

Die Gräfin blickte nachdenklich aus dem gelben Salon in den Park. *„Elisabeth wird in ein paar Monaten achtzehn. Ich selbst war erst siebzehn, als ich mit meinem ersten Mann verheiratet worden bin. Ich habe ihn nie geliebt, aber sehr geschätzt. Er hat mich immer zuvorkommend behandelt und wir haben viel zusammen gelacht. Doch, es war eine gute Zeit. Jetzt hat Elisabeth schon in jungen Jahren die wahre Liebe gefunden. Heinrich scheint wirklich in Ordnung zu sein. Ich hoffe, es kommt nichts mehr dazwischen und trübt das* *junge Glück. Ich denke, ich werde mit Hildegard noch einmal darüber sprechen. Ja, wo steckt sie überhaupt? Seit wir hier sind, hat sie sich immer rarer gemacht. Mal war sie unpässlich. Darauf hatte sie eine sich anbahnende Erkältung und gestern Abend hat sie sich außergewöhnlich früh mit starken Kopfschmerzen zurückgezogen."*

Die Gräfin klingelte nach Joseph, um Frau von Dornenbach zu ihr rufen zu lassen. Nach mehrmaligem Klingeln erschien Katharina.

„Hoheit, Sie wünschen?", fragte sie außer Atem.

„Was ist passiert? Geht es Joseph nicht gut?", erkundigte sich Gräfin Beatrice.

„Ich, äh, wir –. Wir können ihn nicht finden."

„Was heißt das: Wir können ihn nicht finden?", runzelte die Gräfin ihre immer noch makellose Stirn.

„Gestern nach dem Abendessen ist Joseph mit starken Kopfschmerzen gleich verschwunden. Die ganzen letzten Abende war er so anders. Einmal war er erkältet und davor fühlte er sich schlecht. Heute Morgen ist er auch nicht erschienen und bis jetzt nicht aufgetaucht."

„Weiß Baron Heinrich davon?"

Katharina sah beschämt auf den Boden. „Nein. Wir wollten ihn nicht damit behelligen. Jetzt, da er und …"

„Es ist gut, Katharina. Bitte schick Frau von Dornenbach zu mir. Ich muss sie dringend sprechen."

„Verzeihung Hoheit, das geht nicht."

„Wie? – Das geht nicht?" Langsam wurde die Gräfin ungeduldig. Sie war es gewohnt, dass jeder ihrer Befehle unverzüglich ausgeführt wurde und jetzt auch noch Widerworte, das durfte ja wohl nicht wahr sein!

„Du gehst auf der Stelle, Frau von Dornenbach holen! Sonst …" Ihr fehlten die Worte.

„Aber es geht doch nicht. Sie ist auch nicht da", stotterte Katharina.

Der Gräfin fiel das Kinn herunter und so blieb sie, wie vom Donner gerührt, äußerst undamenhaft mit offenem Mund, stehen. Verunsichert bot ihr Katharina zunächst Wasser an, dann Riechsalz. Die Gräfin schüttelte nur unentwegt mit offenem Mund den Kopf. Katharina wusste nicht mehr, was sie tun sollte. Sie entschied, ihre Mutter holen.

Kaum aus dem Zimmer heraus, hörte sie die Gräfin sagen: „Ich glaube, ich werde verrückt.“ Daraufhin fing die Gräfin an zu kichern.

Katharina wurde es unheimlich. Sie lief, so schnell sie konnte, zu ihrer Mutter. „Mutter, die Gräfin ist verrückt geworden! Komm schnell!“

Das Kichern hatte sich zu einem sehr lauten Lachen gesteigert. Es war mittlerweile im gesamten Schloss und außerhalb zu hören. Da Karl und Rosalie-Sophie ihre Mutter noch nie so laut und lange lachen gehört hatten, machten sie sich auf den Weg zu ihr.

Elisabeth und Heinrich, soeben von ihrem Ausritt zurückgekehrt, wollten ebenfalls nachsehen, was es mit dem Gelächter auf sich hatte.

Als Gräfin Beatrice ihre Familie vor sich stehen sah, prustete sie regelrecht los. Ihr liefen die Lachtränen über das Gesicht. *„Es ist auch zu komisch. Ich glaube, sie denken ich wäre verrückt geworden.“*

Das dachten sie in der Tat. Zwischen ihren Lachsalven stieß die Gräfin Wörter aus wie „Nacht“, „Nebel“, „fünfzig“, „heimlich“. Ihre Familie konnte sich keinen Reim darauf machen.

Jeder Versuch, sie zu beruhigen, schien die Gräfin nur noch mehr zum Lachen anzuregen. Sie beschlossen, noch eine Weile zu warten, bevor sie den Arzt konsultieren wollten. „ARZT“, war für die Gräfin das Stichwort. Sie hatte panische Angst vor jeglicher Art von Ärzten. Ihr Lachen ging in Kichern über, bis auch dieses verschwand. Sie war erschöpft. Die Dienerschaft hatte sich zurückgezogen. Ihre Kinder beruhigten sich allmählich.

„Mama“, begann Rosa vorsichtig, „geht es dir gut?“

„Mir geht es ganz wunderbar, mein Kind“, antwortet die Gräfin und fing wieder an zu kichern.

„Bitte, Mama, erzähl uns doch, was dich so aus der Fassung gebracht hat.“

„Das will ich gerne tun. Doch zunächst einmal: So wie ich benimmt sich eine Dame nicht. Sie hat keinen Lachkrampf zu bekommen. Wenn es doch einmal passieren sollte, dann hat sie sich zurückzuziehen und ihn heimlich, still und leise zu überwinden, sonst wird ihr womöglich noch die Tollheit unterstellt.“ Sie sah ihre Töchter streng an. „Tja, ich bin fast davon überzeugt, dass Frau von Dornenbach mit Joseph heimlich durchgebrannt ist.“

Diese Eröffnung schlug ein wie Blitz ein. Gräfin Beatrice erklärte, wie sich alles zusammenfügte. Das offensichtlich gleichzeitige Zurückziehen der beiden. Frau von Dornenbach und Joseph hatte seit gestern Abend keiner mehr gesehen. Zudem war ihr aufgefallen, dass ihre Gesellschafterin aufgeräumter wirkte. Sie lachte viel mehr und war nicht immer zur Stelle, wie sie es gewöhnlich tat. Außerdem trug Frau von Dornenbach eines ihrer Lieblingskleider, was sie nur zu außergewöhnlichen Anlässen tat.

„Wisst ihr, Kinder, wenn ich so recht überlege, benahm Frau von Dornenbach sich in den letzten Tagen genau so wie damals, als sie ihren Gatten kennengelernt hatte. Da hatte sie ‚Amors Pfeil‘ mitten ins Herz getroffen.“

Jetzt steuerten auch die anderen Auffälligkeiten bei. Von Rosalie-Sophie hatte sich die Gesellschafterin das rote Schirmchen ausgeliehen, von Elisabeth die roten Handschuhe und ein passendes Halstuch und von der Gräfin eine entzückende kleine Brosche. Heinrich ist aufgefallen, dass Joseph seine festliche Halskrause sowie die passenden Manschetten angelegt hatte. So kam eins zum anderen. Die Damen reimten sich eine wunderbare romantische Liebesgeschichte zusammen. Die Herren amüsierten sich darüber köstlich.

Es wurde Zeit, sich für das Abendessen umzukleiden. Sehr zu ihrem Erstaunen fanden die Damen die Gegenstände in ihren Zimmern vor, die sie Frau von Dornenbach ausgeliehen hatten. Wie kamen sie dahin? Sie war doch mit Joseph heimlich durchgebrannt. Das klärte sich beim Abendessen schnell auf.

Ganz selbstverständlich saß Frau von Dornenbach auf ihrem Platz am gedeckten Tisch. Jeder der das Zimmer betrat, stieß ein leises „Oh“, oder „Ah“ aus. Nur Rosalie-Sophie platzte ein „Was machen Sie denn hier?“ heraus. Frau von Dornenbach verstand weder die „Ahs“ und „Ohs“, noch diese mehr als unpassende Frage.

Die Damen machten enttäuschte Gesichter und als Joseph persönlich auch noch das Essen servierte, zerbröckelte ihre wunderbare Liebesgeschichte zur Gänze.

Bis Joseph nach dem Dessert mehrmals hüstelte.

„Die Herrschaften mögen meine ungehörige Unterbrechung entschuldigen. Ich habe Ihnen eine wichtige Entscheidung mitzuteilen." Mit korrekter Haltung ging er majestätisch um den Tisch herum, blieb neben Frau von Dornenbach stehen, verbeugte sich und küsste ihr die Hand. „In Ermangelung einer Familie seitens Frau von Dornenbach, möchte ich Sie alle bitten, Zeugen zu sein." Dabei kniete er sich hin.

„Liebe verehrte Hildegard, möchtest du meine Frau werden?"

Die Anwesenden schauten gebannt auf die beiden. Dann vernahmen sie ein leises, aber sehr deutliches „Ja".

Heinrich besann sich als Erster. Er stand auf, ergriff sein Glas und rief: „Hört! Hört! Auf das Brautpaar! Es lebe hoch, hoch, hoch!"

Inzwischen hatten sich die anderen erhoben und stimmten mit ein. Unter Tränen der Freude nahmen die beiden die herzlichsten Glückwünsche entgegen.

An diesem Tag war nicht mehr an Arbeit zu denken. Sie saßen mit den Frischverlobten zusammen. Hildegard von Dornenbach und Joseph wollten im Kreise ihrer „Wahlfamilie" so schnell wie möglich heiraten. Anschließend, nach einer ausgiebigen Hochzeitsreise, planten sie, den Rest ihres Lebens gemeinsam in Celle zu verbringen. Dort hatte Hildegard vor einigen Jahren in der Bergstraße ein Haus geerbt.

Bis die Gräfin eine neue Gesellschafterin und Baron Heinrich einen Ersatz für Joseph gefunden hätten, stünden die Verlobten gern noch zur Verfügung.

Feuchtfröhlich gingen später alle zu Bett.

Fünf Tage später wurden Hildegard und Joseph in der Sankt Marienkirche zu Eldingen vermählt. Es war eine kleine Hochzeit, so wie sie es sich gewünscht hatten.

Nach dem Gottesdienst gab es im Schloss ein festliches Mittagessen, zu dem auch Pastor Boreen geladen war.

Noch an diesem Tag bat Graf Karl Heinrich um eine Unterredung. „Mein lieber Heinrich, nachdem ich inzwischen die Bücher durchsehen konnte, habe ich festgestellt, dass …"

Heinrich wurde unruhig und rutschte ein wenig auf seinem Stuhl hin und her.

„Ich habe festgestellt“, wiederholte Karl, „dass du die Bücher nicht nur äußerst genau, sondern ganz hervorragend führst. Ich ziehe meinen Hut vor dir. Von dir kann ich selbst noch Einiges lernen, obwohl ich auf meine Buchführung immer sehr stolz war. Was die finanzielle Seite betrifft, könnte ich dir noch einige Ratschläge anbieten und gewisse Kontakte herstellen. Sie würden dir eventuell, bei gutem Verhandlungsgeschick, hilfreich sein können. Ich reise in ein paar Tagen, auf dem Rückweg, nach Celle. Dort besuche ich meinen Freund Graf von Bergen der, nebenbei gesagt, für den Marschstall des Herzogs Georg Wilhelm zuständig ist. Ich könnte mich bei ihm erkundigen, ob vielleicht eine Pferdezucht geplant ist. Bis jetzt haben sie die entsprechenden Tiere nur zugekauft. Das könnte für dich ein Einstieg in geschäftliche Unternehmungen mit dem Hof in Celle werden. Was meinst du?“

„Ja, sehr gern, das ist ein großzügiges Angebot“, antwortet Heinrich erfreut. Eigentlich interessierte ihn viel mehr, ob Karl ihn für würdig hielt, Elisabeth zu ehelichen. Elisabeth würde schließlich eine Verbindung unter ihrem gesellschaftlichen Stand eingehen.

„Gut, dann werde ich dort mein Möglichstes versuchen. Wenn du nichts mehr zu besprechen hast, könnten wir uns jetzt den Damen widmen. Was hältst du davon?“, schlug Graf Karl vor.

Das ging Heinrich definitiv zu schnell. „Doch ich habe noch eine Frage, und zwar die einzig wichtige Frage“, er stand auf. „Hältst du mich für würdig, Elisabeth zu heiraten?“

Karl runzelte die Stirn und erwiderte erstaunt.

„Ja, habe ich es denn nicht erwähnt? Das muss wohl an meinem Alter liegen. Ja, selbstverständlich bist du das. Meinen Segen habt ihr. Das letzte Wort hat allerdings die Gräfin.“

Erleichtert ließ sich Heinrich, mit der Bitte um ein vertrauliches Gespräch, bei Gräfin Beatrice anmelden. Diese ließ ihn eine geschlagene Stunde warten. Gräfin Beatrice brauchte diese Zeit, um sich für dieses „vertrauliche Gespräch“, entsprechend zurechtzumachen. Sie ahnte, worum es sich handeln konnte und wollte dementsprechend ihren Auftritt haben.

Gräfin Beatrice gab gerne ihren Segen. Nur eine Bedingung stellte sie. Heinrich musste Elisabeth noch einmal vor der gesamten Familie fragen, ob sie ihn überhaupt zum Gatten haben wollte.

Als es so weit war, ging auch er vor Elisabeth in die Knie. Die Familie gab den beiden, unter Tränen der Rührung, ihren allerbesten Segen.

Die offizielle Verlobung sollte in drei Monaten, an Elisabeths achtzehntem Geburtstag auf dem Sitz der Familie Heimtraut in Braunschweig stattfinden. Die große Hochzeit nächstes Jahr im Mai auf Schloss Eldingen.

Elisabeth und Heinrich waren überglücklich. Nur, es war noch so lange hin. Die Gräfin erklärte kurz, dass diese Verlobungszeit eingehalten werden müsse, weil sonst der Verdacht aufkommen könnte, dass die beiden heiraten müssten.

Auch über die Mitgift hatten Karl und Heinrich sich unterhalten. Sie fiel überaus großzügig aus. Heinrich war es etwas peinlich. Karl beruhigte ihn. Diese Höhe wäre absolut nicht außergewöhnlich. Sie wurde schlichtweg nach dem Vermögen der Familie berechnet. So viel stand Elisabeth einfach zu.

Maria

Diese plötzliche Stille war für die Schlossfamilie ungewohnt. Ein paar Tage genossen sie die Ruhe und ließen sich die letzten Wochen noch einmal durch ihre Köpfe gehen. Auch im Dorf wurde viel über die Ereignisse im Eldinger Schloss gesprochen.

Außerdem auch über Ludmilla, die anscheinend eine gute Erbschaft gemacht hatte. Sie hatte sich einen größeren Stall bauen lassen, besaß jetzt mehr Vieh, sogar einen Wagen und einen Esel. Auch äußerlich hatten sich Ludmilla und ihre Kinder verändert. Sie trugen jetzt nicht mehr die zerlumpten Kleider, hatten gutes Schuhwerk und waren so gut wie immer sauber. Ludmilla selbst hatte in den letzten Monaten tüchtig zugelegt. Das hinderte aber kein lediges oder nicht lediges Mannsbild daran, ihr nachzustellen. Im Gegenteil, hatte sie genug zu essen, würde es ihrem zukünftigen Mann ebenfalls gut gehen. Aber Ludmilla ließ keinen Mann an sich ran. So war auch nicht herauszubekommen, woher die Erbschaft stammte.

Ludmilla war von Haus aus fleißiger Natur und wurde nun dazu geschäftstüchtig. Sie fing an, aus ihrer Ziegenmilch, Käse nach einem Rezept ihrer Urgroßmutter herzustellen. Diesen gab sie einem reisenden Händler mit, der den Käse auf dem Celler Markt anbot. Das Geschäft lief für den Händler besser als für sie. Er hatte schnell herausgefunden, dass Ludmillas Käse einer der besten Ziegenkäse im Land und in der Stadt Celle war. Da nur geringe Mengen davon zur Verfügung standen, nahm er saftige Preise. Ludmilla ahnte davon nichts. Sie war froh, dass ihr Käse den Menschen schmeckte und sie regelmäßig ihr Geld dafür bekam. Die Nachfrage nach ihrem Käse wuchs ständig. Ludmilla hatte sich nach und nach noch vier Ziegen angeschafft.

Hermine, sonst eher skeptisch gegenüber dem, was nicht aus ihren Händen stammte, war von der Qualität und dem feinen cremigen Geschmack des Käses angetan. Hermine servierte Heinrich zum Abendessen ein kleines Stück davon. Er erkundigte sich sofort danach, woher diese köstliche Abwechslung stammte. Erfreut war Heinrich nicht, von Ludmilla zu hören, aber eins musste er ihr lassen, so guten Käse hatte er noch nie gegessen.

Von Gräfin Heimtraut bekam Heinrich eine Nachricht, in der sie ihm einen jungen Mann namens Rudolf Soskie als Nachfolger für Joseph empfahl. Rudolf Soskie suchte eine neue Stelle. Die Familie von Meinersen, bei der er tätig war, wollte in Kürze nach Italien umsiedeln. Die Familie war eng befreundet mit den Heimtrautern, daher kannte die Gräfin auch Rudolf. Er war dort als Kammerdiener der zwei Söhne tätig. Er mache eine außerordentliche gute Figur und sei ledig, teilte Gräfin Beatrice mit. Baron und Baronin von Meinersen setzten sich persönlich für den Verbleib Rudolfs ein. Sie empfahlen ihn an nur wirklich ausgesuchte Familien.

Heinrich schrieb sofort an die Meinersens und meldete sein Interesse an. Die wiederum erkundigten sich bei den Heimtrautern über Baron Heinrich.

Zwei Wochen später traf Rudolf Soskie auf Schloss Eldingen ein. Heinrich war sofort von ihm eingenommen. Rudolf hatte einen unglaublichen Charme. Dieser, gepaart mit seiner Noblesse, machte Rudolf unwiderstehlich. Er beherrschte außer seiner polnischen Muttersprache, Latein, Französisch und Englisch in Wort und Schrift.

„Außerordentliche gute Figur", wie die Gräfin sein Aussehen beschrieben hatte, war allerdings absolut untertrieben. Heinrich, der selbst sehr attraktiv war, fiel sofort die Bezeichnung „griechischer Gott" ein. Heinrich wunderte sich, warum Rudolf nicht bei Hofe diente.

„Herr Baron, ich möchte niemandem zu nahe treten. Ich bevorzuge, im Dienste einer übersichtlichen Familie zu stehen. Den Wirren und Machenschaften bei Hofe bin ich nicht gewachsen“, erklärte er Heinrich mit charmantem Lächeln.

„Wären Sie denn mit einer Stelle bei mir als Kammerdiener zufrieden?“

„Herr Baron, ich wäre sehr zufrieden. Sie sind mir, bei meinen Erkundigungen über ihre Familie, wärmstens empfohlen worden.“

Heinrich war überwältigt von so viel nonchalanter Aufrichtigkeit und bot ihm eine Stelle als Butler an.

„Davon hätte ich nicht zu träumen gewagt, Herr Baron“, bedankte sich Rudolf offensichtlich erfreut über seinen Aufstieg.

Rudolf würde gern noch einmal nach Braunschweig zurückkehren, um sich angemessen von seiner Herrschaft zu verabschieden. Er wollte in einer Woche seinen Dienst im Eldinger Schloss antreten. Sie einigten sich über die Bezahlung. Dies waren zwei Goldstücke im mehr Jahr, als Rudolf vorher verdient hatte.

Beide Seiten waren sehr zufrieden. Heinrich bedankte sich bei der Familie von Meinersen sowie bei der Gräfin von Heimtraut. Von dieser hatte er vernommen, dass sie ebenfalls eine neue Gesellschafterin aus dem Hause Meinersen übernommen habe.

Beim täglichen Abendessen mit Hermine, Katharina und Lennard von Eckberg erzählte Heinrich von Rudolf Soskie. Hermine war sehr skeptisch, wie sie ihrer Tochter später zu bedenken gab: „Bei so viel Schönheit eines Mannsbildes, kann nichts Gutes herauskommen.“ Hermine hatte Rudolf von Nahem gesehen, als sie ihm die Tür öffnete.

Des Weiteren besprachen sie die nun anliegenden räumlichen Veränderungen im Schloss. Sie sollten vor dem Winter beginnen. Die Gemächer seines Vaters mussten neu hergerichtet werden. Heinrich selbst würde statt der drei Zimmer nur noch zwei benötigen. Eines würde als zukünftiges zweites Kinderzimmer zur Verfügung stehen.

Die Räumlichkeiten von Heinrichs verstorbener Mutter sollten so bleiben. Den Wunsch hatte Elisabeth geäußert. Heinrich hatte mitbekommen, dass Elisabeth Gefallen an hellen Farben fand. Daher wollte er, dass die Zimmer neue champagnerfarbene Seidentapeten, Möbelbezüge und Vorhänge erhielten. Seine Mutter hatte altrosa geliebt. Ebenso sollten alle Vorhänge und die Möbelbezüge in den restlichen

Räumen erneuert werden.

Für die Dienerschaft und eine Gesellschafterin hatte er Zimmer im Dachgeschoss vorgesehen. Da hatte er allerdings nicht mit Hermine gerechnet.

„Auf gar keinen Fall bekommst du mich da oben hin. Wo gibt's denn so was! Eine Köchin hat in der Nähe ihrer Küche zu sein und damit basta. Allerdings ist Katharina in einem Alter, wo sie ein eigenes Zimmer benötigt. Ich brauche jetzt auch meine Ruhe, ich bin nicht mehr die Jüngste."

Das sah Heinrich ein. Wenn „Tante" Hermine in diesem Ton mit ihm sprach, war jeder Widerstand zwecklos.

„Aber der Neue, der „Schöne", der kann ja unter das Dach ziehen", lenkte sie dann ein.

„Das ist eine gute Idee. Dann bekommt er dort zwei Zimmer sowie die Gesellschafterin für Komtesse Elisabeth."

„Außerdem müssen mindestens noch drei zusätzliche Gästezimmer her, wenn sich die Familie vergrößert", bestimmte Hermine.

Damit hatte Heinrich nun nicht mehr gerechnet. Er hatte bis hier kalkuliert und konnte diese ohnehin schon enormen Kosten kaum bewältigen, aber noch mehr? Er beschloss, diese Investitionen mit Rudolf zu besprechen.

Lennard, dem es vor allem um seine Tiere ging, meldete sich zu Wort. „Herr Baron, bei alldem dürfen wir nicht vergessen, dass der Pferdestall instandgesetzt und vergrößert werden muss. Ebenso der Schweinestall. Vom Gesindehaus ganz zu schweigen."

Das konnte Heinrich unmöglich dieses Jahr finanziell schaffen. Auch wenn die Ernten, so wie es aussah, außergewöhnlich gut ausfallen würden. Die Erträge mussten erst einmal verkauft werden. Noch in der Nacht setzte Heinrich sich erneut an seine Bücher. Er kam zu demselben Ergebnis. Die nächsten Tage verbrachte er am ehemaligen Schreibtisch seines Vaters. Es musste eine Lösung geben, sonst konnte er Elisabeth kein angemessenes Heim bereiten.

Eines Nachmittags hörte Heinrich, wie sich ein Pferd näherte. Er war etwas erstaunt, da er keinen Besuch erwartete. Kurz darauf meldete Hermine ihm, der „Schöne" sei da und habe „etwas" mitgebracht.

Heinrich war erleichtert über Rudolfs Ankunft und wollte ihm erfreut die Hände schütteln. Da bemerkte er ein kleines dunkles Bündel in Rudolfs Armen. Und dieses stieß plötzlich einen markerschütternden Schrei aus. Cockie, der Welpe, stimmte auch gleich mit ein. Durch diese ungewohnten Geräusche wurden Hermine und Katharina herbeigerufen.

Hilflos mit dem schreienden Kind auf den Armen stand Rudolf wie angewurzelt mitten in der Bibliothek. Der kleine kläffende Cockerspaniel tänzelte um ihn herum.

Katharina erfasste die Situation, scheuchte Cockie hinaus und nahm Rudolf das schreiende Kind ab. Sie wiegte es hin und her, bis es sich beruhigte. Die Ruhe war wohltuend.

„Rudolf, ich glaube, Sie schulden mir eine Erklärung“, forderte Heinrich ihn auf.

„Das Bündel lag auf der Treppe, darum bin ich nicht bis zum Dienstboteneingang geritten. Ich dachte, ich nehme es gleich mit. Als ich spürte, dass es sich bewegt, habe ich den Haupteingang benutzt.“

„Ich verstehe Sie richtig? Das Kind ist nicht Ihr Kind, sondern Sie haben es hier auf der Schlosstreppe vorgefunden?“, wiederholte Heinrich noch einmal.

„Ja, Herr Baron.“

„Ähm, was nun? Was machen wir jetzt damit?“

„Herr Baron, wir könnten das Kind erst einmal mit in die Küche nehmen. Es fühlt sich nicht richtig warm an. Wer weiß, wie lange es dort schon gelegen hat?“, schlug Katharina vor.

„Gut, macht das.“ Heinrich war schlichtweg mit dieser Situation überfordert. Da das Kind jetzt wieder angefangen hatte wie am Spieß zu schreien, machte es auch nicht besser.

Als Hermine und Katharina sich mit dem Kind weit genug entfernt hatten, meinte Rudolf mit einem Schmunzeln: „Es scheint zumindest gesund zu sein, mit der kräftigen Stimme.“

Die Situation entbehrte nicht einer gewissen Komik.

„Herr Baron, angesichts dieser Überraschung, würde ich eine kleine Stärkung empfehlen. Darf ich Ihnen einschenken?“, bot Rudolf an.

Heinrich nickte geistesabwesend und nahm hinter seinem Schreibtisch Platz. „Wie soll es jetzt weitergehen mit dem Kind?“

Rudolf dachte kurz nach. „Vielleicht kann der Pastor Ihnen einen Rat geben?“

„Sehr gut. Ja, sehr gut. Es ist ja nicht unser Kind. Am besten wir bitten ihn gleich her.“

Rudolf fühlte sich schon im Dienst. „Da mein Pferd noch vor der Tür steht, könnte ich doch hinreiten und den Herrn Pastor herbitten.“

„Sehr gut. Ich schreibe schnell ein paar Zeilen an ihn. Vielleicht möchten Sie inzwischen Ihr Gepäck abladen? Katharina zeigt Ihnen Ihr vorläufiges Zimmer.“

Kurze Zeit später ritt Rudolf mit einer Botschaft für Pastor Boreen los. Als dieser die Zeilen las, lächelte er und erklärte sich bereit, gleich mitzukommen.

Hermine und Katharina hatten das Kind gebadet und in Ermangelung einer Amme Lennard gebeten, frische Ziegenmilch zu bringen. Diese tröpfelten sie nun verdünnt dem kleinen Mädchen ein. Sie war wunderschön.

„Vollkommen ist sie“, stellte Hermine fest. „Ich schätze, sie ist zehn oder zwölf Tage alt. Aber trotzdem muss der Arzt sich die Kleine ansehen. Sie könnte eine Krankheit haben, die nicht so offensichtlich ist. Und dann brauchen wir schleunigst eine Amme. Ich sage Baron Heinrich Bescheid.“

Heinrich schickte nach Doktor Röder. Nachdem der Arzt das Mädchen untersucht hatte, standen sie um das friedlich schlafende Kind in der wohlig warmen Küche herum.

„Was nun?“, wiederholt Heinrich sich.

„Angesichts der Tatsache, dass das Kind vollkommen gesund ist, sollte man ein so wunderschönes Kind als ein „Geschenk Gottes“ ansehen. Ich denke, es ist für Sie bestimmt, Herr Baron“, überlegte Pastor Boreen.

„Wie meinen Sie das, Hochwürden? Für mich?“, bei Heinrich schrillten die Alarmglocken.

„Hochwürden, Herr Doktor, ist Ihnen denn keine Frau bekannt, die in den letzten Wochen entbunden hat?“

„Nein“, antworteten sie gleichzeitig.

„Auch nicht in den umliegenden Dörfern?“

Wieder ein gemeinsames: „Nein.“

„Aber“, überlegte Dr. Röder, „die Emma Schulz hat vor neun Wochen entbunden. Vielleicht hat sie genug, um dieses Kind mit zu stillen? Wie soll es denn heißen?"

„Weil es so vollkommen ist, vielleicht ‚Maria'?", schlug Katharina vor.

Der Vorschlag wurde vorerst angenommen. Pastor Boreen wollte die kleine Maria aber offiziell in einer Woche taufen, sofern bis dahin die Eltern nicht aufzufinden waren. Katharina sollte sofort zu Emma Schulz laufen und sie um Hilfe bitten.

„Sehr gut", sagte Heinrich zum wiederholten Male. Was so viel bedeutete wie: „Ich bin dankbar für eure Hilfe."

Ja, so waren sie nun mal auf Schloss Eldingen. Gab es ein Problem, war jeder sofort bereit zu helfen.

Rudolf war sich nun sicher, hier auf Schloss Eldingen sein neues Heim gefunden zu haben. Unter vier Augen schlug er Heinrich vor, selbst Erkundigungen über die Herkunft der kleinen Maria einzuholen. Er könne sich beiläufig beim Krämer und in den Dorfschenken der umliegenden Dörfer erkundigen.

„Herr Baron, bevor ich mich zurückziehe, möchte ich Ihnen mit den herzlichsten Grüßen von Gräfin Beatrice, Graf Karl und Komtesse Elisabeth von Heimtraut drei Briefe und eine Schatulle übergeben."

„Danke, Rudolf, und verzeihen Sie mir bitte. Bei all dem Trubel habe ich nicht daran gedacht, dass Sie erst angereist sind. Sie konnten sich noch nicht einmal frisch machen und etwas zu sich nehmen. Es tut mir leid. Glauben Sie mir bitte, so geht es hier „Gott sei Dank" nicht jeden Tag zu."

Rudolf meinte lächelnd: „Herr Baron, gewiss war es ein wenig turbulent. Aber ich empfinde es als gelungenen Einstand. So konnte ich auf einen Schlag alle wichtigen Personen kennenlernen. Allerdings würde ich mich jetzt gern, nach einem kleinen Imbiss, zurückziehen, wenn Sie gestatten?"

„Selbstverständlich, Rudolf. Vielen Dank für Ihre Hilfe und schlafen Sie recht gut."

An diesem Abend war an eine Besprechung nach dem Abendessen nicht mehr zu denken. Heinrich betrat zur gewohnten Zeit die Küche.

Er wurde mit einem dreistimmigen „Pssst“ empfangen. Hermine, Katharina und Lennard saßen um den riesigen Küchentisch an einem Ende herum und starrten gebannt in ein Weidenkörbchen, in dem die kleine Maria friedlich schlief.

Hermine hatte für Heinrich am anderen Ende sein Abendbrot hingestellt. Sie wies ihn mit einer Kopfbewegung darauf hin.

Wie es so ist, wenn man besonders leise sein will, fiel Heinrich nach kurzer Zeit sein Messer aus der Hand und landete mit einem klirrenden Geräusch auf dem Küchenboden. Dies handelte ihm drei strafende Blicke ein.

Ah, so ist das also, dachte er, *kaum ist ein Kind im Hause, wird der Herr zur Seite geschoben und darf keinen Muckser mehr machen. Da weiß ich ja, was mir bevorsteht. Aber ansehen möchte ich mir die Kleine doch schon mal. So ein winziges Kind habe ich noch nie gesehen.*

Keiner der drei machte Anstalten, für Heinrich Platz zu schaffen. Er berührte Katharina an der Schulter, sie überließ ihm widerstrebend ihren Schemel. Er setzte sich vorsichtig und nach kurzer Zeit, wusste er, warum die drei so fasziniert von dem Kind waren. Maria war vollkommen. Sie hatte viele lange schwarze Haare, ebenso lange schwarze dichte Wimpern, süße Öhrchen und Fingerchen. Wenn sie wohlig ihr Mündchen bewegte, erschienen auf den Wangen klitzekleine Grübchen. Er hätte sie noch lange ansehen mögen, aber seine Pflichten riefen ihn.

Auf seinem Schreibtisch wartete Post, die bearbeitet werden musste. Zunächst las Heinrich den Brief von Elisabeth, er hatte ihn schon sehnlichst erwartet. Sie schrieben sich wöchentlich und ihre Sehnsucht nacheinander wuchs stetig.

Mein Liebster,

ich wäre so gern bei Dir. Die Tage vergehen ohne Dich unendlich langsam, obwohl wir sehr viel zu tun haben.

Mutter, Karl und ich haben neulich zusammengesessen und über meine Mitgift gesprochen. Sie gehört mir bis zu unserer Vermählung, dann geht sie in Dein Eigentum über.

Die beiden sind der Meinung, dass ich es in meinem neuen Zuhause so schön und angenehm haben soll wie hier. Ich sollte auf keinen Fall irgendetwas entbehren müssen. Wenn sie wüssten! Ich brauche nichts außer Dich, mein Geliebter! Jedenfalls sind wir drei der Meinung, dass Du voraussichtlich Pläne für meinen Einzug und die Familie gemacht hast, wenn sie uns besuchen kommen. Üblich ist ja, dass der zukünftige Gemahl die gesamten Kosten für die Hochzeitsfeierlichkeiten übernimmt. So soll es auch sein, mein lieber Hein. Aber nur, wenn Du einen Teil meiner Mitgift (Schatulle) dafür nimmst, um im Schloss alles für meine Ankunft vorzubereiten. Denk bitte bei den Umbauarbeiten daran, dass ich mir viele Kinder wünsche! Sehr viele! Jungs, die aussehen wie Du und Mädchen, die auch aussehen wie Du. Das alles wird Unsummen verschlingen.

Ich möchte nicht, dass Du zu viel Geld für mich ausgibst und Dich deswegen eventuell verschulden musst.

Allerdings habe ich einen Wunsch. Bitte verwende einen Teil des Geldes, um zwei Aborte einzubauen. Ich persönlich habe noch keine gesehen, aber die Leute reden hinter vorgehaltener Hand ständig darüber und kichern, wenn sie sagen, dass diese Neuheit eine „wahre Erleichterung" ist.

Während Du in Gesprächen mit Karl warst, haben Mutter und ich Vorhänge ausgemessen, die wir für erneuerungsbedürftig halten. Ich hoffe, Du nimmst es uns nicht übel? Wenn Du einverstanden bist, kümmern wir uns um die Erneuerung. Wir haben hier in Braunschweig eine ganz ausgezeichnete Quelle, die eine Vielfalt an hochwertigen Stoffen anbietet.

Sonst gibt es nicht viel Neuigkeiten. Mutter ist ganz angetan von ihrer neuen Gesellschafterin, mit der sie sich ausführlich über Kunst unterhalten kann. Sie überlegt, ob sie nicht anfangen sollte, kleine Bilder zu malen. Karl steckt wie immer in einem Berg Arbeit. Rosalie-Sophie ist in Ihren Liebsten so verliebt, dass ich neidisch werden könnte, wenn ich nicht mindestens doppelt so verliebt in Dich wäre.

Mein Liebster, ich sehne mich so sehr nach Dir, dass es manchmal richtig wehtut. Bitte antworte mir bald, damit ich weiß, dass es Dir genauso geht.

Deine (liebes-)kranke Elisabeth.

Heinrich freute sich einerseits über die lieben Worte seiner Angebeteten. Andererseits war er enttäuscht, dass sie ihm Geld zur Verfügung stellte und ihm somit nicht zutraute, dass er es alleine schaffen würde.

Der Brief der Gräfin und Karls Brief hatten mehr oder weniger denselben Inhalt. Allerdings wiesen sie beide darauf hin, dass sie Elisabeth die Sache mit der Mitgift hatten ausreden wollen. Sie befürchteten, er könne gekränkt sein. Aber Elisabeth hatte es sich nun einmal in den Kopf gesetzt und sie würde trotz aller Bedenken darauf bestehen. Karl nannte sie schlicht einen „Dickkopf." Allerdings räumte er ein, dass seine Stiefschwester mit allem, was sie wohlüberlegt durchgesetzt hatte, im Nachhinein recht behalten hatte. Um einen Familienstreit zu vermeiden, hätten seine Mutter und er am Ende nachgegeben.

Karl bat nur um eine schriftliche Bestätigung der Summe für seine Bücher. In Klammern fügte er hinzu, er hätte diese Genauigkeit in puncto „Ausgaben für die Familie" von Heinrich gelernt. Karl notiere diese Ausgaben jetzt ebenso mit größter Genauigkeit. Damit könne er unnötigen Debatten, seitens der Wünsche seiner Damen, bestens aus dem Weg gehen. Was seine Nerven sehr schonen würde. Karl hatte hinzugefügt, dass er mit einem sehr guten Gefühl aus Celle abgereist sei. Sein Freund, Graf von Bergen, habe ihm interessiert zugehört, als er von Heinrichs prächtigen Pferden berichtete. Mehr wolle er zu diesem Zeitpunkt noch nicht dazu sagen.

Heinrich nahm den Schlüssel, den Karl seinem versiegelten Brief beigelegt hatte, und öffnete widerstrebend die Schatulle. Er traute seinen Augen nicht. So viel Gold hatte er noch nie auf einem Haufen gesehen. Heinrich klappte die Schatulle zu und wieder auf. Es war immer noch da. *Das war also nur ein Teil der Mitgift. Sie mussten unvorstellbar reich sein. Ich heirate eine reiche Frau!*

Mit diesem Gedanken ging Heinrich zu Bett. Er hatte sich nicht entschieden, ob es ihn erfreuen oder erschrecken sollte.

Bevor Rudolf losritt, um Erkundigungen über Marias Herkunft einzuholen, bat Heinrich ihn um ein vertrauliches Gespräch. Heinrich fragte Rudolf, ob er schon einmal etwas über einen gemauerten Abort gehört hätte.

Hatte Rudolf, aber nicht benutzt. Dieser stand nur der Herrschaft zu. Erfahrungsberichten zufolge meinte Rudolf: „Es soll eine ungeheure „Erleichterung“ sein, sagen die Leute hinter vorgehaltener Hand. Auch für die Dienerschaft wäre es hilfreicher.“

Heinrich beschloss, Hans von Mollenstein zu fragen, wo er einen Abort besichtigen könnte. Herr von Mollenstein kam als Advokat viel herum.

„Rudolf, wie Sie wissen, vermähle ich mich nächstes Jahr mit Komtesse Elisabeth von Heimtraut. Bis dahin ist viel im Schloss und drum herum zu bewerkstelligen.“ Heinrich berichtete Rudolf von den Briefen der Gräfin, des Grafen und Elisabeths und dem Gold.

„Ich bin in der Lage, das meiste selbst zu begleichen, ohne mich zu verschulden. Aber eben nicht alles. Was würden Sie an meiner Stelle tun, Rudolf?“

„Herr Baron, bevor ich mich dazu äußere, möchte ich eine Nacht darüber schlafen.“

„Das verstehe ich, Rudolf. Viel Erfolg bei der Suche nach Marias Eltern.“

Nach Heinrichs täglichem morgendlichem Ausritt mit „Adolpho“ überkam ihn der Wunsch, Maria zu sehen. Sie lag friedlich schlafend in ihrem Weidenkörbchen. Georg hatte aus getrockneten Ästen ein Gestell gebaut, auf dem das Körbchen gut und sicher stand.

Hermine berichtete ihm, dass Emma Schulz tatsächlich ausreichend Milch für zwei Kinder habe. Maria würde jetzt mehrmals täglich zur Amme gebracht und hätte dann gleichzeitig ausreichend frische Luft. Von der Kuhmagd habe Hermine ein paar Windeln und Säuglingswäsche bekommen. Maria benötige noch ein flauschiges Deckchen. Ob Hermine diese aus der Kommode der verstorbenen Baronin nehmen dürfte? Heinrich, der zufrieden war, dass Maria gut umsorgt wurde, gestattete es.

„Bevor ich es vergesse, Hein, es ist üblich, eine Amme mit entsprechender Kost zu versorgen, damit sie ausreichend und gute Milch hat. Zusätzlich sollte sie auch etwas Lohn dafür bekommen. Bist du damit einverstanden, dass wir Emma so lange eine Milchkuh mit entsprechend viel Heu zur Verfügung stellen?“

„Selbstverständlich.“

„Falls, ich sage ausdrücklich: ‚Falls‘ die Mutter von Maria nicht aufzufinden ist, wirst du sie ja taufen lassen. Wie wäre es, wenn dann gleichzeitig die Taufe von Emmas Tochter wäre? Der Pastor erwartet immer eine Spende für die Kirche, wenn er tauft. Emma und ihr Mann haben kein Geld dafür. Wenn Emmas kleine Tochter ungetauft stirbt, wird sie nicht in den Himmel gelassen, nur weil die Eltern arm sind.“

„Das ist ja absurd. Ich habe selten so einen Blödsinn gehört, Tante Hermine. Solch kleine Kinder können noch gar keine Sünde begangen haben. Aber wenn das nun mal so behauptet wird, werde ich ihre Taufe selbstverständlich mitbezahlen. Danke, dass du mich darauf hingewiesen hast, Tantchen.“ Heinrich war recht unwohl bei dem Gedanken, dass ein unschuldiges Kind womöglich in die Hölle kommen würde, nur weil kein Geld für die Taufe da gewesen ist.

Heinrich arbeitete seine weitere Post durch. In einem Brief an Hans von Mollenstein erkundigte er sich nach einer Toilette und ob dieser wüsste, wo er sie bei Gelegenheit besichtigen könne. Später machte er sich daran, Elisabeth die letzten Ereignisse im Schloss zu schildern. Als er die Zeilen überflog fiel ihm auf, dass er regelrecht von der kleinen Maria schwärmte. Wie um sich zu überzeugen, dass sie wirklich so entzückend war, machte er sich mit Cockie auf in die Küche.

„Möchte Herr Baron hier mit uns und zu Mittag essen?“, fragte ihn Katharina etwas irritiert. Sie war mit Maria beschäftigt.

„Ja.“ Zufällig war Mittagszeit. Heinrich nutzte die Gelegenheit, Maria zu beobachten.

Die Milch kochte über. Katharina drückte ihm blitzschnell Maria in den Arm und kümmerte sich um das Malheur. Heinrich war verdutzt. Er hatte noch nie ein Kind im Arm gehalten. Es fühlte sich gut an. Als er Maria etwas höher schob, schlug sie die Augen kurz auf.

„Katharina, ich glaube, sie hat etwas im Auge.“

In diesem Augenblick kamen Hermine und Lennard in die Küche.
„Was hat sie?“, fragten sie gleichzeitig.

„Gib mal her“, forderte Hermine.

Sie beobachteten, wie Hermine bei Maria vorsichtig die Augenlider hochzog.

„Da, da ist es“, Heinrich deutete auf das linke blaue Auge.

„Ach ‚das‘. Das ist nichts. Ihr fehlt nur ein kleines Stückchen in der Iris, das verwächst sich mit der Zeit, hat Doktor Röder gesagt“, stellte Hermine beruhigend fest.

„Das eine Auge ist blau und das andere hellgrau. Verwächst sich das auch mit der Zeit?“, fragte Lennard.

„Ja, das muss sich erst entscheiden. Ist doch bei deinen Viechern auch manchmal so.“ Hermine beschlich das Gefühl, die anderen würden geradezu danach suchen, um einen Fehler an Maria zu finden.

„Manchmal bleibt ‘das‘ aber auch so“, meinte Katharina.

„Nun ist aber Schluss. Jetzt wird gegessen und dann braucht die Kleine Ruhe.“ Hermine machte der Mäkelei ein Ende.

Während des Essens beobachteten sie Maria. Zu besprechen gab es nicht viel. Heinrich nahm sich vor, in Zukunft seine mittägliche Mahlzeit in der Schlossküche einzunehmen. Er wollte rechtzeitig da sein, um den besten Platz nah bei Marias Körbchen zu ergattern.

Rudolf war von seinen ersten Erkundigungen ergebnislos zurückgekehrt. „Herr Baron, zu der Frage gestern, wegen der Mitgift. Ich würde das Geld annehmen, auch wenn es mich etwas kränken würde. Sie sind sicher in der Lage, die Kosten selbst aufzubringen. Nur warum sollten Sie hohe Zinsen für geliehenes Geld bezahlen, wenn es doch vorhanden ist? Der Familie von Heimtraut wird es nicht fehlen, sonst hätten sie es nicht angeboten. Und was die praktische Seite betrifft, so finde ich es von Komtesse Elisabeth äußerst vorausschauend. Wenn Ihre zukünftige Gemahlin hier Einzug hält, ist der gesamte Umbau abgeschlossen und Sie können ihr Glück in Ruhe genießen. Wäre ich an Ihrer Stelle, würde ich die Familie über jeden Schritt auf dem Laufenden halten und ganz genau über die Ausgaben Buch führen. Sobald ich in der Lage wäre, den Betrag zurückzuzahlen, würde ich mir dies vom Grafen bescheinigen lassen. Obwohl Sie es natürlich nicht zurückzahlen müssen. Es geht ja nach der Eheschließung in Ihren Besitz über.“

Heinrich fühlte sich schlagartig erleichtert. Ja, genau das würde er tun. Warum war ihm nicht selbst eingefallen, das Geld wieder zurückzuzahlen?

„Danke, Rudolf, Sie haben mir sehr geholfen. Genau so werde ich mit der Familie übereinkommen. Jetzt geht es mir schon viel besser."

„Liegt noch irgendetwas an, Herr Baron? Sonst würde ich gern nach unserem Findelkind sehen."

„Nein, Rudolf, für heute liegt nichts mehr an. Ich komme mit zu Maria."

Noch am selben Abend beantwortete Heinrich die Briefe an die Gräfin, Karl und beendete den an Elisabeth. Er bedankte sich für ihr Vertrauen, quittierte Graf Karl den Empfang des Geldes und erklärte in groben Zügen, welche Investitionen er tätigen wollte. Heinrich bestand darauf, diesen Teil der Mitgift nach und nach zurückzuzahlen.

Mit sich und der Welt im Reinen ging Heinrich zu Bett.

„Tante Hermine, ich werde zu Pastor Boreen gehen, um mit ihm über die zwei Taufen zu sprechen. Weißt du schon, wie die Kleine von Emma heißen soll?", erkundigte sich Heinrich.

„*Hedwig*", sagt Emma. Ich soll dir sagen, sie freut sich sehr über dein Angebot. Sie ist erleichtert, dass wenigstens eines ihrer Kinder später in den Himmel kommt."

„Hermine, sag jetzt nicht, dass die anderen Kinder nicht getauft sind?"

„Doch, Hein, leider sind alle anderen elf Kinder nicht getauft."

Heinrich schluckte und machte sich traurig auf den Weg.

„Hochwürden, in sechs Tagen soll die Taufe von Maria sein. Ich möchte gern, dass alle Kinder aus unserer Kirchengemeinde getauft werden. Die Vorstellung, dass die Kinder später in die Hölle kommen könnten, ist grausam."

„Lieber Herr Baron, das ehrt Sie sehr. Ihr Anliegen zeigt mir, was für ein gottesfürchtiger Mensch sie sind. Nur ist es unmöglich durchführbar. Es sind einfach zu viele Kinder."

„Was können wir denn tun?"

„Herr Baron, nicht alle Menschen sind so gottesfürchtig wie Sie. Durch den Krieg haben viele angefangen, an Gottes Gnade zu zweifeln. Denen ist es egal, was aus ihren Kindern wird. Die gottesfürchtigen, aber armen Menschen, haben einfach kein Geld für eine Taufe. Ich weiß, Sie denken jetzt, dass ich geldgierig bin. Dem ist bei Weitem nicht so. Der Kirchturm hätte schon seit Jahren repariert werden müssen, die Kirchturmglocke muss erneuert werden, einige der Kirchenbänke sind so marode, dass man sich besser nicht darauf setzen sollte und die Orgel muss gestimmt werden. Das alles kostet sehr viel. Vom Bischof bekomme ich diesbezüglich nur Absagen. Der Dreißigjährige Krieg hat auch die Kirche hart getroffen. Aber vielleicht …? Ja, ich glaube, ich habe da eine Idee. Gott hat alle Menschen gleich gemacht. So sollen auch alle, wenn sie den Wunsch haben, getauft werden. Die Kinder unter drei Jahren verstehen noch nicht das Wort Gottes, das ich verkünde. Die älteren Kinder schon. Oder ihre Eltern können es ihnen weitergeben. Wenn sie größer oder gar erwachsen sind, können sie sich immer noch taufen lassen. Das haben Jesus und Johannes, wie Sie wissen, auch getan."

Heinrich, der sozusagen gar nicht bibelfest war, nickte zustimmend.

„Ja, das wäre eine Möglichkeit. Wir könnten alle Kinder bis zu drei Jahren taufen. Aber wer soll das bezahlen?", überlegte Pastor Boreen.

„Ich werde das wohl übernehmen müssen."

„Gut. Und ich werde von dem üblichen Obolus absehen, weil es Gemeinschaftstaufen werden. Wir könnten in sechs Tagen zusammen mit Maria die erste große Taufe durchführen. Das wird sich schnell herumsprechen." Pastor Boreen war ganz begeistert von seiner eigenen Idee. Die Kirche wäre dann endlich mal wieder gut gefüllt.

„Hochwürden, haben Sie einen Überblick, wie viel Kinder es ungefähr sein könnten?"

„Als ich das letzte Mal nachgezählt habe, waren es ungefähr neunzig Kinder. Das ist ein gutes halbes Jahr her."

„Abgemacht. Jetzt benötige ich Ihren Rat noch in einer persönlichen, delikaten Angelegenheit."

„Selbstverständlich, Herr Baron. Lassen Sie uns bei einer Tasse Tee darüber sprechen. Wir gehen in mein Privatzimmer. Gehen Sie bitte schon voran. Ich hole uns Tee." Pastor Boreen öffnete eine Tür.

Heinrich, der nicht geahnt hatte, dass sein Pastor in so armseligen

Verhältnissen lebte, war entsetzt. In der winzigen Kammer war eine Pritsche, wie es aussah, nur mit Stroh belegt. Das kaputte Fenster war mit Brettern vernagelt, kein Tageslicht schien herein. Der kleine Tisch war über und über mit Papieren vollgeräumt. Der einzige schiefe Stuhl sah aus, als würde er jeden Moment zusammenbrechen. Der alte Betstuhl war schon zusammengebrochen. Es roch vermodert und auf dem ehemaligen Dielenboden sah Heinrich Mäusekot.

Pastor Boreen kam mit zwei Bechern Tee und bot ihm den Stuhl an.

„Herr Pastor, ich wusste nicht …“, Heinrich schaute sich um.

„Ach wissen Sie, Herr Baron, es gibt so viele arme Menschen auf der Welt. Was brauche ich mehr als sie haben. Etwas zugig ist es hier, das bekommt meinem Rheuma nicht sehr gut. Aber sonst habe ich alles, was ich brauche.“

„Was ist mit dem übrigen Räumen? Das Pfarrhaus ist doch sehr groß.“

„Die sind nicht bewohnbar. Die Fenster sind überall hin. Sie müssten vernagelt werden. Die Möbel hat die Mutterkirche abholen lassen. Sie wissen schon, wegen des Krieges. Aber lassen wir das jetzt. Was kann ich für Sie tun?“

„Wie ich schon sagte, möchte ich Sie in einer delikaten Angelegenheit um Rat bitten.“

Weil Pastor Boreen merkte, wie unangenehm es Heinrich war, lächelte er ihn aufmunternd an: „Ich werde Ihnen schon nicht die Ohren langziehen. Nur zu, fragen Sie.“

„Ich werde mich im nächsten Jahr mit Komtesse Elisabeth von Heimtraut vermählen. Sie stammt aus den besten Kreisen. Nun hatte ich bis vergangenen November ein Techtelmechtel mit …“

„Der Witwe Ludmilla.“

„Woher wissen Sie das?“

„Der liebe Gott sieht und hört alles, mein Sohn.“

„Ja, scheint so.“ Dann erzählte Heinrich von Josephs Ratschlag, dem Streit mit Ludmilla, ihrer Erpressung und ihrem geschlossenen schriftlichen Vertrag. Pastor Boreen hörte ihm aufmerksam und nachdenklich zu.

„Was raten Sie mir nun? Soll ich diese ganze leidige Angelegenheit meiner zukünftigen Gemahlin verschweigen? Oder soll ich es ihr genauso erklären, wie es war? Wenn ja, wann ist der richtige Zeitpunkt dafür? In fünf Wochen wird unsere Verlobung offiziell bekanntgegeben."

„Fangen wir der Reihe nach an. Zuerst einmal war es schändlich von Ihnen, die Situation einer Witwe mit drei kleinen Kindern auszunutzen."

„Ich weiß. Der Herrgott möge mir verzeihen."

„Gut. Ludmilla hat Ihnen in einer schwierigen Lebenssituation Trost und Halt gegeben."

„Das hat sie."

„Sie haben ihr nie die geringste Hoffnung gemacht oder ihr gar versprochen, sie zur Gemahlin zu nehmen?"

„Nein, habe ich nie. Im Gegenteil, wir haben die Situation von Anfang an geklärt."

„Dann muss ich Ihnen sagen, dass Ludmilla Sie gehörig über den Tisch gezogen hat. Ein Mann Ihres Standes hätte eine Frau wie Ludmilla ohne Probleme zur „Persona non grata" erklären lassen können. Sie und ihre Nachkommen hätten dann diesen Landstrich nie wieder betreten dürfen, ohne eine gehörige Strafe vom Vogt oder Herzog zu bekommen."

„Das wäre mir nie in den Sinn gekommen. Ich denke, Ludmilla hat das alles für ihre Kinder gefordert. Eine gute Mutter ist sie ja trotz allem. Und ihr Wort hat sie auch bis jetzt gehalten."

„Für ganz so selbstlos halte ich Ludmilla nicht, Herr Baron. Aber nun gut, es ist so, wie es ist. Sie haben mich gefragt, ob Sie die Sache ihrer zukünftigen Frau beichten sollten. Ich rate Ihnen unbedingt dazu, und zwar die ganze Wahrheit. So wie Sie es mir auch erzählt haben. Vertrauen in einer Ehe ist unabdingbar. Wenn Sie es nicht tun und es durch irgendeinen Zufall später herauskommen sollte, kann es sein, dass dieses Vertrauen für immer dahin ist. Es ist niemals völlig wiederherzustellen. Ein Fünkchen Misstrauen wird für immer bleiben. Was den Zeitpunkt angeht, so wäre er jetzt genau richtig. Falls Komtesse Elisabeth nicht mit der delikaten Sache umgehen kann, hat sie immer noch die Möglichkeit, die Verlobung abzusagen. Im Übrigen, Herr Baron, kommt so etwas öfter vor, als Sie ahnen. Nur werden diese Frauen dann meist nicht noch dafür belohnt, sondern verjagt."

„Sie meinen ich sollte es ihr jetzt, am besten vor der Verlobung sagen?"

„Ja, dass meine ich."

Nach einer kleinen Pause fuhr der Pastor fort: „Dann stimmen diese Gerüchte über eine Erbschaft, die Ludmilla gemacht haben sollte wohl nicht? Das stammt von Ihnen. Ludmilla war vor einigen Wochen hier, um ihre drei Kinder taufen zu lassen. Übrigens ganz entzückende Kinder. Dabei ist mir aufgefallen, dass Sie sehr zugenommen hatte. Trotz ihrer unförmigen Kleider kam es mir so vor, als würde sie ein Kind erwarten. Nicht zuletzt, weil sie sich immer wieder über den Bauch strich, wie es schwangere Frauen oft unbewusst tun. Letzte Woche war die Taufe. Davor war sie ein paar Tage verreist, wie es hieß zu Verwandten in Celle. Wenn es stimmt, was ich vermute, hat sie in der Zeit entbunden. Das konnte doch ungefähr mit dem Zeitpunkt übereinstimmen, zu dem Sie Maria gefunden haben?"

Heinrich war entsetzt: „Das hätte ich doch gemerkt. Das hätte sie mir erzählt. Dann hätte sie mehr verlangt."

„Nicht unbedingt. Doktor Röder hat mir die Sache mit der Schwangerschaft einmal erklärt. Da gab es einen Mann im Ort, der seine Frau beschuldigt hatte, mit einem Schafhirten etwas gehabt zu haben. Das Kind kam viel früher zur Welt, als er ihr selbst beigewohnt hatte. Das Kind kam aber einfach nur zu früh auf die Welt. Weil es vollkommen entwickelt war, nur etwas kleiner, hatte der Mann ihr Untreue unterstellt. Manche Frauen merken auch gar nicht, dass sie ein Kind in sich tragen. Sie wundern sich nur, dass sie immer dicker werden und bestimmte Dinge nicht mehr essen mögen oder einen Heißhunger auf andere Dinge entwickeln. Tja, die Natur geht ihre eigenen Wege."

„Ich glaube das einfach nicht. Dann wäre ‚Maria' mein eigen Fleisch und Blut", sinnierte Heinrich vor sich hin.

„Ja, das wäre sie dann. Aber erst einmal steht es noch nicht fest. Die Dinge würden nur zusammenpassen. Außerdem kann es auch sein, dass Ludmilla noch einen anderen Mann erhört hatte. Zu Ihrer Zeit oder kurz davor oder danach. Herr Baron, ich würde an Ihrer Stelle überlegen, wann Sie Ludmilla das letzte Mal beigewohnt haben. Bis zur Geburt dauert es so ungefähr neun Monate. Haben Sie denn schon irgendetwas an Maria bemerkt?"

„Was soll ich denn bemerkt haben?“

„Ist Ihnen irgendetwas aufgefallen, an Maria? Gibt es zum Beispiel irgendein Zeichen oder Muttermal an ihr, woran Sie erkennen könnten, dass Sie aus Ihrer Linie stammt?“

„Nicht dass ich wüsste. Allerdings haben seit Generationen alle männlichen Nachfahren diese typischen dunkelblauen Augen, schwarze Haare und Wimpern und zwei Grübchen, die Maria auch besitzt. So wie ich.“

„Das ist zu wenig. Das kann sich alles noch ändern, hat mir Doktor Röder erklärt. Bis auf die Grübchen. Aber die haben viele Neugeborenen. Ist bei Ihren Erkundigungen schon ein Hinweis nach der Mutter aufgetaucht?“, erkundigte sich Pastor Boreen.

„Nein.“

„Ich werde mir überlegen, wie ich am geschicktesten Ludmilla auf den Zahn fühlen kann. Was werden Sie unternehmen? Oder wollen Sie es nicht wissen.“

„Was?“

„Bei Gott! Ob Sie der leibliche Vater von Maria sind oder nicht. Spätere Ansprüche könnten damit Ihrerseits und vonseiten Ludmillas von vornherein ausgeschlossen werden.“

„Ich könnte Ludmilla fragen.“

„Wenn Sie meinen, dass Sie von ihr die Wahrheit erfahren, können Sie das tun, Herr Baron.“

Pastor Boreen bemerkte, dass Heinrich durcheinander war. „Herr Baron, Sie haben jetzt über vieles nachzudenken. Wir sollten zu einem anderen Zeitpunkt unser Gespräch fortsetzen. Ich möchte mich aber im „Namen Gottes“ und aller künftigen Täuflinge bei Ihnen bedanken.“

„Ja, Sie haben recht. Ich muss mir die vielen Dinge durch den Kopf gehen lassen. Ich danke Ihnen für Ihre offenen Worte.“

„Denken Sie daran, ich bin immer für Sie da, wenn Sie mich um Rat fragen wollen.“

Nach einer herzlichen Verabschiedung ritt Heinrich einen Umweg zu seinem Lieblingsplatz. Dort saß er viele Stunden. Er ließ sich das lange Gespräch mit Pastor Boreen durch den Kopf gehen.

Bei der abendlichen Besprechung in der Schlossküche berichtete

Heinrich über die geplanten „Gemeinschaftstaufen" an den nächsten Sonntagen. Er bat darum, dass sich diese Kunde schnell verbreitet, da die Kleinen vor der Hölle geschützt werden sollten. Die Kosten für die Taufen würde er übernehmen. Hermine, Katharina und Lennard waren hellauf begeistert und dankten ihm für sein großherziges Angebot.

Lennard verschwand als Erster vom Tisch und meinte, es sei heute Abend mal wieder Zeit für einen Besuch in der Dorfschenke. Dort werde er die gute Nachricht verbreiten. Hermine brach auf, um einigen Köchinnen im Ort die Neuigkeit mitzuteilen.

Katharina musste die Küche allein herrichten. Dadurch hatte Heinrich die kleine Maria ganz für sich alleine. Während er sie so bestaunte, hielt er ihr einen Finger hin. Sie ergriff ihn und hielt ihn ganz fest. Ein sonderbares wohliges Gefühl durchströmte ihn. „*Was, wenn sie wirklich meine Tochter ist? Es wäre von der Zeit her durchaus möglich. Dann wäre ich „Vater" eines kleinen Mädchens, eines Bastards. Was soll ich dann mit dir machen? Dich großziehen wie ein eheliches Kind? Für dich sorgen würde ich sowieso, auch wenn du nicht von meinem Blut wärst. Dafür habe ich dich schon viel zu lieb gewonnen, Maria. Irgendwie wäre es schön, wenn wir deine Mutter ausfindig machen würden, aber andererseits mochte ich dich auch nicht mehr missen. Wir werden schon eine Lösung finden. Eines verspreche ich dir, Maria, ich werde immer in irgendeiner Weise für dich da sein und auf dich aufpassen. Morgen werde ich mit Ludmilla sprechen. Dann sehen wir weiter.*"

Später wurde Maria gebadet. Als Katharina ihr die Windel abnahm, staunte Heinrich, dass aus so einem kleinen Körper schon so viel, mit einem ungeheuerlichen Gestank, herauskommen konnte. Katharina konnte sich vor Lachen kaum halten. Maria gab kleine grunzende Laute von sich, die Heinrich und Katharina ebenfalls als Lachen deuteten. Anschließend durfte Heinrich sie in seinen Armen halten. Er wiegte Maria langsam hin und her, wie Katharina es ihm gezeigt hatte: „Das ist so, wie es im Mutterleib war. Da werden die Kleinen bei jeder Bewegung der Mutter hin und her geschaukelt. Darum beruhigt es sie." Hatte er von Katharina erklärt bekommen.

Als die Amme Emma kam, musste er leider die Küche verlassen.

Nicht ohne einen Wortschwall des Dankes und Lobes wegen der bevorstehenden Taufen über sich ergehen zu lassen.

Die Zeit mit Maria hatte ihm gutgetan. Er fühlte sich entspannt und ausgeglichen. Morgen würde er alles Weitere angehen.

Sein erster Weg führte ihn zu Ludmilla. Die Tür wurde aufgerissen und wutschnaubend stand sie vor ihm.

„Was willst du?“, blitzte Ludmilla ihn an.

„Darf ich reinkommen?“

„Nein!“

„Es gibt aber etwas zu besprechen, was nicht für alle Ohren bestimmt ist.“

„Was kann das schon sein? Ich habe keine Geheimnisse!“

„Ich denke schon.“

„Also sag schon, was du willst.“

„Hast du ein Kind von mir getragen?“

„Bist du des Wahnsinns?“ Sie zerrte Heinrich in die Diele. „Du bist ja nicht mehr ganz bei Sinnen. Wie kannst du mich vor allerwelts Ohren so etwas fragen?“

„Du hast doch gesagt …“

„Papperlapapp! Was soll die Frage?“

„Die Gerüchte besagen, dass du ein Kind entbunden hättest.“

„Gerüchte, ha? Wer gibt schon was auf ‚Gerüchte‘! Die Leute reden immer. Auch wenn es nichts zu reden gibt!“

„Es hat jemand ein Neugeborenes auf die Schlosstreppe gelegt.“

„Und das soll ausgerechnet ich gewesen sein? Dass ich nicht lache!“

„Also es ist nicht dein Kind?“

„Nein und nochmals nein. Selbst wenn ich ein Kind erwartet hätte. Es gibt noch mehr Männer auf dieser Welt, falls dir ‚das‘ noch nicht aufgefallen ist. Du bildest dir ganz schön viel ein, *Herr Hochwohlgeboren.“*

„Noch mal, es ist nicht von dir und du hast es auch nicht vor dem Schloss ausgesetzt?“

„Jetzt habe ich aber die Nase voll! Du kannst wohl neuerdings schlecht hören: NEIN, NEIN und nochmals NEIN! Kapiert?“

„Dann ist die Sache zwischen uns geklärt“, während Heinrich dies feststellte, schob sie ihn auch schon wieder aus der Tür hinaus.

„Jetzt mach, dass du wegkommst. Ich habe noch genug zu tun!" Ludmilla knallte ihm die Tür vor der Nase zu.

Erleichtert machte Heinrich sich auf den Rückweg. Aber etwas war ihm merkwürdig vorgekommen. *Ein einfaches „Nein" hätte auch genügt.* Er beließ es dabei.

Im Schloss machte er sich an die Post, die er gestern nicht mehr bearbeitet hatte. Darunter befand sich auch ein Schreiben von Hans von Mollenstein, der ihm leider mitteilen musste, dass er noch nie von einem gemauerten „Abort" gehört hätte. Er empfahl ihm, sich in den größeren Orten wie Celle und Braunschweig umzuhören. Das brachte Heinrich auf die Idee, nach Rauthheim zu reisen. Er hätte somit einen Vorwand, Elisabeth zu sehen und ihr persönlich die leidige Sache mit Ludmilla zu erklären. Heinrich schrieb sofort an die Familie von Heimtraut und an Elisabeth, um seinen Besuch in der kommenden Woche anzukündigen.

Zum Abendessen traf Rudolf ein. Er hatte wieder keinen Erfolg gehabt. Eine einzige Frau hätte in den letzten Wochen eine Totgeburt gehabt, dafür gab es Zeugen. Ein Gerücht war noch im Umlauf, das hier nach Eldingen zu einer gewissen „Ludmilla" führte. Auf dieses Gerücht schienen die Leute aber nicht viel zu geben. Es interessierte sie nicht sonderlich.

„Herr Baron, ich habe jetzt fast alle Dörfer besucht. Soll ich noch weitermachen?", fragte Rudolf etwas zerknirscht. Die unbequemen Lager, die verrauchten Dorfschenken und das laute Gegröle der Betrunkenen darin hatten ihn sichtlich mitgenommen.

Heinrich hatte Verständnis für ihn, bat ihn aber dennoch, auch in Hohnhorst nachzuforschen: „Bitte nur noch morgen, Rudolf. Dann lassen wir die Sache auf sich beruhen."

Auch in Hohnhorst war über Marias Eltern nichts zu erfahren. Pastor Boreen hatte Ludmilla vorsichtig auf das Gerücht ihrer heimlichen Schwangerschaft angesprochen. Diese hatte freundlich, aber bestimmt, dem Gespräch eine andere Wendung gegeben.

Das Geständnis

Am Dienstag reisten Heinrich und Rudolf nach Rauthheim. Nach einem gemeinsamen Abendessen mit der Familie und einer kleinen Besprechung mit Graf Karl, hatten Elisabeth und Heinrich Zeit für sich. Sie hielten sich bei den Händen.

„Oh, Liebster, es ist so schön, dich vor unserer Verlobung noch einmal zu sehen. Die Zeit vergeht so langsam, obwohl wir alle Hände voll zu tun haben."

„Mir geht es genauso. Wenn du nicht den Wunsch geäußert hättest, im Schloss „Aborte" einbauen zu lassen, wäre mir außer ‚unstillbarer Sehnsucht nach dir' kein vernünftiger Grund eingefallen, um dich zu sehen."

Die gemeinsame Zeit verging viel zu schnell. Sie erzählten sich all die Dinge, die sie in ihren Briefen nicht erwähnt hatten.

Für den nächsten Morgen hatte Karl einen Besuch bei Freunden arrangiert, bei dem sich Heinrich einen „Abort" ansehen konnte. Die Freunde hatten bei Karls Anfrage sofort zugesagt. Erstens waren sie sehr stolz auf ihre neue Einrichtung und zweitens überaus neugierig auf das neue Familienmitglied. So kam es, dass Heinrich und Karl dort mehr Zeit verbringen mussten, als sie eingeplant hatten.

Gegen Mittag drängte Karl zum Aufbruch. Er schob seine Stiefmutter vor, die sehr ungnädig werden konnte, wenn sie nicht pünktlich zum Essen erscheinen würden.

Nach dem Mittagessen führte Elisabeth ihn zu ihrem Lieblingsplatz. Ihr Platz ähnelte Heinrichs Lieblingsplatz. Innig umarmt saßen sie unter einer Trauerweide im kühlen Schatten.

Heinrich wusste, dass er jetzt oder nie beichten müsste. Da er auf keinen Fall ein Geheimnis vor Elisabeth haben wollte, begann er vorsichtig: „Liebste, du weißt, dass du die einzige Frau auf der Welt bist, die ich je lieben werde. Ich wünsche mir nichts sehnlicher, als dass du meine Frau wirst und wir immer zusammen sein können."

„Ja Liebster, ich weiß. Mir geht es ebenso."

Heinrich nahm seinen ganzen Mut zusammen: „Ich möchte, nie im Leben ein Geheimnis vor dir haben, darum muss ich dir jetzt etwas erzählen."

Elisabeth schwieg.

„Als mein Vater und mein Vertrauter, unser Kutscher Gottfried, an den Folgen des Brandes vor fast zwei Jahren starben, ging es mir sehr schlecht …" Heinrich beichtete Elisabeth die ganze Geschichte mit Ludmilla. Josephs Rat, der Erpressung, den Vertrag bis hin zu dem Verdacht, dass Maria sein eigenes Kind sein könnte. Dem Gespräch mit Pastor Boreen und dem letzten Gespräch mit Ludmilla. Je länger er sprach, desto leichter fiel es ihm, die Worte über die Lippen zu bringen. Als er endete, sah er kleine Tränen in ihren Augen stehen.

Heinrich bekam Angst: *„Oh Gott, jetzt ist alles aus und vorbei. Was habe ich nur getan? Sie wird mir das nie verzeihen. Ich bin ein Volltrottel!"*

„Elisabeth, bitte sag doch etwas. Sieh mich bitte nicht so an. Ich weiß, dass ich unrecht gehandelt habe und schäme mich ehrlich dafür. Ich wollte dich wirklich nicht verletzen. Bitte glaube mir." Heinrich wusste nicht mehr, was er noch sagen sollte. Jedes Wort von ihm machte anscheinend die Sache nur noch schlimmer, denn Elisabeth rannen jetzt die Tränen über die Wangen.

Lange schwiegen sie. Heinrich stocherte mit einem Ast in der Erde herum. Plötzlich hielt er die Ungewissheit nicht mehr aus.

„Elisabeth, wenn du mich jetzt nicht mehr …"

In diesem Moment sprang Elisabeth auf und baute sich, mit in die Taille gestemmten Händen vor ihm auf: „Was fällt dir eigentlich ein? Was denkst du von mir?", echauffierte sich Elisabeth.

Heinrich dachte: *„Das ist das Ende!"*

„Du glaubst doch nicht, dass ich dich jetzt einfach so gehen lasse?

Im Gegenteil, jetzt bin ich erst absolut sicher, dass du der Richtige für mich bist!“, ereiferte sich Elisabeth.

Heinrich verstand die Welt nicht mehr. „Warum hast du dann geweint?“

„Das waren Tränen der Rührung und der Freude. Ich bin nicht stolz darauf, was du vor meiner Zeit getan hast. Aber wie du dich Ludmilla gegenüber verhalten hast. Dass du die kleine Maria aufgenommen hast. Dass du versucht hast, Ihre Mutter zu finden, anstatt den kleinen Wurm einfach in ein Waisenhaus abzugeben. Ja, darauf bin ich stolz und vor allen Dingen, dass du mir alles erzählt hast. Das ist großartig. Ich freue mich so sehr, dass du so viel Vertrauen zu mir hast, obwohl wir uns noch gar nicht lang kennen!“ Elisabeth umarmte Heinrich und drückte ihm ganz viele kleine Küsse ins Gesicht.

„Danke, danke, danke“, sagte sie zwischen jedem Kuss.

Heinrich wusste nicht, wie ihm geschah. „Verzeihst du mir also?“

„Ich wüsste nicht, was ich dir verzeihen sollte. Was vor mir war, musst du mit dir und Gott ausmachen. Wer bin ich, dass ich über dich richten kann?“

„Danke, Elisabeth.“

„Aber ‚eins‘, mein Lieber, ist dir doch sicherlich klar? Wenn du mich mit einer anderen Frau betrügen solltest, das würde ich dir nie verzeihen können und du würdest mich in deinem ganzen Leben nie wieder sehen.“

„Elisabeth, was soll das?“ Du bist die Einzige, die ich will. Bitte denk nicht solche Sachen von mir.“

„Heinrich, das hätte ich dir auch ohne diese Geschichte mit Ludmilla gesagt. Auch einem anderen Mann, wenn ich mich anderweitig verliebt hätte! Ich bin der felsenfesten Überzeugung, dass Vertrauen die Grundlage ist, um eine gute Ehe zu führen. Lass uns beide hier und jetzt schwören, immer offen und ehrlich zueinander zu sein“, forderte sie ihn auf.

Sie sahen sich tief in die Augen und gaben sich diesen Schwur für die Ewigkeit. Nach einem langen, innigen Kuss fiel die Spannung von ihnen ab. Sie nahmen sich bei den Händen und tanzten ausgelassen im Sonnenschein. Sie waren sich sicher, die glücklichsten Menschen auf der Welt zu sein.

Später steckten Elisabeth und Heinrich die ganze Familie, inklusive dem etwas zurückhaltenden bayerischem „Zukünftigen" von Rosalie-Sophie, mit ihrer ausgelassenen glücklichen Stimmung an. Wieder einmal wurde es ein wunderschöner Abend im „Hause Heimtraut". Der Abschied fiel diesmal allen leicht, weil sie sich in nur vier Wochen zur Verlobungsfeier wiedersehen würden.

Am zweiten Sonntag, an dem Gemeinschaftstaufen stattfinden sollten, war die Kirche voll. Pastor Boreen traute seinen Augen nicht. Er war seit zehn Jahren in der Gemeinde tätig und hatte außer an Ostern, Weihnachten und bei großen Beerdigungen die Kirche noch nie so gut besucht gesehen. Der Gottesdienst dauerte diesmal nicht wie sonst anderthalb, sondern zweieinhalb Stunden. Pastor Boreen war überglücklich, dass seine Schäfchen so zahlreich erschienen waren. Er begab sich zum Schloss, um sich bei Heinrich zu bedanken.

Heinrich freute sich sehr über den Besuch, da er Pastor Boreen in den letzten Jahren nur zu traurigen Anlässen im Schloss begrüßen hatte können.

„Herr Baron, ich bin auch noch aus einem anderen Anlass hier. Haben Sie schon darüber nachgedacht, wie es mit Maria weitergehen soll?"

„Wie meinen Sie das?"

„Wo soll sie leben? Wollen Sie sie in ein Waisenhaus geben?"

„Selbstverständlich nicht, Hochwürden. Maria wird natürlich hier bei uns im Schloss bleiben. Keiner von uns will Maria wieder hergeben."

„Und Ihre zukünftige Gemahlin? Was sagt die Komtesse dazu?"

„Sie hat meine Entscheidung erfreut aufgenommen. Sie meint genau wie wir hier im Schloss, dass es „Gottes Wille" ist, sonst hätte man das Kind jemand anderen vor die Tür gelegt."

„Das freut mich zu hören. Haben Sie, wenn ich fragen darf, meinen Rat bezüglich dieser delikaten Angelegenheit befolgt?"

„Das habe ich. Es war nicht leicht, dass können Sie sich vorstellen. Aber Elisabeth hat mir verziehen. Sie hat sich sehr gefreut, dass ich so viel Vertrauen zu ihr habe."

„Das sind ja gute Nachrichten. Es bleibt also wie geplant bei der

Verlobung in drei Wochen?“

„Ja, dabei bleibt es. Hochwürden. Als ich letzte Woche bei den Heimtrautern war, kamen wir auch auf unsere Hochzeit in der Kirche zu sprechen. Dabei habe ich die notwendigen Instandsetzungsarbeiten, auf die Sie mich hingewiesen haben, erwähnt.“

„Ich glaube nicht, dass alles bis zu Ihrer Vermählung wieder hergerichtet sein kann.“

„Das glaube ich auch nicht. Jedenfalls nicht durch die herkömmlichen Einnahmen aus dem Klingelbeutel oder durch Hochzeiten und Beerdigungen.“

„Ich wüsste aber nicht, woher sonst noch Mittel kommen könnten.“

„Es wurden bei dem Gespräch mit der Familie Heimtraut verschiedene Vorschläge gemacht. Darüber mochte ich mich mit Ihnen abstimmen.“

„Sie machen mich neugierig, Herr Baron“, Pastor Boreen beugte sich interessiert vor.

„Ich könnte mich an die Vogtei in Beedenbostel wenden und um Unterstützung bitten“, schlug Heinrich vor. „Die Vogtei treibt auch Gelder für das Kloster ein. Um das es, wie ich gehört habe, im Übrigen hervorragend stehen soll. Der Abt kauft immer mehr Land auf. Zum anderen könnte ich mich an den „Landesbischof Leineweber“ wenden. Das würde zur gleichen Zeit auch Graf von Heimtraut tun. Es kann nicht sein, dass eine Kirche so verfällt und der zuständige Pastor in mehr als ärmlichen Verhältnissen lebt, während es sich die Obrigkeit gut gehen lässt. Schließlich ist die Kirche für alle Menschen da und der Pastor auch. Sie müssen doch, außer anständig zu wohnen, auch Gäste empfangen können. Soweit ich das beurteilen kann, haben Sie noch nicht einmal die Mittel für eine Zugehfrau.“

Peinlich berührt sah der Pastor auf den glänzenden Fußboden im Schloss.

„Es ist mir sehr unangenehm, über meine persönliche Angelegenheit zu sprechen. Ich brauche nicht viel. Nicht mehr als die Ärmsten unter uns“, verteidigte sich Pastor Boreen.

„Das ehrt Sie außerordentlich. Leider sind Ihre ‚Schäfchen‘ völlig anderer Meinung“, behauptete Heinrich.

„Wie darf ich das verstehen?“

„Nun, die Menschen denken, dass Sie, Hochwürden, beim lieben Gott in Ungnade gefallen sind.“

„Wie kommen die Menschen denn bloß auf solche Gedanken?“

„Das weiß ich auch nicht, Herr Pastor. Allerdings denken die Leute auch, wenn es Ihnen nicht gut geht, werden sie gleichzeitig mit bestraft. Wenn es Ihnen gut geht, haben sie Hoffnung, dass Gott auch mit ihnen ist. Sie sind die einzig leibliche Verbindung zu Gott, die sie haben.“

„Meine Güte! Auf solche Gedanken wäre ich ja nie gekommen. Ich dachte immer, ich wäre ein Vorbild für die Armen.“

„In diesem speziellen Fall wohl eher nicht.“

„Wir haben aber kein Geld für die Renovierung der Kirche und für das Pfarrhaus sind schon überhaupt keine Mittel vorhanden.“

„Auch dafür habe ich mir etwas überlegt. Wichtig, Hochwürden, ist jetzt nur, dass Sie mit meinen Vorschlägen einverstanden sind. Ich verspreche Ihnen auch, dass wir Sie aus der ganzen Angelegenheit heraushalten werden. Sie haben sicher schon genügend Absagen vom Bistum erhalten, wenn Sie auf die Missstände hingewiesen haben. Mein zukünftiger Schwager ist ein sehr einflussreicher Mann, sein Wort hat Gewicht. Er unterstützt die Kirche in Braunschweig regelmäßig mit nicht zu knappen Beträgen. Ich denke, darauf wird er wohl den Bischof hinweisen. Nein, wir werden Sie aus der Sache heraushalten. Sie haben sich ja in keinster Weise beschwert, im Gegenteil.“

„Also wenn das so ist, denke ich, einem Versuch Ihrerseits stünde da wohl nichts im Wege.“

„Gut. Vielleicht sollten Sie damit rechnen, dass eine Überprüfung seitens der Vogtei und des Bischofs anstehen könnte. Aber da haben Sie wirklich gar nichts zu befürchten“, beide lachten.

„Eine Bitte habe ich noch zum Schluss. Ich würde gern am Sonntag nach den Taufen einige Worte an die Kirchenbesucher richten. Es wird nicht lange dauern“, bat Heinrich.

„Darf ich fragen, worum es geht?“

„Um die Mithilfe der Bevölkerung bei der Renovierung der Kirche und des Pfarrhauses. Ich denke nämlich, dass es durchaus einigen armen Menschen gefallen könnte, mit ihrer Hände Arbeit die Kirche herzurichten.“

„Danke, Herr Baron."

Und so geschah es. Die Kirche platzte an diesem dritten Taufsonntag aus allen Nähten. Heinrich bat sogar einige der Ärmsten, die keinen Platz mehr gefunden hatten, in seine Bank. Er wies in seiner Rede auf die Missstände in der Kirche und im Pfarrhaus hin. Dann erklärte er, dass sicher einige von ihnen froh wären, wenn sie mit ihrer Arbeitskraft ihren Anteil leisten könnten. Schließlich sei es die Kirche aller hier lebenden Menschen und daher hätte auch jeder Einzelne die Pflicht, sein Scherflein beizutragen. Heinrich appellierte an die Beliebtheit des Pastors. Wenn sie ihren Pastor behalten wollten, müssten sie alle zusammen dafür Sorge tragen, dass er sich hier auch wohlfühlt. Heinrich schloss mit den Worten: *Gott ist allmächtig, aber unsere Hilfe braucht er trotzdem.*

In der Kirche war es plötzlich mucksmäuschenstill. Heinrich stand verlegen da, er wusste nicht weiter. Dann erhoben sich Georgs kleine Töchter.

„Ja ihr zwei, was möchtet ihr sagen?", fragte Heinrich.

„Wir könnten Blumen pflücken, dann sieht die Kirche gleich viel hübscher aus."

Heinrich lächelte die beiden Mädchen gerührt an: „Das ist ein wunderbarer Vorschlag. Nicht wahr Hochwürden?", wandte er sich an Pastor Boreen.

„Ja, darüber würde Gott sich sehr freuen." Pastor Boreen lächelte den Mädchen zu.

Christian, ein zierliches Knäblein, stand auf. „Und ich könnte die Schuhe von Hochwürden polieren. Das kann ich sehr gut, sagt meine Mutter."

Bevor Heinrich antworten konnte, kam Bewegung in die Kirchenbesucher. Immer mehr Hände schossen in die Höhe. Auch die Erwachsenen boten jetzt Ihre Hilfe an.

„Ich habe einen Vorschlag zu machen." Heinrich bat um Ruhe in dem Durcheinander: „Wenn Pastor Boreen damit einverstanden ist, werden wir beide heute Nachmittag im Wirtshaus auf euch warten und eure Hilfsangebote aufschreiben. So könnt ihr sicher sein, dass keiner von euch vergessen wird. Wenn zwei denselben Vorschlag haben, könnten sie sich dann auch zusammentun. Was haltet ihr davon?"

Ein zustimmendes Raunen ging durch die Menge.

Am Nachmittag meldeten sich über fünfzig Männer und Frauen und fast noch mal so viele Kinder und Jugendliche. Pastor Boreen und Heinrich bedankten sich bei jedem Einzelnen. Sie versprachen, sobald Mittel für das Material zur Verfügung stand, jedem Bescheid zu geben.

Heinrich entwarf abends zusammen mit Rudolf die Schreiben an den Landesbischof Leineweber und die Vogtei in Beedenbostel. Anschließend schrieb er an Elisabeth und Karl, um ihnen von der erfolgreichen Resonanz seines Vorschlages in der Kirche zu berichten.

Eine Woche vor der Verlobung meldete sich der Beedenbosteler Vogt Hans-Hermann von Bergdorf persönlich bei Heinrich an. Der Vogt hatte zuvor Pastor Boreen einen Besuch abgestattet, um sich die Kirche und die Räumlichkeiten anzusehen. Der Vogt, ein zutiefst überzeugter Christ, bedauerte die Zustände, die er vorgefunden hatte. Er klärte Heinrich über die wenigen Mittel auf, die der Vogtei zustanden. Der lange Krieg hatte die Reserven der Vogtei aufgebraucht. Allerdings bot er Heinrich überschüssiges abgelagertes Holz und Glasscheiben aus dem kürzlich erneuerten Marschstall des Herzogs in Celle an.

Heinrich war zwar enttäuscht, nahm aber das Angebot dankend an.

„Bevor ich gehe, Herr Baron. Haben Sie Informationen über den Verbleib ihres Bruders?“, erkundigte sich der Vogt.

„Leider nicht, Herr von Bergdorf. Der Mann, der nach Otto sucht, hat mir erst kürzlich mitgeteilt, dass er Ottos Spur in Magdeburg verloren hat.“

„Schade. Sie wissen Bescheid über die Pläne, die Ihr Herr Vater und ich über meine Nachfolge getätigt haben?“

„Mir ist bekannt, dass Otto die Vogtei übernehmen soll.“

„Das ist soweit richtig. Da Sie das Erbe Ihres verehrten Herrn Vaters übernehmen mussten. Ist Ihnen auch bekannt, dass ich beabsichtige, mich in drei Jahren zur Ruhe zu setzen?“

„Nein.“

„Um das Amt des Vogts zu bekleiden, benötigt man eine Einarbeitungszeit von mindestens zwei Jahren. Ich selbst war fünf Jahre die rechte Hand meines Vorgängers. Es gehört nicht nur die Verwaltung der Güter und die Eintreibung der Steuern dazu. Vor allem die Rechtsprechung ist ein großer Bereich des Amtes."

„Wenn ich Sie richtig verstehe, hat Otto nur noch ein Jahr Zeit, bei Ihnen anzufangen?"

„Ja, länger kann ich die Stelle nicht unbesetzt lassen. Ich habe jetzt zwar auch einen Vertreter, aber der ist nicht von Adel. Das ist eigentlich eine Grundvoraussetzung für das Amt. Da auch sonst kein Mann von Adel in Aussicht steht, könnte ich mir sogar vorstellen, dass Herzog Georg Wilhelm hier eine Ausnahme machen würde. Er könnte meinen Vertreter als Vogt einsetzen. Dann ist das Amt weg, wenn ihr Bruder wieder auftaucht."

„Was schlagen Sie vor, Herr von Bergdorf?"

„Ich weiß mir auch keinen Rat. Vielleicht würde ich an Ihrer Stelle noch einen Mann auf die Suche nach Ihrem Bruder schicken. Und zwar einen, der die Suche nicht nur nebenbei durchführt, sondern ausschließlich."

„Ich werde mein Möglichstes tun, Herr von Bergdorf."

Abschließend vereinbarten sie, dass Herr von Bergdorf schon in den nächsten Tagen die ersten Holzlieferungen senden würde. Heinrich versprach, regelmäßig Bericht zu erstatten, wie es mit den Arbeiten voranging und der Vogt versprach, sich nach mehr Material umzusehen.

Hoher Besuch

Heinrich und Rudolf brauchten für die Heimreise mit zwei Wagen voller Möbeln fast vier Tage. An einem Wagen zerbrachen unter der schweren Last nacheinander alle vier Räder. Die Zugpferde mussten öfter ausruhen als gewöhnlich.

In Eldingen wurden sie förmlich von den Ereignissen überschüttet. Sie kamen überein, die Dinge nach einem langen erholsamen Schlaf am nächsten Tag anzugehen. Nur einen gemeinsamen Wunsch hatten sie beide. Sie wollten, obwohl sie todmüde waren, nach Maria sehen.

Rudolf konnte bei der Gelegenheit auch heimlich Katharina beobachten, sie hatte es ihm angetan. Er konnte dieses Interesse an ihr aber noch nicht richtig zuordnen. Hermine sehr wohl. Ihr waren die Blicke, mit denen der „Schöne" ihre Tochter ansah, nicht entgangen. Das waren schon Blicke, die ein gewisses Begehren nicht verbargen. Rudolf musterte Katharina von oben bis unten und von allen Seiten. Manchmal verweilten seine Blicke, vorzugsweise auf ihren Brüsten und ihrem Hinterteil.

Ein klein wenig zu lange, fand Hermine. *Überhaupt*, dachte sie, *der Schöne kann doch jedes Weibsbild haben und wenn er wollte, auch fast jeden Mann.* Aber vorläufig wollte sie noch keine Bemerkung machen, falls sie sich irrte.

Nach einem ausgedehnten Schlaf und einem belebenden Bad, trafen sich Heinrich und Rudolf in der Bibliothek.

„Was sagen Sie dazu?" Heinrich deutete auf einen riesigen Stapel Briefe. „Das ist mehr Post, als ich sonst im ganzen Monat bekomme, wir waren nur zwölf Tage fort. Ich schlage vor, wir sortieren die privaten Briefe erst einmal aus."

Sie suchten nach einem Schreiben vom Bistum und einem der Vogtei Beedenbostel. Beide waren vorhanden. Der Landesbischof Leineweber sprach sich lang und breit über die Armut der Kirche sowie der Menge der Bittsteller aus. Rudolf rechnete schon mit einer völligen Absage. Ganz zum Schluss des Briefes erwähnte der Bischof nebenbei, er wäre in Bälde auf dem Weg nach Helmstedt und würde bei der Gelegenheit eine kleine Rast in Eldingen einlegen. Heinrich wusste, dass Karl in seinem Brief an den Landesbischof Leineweber ziemlich unverblümt kundgetan hatte, dass er seine jährliche sehr großzügige Spende nicht mehr dem Braunschweiger Dom zukommen lassen würde. Karl wollte die Spende ab sofort der „Sankt Marienkirche" in Eldingen zukommen lassen, wenn sich dort die Zustände nicht unverzüglich ändern würden. Ebenso würde er seine regelmäßigen Weinlieferungen auf der Stelle einstellen. Karl hatte seine Forderungen mit der Vermählung seiner Schwester begründet, der er eine marode heruntergekommene Kirche, in der weder die Orgel noch die Turmglocke funktionierte, nicht zumuten wollte.

„Hat funktioniert", sagten Heinrich und Rudolf wie aus einem Mund.

„Nur dass der Bischof schon morgen kommt. Wir müssen sofort zu Pastor Boreen! Aber vorher noch zu Hermine!", überlegte Heinrich.

In der Schlossküche bat er Lennard, so viele Männer wie möglich zusammenzuholen. Diese sollten ihre Arbeit liegen lassen und sich schnell vor der Kirche versammeln. Anschließend sollte Lennard in der Dorfschenke Bescheid geben, falls der Bischof mit seinem Gefolge über Nacht bleiben wollte.

Heinrich unterrichtete Hermine von der Ankunft des Landesbischofs.„Was liegt morgen in der Kirche an, Tante Hermi?"

„Sonnabends nichts soviel ich weiß. Sonntag ist wie immer Gottesdienst."

„Sehr gut", grinste Heinrich. „Bitte geh sofort los oder lass dich von Georg kutschieren und trommle so viele Frauen und Männer zusammen wie es nur geht. Wir brauchen jede Hand und das schnell. Es geht um unsere Kirche."

Heinrich selbst ritt mit Rudolf zum Pastorenhaus. Pastor Boreen musste sich bei der Nachricht erst einmal auf seinen einzigen schiefen Stuhl setzen.

„Was sollen wir jetzt nur machen?“, fragte Pastor Boreen hilflos.

„Lassen Sie das meine Sorge sein. Es wird wunderbar klappen. Sie brauchen nur für uns alle zu beten und den Helfern „Gottes Zuspruch“ mitteilen. Die Abwicklung überlassen Sie uns.“

Mittlerweile hatten sich schon eine stattliche Anzahl Frauen und Männer eingefunden. Heinrich erklärte kurz die morgige Ankunft des Landesbischofs, der sich selbst ein Bild vom Zustand der Kirche und des Pfarrhauses machen wollte.

„Ihr wisst, es geht um finanzielle Mittel, die wir hier dringend benötigen.“

Zustimmendes Murmeln kam ihm entgegen.

„Jetzt sieht es hier aber so aus, als wenn zum Instandsetzen das ganze Material schon vorhanden wäre. Hier das ganze Holz von der Vogtei und hier die beiden großen Wagen mit Möbeln.“ Heinrich zeigte auf die Sachen.

„Das Zeug muss verschwinden, sonst sehen wir keinen roten Heller vom Bischof. Die Kirche und das Pfarrhaus müssen einigermaßen sauber sein. Wie gesagt nur einigermaßen, sonst sieht es so aus, als wenn unser Pastor eine Zugehfrau hätte. Hermine, du weißt, was ich meine, nur so das Gröbste.“

Die Frauen und Männer machten sich sogleich an die Arbeit. Pastor Boreen nahm Heinrich in der Kirche zur Seite. „Herr Baron, wir dürfen den Bischof nicht so täuschen, das ist Sünde.“

„Herr Pastor, Sünde hin oder her, ich nehme das alles auf meine Schultern. Ich bin dann eben der Sündenbock. Aber Sie sehen doch sicherlich ein, dass es eine ebenso große Sünde wäre, so zu tun, als wenn hier alle Dinge in Ordnung wären.“

Der Pastor runzelte nachdenklich seine Stirn. „Darüber muss ich erst einmal nachdenken.“

„Ja genau, tun Sie das in Ruhe. Vielleicht könnten Sie währenddessen auch eine Aufstellung der letzten Kirchenbesucher und der Kindstaufen erstellen? Das wird den Bischof sicherlich beeindrucken. Bevor Sie nachdenken gehen, habe ich noch eine Frage: Falls die Eminenz gedenkt, hier zu übernachten, werden Sie ihn doch sicherlich zur Messe am Sonntag bitten?“

„Selbstverständlich.“

„Wo würde der Bischof denn mit seinem Gefolge in der Kirche Platz nehmen?“

„Tja, für so hohen Besuch sind wir nicht eingerichtet.“

„Wie wäre es, wenn er in meiner Bank Platz nehmen würde?“; bot Heinrich an.

„Das würden Sie tun?“

„Selbstverständlich würde ich für den Bischof unsere Familienbank zur Verfügung stellen. Wenn sie gut genug ist?“

„Ist sie. Wir bräuchten nur ein paar Kissen dafür.“

„Dafür sorge ich“, *und für eine Überraschung auch noch,* fügte Heinrich in Gedanken hinzu.

Pastor Boreen ging grübelnd zu seiner Kammer.

Die ersten Männer kamen in die Kirche. „Was gibt es hier zu tun, Herr Baron?“

„Hier die vorletzte Bank, die ist doch sehr brüchig?“, Heinrich deutete auf die Bank.

„Das kann man wohl sagen“, bestätigten die Männer.

„Dann tauscht diese Bank bitte gegen meine Bank aus. Ich möchte nicht, dass übermorgen beim Gottesdienst einige Leute mit der Bank zusammenbrechen.“

„Und Sie, Herr Baron?“

„Macht euch um mich keine Gedanken.“

Rudolf, der schon das Gespräch mit dem Pastor verfolgt hatte, konnte sich nun ein Lächeln nicht mehr verkneifen: „Ein kluger Schachzug, Herr Baron.“

„Ich weiß nicht, was Sie meinen, Rudolf. Das ist, soweit ich es beurteilen kann, alles Gottes Wille, schließlich ist es sein Haus“, auch Heinrich konnte ein Lächeln nicht unterdrücken.

Heinrich zeigte auf die Treppe zur Kanzel. „Die zweite, vierte und letzte Stufe die Kanzel hoch, die sind doch brüchig. Die müssen entfernt werden. Wir wollen doch nicht, dass der Bischof dort zusammenbricht, nicht wahr?“

„Wo ist das Holz, für den Ersatz?“, fragte ein Helfer.

„Haben wir leider nicht. Oder habt ihr irgendwo welches gesehen?“

Die Männer sahen sich an und schüttelten dann im besten Einvernehmen mit ihren Köpfen.

„Bedauerlich, außerordentlich bedauerlich", meinte Heinrich kopfschüttelnd. „Dann wird selbstverständlich auch kein Holz für die Reparatur meiner Kirchenbank, der Kirchentür, der zwei Fenster, des Kruzifixes und der Treppe zum Altar vorhanden sein. Bedauerlich, außerordentlich bedauerlich. Und wie ich gerade feststelle, hat das Altartuch einen so großen Riss, dass man ihn kaum verdecken kann." Heinrich fuhr mit dem Finger in einen kleinen Riss und zog diesen ein gutes sichtbares Stück in die Länge. „Tja, also bedauerlich, außerordentlich bedauerlich, wie ich schon sagte."

Einige Stunden später waren die Kirche und das Pfarrhaus so hergerichtet, dass Heinrich zufrieden mit dem Kopf nickte. Pastor Boreen hatte seine Liste der Kirchenbesucher und der Täuflinge fertiggestellt. Darüber hatte er vergessen, über die „Täuschungssünde" nachzugrübeln. Pastor Boreen war so begeistert von seinen Zahlen, dass er über sein ganzes Gesicht strahlte.

„Herr Baron, Sie werden es kaum für möglich halten, aber an den drei Sonntagen haben wir neunundachtzig Kinder getauft und es stehen noch siebenundzwanzig auf der Warteliste. Die wollte ich aber ohne Ihr Einverständnis nicht einfach taufen, weil Sie die Kosten übernehmen."

Heinrich freute sich mit ihm. „Das sind sehr gute Nachrichten. Es wäre doch ein schöner Taufgottesdienst, wenn der Bischof zugegen wäre?"

„Feierlicher würde es kaum gehen. Die Menschen würden noch in Jahrzehnten davon erzählen."

„Schaffen wir es, alle Familien bis Sonntag zu benachrichtigen?"

„Ja, das ist durchaus möglich. Sie werden sich sehr freuen."

„Ich werde morgen früh unseren Kutscher Georg zu Pferd losschicken. Er soll auskundschaften wann wir mit seiner Eminenz zu rechnen haben."

„Herr Baron, es ist mir unangenehm, aber ich habe kein Mahl und keinen Wein, den ich Eminenz anbieten könnte."

„Als ich bei Ihnen zu dem vertraulichen Gespräch war, haben Sie mir doch einen ungesüßten heißen Tee angeboten. Das wird wohl auch für den Bischof gut genug sein. Wie sagen Sie immer: „Ich brauche nicht mehr als die Ärmsten unter uns.“ Ich bin überzeugt, dass der Bischof und sein Gefolge auch getreu den Worten unseres Herrn Jesu leben, nicht wahr?“

Pastor Boreen zweifelte etwas daran, ließ es aber auf sich beruhen.

Im Schloss ging Heinrich nach Maria sehen und fragte Hermine nebenbei: „Tantchen, haben wir noch ein altes zerschlissenes hartes Kissen, was wir entbehren können?“

„Was führst du jetzt schon wieder im Schilde? Wenn du „Tantchen“ sagst, dann heckst du doch etwas aus. Hat das was mit dem Besuch des Bischofs zu tun?“

Heinrich lachte: „Du bist wie meine Mutter, der konnte ich auch nie was vormachen. Also sage ich es dir lieber gleich. Ja, es ist für den Bischof. Unser lieber Pastor meint, der Bischof bräuchte ein Kissen für die Kirchenbank. Ich denke, ein altes Kissen tut es auch, wir wollen ja nicht protzen. Hast du nun oder nicht?“

„Ja, habe ich, aber warum muss es hart sein?“

„Weil es gesünder ist.“

Hermine lachte. „Wenn man es so betrachtet, stimmt es sogar. Was ist mit dem Gefolge?“

„So viele Kissen haben wir nicht. Da bist du doch meiner Meinung? Es würde auch zu viel Arbeit machen, bei den ganzen Kissen die Daunen gegen hartes Stroh auszuwechseln.“

Die beiden kringelten sich vor Lachen.

„Eins sage ich dir, Hein, ich bringe das Kissen nicht in die Kirche. Da würde ich mich schämen. Ich lege es dir zu deinen Reitstiefeln und dann tu damit, was du nicht lassen kannst. Ich weiß von nichts.“

Heinrich und Rudolf machten sich sofort nach dem gemeinsamen Abendbrot an die Arbeit. Sie errechneten die Kosten für die notwendigen Reparaturen in der Kirche und dem Pfarrhaus. Pastor Boreen sollte die Kosten dem Bischof vorlegen. Ohne das Holz, Glas und die Möbel zu berücksichtigen, kamen sie auf die stolze Summe von eintausendsiebenhundert Silbergulden.

Heinrich meinte: „Damit wären die Ausgaben gedeckt.“

„Herr Baron, wenn Sie gestatten, habe ich einen Vorschlag zu machen. Würde dem Bischof diese Liste vorgelegt werden, dann würde er höchstens die Hälfte davon geben. Wahrscheinlich mit gequälter Miene nur fünfhundert Silbergulden. Wir sollten mindestens die doppelte Summe notieren."

Heinrich, dem das Spiel gefiel, stimmte zu: „Also dreitausendvierhundert. Gut. Auf eine Sünde mehr oder weniger kommt es jetzt auch nicht mehr an."

„Diese Sünde teilen wir uns. Wenn ich es recht bedenke, ist das eine merkwürdige Summe „dreitausendvierhundert", irgendwie so glatt. Wir sollten die einzelnen Beträge doch noch etwas genauer notieren. Hier statt dreihundert für die Erneuerung der Bänke, würde ich einhundertzweiundsechzig und fünfunddreißig Groschen für das Holz und den Rest für die Arbeit auflisten."

„Da liegen aber noch ein paar Stunden Arbeit vor uns, Rudolf. Lassen Sie uns Wein dazu trinken, dann geht es leichter." Die Arbeit ging nicht leichter, wurde aber lustiger. Am Ende verglichen sie ihr Ergebnis mit der ursprünglichen Summe und kamen auf fast viertausend Gulden.

„Rudolf, ich bin Ihnen sehr dankbar für Ihre Hilfe, aber jetzt muss ich ins Bett."

„Herr Baron, ich werde die Liste noch einmal abschreiben, damit wir für eventuelle Rückfragen eine Abschrift in der Hand haben."

„Danke, Rudolf, machen Sie nicht mehr so lange. Wir müssen morgen früh raus."

Georg ritt schon in der Morgendämmerung in Richtung Hannover los. Nach dem Mittagessen kehrte er zurück und berichtete dem Pastor und Heinrich, dass der Bischof in gut drei Stunden eintreffen würde.

Pastor Boreen hatte die Liste nur kurz überflogen. Er hatte keine Ahnung, was irgendeine Art praktischer Arbeit kosten könnte. So fiel seine Antwort recht kurz aus. „Oh!" Er hatte auch keine Vorstellung von größeren Summen, da er bis auf das Geld aus dem Klingelbeutel kaum jemals mehr in der Hand gehabt hatte. Damit hatte Heinrich gerechnet und brauchte so weiter keine Erklärungen abgeben.

Sie kontrollierten zusammen noch einmal alle Räumlichkeiten im

Pfarrhaus und der Kirche. Pastor Boreen bemerkte in seiner Aufregung keine der Veränderungen, die Heinrich hatte durchführen lassen. Einige Frauen aus dem Dorf verteilten in der Kirche Blumengebinde.

Wenn man nicht so genau hinsieht, dachte Heinrich, *macht die Kirche eigentlich einen recht ordentlichen Eindruck. Aber mit „Gottes Hilfe" sollte gegen Abend das Wetter umschlagen. Dann wäre die Kirche schön voller Matsch zum sonntäglichen Gottesdienst.*

Alsdann warteten der Pastor, Baron Heinrich, Doktor Röder und, etwas in gebührlichem Abstand, Rudolf vor der Kirche auf die Ankunft des Landesbischofs. Die Dorfstraße, aus Luttern kommend, war zu beiden Seiten von Menschen gesäumt.

Die prunkvolle Kutsche des Bischofs hielt direkt vor der Kirche. Als sich der über die Maßen dicke Bischof mithilfe von zwei Lakaien aus der Kutsche quälte, ging ein Raunen durch die Menschenmenge. Sie konnten die Berge der goldbestickten Kissen im Inneren der Kutsche sehen. Heinrich und Rudolf wechselten einen vielsagenden Blick. Wohl aufgrund der Anstrengung ließ die Eminenz einen gigantischen Furz und einen nicht weniger inbrünstigen Rülpser los. Dann waberte er in seinem riesigen Talar ein paar Meter auf das Empfangskomitee zu. Blieb kurz stehen, wiederholte das Furzen und Rülpsen und flüsterte einem der Lakaien etwas ins Ohr. Dieser kam eiligen Schrittes auf Pastor Boreen zu und flüsterte seinerseits ihm etwas ins Ohr. Worauf Pastor Boreen rot wurde und sagte: „Habe ich nicht."

Der Lakai wandte sich Heinrich zu und fragte anscheinend genau dasselbe. Worauf Heinrich die Menge laut fragte: „Hat jemand einen ‚Abortstuhl' zur Hand?"

Es wurde kurz getuschelt. *„Abort? Latrine? Kacken?"*

Keiner war sich wirklich sicher, welche Gepflogenheiten so hohe Herrschaften hatten. „Meinen Herr Baron einen ‚Kackstuhl'?"

„Ja, meine ich. Eminenz benötigt dringend einen."

Einige in der Menge fingen an zu kichern. Besonders die Kinder amüsierten sich bei der Vorstellung, auf einem Stuhl „sein Geschäft" zu verrichten. Die meisten der Dorfbewohner benutzten einfach einen Eimer. Einige wenige verfügten über den Luxus eines „Plumpsklos."

„Da kann man wohl nichts machen", sagte Heinrich zu dem Lakaien. „Dann muss ‚Eure Eminenz' wohl genauso auf den Eimer gehen wie wir alle hier. Herr Pastor, wo ist denn der bewusste Ort?"

Der Pastor wies auf eine Ecke neben dem Pfarrhaus. Bischof Leineweber machte sich watschelnd mit seinen Lakaien auf den Weg.

„Holt bloß schnell genügend Wasser, damit der Bischof sich anschließend die Hände waschen kann", ordnete Doktor Röder an. Bei der Vorstellung, später den Ring des Bischofs küssen zu müssen, trieb es ihm den Ekel in die Kehle.

Nachdem sich der „erleichterte" Bischof, mitsamt seinen nun verschwitzten Lakaien, gereinigt hatte, begann jetzt endlich die ordentliche Begrüßung. Jeder verbeugte sich und küsste den Bischofsring.

Die Besichtigung der Kirche war sehr oberflächlich, was Heinrich wurmte. *Wart nur ab, du abschreckendes Vorbild für die Gläubigen. Deine Stunde kommt noch! Verlass dich drauf.* Wegen seiner bösen Gedanken bekreuzigte sich Heinrich schnell.

Im Pfarrhaus ließ Bischof Leinweber nur einmal seinen Blick durch zwei Räume schweifen, bevor er einen Stuhl und Wein verlangte. Pastor Boreen holte eifrig seinen einzigen, schiefen klapprigen Stuhl. Rudolf bot an, sich um die Getränke zu kümmern.

Der Stuhl ächzte unter dem Gewicht des keuchenden Bischofs. Rudolf kam mit zwei Bechern Kräutertee wieder. Der Bischof roch kurz daran und murmelte so etwas ähnliches wie „mein Fußbad riecht besser." Er machte eine kleine Handbewegung, woraufhin sofort ein Lakai loseilte. Dieser kam in Windeseile mit einem vergoldeten Kelch und einer Flasche Wein zurück.

„Eure Eminenz, wenn ich mir erlauben darf?" Pastor Boreen legte schüchtern seine Auflistung mit den Kirchenbesuchern und den Taufen vor ihm hin. Der Bischof nickte zufrieden mit dem Kopf. „Ganz ordentlich, für so eine kleine Gemeinde. Aber da können Sie bestimmt noch mehr Schäflein in die Kirche bekommen. Lassen Sie sich etwas einfallen, Pastor ‚Brommel'. "

„Wo Sie es schon, ansprechen, Eure Eminenz", Pastor Boreen verbeugte sich. „Die Menschen haben sich sehr auf Ihren Besuch gefreut. Sie möchten gerne morgen, beim Sonntagsgottesdienst, von Ihnen die restlichen Kinder taufen lassen. Das wäre ein ganz großes besonderes Ereignis für sie. Davon würden die Leute noch in Jahrzehnten sprechen."

Der Bischof der, außer gutem Essen, nichts mehr liebte, als in aller Munde zu sein, sagte spontan zu. Letztendlich würde seine gute Tat auch seinem vorgesetzten Erzbischof zu Ohren kommen. Dafür würde er schon sorgen.

Pastor Boreen reichte dem Bischof die Reparaturliste. Dieser warf nur einen Blick darauf und reichte sie an seinen Sekretär weiter: „Fügen Sie noch Wein und eine anständige Bestuhlung hinzu."

„Darüber sprechen wir morgen", wandte sich Bischof Leineweber an Pastor Boreen. „Mir scheint im Großen und Ganzen ist hier alles in Ordnung. Ich bin jetzt hungrig, der Arzt hat mich auf Diät gesetzt und ich habe seit heute Mittag nur zwei Brathühner und einen kleinen Fasan zum Essen bekommen. Damit kann ja kein Mensch auskommen, nicht wahr?"

Heinrich versicherte dem Bischof schnell, dass in der Dorfschenke schon das beste Essen auf ihn wartete. Auch das allerbeste Zimmer sei hergerichtet worden.

Gut gelaunt mithilfe seiner zwei Lakaien machte der Bischof sich auf den Weg zur Dorfschenke. Besser gesagt, er ließ sich auf einer mitgebrachten Sänfte die fünfzig Schritte hinübertragen.

Heinrich, leicht in Sorge, ob das Essen des Wirtes ausreichen würde, rannte ganz „unbaronisch" mit Rudolf zur Hintertür der Schenke. Dort berichtet er den Wirtsleuten von den zwei Brathühnern und dem kleinen Fasan, was dem Bischof nicht ausgereicht hatte. Wilma, die Wirtin, hatte mit mehr Gefolge der Eminenz gerechnet und war daher gut vorbereitet. Sie hatte noch einige Schweinshaxen und einen riesigen Topf mit Weißkraut vorbereitet. Der Wirt hatte alle anderen Gäste nach draußen verfrachtet, damit der „Hohe Besuch" ungestört war. Wie die Lakaien allerdings den Bischof später die Treppe in sein Zimmer hochbekommen wollten, war ihnen ein Rätsel.

Bischof Leineweber wollte die ihm angebotene Suppe nicht. *„Nein, er bräuchte jetzt unbedingt etwas Herzhaftes, um nachdenken zu können."* Der Bischof stocherte lustlos in dem feinen Wildgulasch herum. Das bekam er alle paar Tage vorgesetzt. Als Wolfgang, der Wirt, ihm eine Schweinshaxe anbot, strahlten seine Augen: „Her damit, das ist genau das, was ich jetzt brauche." Der Bischof aß sage und schreibe drei Schweinshaxen mit viel Kraut und frisch gebackenem Brot. Davon hätte eine Familie mit zehn Kindern eine ganze Woche gut leben können.

„Wolfgang, was ist mit dir? Du bist so blass. Willst du auch etwas essen?", fragte die Wirtin ihren Mann in der Küche, als er die dritte Haxe holte.

„Geh mir weg mit Essen, Frau! Ich werde nie wieder etwas essen. Mir ist schlecht vom Zusehen. Er schlingt das Essen runter wie ein Wolf, der tagelang kein Futter hatte. Wirklich ekelhaft. Er schmatzt wie ein Schwein. Dazu noch die ganze Rülpserei und furzen tut er auch ununterbrochen. Pfui Deuwel. Wenn das der Herrgott sehen würde."

„Wie kannst du nur so über seine Eminenz reden, Wolfgang?", empörte sich Wilma.

„Du brauchst dich gar nicht so aufzuregen. „Eminenz" vorne oder hinten! Er ist auch nur ein Mensch wie man sehen, hören und riechen kann. Und „der" soll ein Vorbild für uns sein? Pfui! Da lobe ich mir doch unseren Pastor. Der ist ein richtig feiner Mann dagegen. Ich bin froh, dass unsere anderen Gäste den Bischof nicht sehen können, sonst würden sie sich womöglich auch so benehmen. Gib den Kuchen her, er will noch eine Nachspeise."

„Aber der ganze Kuchen? Das ist doch viel zu viel!"

„Für ‚den' nicht, sage ich dir!" Wolfgang behielt fast recht.

„Eure Eminenz, Wollen wir noch die Liste vom Pastor durchsehen?", fragte sein Sekretär.

„Nein, dafür bin ich jetzt zu müde. Was immer er verlangt. Es ist zu viel. Halbieren Sie die Summe und dann will ich nichts mehr davon hören. Das verdirbt mir nur meine gute Laune."

Das wollte nun wirklich keiner. Wenn es „seiner Eminenz" gut ging, hatten sie alle was davon, wenn es ihm schlecht ging noch mehr.

In der Nacht hörten die Wirtsleute einen gewaltigen Krach, anschließend Hin- und Hergelaufe. Sie grinsten sich an und zogen sich ihre Decken über die Köpfe.

Die Kunde von der „Vielfresserei“ und dem Zusammenbruch vom Bett des Bischofs traf schon zum Frühstück im Schloss ein. Wusste es Hermine, dann wusste es bald das ganze Dorf. Außerdem hatte es die ganze Nacht unaufhörlich geregnet, was Heinrich sehr erfreute.

„So ein Sauwetter. Ausgerechnet wenn der Bischof hier ist“, meinte Katharina.

„Ja, aber wir brauchen den Regen. Dem Gottesdienst wird es nicht schaden. Es wird ein sehr außergewöhnliches Ereignis werden“, stellte Rudolf klar.

„Ja, das wird es bestimmt. Wenn es so wird, wie ich es mir vorstelle“, schmunzelte Heinrich in sich hinein.

Schon um halb zehn war die Kirche gerammelt voll. Hermine konnte sich noch in eine Bank quetschen. Pastor Boreen lief aufgeregt durch die Kirche: „Herr Baron, hier können Sie doch nicht stehen bleiben. Ich versuche, noch einen Platz für Sie zu bekommen.“

„Nein, nein. Es ist ganz wunderbar hier. Wir haben von hier einen sehr guten Überblick, nicht wahr Rudolf?“

„Sehr wohl, Herr Baron.“

Um zehn Uhr stand Bischof Leineweber mit seinem Gefolge vor der brüchigen Kirchentür von Sankt-Marien. Die Menschenmenge hatte ihm einen gebührlichen Weg freigemacht. Der Bischof, der gewöhnt war, mit herrlichem Kirchengeläut seinen Einzug zu halten, blieb unschlüssig stehen. Es war kein Glockenklang zu hören.

Ein Lakai kam aufgeregt zum Pastor. „Die Glocken! Die Glocken!“

„Die Glocke ist kaputt. Sie hat einen großen Sprung“, teilte ihm Pastor Boreen mit.

„Dann wenigstens die Orgel, schnell!“

Der Pastor gab ein Zeichen, sofort setzte unter unerträglichem Gequietsche und Gejammer die Orgel ein. Die Menschen stöhnten und hielten sich die Ohren zu. Die Kinder fingen an zu schreien. Der Bischof machte eine Handbewegung, worauf die Orgel sofort verstummte. Dann musste er wohl oder übel durch den vermatschten Mittelgang watscheln.

Die Menschen machten „ah“ und „oh.“ Sie hatten den Gerüchten über so einen fetten Menschen nicht glauben können. Der Bischof konnte nicht von seinen Lakaien gestützt werden, da er gerade so allein durch den Mittelgang passte. Er stützte sich rechts und links an den Kirchenbänken ab und erreichte stöhnend die „Adelsbank.“ Als er sich auf das harte piksende Kissen von Hermine niederließ, entfuhr ihm ein kleiner spitzer Aufschrei.

Der Pastor begann mit seinem sonntäglichen Gottesdienst. Er begrüßte den Bischof und dankte ihm für die Ehre, die heutigen Taufen durchzuführen.

Bischof Leineweber wollte sich erheben, um die Taufen zu beginnen. Dabei rutschte er in dem Matsch so unglücklich aus, dass er nach hinten auf die Bank zurückfiel. Woraufhin diese krachend zusammenbrach.

Heinrich und Rudolf mussten sich wirklich beherrschen. Es sah einfach zu komisch aus, wie der Fleischkoloss mit hochgestreckten Beinen dort unten herumstrampelte. Der Bischof strampelte so lange herum, bis er sich sein wallendes Gewand über den Kopf gezogen hatte. Jetzt konnten Heinrich und Rudolf wirklich nicht mehr an sich halten und machten sich durch die Sakristeitür davon. Er wäre mehr als ungehörig gewesen, in der Kirche zu lachen.

Sie kamen rechtzeitig zurück, um zu sehen, wie der Bischof unentschlossen vor der Kanzeltreppe stand. Anscheinend hielt er sich für sehr viel schlanker, als er war, denn er machte sich bereit für den Aufstieg. Schon bei der nicht vorhandenen zweiten Stufe kam er nicht weiter. Die Lakaien wollten den Bischof von hinten hochschieben, bezweckten damit aber nur, dass er immer mehr feststeckte. Dann änderte sich das Schauspiel. Die beiden Lakaien kletterten, behindert durch ihre ebenfalls langen Gewänder, am Geländer der Kanzel hoch und versuchten nun, die Eminenz wieder zurückzudrücken. Gleichzeitig zogen von hinten der Sekretär und der Pastor am Bischof herum, um ihn wieder rückwärts aus der fatalen Situation zu befreien. Rudolf prustete vor unterdrücktem Lachen los, aber kaschierte dies mit einem gequälten Hustenanfall. Was wiederum Heinrich so ansteckte, dass er wieder aus der Kirche fliehen musste. Draußen vernahm er immer lauter werdendes Gelächter. Sein Gewissen regte sich und Heinrich beschloss, dass er nun einen intakten

Stuhl aus der Schenke nebenan holen würde, damit sich der Bischof nach der Kraftanstrengung erholen konnte. Er kam genau rechtzeitig mit dem Stuhl zurück und erntete einen dankbaren Blick von den verschwitzten Lakaien.

Der Rest des Gottesdienstes verlief bis auf die geräuschvollen Fürze der Eminenz ohne weitere Zwischenfälle. Die Fürze des Bischofs versuchte Pastor Boreen mit lauten kräftigen „Amen" zu überdecken, was eine gewisse Kuriosität darstellte. Ansonsten führte Bischof Leineweber geradezu liebevoll die Taufen durch. Er liebte Kinder und dachte dabei an seine siebzehn eigenen Kinder. Fünf hatte er mit seiner verehrten Gattin gezeugt. Die anderen zwölf mit seiner „großen Liebe", seiner „göttlichen Köchin". Er bedauerte es sehr, dass sein „kleiner Mann da unten" nicht mehr so wollte wie er. Aber sein Leibarzt hatte ihm versichert, das würde wieder klappen, wenn er die Diät einhalten würde. *„Morgen"*, schwor sich der Bischof, *„morgen werde ich weniger essen, dann wird es übermorgen schon gehen."*

Nach dem Gottesdienst sammelten sich die hohen Herren zu einer letzten Besprechung. Pastor Boreen bedankte sich überschwänglich für den schönsten Taufgottesdienst, an dem er in seinem Leben hatte teilnehmen dürfen. Woraufhin der Bischof ihm mit einem zerknirschten Gesicht zwei große Beutel mit Münzen auf den Tisch warf: „Sie machen mich arm, Pastor „Brommel." Mehr kann ich beim besten Willen nicht geben. Verwenden Sie es sinnvoll. In entsprechender Zeit werde ich mich persönlich davon überzeugen, dass hier alles in Ordnung gebracht worden ist. Der Gottesdienst war doch recht anstrengend. Bevor wir weiterfahren, werde ich noch eine Kleinigkeit in der Schenke zu mir nehmen."

Diesmal vertilgte er nur zwei Haxen und einen viertel Kuchen.

Vor Abfahrt des „Hohen Besuches" kam noch einmal der Sekretär zurück und warf einen kleineren Beutel auf den Tisch des Pastors.

„Schönen Gruß von der Eminenz, Sie sollen dafür Sorge tragen, dass bei seinem nächsten Besuch ein anständiges Bett, Stühle, ein bequemer Latrinenstuhl zur Verfügung stehen und genügend guter Wein vorhanden ist."

Pastor Boreen, Doktor Röder, Heinrich und Rudolf blieb der Mund offen stehen. Sobald der Bischof mit seinem Gefolge abgereist war, zählten sie die Gulden. Sie kamen, nach mehrmaligem Zählen, auf die stolze Summe von fast zweitausend Gulden plus vierhundert für Bett, Stühle, Latrinenstuhl und Wein. Heinrich und Rudolf freuten sich sehr. Es war erheblich mehr, als sie errechnet hatten. Dazu auch noch in Goldmünzen, was zurzeit höher im Wert stand als Silber.

Pastor Boreen schaute irritiert: „Ist das nicht zu viel? Vielleicht hat der Sekretär sich verzählt?“

„Machen Sie sich keine Gedanken, Hochwürden, der hat sich bestimmt nicht verzählt. Das wird schon seine Richtigkeit haben“, beruhigte ihn Rudolf.

„Zur Feier des Tages möchte ich Sie, Hochwürden, und Herrn Doktor Röder heute Abend zu einer kleinen Mahlzeit und einem guten Tropfen ins Schloss einladen. Dann können wir alles Weitere besprechen.“

Sie kamen überein, dass es besser wäre, wenn Heinrich das viele Geld mitnehmen würde. Im Schloss gäbe es bestimmt einen sicheren Platz dafür.

Im Schloss waren sie noch ganz aufgewühlt von den Ereignissen des Vormittages. Hermine schüttelte unentwegt den Kopf und murmelte: „Nein so was. So was aber auch. Das kann doch nicht sein. Nein so was! Tse, tse, tse. Dass es so was gibt!“

„Tante Hermine, was ist denn so *‚tse, tse, tse‘?“*

Sie sah Heinrich erstaunt an und schüttelte weiter ihren Kopf. „Nein, so was. Was der „Herrgott“ wohl jetzt denken mag?“

„Das werden wir wohl nie erfahren“, meinte Lennard trocken und schüttelte seinerseits den Kopf.

Heinrich konnte mit beiden nicht reden. Er beschloss, erst einmal einen ausgiebigen Ritt mit Adolpho zu machen und sich frischen Wind um die Ohren wehen zu lassen.

Nach einer kleinen Mahlzeit und einem gutem Tropfen Wein zählten Pastor Boreen, Doktor Röder, Heinrich und Rudolf gemeinsam noch einmal die ganzen Gulden. Es waren zusammen genau zweitausendvierhundert und fünfzig Goldstücke. Sie setzten einen Vertrag auf, indem Heinrich als Verwalter des Geldes bestimmt wurde. Rudolf erhielt die Prokura und verpflichtete sich seinerseits, genauestens Buch über die Ausgaben zu führen. In regelmäßigen Abständen wollten die vier sich zusammensetzen, um die Ausgaben zu überprüfen.

Danach gingen sie in die ersten Planungen über. Sie legten die Reihenfolge der Reparaturen fest. In der Kirche: das Kruzifix, die Bänke, die Treppe zur Kanzel, die Fenster, die große Kirchentür, die Orgel und eine neue Glocke musste gegossen werden. Die Glocke stellte das größte Problem dar. Bronze war so gut wie nicht mehr zu bekommen. Die Bronzevorräte waren im Dreißigjährigen Krieg für Waffenschilder und anderes Kriegsmaterial aufgebraucht worden. Sie würden die alte Glocke einschmelzen lassen, um eine neue gießen lassen zu können. Dazu müsste die alte schwere Glocke zunächst vom hölzernen Turm auf einen sehr stabilen Wagen geschafft und nach Hildesheim zur Glockengießerei gebracht werden. Sie vereinbarten, den Beedenbosteler Vogt Hans-Hermann von Bergdorf um Rat zu fragen. Dieser wüsste bestimmt auch, woher man einen Orgelbauer und einen Meister für die Reparatur der Spitzbogenfenster bekommen könne. Die vier setzten gemeinsam ein Schreiben an den Vogt auf, indem sie sich auch herzlich für die großzügige Spende von Holz und Fensterscheiben bedankten.

Während Rudolf den Brief zum Unterschreiben vorlegte, fing er an zu lächeln. Heinrich bemerkte, wie Rudolfs Lächeln sich zu einem breiten Grinsen auswuchs.

„Was ist mit Ihnen? Was ist denn so lustig?“, wollte Doktor Röder wissen.

Damit war es um die Contenance Rudolfs geschehen. Er brach in schallendes Lachen aus und versuchte gleichzeitig, eine Erklärung abzugeben. „Ich … habe … die Treppe zur Kanzel … Eminenz … feststeckte …“ Rudolf krümmte sich vor Lachen. „Ent-schul-di-gung …!“

Plötzlich hatten auch Doktor Röder und Heinrich den auf der Kanzeltreppe steckengebliebenen Bischof vor Augen. Sie fielen in das Lachen ein.

Dann sagte der Arzt „Die Bank …!“ Und Heinrich: „Der Kackstuhl …!“

So gab ein Wort nach dem anderen weiter Grund zur Belustigung.

Pastor Boreen verzog konsterniert keine Miene, was die anderen drei noch mehr zum Lachen reizte.

Bis Heinrich laut „Amen“ sagte, womit er das laute „Amen“ des Pastors meinte, der damit versucht hatte, die enormen Fürze des Bischofs zu übertönen. Nun konnte selbst Pastor Boreen nicht mehr an sich halten.

Nach einigen Flaschen des guten Tropfens und noch viel mehr Gelächter, waren die vier im Scherz davon überzeugt, dass sie für ihre Schadenfreude auf direktem Weg in die Hölle kommen würden.

„Aber dafür hat es sich doch gelohnt! Oder ist jemand anderer Meinung?“, fragte Heinrich die Runde.

„Ja, dafür lohne es sich, in die Hölle zu kommen“, stimmte sogar Pastor Boreen lachend zu.

Sie trennten sich gegen Mitternacht. Pastor Boreen und Doktor Röder torkelten Arm in Arm lachend in Richtung Eldingen. Heinrich und Rudolf torkelten die Treppen zu ihren Zimmern hinauf. Hin und wieder sagte Rudolf: „Gestatten Sie, Eminenz, wenn ich Ihnen Ihr Hinterteil hochschiebe?“ Was sie aus dem Lachen nicht herausbrachte und sie unendlich viel Zeit für den Aufstieg zu ihren Zimmern kostete.

Am nächsten Morgen hatten alle vier gewaltige Bauchschmerzen vom Lachen und einen ebenso gewaltigen Kopfschmerz.

Hermine, die die Welt nicht mehr verstand, kochte eine deftige Hühnerbrühe, von der sie auch dem Pastor und dem Doktor etwas bringen ließ.

Die Verlobung

Am dreißigsten August 1656, an Elisabeths achtzehntem Geburtstag, wurde im Hause der Heimtrauter die Verlobung von Heinrich Baron von Eldingen und Komtesse Elisabeth von Heimtraut bekanntgegeben. Heinrich überreichte Elisabeth den Verlobungsring seiner Mutter mit einem passenden Halscollier und dem dazugehörigen Armband. Ein wunderschöner Familienschmuck, in dem gelblich schimmernde Bernsteine in kleine goldene Röschen gefasst waren, die ihre bernsteinfarbenen Augen betonten. Elisabeth trug über ihrem Unterkleid ein Korsett, an dem zwei Reifröcke befestigt waren. Darüber ein, nach der neusten Mode, schulterfreies champagnerfarbenes, weit schwingendes, bodenlanges, glänzendes Seidenkleid. Dazu passende Seidenschuhe sowie in ihren seitlich gelockten schwarzen Haaren entsprechende Kämme. Ein passendes Spitzentuch, Handschuhe, ein Fächer und ein perlenbesticktes Täschchen vervollkommneten ihre Ausstattung.

Heinrich trug, ebenfalls der neuesten Mode entsprechend, den „Justuscorps", eine eng am Körper anliegende champagnerfarbene Kniehose, ein weißes Rüschenhemd, eine zur Hose passende Weste, weiße lange Strümpfe, ein dunkelblaues Einstecktuch, dunkelblaue auf Hochglanz polierte Lederstiefel mit vergoldeten Schnallen. Über seinem obligatorischen umgeschnallten Degen trug er noch einen leichten, halboffenen Kasack. Heinrich trug seine naturgewellten über schulterlangen Haare an diesem Abend offen.

Sie waren wirklich ein außergewöhnlich gut aussehendes Paar. Einige ältere Damen der feinen Gesellschaft schwärmten geradezu von Heinrich. Die Männer fanden Elisabeth mit ihrem schulterfreien

Kleid, hinter vorgehaltener Hand, geradezu erotisierend.

Es wurde ein vergnüglicher Abend. Zu später Stunde, nach einem erlesenen Mahl und vielen gut gemeinten Ansprachen, wurde von Alt und Jung das Tanzbein geschwungen.

Nachdem die Gäste mit allen guten Wünschen verabschiedet waren, ließ sich die Familie in bequeme Sessel fallen. Sie tauschten einige Begebenheiten im familiären Kreis aus.

Bis die Gräfin dezent hinter ihrem Fächer gähnte und damit das Zeichen zur allgemeinen Nachtruhe gab. Bevor sie sich zurückzog, lächelte sie die „Frischverlobten" an und meinte leicht beschwipst: „Übertreibt es nicht meine Kinder. Ich wünsche, heute Nacht nicht von irgendwelchen Geräuschen geweckt zu werden."

Auch Karl konnte sich einen ernsten bedeutungsvollen Blick auf die beiden nicht verkneifen.

Endlich waren sie allein. Elisabeth tanzte ohne Schuhe leichtfüßig durch den Salon, bis Heinrich es nicht mehr im Sessel aushielt: „Lisa, meine wunderschöne Verlobte, darf ich dich in meine Arme nehmen?"

„Selbstverständlich, mein Held."

„Ich meine so richtig."

„Wie richtig? Das musst du mir schon zeigen", strahlte Elisabeth ihn an.

Heinrich nahm sie in beide Arme, fasste sie mit der einen Hand um ihre Taille und fuhr mit der anderen ihren Rücken hinauf und hinunter, bis er fast ihren Popo erreicht hatte. Elisabeth rührte sich keinen Millimeter. Er suchte ihre Lippen, öffnete mit seiner Zunge ihren Mund und erkundete ihn. Elisabeth ließ ihn eine Zeit lang gewähren. Dann erwiderte sie den Kuss, bis er sich zu einem erregenden Spiel steigerte.

„Da gibt es noch etwas …", murmelte Heinrich.

„Zeig es mir …", flüsterte sie zurück.

Mit einem festen Griff um ihre Taille zog er sie an sich und bewegte seine Hüften hin und her. Mit der anderen Hand streichelte er ihren Rücken. Seine Hand fuhr herum zu ihrer Seite und nach vorne, bis seine Fingerspitzen unter ihrer Brust lagen. Elisabeth stieg in seine kreisenden Hüftbewegungen ein. Als seine Finger vorsichtig über ihre Brust strichen, hielt sie auf einmal still.

„Ist es dir unangenehm?“, erkundigte Heinrich sich unsicher.

„Nein, ich warte“, hauchte sie unter seinen Küssen.

Er bewegte nun seine Hand kreisend um ihre Brust und erhöhte langsam den Druck seiner Finger. Elisabeth drängte sich stärker in seine Hand und an seine Hüften. Sie atmeten schneller. Ihre Herzen pochten lauter. Elisabeth entfuhr ein wohliges Stöhnen. Plötzlich ließ sie von ihm ab und trat unsicher einen Schritt zurück. Mit einem Blick auf seine engen Hosen fragte sie erstaunt. „Was ist das?“

Heinrich sah an sich herunter und verdeckte mit seiner Hand schnell die Beule in seiner Hose. „Das ist, hm, das ist so, wenn es einem Mann gefällt.“

Sie überlegte einen Moment. „Das ist also das, was der Hengst bei der Stute reinsteckt?“

Über so viel Sachlichkeit musste Heinrich lachen. „Ja, genau das.“

„Nur nicht so groß, hm“, stellte Elisabeth fest. „Und wo ist es jetzt?“

„Jetzt ist es wieder klein.“

„Warum?“

„Weil der Zauber jetzt nicht mehr da ist.“

„Aber es hat dir doch nicht wehgetan, oder?“

„Nein ganz und gar nicht. Es ist so ähnlich, als wenn ich deine Brüste streichele.“

„Ja, das war schön. Ich möchte ‚das‘ noch mal machen. Geht das?“

„Und ob.“

So küsste und streichelten sie sich, ohne auch nur ein Kleidungsstück auszuziehen. Bis Elisabeth einen Fleck in seiner Hose sah.

„Oh.“

„Es ist nicht, was du denkst“, versuchte Heinrich zu erklären. „Das ist der Samen, den man braucht, um ein Kind zu zeugen. Es ist ganz natürlich. Das ist bei Pferden auch so.“

Elisabeth war beruhigt. „Aber der Fleck muss raus.“

„Ja, meine süße Lisa. Ich werde dich jetzt zu deinem Zimmer begleiten. Dann werde ich den Fleck entfernen.“ Nach einem innigen letzten Kuss und dem gegenseitigen Versprechen, in der kommenden Nacht weiter zu üben, ließen sie voneinander ab.

Die Tage und Nächte vergingen viel zu schnell. Tagsüber gab es

Besprechungen und es wurden Pläne für die Umbauten im Schloss geschmiedet. Nachts erkundeten die beiden weiter ihre Gefühle füreinander.

In der sechsten Nacht sagte Heinrich traurig. „Mein schöne, geliebte Lisa ich werde morgen nach Eldingen zurückreisen."

Elisabeth kamen die Tränen: „Du wolltest doch zehn Tage bleiben. Das hast du mir versprochen."

„Ja, ich weiß. Aber es geht nicht mehr. Ich begehre dich zu sehr. Ich weiß nicht, wie lange ich das noch durchhalten kann."

„Bitte erkläre mir, was du meinst."

„Weist du, es ist so, als wenn man ein heiß begehrtes Geschenk vor sich stehen hat und es nicht auspacken darf. Es macht mich verrückt, weil ich dir noch nicht beiwohnen darf. Wir dürfen uns noch nicht einmal ausziehen."

„Aber ich kann doch heute Nacht in dein Zimmer kommen und dann ziehen wir uns aus."

„Oh, Lisa, mach es mir nicht noch schwerer, als es ohnehin schon ist!", stöhnte Heinrich auf. „Nein, das geht nicht. Wenn wir erst ausgezogen sind, ist es nur noch ein kleiner Schritt bis wir uns nicht mehr widerstehen können und uns vereinigen. Es ist nicht nur unschicklich vor der Vermählung. Ich habe Karl und deiner Mutter versprochen, dass du unversehrt bleibst. Ich könnte beiden nicht mehr in die Augen sehen. Außerdem halte ich meine Versprechen."

„Aber wir könnten doch …"

„Nein, bitte hör auf! Es hat keinen Sinn. Alles wäre jetzt nur eine weitere Qual für mich. Später wirst du es verstehen. Bitte glaube mir, ich liebe dich von ganzem Herzen. Nichts und niemand wird daran jemals etwas ändern können. Nun müssen wir einfach vernünftig sein."

„Ich schätze, ‚vernünftig' wird nicht mein Lieblingswort werden", überlegte Elisabeth.

„Bitte versprich mir, heute Nacht dein Zimmer zu verschließen. Ich werde es auch tun. So kann keiner von uns Gefahr laufen, den anderen in eine unschickliche Situation zu bringen", bat Heinrich.

Am Abend informierte Heinrich die Familie über seine morgige Abreise. Es wäre erst mal soweit alles besprochen und im Schloss warteten die Umbauarbeiten. Die Heimtrauter hatten vollstes Verständnis, auch wenn sie seine verfrühte Abreise bedauerten.

In einer ruhigen Minute fragte Elisabeth ihre Mutter: „Mama, muss man eigentlich im Leben immer so ‚vernünftig‘ sein?“

„In vielen Situationen ist es angebracht. In der eurigen ganz gewiss.“ Gräfin Beatrice ahnte, warum Lisa sie fragte. Es war ihr, bevor sie ihren zweiten Mann zum Gatten nahm, ähnlich ergangen. „Es ist schwer, Kind, aber tröste dich damit, dass ihr beide nach eurer Vermählung nach Herzenslust unvernünftig sein könnt.“

„Dann kann uns niemand mehr etwas vorschreiben?“

Die Gräfin lachte: „Nein, das kann dann keiner mehr. Dann wird es sogar erwartet, weil sich jeder über euren Nachwuchs freuen würde.“

Elisabeths Gesicht hellte sich auf. „Wenn das so ist, dann werden wir jetzt ‚vernünftig‘ sein.“

„So ist es recht. Was hältst du davon, wenn wir beide in ungefähr acht Wochen, mit Komtesse zu Ahrensfelde nach Eldingen reisen würden? Ich habe so das Gefühl, dass wir noch etliche Vorhänge und Tischdecken aus- und nachmessen müssen, ganz abgesehen von den Möbelbezügen.“

„Ach, Mama! Das wäre ganz wunderbar!“ Elisabeth sprang auf und umarmte ihre Mutter. „Dann ist schon die Hälfte der Zeit herum, bis Heinrich Weihnachten zu uns kommt.“

„Ja, so habe ich es mir ausgerechnet.“

Der Abschied war von der Vorfreude, sich in ein paar Wochen wiedersehen zu können, geprägt.

Weiße Lügen

Zurück in Eldingen saßen Heinrich und Rudolf bei ihrer täglichen Arbeit in der Bibliothek.

„Jetzt könnten wir mit den Arbeiten hier im Schloss beginnen“, meinte Heinrich. „Aber die Ernte ist noch nicht ganz eingebracht, das wird noch ein paar Wochen dauern. Ich weiß nicht, woher wir solange die Handwerker nehmen sollen. Handwerker aus Celle oder Braunschweig zu holen, wird einfach zu teuer.“

„Herr Baron, darüber habe ich auch schon nachgedacht. Wir haben damals die alten Handwerker gefragt, die den jungen ihren Platz überlassen hatten. Sie arbeiteten zwar etwas langsamer, aber mit ihrer jahrzehntelangen Erfahrung haben sie die Zeit wieder ausgeglichen. Es ist nicht immer gut, die Arbeit nur schnell zu erledigen, dabei passieren oft Fehler, die auszubessern oft viel länger dauert. Die Alten hatten damals auch viel mehr Freude an der Arbeit, sie kamen sich nicht mehr überflüssig vor. Sie waren wieder gefragt und gehörten nicht mehr zum alten Eisen. Außerdem freuten sie sich, etwas zum Altenteil dazuverdienen zu können. Es war eine kluge Entscheidung meines Va …, meiner ehemaligen Herrschaft“, verbesserte sich Rudolf schnell.

„Das leuchtet mir ein. So werden wir es machen. Es gibt hier genügend alte Handwerker. Wir werden noch heute mit dem Pastor und unserem Arzt sprechen, die kennen die Leute besser als ich. Aber wo Sie eben Ihren Vater erwähnt haben, was hat Ihr Herr Vater für einen Beruf ausgeübt?“

Rudolf wurde rot, als schäme er sich: „Mein Vater hat auf einem Gut gearbeitet."

„Er hat dort sicher als Verwalter gearbeitet. Daher ihre Erfahrungen in so vielen Bereichen, das erklärt manches."

Rudolf war froh über Heinrichs Vermutung, dadurch brauchte er nicht zu lügen.

„Geht es ihm gut? Ich meine, geht es Ihrer Familie gut?" Heinrich fiel auf, dass er eigentlich nichts über Rudolf wusste.

Rudolf sagte in einem fast wütenden Ton: „Nein, es geht ihnen nicht allen gut. Meine Eltern und meine vier älteren Brüder sind beim Brand des Gutes ums Leben gekommen. Meine drei jüngeren Geschwister leben bei einer Tante in Wittenberg. Ich hoffe, es geht ihnen gut. Seit einem Jahr warte ich auf Antwort auf meinen letzten Brief."

Heinrich war erschüttert über diese Nachrichten. „Es tut mir schrecklich leid."

Nach einer Pause meinte Rudolf trotzig: „Aber das Leben geht schließlich weiter, nicht wahr?"

„Ja, es geht irgendwie immer weiter. Hören Sie, Rudolf, wenn ich Ihnen und Ihren Geschwistern in irgendeiner Weise helfen kann, lassen Sie es mich bitte wissen. Ich werde mein Möglichstes tun."

„Herr Baron, Sie haben doch selbst so viel um die Ohren, wenn ich es so sagen darf. Aber vielleicht könnte ich nach Ihrer Vermählung mit Komtesse Elisabeth nach Wittenberg reisen und sehen, wie es meinen Geschwistern geht?"

„Das lässt sich sicher einrichten. Elisabeth wird dafür vollstes Verständnis haben. Familie steht immer an erster Stelle. Das ist auch meine Meinung. Ich hoffe, dass Sie hier bei uns eine neue Familie finden werden. Das wünsche ich Ihnen von ganzen Herzen."

„Danke, Herr Baron. Ich bin da ganz zuversichtlich. Ich fühle mich hier ausgesprochen wohl. Aber ich denke, wir sollten uns jetzt nicht mehr mit mir beschäftigen, wir wollten doch mit Pastor Boreen und Doktor Röder sprechen."

„Tun wir das. Vorher möchte ich aber nach Maria schauen. Wenn ich sie einen Tag nicht sehe, fehlt sie mir schon ein wenig. Ich weiß auch nicht, wie sie das anstellt."

Auf dem Weg zum Pastor fiel Heinrich ein, dass sein Freund und

Kutscher Georg jeden Tag in den Dörfern und auf den Feldern unterwegs war. Er hatte dort mit den Pächtern zu tun. Georg trieb die Pacht ein, holte Vieh ab und besorgte alle Dinge, die im Schloss zum Leben benötigt wurden. Georg war wie jeden Tag unterwegs. Heinrich hinterließ bei seiner Frau Erika die Bitte, Georg möge am Abend gleich zu ihm kommen.

Pastor Boreen fand Rudolfs Vorschlag hervorragend. Er hatte sich ebenfalls Gedanken gemacht, wo er die Handwerker herbekommen sollte. Sie verblieben so, dass Pastor Boreen mit Doktor Röder sprechen sollte und Heinrich mit Georg.

Am nächsten Tag hatten sie etliche infrage kommende ältere Männer ausfindig gemacht, die sie ansprechen konnten. Georg suchte die Männer auf. Bis auf wenige Ausnahmen, aus gesundheitlichen Gründen, waren sie bereit, sofort mit der Arbeit zu beginnen. Zuerst wurden die anstehenden Arbeiten aufgeteilt. Dabei redeten sich die erfahrenen Männer ihre Köpfe hitzig und es kam zum ersten Streit. Jeder bestand darauf, mehr Erfahrung zu haben. So hatte sich der Pastor den Ablauf nicht vorgestellt. Nachdem Pastor Boreen einige Male um Ruhe und Vernunft gebeten hatte, hieb er mit der Faust dermaßen auf den Tisch, dass er seine Hand verstauchte. Er hatte höllische Schmerzen, aber ab da hörte das Gezänk auf. Keiner wollte daran schuld sein, dass ihr Pastor sich verletzt hatte. Sie würden von ihren Frauen ohnehin eine gewaltige Schimpftirade zu hören bekommen, wenn diese erst einmal erfahren hatten, wie sie sich in der Gegenwart des Pastors benommen hatten. Die Handwerker rissen sich zusammen und nach einer Woche konnte Pastor Boreen berichten, dass die Kirchentür und die ersten Bänke repariert waren.

Da nicht alle Männer in der Kirche zu tun hatten, ging auch im Schloss die Arbeit los. Einige Pläne Heinrichs wurden von den Arbeitern verändert oder verbessert, aber im Großen und Ganzen lobten sie Heinrichs Ideen. Zunächst sollten ein paar Wände herausgehauen und versetzt werden, da Heinrich zusätzliche Räume für Kinderzimmer und Platz für die zwei gemauerten Aborte schaffen wollte. Die Aborte sollten sich nicht, wie bisher, im Ankleidezimmer befinden, sondern in kleinen separaten Räumen mit Fenstern untergebracht werden. So hatte Heinrich es in Braunschweig gesehen. Diese Neuheit wurde Dorfgespräch und löste endlich den Besuch des Bischofs ab. Laut Gerücht hatte der Bischof mittlerweile nicht drei Haxen und einen Kuchen verzehrt, sondern sechs Haxen und zwei Kuchen. Auch war nicht nur das Bett unter seinem Gewicht zusammengebrochen. Nein, jetzt war schon die ganze Zwischendecke mitsamt Bett in den darunterliegenden Gastraum abgestürzt.

Hermine hörte die ersten Hammerschläge unten in ihrem Küchenreich, sie ließ ihren Löffel fallen und rannte wütend zu Heinrich: „Gebiete den Handwerkern Einhalt! Auf der Stelle! Hörst du?!"

„Nun mal langsam. Beruhige dich erst einmal. Ich bin froh, dass es hier endlich losgeht."

„Nichts da. Mach es sofort! Oder ich tue es, bevor es zu spät ist!"

Heinrich bat die Arbeiter, eine Pause einzulegen.

„Siehst du, was hier angerichtet wurde?"

Heinrich sah sich um. „Ja. Ich sehe, dass hier schon einige Steine liegen."

„Ja, eben. Und wo liegen die Steine? Auf deinem wunderschönen Teppich. Den kriege ich nicht mehr sauber. Und sieh dir bitte die Möbel an. Die sind schon voll vom Staub. Die Bilder und Vorhänge auch. Willst du das alles wegwerfen?"

Heinrich sah sich um. „Ja, du hast ja recht. Daran habe ich nicht gedacht."

„Das musst du auch nicht. Dafür bin ich ja schließlich da. Du musst mir nur zeitig Bescheid geben, damit ich die Möbel, Bilder, Vorhänge und Teppiche wegräumen lassen kann."

„Ach, Tante Hermine, es tut mir leid."

„Schon gut. Wie soll es jetzt hier weitergehen?"

Heinrich erklärte ihr die weiteren Vorhaben.

„Dann müssen die Männer erst mal alles rausschaffen, bevor sie weitermachen. Katharina und ich können draußen die Sachen ausklopfen. Für die weiteren Aufräumarbeiten brauchen wir Hilfe. Katharina und ich müssen uns ums Essen kümmern. Die Männer hier müssen jetzt auch mit verpflegt werden. Wenn es dir recht ist, kümmere ich mich um Helferinnen."

Ihm war es sehr recht. Sein Tag schien immer länger und gleichzeitig zu kurz zu sein, um die ganzen Dinge zu erledigen, die zu tun waren.

Um sechs stand er auf, trank Tee mit seiner Schlossfamilie (Hermine, Katharina, Lennard, Rudolf und Maria). Dann folgten Buchhaltung und Korrespondenz mit Rudolf. Unterbrochen durch das Frühstück, während er sich kurz mit Maria beschäftigte. Vor dem Mittag noch ein Ausritt zu den wichtigsten Feldern und ein Gang durch die Stallungen mit Lennard. Zwischendurch ständig Besprechungen mit den Arbeitern im Schloss und Hermine. Besprechung mit Georg, wegen den Pächtern und was sonst so in den Dörfern anlag. Nachmittags Tee bei Maria. Ein Ritt zur Kirche, um zu kontrollieren, wie die Arbeit dort voranging. Abrechnung der Ausgaben vom Tag und Pläne mit Rudolf für den nächsten Tag.

Abendessen und Besprechung mit der Schlossfamilie, damit alle auf dem gleichen Stand waren. Außerdem erfuhr Hermine immer das Allerneuste aus dem Dorf, auch die guten und bösen Gerüchte, die es galt, gleich im Keim zu ersticken. Zuletzt die Erledigung des privaten Schriftverkehrs, wobei die Liebesbriefe an Elisabeth die meiste Zeit in Anspruch nahmen.

Rudolfs Tage waren ebenso ausgefüllt. In der Zeit, die Heinrich in anderen Besprechungen verbrachte, musste er sich um das Wohlergehen seines Herren kümmern, die Privatzimmer des Barons in Ordnung halten sowie die Bibliothek und die Wäsche des Barons. Er hatte täglich die Arbeiter auszuzahlen und deren Stunden zu notieren. Dabei machte Rudolf die leidliche Erfahrung, dass nicht alle die Wahrheit liebten und hier und da versuchten, mehr Stunden abzurechnen. Im Schloss war das kein Problem, da hatte Hermine alles genau im Blick. In der Kirche aber schon. Deshalb hatte Rudolf sich angewöhnt, dort täglich mindestens zweimal, zu immer anderen Zeiten, aufzutauchen und sich sofort die Namen der anwesenden Arbeiter zu notieren.

Nachdem gewisse „Pappenheimer" von Rudolf überführt worden waren, gaben sie auf. Sie hatten einfach mit der Genauigkeit von Rudolf nicht gerechnet und fünfe gerade sein lassen wollen.

Die Tage waren also mehr als ausgefüllt für jeden von ihnen. Auch die Arbeiter auf den Feldern hatten viel zu tun. Die Ernte fiel in diesem Jahr außergewöhnlich ertragreich aus. Die Feldarbeit wurde von den Arbeitern gern gemacht, da für sie und ihre Familien, bis zur Ernte im nächsten Jahr, dass Überleben gesichert war.

Weil die Ernte so gut ausfiel und die Arbeiten in der Kirche zügig vorangingen, wurde in diesem Jahr ein wunderschönes Erntedankfest bei herrlichem Oktoberwetter mit den Dörflern gefeiert. Jede Familie steuerte etwas dazu bei. Es blieb so viel übrig, dass der Pastor mit Georg die Dankesgaben an die Ärmsten der Armen verteilen konnte.

Ende Oktober reiste Gräfin Beatrice mit ihrer Gesellschafterin Komtesse zu Ahrensfelde und Elisabeth an. Das Schloss war mittlerweile eine komplette Baustelle. Daher wurden die Damen in der Dorfschenke untergebracht. Gräfin Beatrice und Komtesse zu Ahrensfelde waren, gelinde gesagt, entsetzt über den nicht vorhandenen Komfort in den Zimmern. Elisabeth machte es nicht so viel aus, da sie jede freie Minute mit Heinrich und Maria verbrachte. Sie hatte, genau wie alle anderen im Schloss, Maria sofort in ihr Herz geschlossen. Elisabeth machte lange Spaziergänge mit der Kleinen und Cockie, der sie sofort wieder erkannt hatte. Der kleine Spaniel wich Elisabeth nicht von der Seite und machte ein riesen Theater, wenn sie abends in die Schenke zurückkehren musste. Die Stunden, die Elisabeth und Heinrich allein miteinander verbringen konnten, waren rar. Das hatte aber auch etwas Gutes. So waren sie nicht in der ständigen Versuchung, sich ihrem Verlangen nacheinander hinzugeben.

Bereits nach ein paar Tagen wollte Gräfin Beatrice wieder abreisen. Sie konnte den ständigen Lärm aus der Schenke und die komfortlosen Zimmer nicht mehr ertragen. Zuvor wies die Gräfin Heinrich noch auf die mangelhaften Zustände in der Dorfschenke hin. Sie befürchtete, dass etliche der Hochzeitsgäste dort untergebracht werden mussten. Schlecht gelaunte Hochzeitsgäste würden ihrer Tochter den schönsten Tag ihres Lebens verderben. Sie übergab bei der Gelegenheit Heinrich eine vorläufige Liste der zu erwartenden Gäste. Beim Lesen der Gästeliste brach Heinrich der Angstschweiß aus. Er selbst hatte noch nie an einer adeligen Hochzeit teilgenommen und keinerlei Vorstellung über deren Ausmaße. Es standen über zweihundertfünfzig Personen auf der Gästeliste. Die Gräfin hatte hinter jedem Namen notiert, in welchem verwandtschaftlichen, geschäftlichen oder freundschaftlichen Verhältnis die Personen zu den Heimtrautern standen. Es waren auch Gäste darunter, denen sie einfach nur zu Dank verpflichtet waren oder von denen sie sich zukünftige vorteilhafte Verbindungen versprachen. Elisabeth alleine hatte vier Paten, die mit ihren Ehepartnern und Kindern, Schwiegerkindern und Enkeln an die fünfzig Personen ausmachten. Diese standen fast alle in einer so nahen verwandtschaftlichen Beziehung, dass es unumgänglich war, sie einzuladen. Da die Gräfin die gesamten Kosten für die dreitägige Feier übernehmen wollte, konnte sie auch bestimmen, wer eingeladen wurde.

Heinrich nahm seinen ganzen Mut zusammen, dass tat er immer, wenn es galt, ernste Dinge mit der Gräfin zu besprechen. Sie duldete so gut wie keinen Widerspruch. „Verehrte Gräfin, darf ich nochmals auf die Gästeliste zurückkommen?“

„Ich höre.“

„Es scheint mir unmöglich so viele Personen samt ihrem Personal standesgemäß unterzubringen.“

„Das habe ich mir schon gedacht, Baron“, entgegnete die Gräfin. „Immerhin bekommen Sie jetzt einen Einblick, was es mit sich bringt, eine Komtesse zu ehelichen.“

„Ich hatte ja keine Vorstellung.“

„Das habe ich mir auch schon gedacht. Da ich darauf bestehe, dass Elisabeth eine Hochzeit bekommt, wie sie möchte, müssen wir jetzt mit Feingefühl und Diplomatie vorgehen. Im Vertrauen, und das meine ich so wie ich es sage, dieses Gespräch muss unter uns bleiben, Herr Baron. Ich weiß von Elisabeth, dass sie am liebsten eine ganz kleine Hochzeit, mit ausschließlich den Personen, die ihr am Herzen liegen, feiern würde. Aber wie Sie einsehen, haben wir Verpflichtungen, denen wir nachkommen müssen.“

„Ja, das verstehe ich, Gräfin.“

„Rosalie-Sophie ist da ganz anderer Natur. Sie kann gar nicht genug Menschen um sich haben und liebt es, im Mittelpunkt des Geschehens zu stehen. Ich habe so im Gefühl, dass noch dieses Jahr die Verlobung von Rosalie mit ihrem bayerischen Prinzen stattfinden wird. Noch hat er nicht um ihre Hand angehalten, aber wie gesagt, eben so ein Gefühl. Wenn Prinz Ferdinand tatsächlich um Rosalies Hand anhält, könnte schon im nächsten Jahr, sagen wir im August, die Vermählung der beiden stattfinden. Wäre dies der Fall, könnten wir unseren Verpflichtungen absolut gerecht werden. Elisabeth bekäme im Mai die überschaubare Hochzeit, die sie sich wünscht. Rosalie im August eine große glanzvolle Hochzeit. Der Abstand zwischen den Festen wäre in einem vertretbaren Rahmen. Keiner wäre beleidigt, nur zu Rosalies großer Feier geladen zu werden. Des Weiteren würde es sich anbieten, Rosalies Feierlichkeiten bei uns durchzuführen, da der weite Weg nach Bayern viel zu umständlich für die Gäste wäre. Ein weiterer Vorteil wäre eben die besagte Unterbringung. Fast alle Personen könnten bei sich zu Hause übernachten. Für die, die von weiter her anreisen, stehen in Braunschweig adäquate Unterbringungsmöglichkeiten zur Verfügung. In diesem Fall wäre uns allen geholfen. Nichtsdestotrotz müssen natürlich hier in Eldingen alle benötigten Zimmer in einwandfreiem Zustand sein. Die Zimmer in der Schenke sind es nicht. Es wird auch nicht der Schaden der Wirtsleute sein. Schließlich werden die Zimmer gut bezahlt. Ebenso alles was verzehrt wird. Die Renovierung der Gästezimmer in der Schenke ist eine Investition für die Zukunft. Es wird auf Schloss Eldingen nicht die letzte Feier sein, glauben sie mir“, die Gräfin machte eine kleine Pause. „Wie gesagt, dieses Gespräch muss absolut unter uns bleiben. Ich habe mich Elisabeth gegenüber bis jetzt gesträubt, auch nur über eine kleine Hochzeit zu reden. Das wäre für Elisabeth zu einfach. Sie liebt es, wenn sie um etwas kämpfen muss. Ich werde vorerst dabei bleiben, aber weiterhin Rosalie und ihren Zukünftigen im Auge behalten. Wenn sich etwas tut, erfahren Sie es sicher sofort von Elisabeth. An Ihnen liegt es nun, aus Elisabeth herauszubekommen, wie genau sie sich ihre Hochzeit vorstellt. So sollten wir verbleiben, Baron. Über Karl brauchen Sie sich keine Gedanken machen. Er kennt mich am besten von der Familie. Karl wird sich schon seinen Teil zusammenreimen. Außerdem ist ihm das zu viel ‚Planerei‘, wie er sich ausdrückt. Er meint, es reiche ihm vollkommen aus, wenn er sich über die Rechnungen ärgern muss. Sind wir uns einig, Baron?“

Heinrich verbeugte sich und küsste ihr die Hand. „Ich danke Ihnen für ihr Vertrauen, Gräfin. Meine Mutter würde sich für mich freuen, eine so charmante wie weise Schwiegermutter zu bekommen.“

Wäre jetzt noch ein Fünkchen Zweifel seitens der Gräfin an Heinrichs Person vorhanden gewesen, wäre dieser jetzt ausgeräumt worden.

„Heinrich“, Gräfin Beatrice nannte ihn zum ersten Mal so. Sie lächelte ihn an: „Es ist mir ein Bedürfnis, Sie so zu nennen. Ich gestatte Ihnen, mich mit ‚Beatrice‘ anzusprechen. Dies ist allgemein nicht üblich, bevor ein offizielles Verwandtschaftsverhältnis besteht. Aber ab und zu setze auch ich mich gern über gewisse Konventionen hinweg. Allerdings nur, wenn wir unter uns sind. Sonst könnte Elisabeth womöglich noch auf den Gedanken kommen, dass wir beide hinter ihrem Rücken gemeinsame Sache machen.“

„Es ist mir eine Ehre, Beatrice.“ Heinrich verbeugte sich und küsste ihr nochmals die Hand.

„Elisabeth wird sich fragen, was wir beide so lange miteinander zu besprechen hatten, Heinrich. Ich würde sagen: die Gästeliste. Noch einen wichtigen Grund können Sie ihr nennen, damit sie nicht weiter fragt. Ich möchte mir gern die Sankt Marienkirche ansehen und dem Pastor meine Aufwartung machen. Ich habe zwei Stück feinstes Leinen für Altartücher aus meinem privaten Vorrat mitgebracht. Davon würde ich gern eines zu Ihrer Vermählung besticken lassen. Das würde ich gern mit Pastor Boreen besprechen. Würden Sie für morgen einen Termin mit ihm vereinbaren?“

„Sehr gern, Beatrice.“

Tatsächlich fragte ihn Elisabeth später beiläufig, welchen Inhalt das Gespräch hatte. Heinrich erzählte ihr von der Gästeliste und dem Wunsch ihrer Mutter, Pastor Boreen kennenzulernen. Davon war Elisabeth begeistert. Sie wollte sich auch sehr gern die Sankt Marienkirche ansehen.

In Heinrich rührte sich sein Gewissen. Hatten er und Elisabeth sich nicht geschworen, immer die Wahrheit zu sagen und nichts voreinander zu verheimlichen? Er bat Gräfin Beatrice nochmals um ein Gespräch. Dieses Mal war Elisabeth mit Maria und Cockie beim abendlichen Spaziergang.

„Beatrice entschuldigen Sie, wenn ich Sie nochmals störe. Es geht darum, dass ich Elisabeth unser Vorhaben bezüglich der Vermählungen verschweigen muss. Hm, wir haben uns nämlich geschworen, uns immer die Wahrheit zu sagen und nichts voreinander zu verheimlichen. Jetzt sitze ich in einer Zwickmühle und traue mich fast nicht mehr, Elisabeth in die Augen zu sehen.“

Beatrice überlegte kurz. „Lieber Heinrich, das ehrt sie beide sehr und ist die Grundlage einer guten Ehe. Es ist Tatsache, dass man sich im Leben nicht immer alles erzählen kann. Zum einen könnte der Ehepartner unnötig beunruhigt werden, und sich fürchterliche Sorgen machen. Zum anderen könnte man ja niemals seiner Frau oder seinem Mann eine erfreuliche Überraschung bieten. Ich würde es in beiden Fällen als Verschweigen im Sinne von einer ‚weißen Lüge', bezeichnen. Es gibt im Leben nicht nur schwarz und weiß. Die vielen Nuancen dazwischen sollte man nicht außer Acht lassen. Letztendlich entscheidet das ganze Leben nur unser eigenes Gewissen, was gut oder schlecht ist. Dabei kann uns keiner helfen. Selbst Gott nicht. Er hat es ja schließlich so eingerichtet."

Heinrich dachte eine Zeit lang nach. Beatrice ließ ihn gewähren, während sie an ihrer Stickerei weiterarbeitete.

„Ich werde mit Elisabeth über diese Sicht der Dinge sprechen. Verehrte Beatrice, ergebensten Dank. Darf ich Elisabeth heute Abend später zur Dorfschenke bringen?", bat Heinrich.

„Selbstverständlich, Heinrich. Ich habe mich schon gewundert, dass Sie immer mit der Komtesse zu Ahrensfelde und mir zurückkehrt."

„Die ‚Vernunft', Beatrice, diese leidliche Vernunft."

Beatrice lachte. „Ja, die Vernunft. Warum sollte es Ihnen besser ergehen als uns damals?"

Am späten Abend, als Elisabeth und Heinrich endlich allein waren und sich wie Verdurstende geküsst hatten, fragte Heinrich. „Lisa, hättest du gegen eine Überraschung etwas einzuwenden?"

„Nein, weshalb?"

„Weil wir uns doch geschworen haben, über alle Dinge zu sprechen."

„Liebster, das ist schon richtig. Aber dann gäbe es ja keine Überraschungen mehr. Nein, das geht nicht. Ich habe nämlich schon eine Überraschung für dich und ich bin gespannt ob sie dir gefällt. Mama nennt so etwas zu verschweigen ‚weiße Lügen'. Ich finde, es trifft zu. Damals habe ich von ‚schwarzen Lügen' gesprochen. Die sind böse und tun den anderen früher oder später weh. Wie kommst du mit einem Mal darauf?"

„Weil du gefragt hast, was ich mit deiner Mutter besprochen habe."

„Ich habe mir schon gedacht, dass du mir nicht alles erzählt hast. Du hast mich so merkwürdig angesehen. Was habt ihr noch besprochen?"

„Aber Lisa, das wäre doch dann keine Überraschung mehr, oder?"

„Ich bin aber furchtbar neugierig. Mama hat mir auch kein Wort verraten."

„Gut so", lachte Heinrich. „Aber jetzt etwas anderes. Ich habe die Gästeliste von deiner Mutter eingesehen …"

„Schrecklich viele Menschen, findest du nicht?", fiel sie ihm ins Wort. „Ich befürchte, ich finde dich an dem Tag zwischen den ganzen Gästen gar nicht. Dabei ist es doch ‚unser Tag', der wichtigste Tag in unserem Leben."

„Die ganzen Verpflichtungen eben."

„Ach, ‚Verpflichtungen'! Weißt du, ich wünschte, Rosalie würde auch bald heiraten, dann könnte sie die ganzen Verpflichtungen übernehmen und wir hätten unsere Ruhe."

„Ja, das wäre schön. Wen würdest du gern einladen?"

„Am liebsten nur Mama, Karl, Rosalie und ihren Prinzen. Und natürlich Isabella, das ist meine beste Freundin. Mit ihrem spanischen Gemahl."

„Das ist aber wirklich sehr bescheiden für eine Hochzeit. Wie sieht es mit deinen Paten aus?"

„Na schön, die werden wir wohl einladen müssen. Aber eigentlich sind sie alle sehr nett und manche auch ausgesprochen lustig. Und Du? Wen wirst Du einladen?", erkundigte sich Elisabeth.

„Darüber habe ich mir wirklich noch keine Gedanken gemacht. Das hat Zeit. Jetzt muss ich erst einmal prüfen, ob du nicht vergessen hast, was ich dir beigebracht habe. Du weißt schon …"

„Am besten, du zeigst mir das alles noch einmal, es ist schon so lange her …", flüsterte sie ihm ins Ohr.

Am Nachmittag des nächsten Tages waren Gräfin Beatrice, Elisabeth und Heinrich zur verabredeten Zeit in der Kirche. Pastor Boreen hatte alle Arbeiter früher nach Hause geschickt.

„Hochwürden, was für ein wunderbar geschnitzter Altar. Er ist wirklich ein Meisterwerk und dieses wirklich schöne Taufbecken, einfach beeindruckend", staunte Gräfin Beatrice.

„Danke, Gräfin. Wir sind auch sehr stolz darauf, wenn ich so sagen darf."

„Dürfen Sie und das mit Recht. Ich hätte da eine Idee, Hochwürden. Ich möchte Ihnen aber nicht zu nahe treten oder mich aufdrängen."

„Um was handelt es sich denn, Gräfin?"

„Ich habe hier zwei Bahnen feinstes Leinen aus meinem privaten Vorrat. Die stammen noch von meiner Mutter. Sie hat damals zu meiner Vermählung ein Altartuch besticken lassen. Ich würde es gern ebenso bei Elisabeth handhaben."

„Das ist eine reizende Idee. Bitte tun Sie das, Gräfin. Ich bin hier leider nicht so gut ausgestattet mit diesen Dingen."

Beatrice, die das mit einem Blick durch die Kirche und auf den Pastor bereits festgestellt hatte, griff zu einer weißen Lüge: „Hochwürden, wenn Sie persönlich Interesse an einem Talar haben? Ich habe von einem längst verstorbenen, entfernten Verwandten, der in Süddeutschland als Pastor tätig war, kirchliche Gewänder. Leider ist es mir nicht früher eingefallen. Aber vielleicht ist es ja auch Gottes Fügung, dass es mir hier in Ihrer Kirche erst wieder eingefallen ist, nicht wahr?", setzte sie bedeutungsvoll hinzu.

„Gottes Wege sind unergründlich", antwortete Pastor Boreen, der sehr wohl die Blicke der Gräfin auf seine Person bemerkt hatte. Er wusste, dass seine Kleidung abgenutzt und teilweise schäbig aussah. Eines Gotteshauses nicht würdig.

Derweil schritt Elisabeth die Strecke von der Eingangstür bis zur Stufe vor dem Altar ab und zählte die Schritte. Dabei sah sie sich schon in ihrem Hochzeitskleid auf Heinrich zuschreiten. Eben so, wie es jede verliebte Frau träumt.

„Eine letzte Frage noch Herr Pastor. Es geht um die Anzahl der geladenen Gäste zur Trauung. Wie viele Personen können hier in festlichen Gewändern bequem Platz finden?"

„An die einhundert Personen, Gräfin. Ich meine, wenn die Röcke der Damen nicht so ausladend sind", fügte Pastor Boreen hinzu.

„Ach zum Schluss noch: Wäre es Ihnen recht, wenn wir uns um das Ausschmücken der Kirche kümmern würden?"

„Ja, selbstverständlich. Ich könnte Ihnen sogar jemanden hier aus dem Ort empfehlen. Erika Berger, die Frau vom Kutscher des Barons hat ein ausgezeichnetes Händchen für solche Dinge. Vielleicht würde sie es übernehmen?"

„Ausgezeichnet Herr Pastor. Vielen Dank, dass Sie sich so viel Zeit für uns genommen haben. Jetzt will ich Sie nicht mehr länger aufhalten."

Tags darauf reisten die Damen ab. Diesmal war der Abschied schmerzhaft. Elisabeth konnte kaum ihre Tränen unterdrücken. Als Heinrich ihr zum Abschluss das erste Mal die drei kleinen Worte Ich liebe Dich ins Ohr flüsterte, schluchzte sie auf und stieg schnell in die Kutsche. Sie weinte und konnte nicht mehr aufhören.

„Kind, was ist denn? Ich dachte, es wäre so schön gewesen?", erkundigte sich Gräfin Beatrice.

„Ja, Mama, das war es auch. Es war einfach zu schön, viel zu schön." Irgendwann schaute Elisabeth lächelnd aus dem Kutschenfenster und träumte vom Leben mit Heinrich auf Schloss Eldingen.

Der Rat

Für Heinrich gingen die Tage voller Arbeit weiter. Es erreichte ihn ein Brief des Agenten, den er mit Karls Hilfe beauftragt hatte, seinen Bruder Otto zu finden. Dieser teilte ihm mit, dass die Suche nach Otto noch nicht erfolgreich gewesen sei. Er habe um die fünfzig Männer in und um Magdeburg ausfindig gemacht, die infrage kommen könnten. Der Agent bräuchte jetzt dringend möglichst zutreffende farbige Zeichnungen, wie Otto jetzt aussehen könnte. Ebenso von Heinrichs Vater in entsprechendem Alter und von Heinrich selbst, damit er gewisse Ähnlichkeiten vergleichen könne. Er bat auch um Zeichnungen vom Wappen derer von Eldingen. Außerdem bräuchte er noch möglichst viele Details über Ottos Vorlieben und Abneigungen. Heinrich sollte Fragen aufschreiben, die nur von Otto beantwortet werden könnten. Fragen wie das Geburtsdatum der Eltern, die Vornamen der Großeltern und die der Paten. Heinrich ließ den ehemaligen Dorfschullehrer Rotermann kommen, der sich aufs Zeichnen verstand. Nach vier Tagen waren die gezeichneten Portraits fertig. Der Brief an den Agenten konnte abgeschickt werden. Heinrich hatte bei der Zusammenstellung der Fragen viel über sich und seine Familie erfahren. Die offensichtliche Ähnlichkeit der männlichen Vorfahren bis hin zu ihm und seinem Bruder war ihm früher auch nicht so bewusst gewesen. Das hervorstechendste Merkmal, welches sämtliche Männer in der Familie gemeinsam hatten, waren die Augen. Dieses ganz gewisse Dunkelblau mit den dichten schwarzen Wimpern.

Georg kam mit Besorgungen aus dem Dorf zurück. Bei Ludmilla hatte er den köstlichen Käse für Heinrich abgeholt. Während Georg dort wartete, waren ihm die Augen von Ludmilla und ihren Kindern aufgefallen. Darüber sprach er mit seiner Frau beim Mittagessen: „Weißt du, Erika, ich habe heute Ludmillas Kinder gesehen. Die haben genau wie Ludmilla alle diese Ecke im Auge, mehr oder weniger groß, mal rechts, mal links. Ich hoffe, das greift hier in den Dörfern nicht um sich, Maria hat es ja auch schon. Wir können wirklich froh sein, dass unsere Töchter so wohlgeraten sind."

„Was du dir für Gedanken machst." Erika schüttelte lächelnd den Kopf. „In jeder Familie gibt es Dinge, die sich vererben. Sieh doch mal die Hände von unserer Betunia an, die kommen ganz nach mir. Und ich habe sie von meiner Mutter. Bei Maria kann es sich durchaus noch richten, sie ist ja noch so klein."

Georg dachte sich seinen Teil: *Was, wenn Maria tatsächlich das Kind von Ludmilla und Heinrich war?* Er traute sich nicht, seine Gedanken auszusprechen, weil Erika richtig wütend werden konnte, wenn sie böse Gerüchte hörte. Als Georg abends die Belege über die Einkäufe an Heinrich übergab, erzählte er ihm von seiner Beobachtung. Heinrich, der wichtige Entscheidungen zu treffen hatte, wischte Georgs Bemerkung zu Seite: „Doktor Röder hat gesagt, dass sich diese Lücke bei Maria verwächst. Bitte entschuldige mich jetzt, ich habe nachher eine Besprechung, auf die ich mich vorbereiten muss."

In der Tat hatte Heinrich heute die wöchentliche Besprechung mit Pastor Boreen, Doktor Röder und Rudolf. Unter anderem wollte er heute mit den Herren über einen Brief vom Beedenbosteler Vogt beraten.

Zunächst besprachen die Herren die Renovierungsarbeiten in der Kirche und deren Ausgaben. Später kam Heinrich auf den Brief des Beedenbosteler Vogtes, Hans-Hermann von Bergdorf, zu sprechen: „Herr von Bergdorf möchte uns, kraft seines Amtes, zum Gemeinderat ernennen. Er hat von unseren Renovierungsarbeiten gehört, ebenso von den Gemeinschaftstaufen und dem Besuch der Eminenz. Alles in allem ist er außerordentlich zufrieden mit uns. Er hat sogar in der Bevölkerung nachfragen lassen, was die Menschen so von uns halten. In dem Brief zitiert der Vogt einige Aussagen über uns. Zunächst über Sie, Hochwürden: *„Der Pastor ist der Pastor und wir wollen* *auch keinen anderen. Pastor Boreen ist ein wahrhaftiger Gottesmann, zu dem man mit allen Sorgen und Nöten kommen kann. Auch hat er Verständnis und droht nicht immer gleich mit der Hölle. Manchmal machen wir uns Sorgen, weil er nicht so viel Geld hat wie der Bischof. Aber wir sorgen schon für ihn."*

„Hört! Hört!", kommentierten die Herren.

Heinrich las weiter vor: *„Der Doktor ist eben der Doktor. Er hat viel Ahnung, er weiß, was er tut. Wir können ihm vertrauen. Er kann aber auch richtig böse werden, wenn es mal nicht so sauber ist, oder wir ihn zu spät holen. Jedenfalls hat er immer recht und hilft uns."*

„Hört! Hört!" Die Herren konnten sich ein Schmunzeln nicht verkneifen. Auf Sauberkeit legte Doktor Röder wirklich sehr viel Wert, das hatten sie selbst schon erleben müssen.

„Jetzt zu Ihnen, Rudolf."

„Aber ich bin doch noch nicht so lange hier. Die Leute kennen mich gar nicht."

„Das denken Sie. Hier auf dem Land gibt es nicht so viele Zugezogene. Die wenigen werden sehr genau unter die Lupe genommen. Und es wird viel geredet, wie Sie selbst schon in den paar Monaten feststellen konnten", klärte Pastor Boreen ihn auf.

Rudolf, der Butler vom Baron, ist hart aber gerecht. Mit Lügen kommt man bei ihm nicht weit. Er findet alles heraus. Er soll das Geld vom Bischof sehr genau verwalten und schreibt auch die kleinste Kleinigkeit auf. Manchmal übertreibt er wohl ein wenig und lächeln könnte er auch mal ab und zu. Aber weil er immer mit dem Pastor, dem Baron und unserm Doktor zu tun hat, ist er bestimmt in Ordnung."

„Hört! Hört!"

„Was steht über Sie geschrieben, Herr Baron?", wollten die drei Männer wissen.

„Tja, über mich steht hier: *„Der Baron hat sich gemacht. Er hatte es nach dem Tod des alten Barons nicht leicht. Wir freuen uns, dass er bald heiratet. Er könnte manchmal ruhig etwas strenger sein. Nicht zu streng, aber ein bisschen."*

Die Herren lachten befreit auf und befanden, dass sie mit der über sie verbreiteten Meinung durchaus leben konnten.

Heinrich räusperte sich und las weiter vor: *„Zurück zu meinem*

Vorschlag. Da mein Amtsbereich weiter angewachsen ist und ich sehr viel mit der Rechtsprechung zu tun habe, möchte ich einen Teil der Arbeit abgeben. Ich habe in meinem Amtskreis schon einige Gemeinderäte berufen und würde Ihnen empfehlen, den Dorfwirt noch hinzuzuziehen. Das hat sich in jedem Fall bewährt. Der Wirt ist immer mitten im Geschehen und hat eine andere Position als Sie, verehrte Herren. Seine Gäste sind nicht vom ihm abhängig, sondern er sozusagen von ihnen, da sie ihn bezahlen. Sie sehen den Wirt mehr als ihresgleichen an. Bei Ihnen, meine Herren, ist schon der Titel und das Vermögen in mancher Hinsicht ein Hindernis. Falls Sie vier nicht mit dem Dorfwirt einverstanden sind oder irgendwelche persönlichen Bedenken in seiner Richtung vorliegen, so ist das Ihre Entscheidung. Ist die Bevölkerung nicht mit jemandem im Gemeinderat zufrieden, erschwert das die Arbeit ungemein. Die Person sollte ausgetauscht werden.

Der Vorteil für Sie als Gemeinderat wäre, dass Sie erweiterte Befugnisse bekommen. Dadurch können Sie ohne mein Einverständnis Entscheidungen treffen und deren Durchführung bestimmen. Im Gegenzug sind Sie mir, als vorgesetzter Amtsmann, verpflichtet, einen vierteljährlichen Bericht zu schicken. Diese Berichte fasse ich zusammen und lege sie dem Großvogt in Celle vor. Der wiederum dem Herzog Bericht erstattet. Außergewöhnliche Vorkommnisse sind weiterhin unverzüglich zu melden. (Diese Einzelheiten sind im Vertrag niedergelegt). Da der Gemeinderat mir einen Teil meiner Arbeit abnimmt, werden Ihnen auch eventuelle Unkosten erstattet. Über eine jährlich festzusetzende Summe können wir beraten. Sie wird allerdings nicht übermäßig ausfallen.

Außerdem sind Sie als Rat dann befugt, Anteile der sonst komplett abzuführenden Steuern usw. in ihrer Gemeinde einzubehalten. Was sich nicht unerheblich auf den Wohlstand ihrer Bevölkerung auswirken kann, sofern diese Mittel wohlüberlegt eingesetzt werden.

Ist erst ein Gemeinderat gegründet (natürlich werde ich persönlich dabei sein) und alle Rechte und Pflichten schriftlich festgelegt worden, so ist der Rat ab diesem Zeitpunkt und für die Zukunft bindend und kann nicht durch die Willkür eines vorgesetzten Amtsträgers abgeschafft werden.

Alles in allem bedeutet diese Tätigkeit mehr Arbeit für Sie, teilwei-

se sehr viel mehr Arbeit. Diese Arbeit ist eine absolute Vertrauensangelegenheit und damit gleichzeitig eine Ehre. Damit eigentlich unbezahlbar.

Nun fordere ich Sie auf, meine Herren, gut und gründlich über dieses Angebot nachzudenken. Mein Rückzug aus dem Amt steht in zweieinhalb Jahren an und ich möchte meinem Nachfolger, wer immer das auch sei, eine geordnete Vogtei übergeben.

In der Erwartung einer positiven Antwort verbleibe ich,
Hans-Hermann von Bergdorf
Amtsvogt der Beedenbosteler Vogtei
Amtssiegel und Unterschrift

„Nun, was sagen Sie dazu, meine Herren?“, fragte Heinrich nach einigen Minuten Bedenkzeit.

„Tja, wie soll ich das sagen?“ Doktor Röder raufte sich mir der Hand durchs Haar. Das tat er immer, wenn er nachdachte. „Damit habe ich nicht gerechnet. Zeit habe ich auch keine. Es ist etwas zu viel auf einmal.“

Dieser Meinung schlossen sich die anderen Herren an.

„Lassen wir uns mindestens eine Woche Zeit, darüber nachzudenken. Rudolf wird Ihnen den Brief, nachdem er ihn gelesen hat, persönlich vorbeibringen, damit sie ihn in Ruhe studieren können. Sprechen wir weiter darüber, wenn wir uns wie gewöhnlich in einer Woche zusammensetzen. Sind Sie damit einverstanden?“, schloss Heinrich die Besprechung. Jeder ging nachdenklich seiner Wege.

In der folgenden Woche kehrten die Männer, unabhängig voneinander einmal in der Dorfschenke ein. Für jeden der vier eine unübliche Angelegenheit.

Heinrichs Vorwand bestand darin, sich nach geplanten Umbauarbeiten für seine unterzubringenden Hochzeitsgäste zu erkundigen. Pastor Boreen gab vor, nichts zum Essen im Hause zu haben. Doktor Röder meinte, „es fiele ihm die Decke auf den Kopf, vor lauter Laborarbeit“ und Rudolf gab an, seinen „freien Abend“ zu haben, an dem er so gar nicht wusste, was er tun sollte. Im Grunde wollten sie sich aber nur ein besseres Bild vom Wirt machen. Diesem kamen diese gehäuften Besuche merkwürdig vor. Auch die Frage Rudolfs nach einem separaten Raum konnte sich Wolfgang Walter nicht erklären.

Das nächste Zusammentreffen der vier ergab, dass sich immer noch keiner von ihnen schlüssig war, ob er nun einen Gemeinderat bilden wollte oder nicht. Sie hatten einfach viel zu viel zu tun.

Heinrich gab zu bedenken, dass die Arbeiten in der Kirche, dem Pfarrhaus und im Schloss in einigen Monaten abgeschlossen seien. Danach hätten sie, bis auf Doktor Röder, wesentlich mehr Zeit. Doktor Röder dachte seit Jahren daran, eine Hilfe einzustellen, die ihm einen Teil der täglichen Hausbesuche abnehmen könnte. Aber diese Assistenz könnte er erstens nicht bezahlen und zweitens wüsste er in Eldingen niemanden.

Pastor Boreen schlug vor, die Hebamme und Kräuterfrau Helene zu fragen. Da Doktor Röder Helenes Tätigkeit als gewisse Konkurrenz ansah, war er nicht begeistert. Er raufte sich mal wieder die Haare. Sie diskutierten hin und her, bis auch der Arzt einsah, dass Helenes Fertigkeiten und ihr Wissen eine nahezu ideale Ergänzung zu seiner Arbeit sei. Unsympathisch sei Helene ihm nicht und da er verwitwet war, würde ihm auch kein Weib in seine Entscheidung hineinreden. Doktor Röder und Helene könnten sich, je nach ihren Aufgaben, den Lohn teilen.

Ohne es zu wissen, hatten die Herren eine Entscheidung getroffen, die sie auch als offizieller Gemeinderat beschlossen hätten.

Anschließend erzählten sie sich von ihren persönlichen Eindrücken, die sie vom Dorfwirt bekommen hatten. Sie bestätigten einander, dass Wolfgang Walter bodenständig und ehrlich sei, er seinen Beruf gern ausübte und auf die Wünsche und Vorlieben jeden Gastes einging. Herr Walter würde alle Gäste gleichermaßen freundlich und höflich behandeln. Er konnte auch konsequent und hart durchgreifen, wie es Rudolf erlebt hatte. Der Wirt hatte einem völlig verdreckten Gast so lange Hausverbot erteilt, bis dieser frisch gewaschen in sauberer Kleidung wieder vor ihm stehen würde. Während Doktor Röder dort war, hatte er einen betrunkenen, grölenden Gast kurzerhand vor die Tür gesetzt. Die Schenke sei ordentlich, ebenso wie die Getränke und das Essen. Rudolf berichtete von der kleinen Stube nebenan, die schon länger nicht benutzt schien, aber sich trefflich für ihre Besprechungen eignen würde. Herr Doktor Röder hatte letztendlich einen Einwand. Er bemängelte die fehlende Hygiene der Aborte, man könne sich nach seinem Geschäft noch nicht einmal die Hände waschen. Das könne er nicht mit seinem Beruf vereinbaren, da er die ansteckenden Keime dann von einem Patienten zum anderen tragen würde. Dort müsste auf jeden Fall Abhilfe geschaffen werden. Das sahen Pastor Boreen, Heinrich und Rudolf ein. Sie vereinbarten, dass der Pastor und der Arzt mit der Hebamme Helene sprechen sollten. Heinrich und Rudolf wollten mit dem Dorfwirt reden.

Der letzte Punkt des Abends war die Renovierung des Pfarrhauses. Die Kirche würde nächste Woche fertiggestellt sein. Pastor Boreen war es mal wieder gar nicht recht, dass um sein Wohlbefinden so viel Aufhebens gemacht wurde. Er hielt sich aus allem raus. Das vereinfachte die Sache erheblich, da die anderen drei keine Überzeugungsarbeit leisten mussten.

Zuerst sollte das Schlafzimmer in Ordnung gebracht werden, daneben ein Ankleidezimmer mit anschließendem gemauertem Abort und einer Wanne zum Baden. In dem Küchenraum musste der Ofen erneuert werden. Dann ein Arbeitszimmer eingerichtet werden, welches auch als Besprechungsraum dienen sollte. Im Schlafzimmer und Arbeitszimmer mussten die Kamine noch vor dem Winter erneuert werden. Material war noch genügend vorrätig, bestätigte Rudolf, der eine genaue Liste über das verbrauchte Material führte.

Die Gespräche mit der Hebamme Helene und dem Dorfwirt Wolfgang verliefen besser als gedacht. Irgendwie schien es ansteckend zu sein, dass sich in der Kirche und auf dem Schloss, endlich nach den langen Jahren des Krieges, so viel tat. Und so wollten auch die Wirtsleute und Helene ihr Scherflein dazu beitragen. Für Helene war es außerdem eine Aufwertung ihrer Arbeit, die sie mit Hingabe verrichtete. Für Wolfgang und seine Frau Wilma eine große Ehre. Das mit der Sauberkeit und dem Händewaschen wäre kein Problem. Die kleine Stube wieder herzurichten ebenfalls nicht.

Beim nächsten Treffen waren sie also zu fünft. Sie setzten gemeinsam ein Schreiben an den Vogt auf, in dem sie ihm bestätigten, dass sie sein Angebot annehmen wollten. Und mit Wolfgang Walter jetzt vollständig sein würden.

Eines war jedoch auffallend anders an diesem Abend: Doktor Röder strahlte geradezu ununterbrochen und raufte sich nicht ein einziges Mal die Haare.

Darauf sprach später Heinrich Rudolf an. „Meinen Sie nicht auch, dass da womöglich mehr als nur die Freude über eine Assistenz bei Doktor Röder im Spiel ist?“

„Das könnte schon sein, sein Strahlen den ganzen Abend war nicht zu übersehen. Außerdem ist er sonst immer der Erste, der Einwände erhebt, heute Abend nicht einmal.“

„Jetzt wo Sie es sagen, Rudolf. Ich könnte mir vorstellen, dass da jemand heute Nacht von einer „gewissen Hebamme“ träumt, nicht wahr?“

Rudolf lachte: „Es sei ihm gegönnt. Doktor Röder ist noch nicht alt und seit Jahren schon Witwer. Die beiden wären geradezu ideal als Paar.“

„Wir werden ihn ganz genau beobachten“, witzelte Heinrich mit gespieltem Ernst. „Nicht dass Hermine am Schluss wieder mehr weiß als wir, wo wir uns doch jede Woche mit ihm treffen.“

„Herr Baron, das halte ich für sehr wahrscheinlich. Hermine hat ihre geheimen Quellen, die sich uns niemals auftun werden. Sie wird uns wieder einen Schritt voraus sein.“

„Das war schon immer so und wird sich zeitlebens nicht mehr ändern, Rudolf. Aber eine winzig kleine Hoffnung habe ich in diesem Fall. Es wäre doch zu schön, wenn wir Hermine einmal etwas aus dem Dorf erzählen könnten, was sie noch nicht weiß. Ihr Gesicht möchte ich zu gern sehen. Und wenn es auch nur einmal in meinem Leben sein wird.“

„Wir werden unser Bestes geben, Herr Baron. Das wird unseren vollen Einsatz fordern und unser dramaturgisches Geschick.“

Ein Wort gab das andere. Heinrich und Rudolf malten sich mit viel Gelächter die verschiedensten Situationen aus, unter denen sie Hermine das Geheimnis preisgeben würden.

Am nächsten Morgen konnte sich Hermine nicht verkneifen, nachzufragen: „Was gab es denn da oben gestern Abend so fürchterlich zu lachen? Ihr habt doch keinen Tropfen Wein getrunken.“

„So dies und das. Hatte mit der früheren Herrschaft von Rudolf zu tun. War nicht wichtig“, wich Heinrich der Antwort aus und zwinkerte Rudolf zu. Er wusste genau, dass Hermine den Schönen, wie sie Rudolf nannte, nur in Notfällen fragen würde. Sie sprach Rudolf nicht an, weil sie überzeugt war, er würde sich für jemand Besseren halten. *„Seine Ausstrahlung, sein Benehmen und so, das sei nicht normal für einen Butler“, h*atte sie Heinrich einmal erklärt. Hermine würde erst mit Rudolf reden, wenn er normal geworden sei und davon ließe sie sich nicht abbringen. Heinrich beließ es dabei, schließlich brauchten die beiden keine Freundschaft zu schließen und solange sie respektvoll miteinander umgingen, war es für ihn in Ordnung.

Zwei Wochen vor Weihnachten bekamen die zukünftigen Gemeinderatsmitglieder vom Beedenbosteler Vogt einen großen Packen Papiere zugesandt. Die zukünftigen Gemeinderatsmitglieder sollten die Papiere gründlich prüfen und eventuelle Fragen an ihn schriftlich formulieren. Es gäbe allerdings keine Möglichkeit, an den Vorschriften Änderungen vorzunehmen, da sie auf einem königlichen Erlass beruhten. Entweder sie erklärten sich damit einverstanden oder eben nicht, was der Vogt sehr bedauern würde. Er selbst habe in seiner langen Amtszeit zusammen mit den anderen Vögten gewisse Möglichkeiten herausgefunden, um die mit ganzer Härte formulierten Rechte und Pflichten etwas humaner auslegen zu können. Das würde er zu gegebener Zeit mit ihnen besprechen. Alsdann würde er für Mitte Januar gern den neuen Gemeinderat von Eldingen bestellen. Wozu auch die Dörfer Wohlenrode, Metzingen mit anschließender Ziegelei, Hohne, Heese und Luttern gehören sollten. Für die fünf fiel dieses Jahr damit eine besinnliche Vorweihnachtszeit aus.

Die Katastrophe

Heinrich hatte ursprünglich geplant, die Zeit vom fünfundzwanzigsten Dezember bis zum zweiten Januar bei den Heimtrautern zu verbringen. Aber das Wetter machte seine Pläne zunichte. Sechs Tage vor Heiligabend fing es an zu schneien. Solche Schneemassen hatten sie in Eldingen seit Jahrzehnten nicht mehr erlebt. Der ehemalige Dorfschullehrer Rothermann machte genaue Wetteraufzeichnungen. Zu dem starken Schneefall kam ein tagelanger eiskalter Ostwind, der in kurzer Zeit freigeschaufelte Wege wieder zuwehte. An befahrbare Straßen war überhaupt nicht zu denken. In den wenigen Tagen waren knapp drei Meter Schnee gefallen und ein Ende schien nicht in Sicht.

Jetzt galt es, im ganzen Dorf zusammenzuhalten. Auf dem Dachboden fand Heinrich ein paar alte Schier seiner Eltern und Großeltern. Die Schlitten wurden überall hervorgeholt und die wärmsten Decken herausgesucht. Heinrich kämpfte sich mit Rudolf durch die Schneewehen, um sich bei Pastor Boreen und Doktor Röder nach deren Befinden zu erkundigen. Den beiden ging es gut. Leider hatte Doktor Röder die ersten Fälle von Lungenentzündung zu beklagen. Einige der Ärmsten hatten sich mit ihren Kindern in die zwar nicht mehr zugige, aber eiskalte Kirche geflüchtet. Dort war es immer noch besser als in ihren undichten einfachen Holzhütten. Praktisch, wie Rudolf war, schlug er vor, die vor Kälte zitternden Menschen von der Kirche in die neue Scheune von Schloss Eldingen zu verlegen. Die Lungenkranken sollten in das zukünftige Arbeitszimmer des Pastors, wo schon ein Kamin eingebaut worden war, verlegt werden.

Weitere Zufluchtsuchende könnten in den Gästezimmern der Dorfschenke untergebracht werden. Da keine Zeit für lange Überlegungen war, wurden die nötigen Schritte eingeleitet.

Die Wirtsleute Wolfgang und Wilma richteten, mithilfe von einigen Nachbarn, warme Lager in den Zimmern ein. Wilma erklärte sich sofort bereit, für die Bedürftigen zu kochen, sofern sie genügend Nahrungsmittel aus dem Dorf bekäme. Helene, die neue Assistentin Doktor Röbers, wollte sich um die Lungenkranken kümmern. Hermine und Katharina verpflegten selbstverständlich die Menschen in der Scheune. Fürs Erste hatten sie alles getan, was in ihrer Macht stand. Aber sie hatten sich gewaltig geirrt.

Der starke Schneefall hörte so plötzlich auf, wie er eingesetzt hatte. Dafür fielen innerhalb von einem Tag die Temperaturen auf minus sechsundzwanzig Grad. Hermine wusste von überlieferten Erzählungen, dass es noch wesentlich kälter werden konnte. Sie mahnte Heinrich an, weitere Maßnahmen zu ergreifen, bevor die Menschen den Kältetod sterben würden. Hermine schlug vor, den Ballsaal des Schlosses sowie die angrenzenden Salons auszuräumen und mit Strohlagern auszulegen. Es wurde zu kalt in der Scheune, hauptsächlich für die Alten und die Kinder. Die würden als Erste sterben. Mit den Männern, die in der Scheune untergebracht waren, räumten Heinrich und Rudolf die Räume aus.

Es kamen immer mehr Menschen im Schloss an. Teils auf Brettern, auf improvisierten Schlitten oder auch auf allen Vieren. Das Schloss war zum Bersten voll. Die Temperatur fiel auf minus einunddreißig Grad. Lennard sorgte sich um die Tiere: „Fällt die Temperatur morgen noch weiter, halten das die Tiere nicht mehr durch."

„Wenn es morgen noch kälter wird, müssen wir die Pferde in der Eingangshalle unterbringen. Die Schweine und Ziegen müssen in den Keller. Die Kühe mit so viel Hühnern wie möglich ins Gesindehaus", ordnete Heinrich an.

Tags darauf herrschten sechsunddreißig Grad minus. Die Pferde kamen in die Eingangshalle, die anderen Tiere in den Keller und ins Gesindehaus. Eldingen und alle umliegenden Dörfer waren inzwischen mit einer dicken Eisschicht bedeckt. Als die Temperatur mit dreiundvierzig Grad minus ihren Tiefpunkt erreicht hatte, waren alle am Ende ihrer Kräfte. Nur Hermine arbeitete verbissen Tag und

Nacht weiter.

„Heinrich, ich weiß, dass du wie alle anderen am Ende bist. Aber wir müssen jetzt unbedingt zusammenhalten. Nur dann schaffen wir es, diese schwere Prüfung zu überstehen“, sprach Hermine den schläfrigen Baron in einer ruhigen Minute in der Küche an. Denk bitte daran, was Doktor Röder immer predigt. „Sauberkeit ist das Wichtigste, damit Mensch und Vieh nicht krank werden!“ Ich denke, wo jetzt so viele Menschen hier auf einem Haufen im Schloss sind, ist das noch wichtiger. Es gab schon mal die Pest in Celle und es wurde gesagt, es läge hauptsächlich daran, dass nicht genug frische Luft da war und die Scheiße der Menschen nicht weggebracht wurde. Du solltest die Leute hier einteilen. Sie müssen jeden Tag das schmutzige Stroh rausschaffen und frisches reinlegen, die Kackeimer leeren und sich vor allem die Hände waschen, den Rest natürlich auch.“

Heinrich sah die Dringlichkeit der Sauberkeit sofort ein. Es fing im Schloss an zu stinken, was nicht nur an den Tieren lag, dafür hatte Lennard schon gesorgt. Rudolf und er teilten also Männer wie Frauen für den Reinigungsdienst und die Körperpflege ein.

Das frische Stroh wurde auf einem Schlitten, der an Seilen befestigt war, bis zum Schloss herübergezogen. Das verbrauchte Stroh und die Kackeimer wurden direkt aus den Schlossfenstern entsorgt. Das war bei dieser Kälte kein Problem, weil die Exkremente sofort gefroren.

Die Männer hackten mehr Eis, welches die Frauen erwärmten und zum Waschen und Reinigen benutzten. Gelüftet wurde auch wieder regelmäßig. Dies stieß zuerst auf Unmut bei den Leuten, da es lausig kalt war. Rudolf führte für diese Zeit Bewegungsrunden und Spiele ein, die nach anfänglichem Zögern gern angenommen wurde. Die Schlossgäste hatten vor lauter Langeweile angefangen, sich wegen Nichtigkeiten zu streiten. Die Reinigungsarbeiten, Spiele und Bewegungsrunden ließ wieder Ruhe einkehren.

Bevor Schlafenszeit war, hatte sich Rudolf angeboten, eine Geschichte vorzulesen. Insgesamt hatte man den Eindruck von einer riesigen, fast harmonischen Familie. So harmonisch, dass einige von ihnen Gefühle für das andere Geschlecht entwickelten, die sich nicht schickten. Hermine erwischte des Nachts ein nicht miteinander verheiratetes Pärchen ausgerechnet in ihrer Vorratskammer. Sie ging auf die beiden mit Pfanne und Besen los und beschimpfte sie aufs Gröbste. Der Mann hatte am nächsten Tag ein blaues Auge und die Frau eine riesige Beule auf der Stirn. Sie hatten Not, sich dafür bei ihren Ehegatten eine plausible Erklärung einfallen zu lassen.

In der Dorfschenke funktionierte die Versorgung zwischen Pfarrhaus und Schenke ebenfalls mithilfe von Schlitten und Seilen. Wilma hatte genügend Männer und Frauen für die Reinhaltung aller Räume eingeteilt. Sie hatte erst vor ein paar Wochen einen ermahnenden Vortrag von Doktor Röder wegen ihren Aborten über sich ergehen lassen müssen.

Im Pfarrhaus lief es ruhig ab. Die Lungenkranken erholten sich langsam. Pastor Boreen und Helene wechselten sich mit der Pflege ab und am Abend las der Pastor aus der Bibel vor.

Der Einzige, der sich fast zu Tode langweilte, war Doktor Rüdiger Röder. Seit Tagen hatte er keinen Menschen mehr gesehen. Selbst seine Nachbarn nicht. Diese hatten wie er selbst, ihre Fenster mit Holzbrettern gegen die Kälte vernagelt. Doktor Röder vermisste seine Patienten, die er sonst manchmal verfluchte, weil sie seine Anweisungen nicht einhielten. Aber mehr noch, so gestand er sich ein, vermisste er Helene. Rüdiger vermisste ihre gute Laune, ihr herzerfrischendes Lachen und die stundenlangen Gespräche, wenn sie sich abends über die Patienten austauschten. Helene brachte ihm die Kräuterwissenschaft näher und Rüdiger ihr sein fachliches Wissen. Sie überlegten gemeinsam, welche Behandlung in welchem Fall am geeignetsten schien und hatten bereits manche gemeinsamen Erfolge erzielt.

Rüdiger lief ziellos im Haus umher, fasste die Gegenstände an, die Helene berührt hatte und roch an ihrer Schwesternschürze. Vor elf Jahren, nach nur zwei Jahren Ehe, starb seine Frau. Sie hatte, nach der Totgeburt eines kleinen Mädchens, zu viel Blut verloren. Rüdiger hatte sie über alles geliebt und glaubte bis vor Kurzem, nicht über ihren Tod hinweggekommen zu sein. Jetzt zweifelte er daran. Er beschloss, mit seiner verstorbenen Frau Zwiesprache zu halten. Manchmal tat Rüdiger das, wenn er sich sehr alleine fühlte. Dabei stellte er sich ihr entzückendes Gesicht mit den leuchtend blauen Augen vor. Diesmal war es aber anders. Er fragte sie, ob sie etwas dagegen hätte, wenn er sich eine neue Frau nehmen würde. Doch statt zu antworten, lächelte seine verstorbene Frau ihn an, nickte leicht mit dem Kopf und verschwand. Rüdiger versuchte es noch einige Male, doch sie kam nicht wieder. Er hatte das Gefühl, dass sie ihn nach all den Jahren freigegeben hatte. Während Rüdiger darüber nachgrübelte, empfand er ein immer stärker werdendes Gefühl der Erleichterung und der Freiheit.

Rüdiger ging pfeifend durch sein Haus und suchte nach zwei passenden Brettern, die er sich unter seine Stiefel binden wollte. Dabei entdeckte er im Keller einige alte Spazierstöcke, die einem der Vorbesitzer gehört haben mussten. Er zog sich so dick an, dass er sich gerade noch bewegen konnte. Zum Schluss steckte er sich ein paar Pillen ein, die als Vorwand für sein Auftauchen im Pfarrhaus herhalten sollten.

In einer Stunde würde es dunkel werden. Normalerweise brauchte Rüdiger keine fünf Minuten bis zum Pfarrhaus, heute rechnete er mit der doppelten Zeit. Nach zehn Minuten war er schweißgebadet bis zu seiner Hausecke gekommen. Die zu enge Kleidung behinderte ihn beim ständigen Wiederaufstehen. Es war einfach zu glatt. Er wollte nicht so leicht aufgeben und beschloss, sich, statt ein Schritt vor und zwei Schritte zurück, nur noch bäuchlings vorwärts zu bewegen. Dabei musste er ein bestimmtes Maß an Schnelligkeit vorlegen, da seine Kleidung sonst anfror. Nach einer halben Stunde hatte er über die Hälfte der Strecke geschafft. Trotz seiner Vermummung waren seine Augenbrauen und seine Wimpern von seinem gefrorenen Atem mit Eis verklebt. Seine Füße spürte er seit einigen Minuten nicht mehr. Rüdiger machte eisern weiter.

Zufällig warf Pastor Boreen einen Blick von seinem Tisch aus dem Fenster und sah etwas Dunkles sich auf das Pfarrhaus zu bewegen. Er beobachtete die Szene kurz, erklärte das „Etwas" dann zu einem Menschen und rief Helene.

„Das ist Doktor Röder!", rief Helene aus. „Schnell! Wir müssen ein Seil werfen, damit wir ihn herziehen können."

Der Doktor konnte trotz seiner steifgefrorenen Hände das Seil so fest halten, dass sie ihn bis zum Fenster ziehen konnten. Beim Aufstehen rutschte Rüdiger unglücklich aus und knallte mit seiner Stirn auf den Fensterrahmen. Blutüberströmt zerrten Pastor Boreen und

Helene ihn mit Leibeskräften hinein.

Doktor Röder lag blutend auf dem Dielenboden, Helene beugte sich über ihn und Pastor Boreen hing keuchend, nach Luft schnappend, auf seinem schiefen Stuhl.

„Was sind denn Sie für ein Lausejunge, Herr Doktor? Bei diesem Wetter einfach mal eine Rutschpartie machen? Sie haben uns einen ganz schönen Schrecken eingejagt", lächelte Helene ihn an. „Dafür haben Sie eine kleine Strafe verdient", fuhr Helene fort. „Sie haben eine Platzwunde auf der Stirn, die Ihre ‚neue Schwester' gleich reinigen und nähen wird. Vorher müssen Sie sofort aus dieser eiskalten nassen Kleidung heraus, sonst können Sie sich gleich zu den anderen Lungenkranken legen."

Doktor Röder lächelte gequält zurück. Er flüsterte nur ein „Helene".

Pastor Boreen entkleidete ihn. Zusammen hüllten sie Rüdiger in warme Tücher. Helene reinigte seine Wunde. Pastor Boreen flößte Rüdiger Branntwein ein, bevor Helene mit ein paar Stichen die Platzwunde nähte. Während Doktor Röder einschlummerte, murmelte er: „Ich bin so froh, dich zu sehen." Helene wachte die ganze Nacht bei ihm.

Die Eiseskälte hielt zwanzig Tage an. Ende Januar zeigten sich die ersten Sonnenstrahlen. Binnen einer Woche war die Temperatur auf null Grad gestiegen.

Bevor die ersten Aufgenommenen aus dem Schloss verschwinden wollten, hatte sich Hermine mit einem Besen und einer Schaufel in der Hand vor der Schlosstür aufgebaut: „Habe ich es mir doch gedacht! Ihr undankbares Lumpenpack! Hier in der Not unterkriechen! Im Warmen sitzen und vom Baron gefüttert zu werden, das könnt ihr! Was? Und wer macht jetzt bitte euren Dreck weg und schrubbt das Schloss sauber, bis es blinkt? Dafür seid ihr ‚hohen Herrschaften' euch wohl zu fein, was? Das habt ihr euch aber nur gedacht. Ohne mich, meine feinen Damen und Herren! Keiner verlässt das Schloss, bis es nicht so aussieht wie vor eurem Gelage hier! Nun macht euch schon an die Arbeit, umso schneller seid ihr endlich wieder raus!" Damit drückte Hermine dem Erstbesten die Schaufel und den Besen in die Hände. Sie schnappte sich einen Stuhl und setzte sich vor die

Schlosstür.

Heinrich und Rudolf, vom lauten Gezeter Hermines alarmiert, standen hinter der halb geöffneten Bibliothekstür: „Das ist unsere Hermine. Herzensgut aber streng, so kennen wir sie“, flüsterte Heinrich stolz Rudolf zu. „Ich wüsste nicht, wie wir das hier alles ohne Hermine geschafft hätten?“

Einige Stunden später blitzte das Schloss wieder in seiner Pracht. Sogar eine kleine Abordnung hatte sich gefunden, die sich auf das Herzlichste bei Heinrich bedankte. Heinrich wies sie darauf hin, dass es ohne Hermine nie so gut geklappt hätte. Also fasste die Abordnung sich Mut und klopfte vorsichtig an Hermines Küchentür. Sie bedankten sich mit eingezogenen Köpfen. Hermine sah sie streng an, dann lächelte sie: „Geht doch! Nächstes Mal gleich so, wenn ich bitten darf.“

Es kam wieder Leben ins Dorf. Nachbarn besuchten sich wieder, alte Feindschaften lebten wieder auf, aber auch durch die Not neu gefundene Freunde halfen einander, in den normalen Tagesablauf zu kommen.

Wilma hatte weniger Probleme, ihre Herberge sauber zu bekommen. Für ihre Gäste war es eine Selbstverständlichkeit, die Räume sauber zu verlassen. Schließlich waren die Wirtsleute ihresgleichen und arbeiteten genauso hart wie sie.

Auch im Pfarrhaus hatten die Patienten, dank der guten Pflege, ihre Lungenentzündungen gut auskuriert. Die Narbe an Doktor Röders Stirn verheilte langsam und die zarten Bande zwischen ihm und Helene festigten sich. Nachts, wenn die Patienten schliefen, fassten sie sich bei den Händen. Sie erzählten sich ihr bisheriges Leben. Helene nunmehr fünfundzwanzig Jahre alt, hatte im letzten Kriegsjahr ihren Verlobten bei einer Schlacht verloren. Danach hatte ihr einfach kein Mannsbild mehr gefallen. Sie vertrauten sich ihre Wünsche für eine gemeinsame Zukunft an und wollten nicht mehr lange aufeinander warten. Rüdiger Röder gab Helene zu bedenken, dass er immerhin schon dreiunddreißig Jahre alt wäre. Worauf Helene kicherte: „So viel verstehe ich auch von der männlichen Natur, dass das Alter zum Kinderzeugen keine Rolle spielt.“ Helene wollte unbedingt mit Rüdiger zwei Kinder haben.

Februar bis April 1657

Am ersten normalen Tag nach dem harten Winter trafen sich die fünf zukünftigen Gemeinderatsmitglieder in der kleinen Stube der Dorfschenke. Sie tauschten sich über die letzten Wochen aus. Unterm Strich waren sie gemeinsam der Meinung, dass die Bevölkerung den Winter gut überstanden hatte. Es waren keine Todesfälle zu vermelden. Dennoch hatte sich jeder Gedanken gemacht, wie es im nächsten Ernstfall besser zu händeln wäre. Ein Vorratsspeicher für Nahrung, Stroh, Tierfutter und Unterbringungsmöglichkeiten für viele Menschen waren Stichworte für die Zukunft.

Die fünf Männer sprachen über die Gründungsunterlagen des Vogtes. Heinrich und Rudolf hatten sie in den letzten Wochen durcharbeiten können. Mit Anmerkungen und Fragen gaben sie diese an die anderen drei weiter. Des Weiteren setzten sie einen Brief an den Beedenbosteler Vogt auf. Sie berichteten ihm von dem Verlauf der letzten Wochen und dass sich leider die offizielle Gründung des Gemeinderates um mindestens vier Wochen verschieben würde.

Heinrich konnte endlich nach Braunschweig reiten. Die Heimtrauter waren hocherfreut, ihn bei bester Gesundheit zu sehen. Sie berichteten ihm von bis zu drei Meter hohen Schneemassen und normalen Wintertemperaturen bis zwanzig Grad unter null.

Die erfreulichste Nachricht war die inoffizielle Verlobung von Rosalie-Sophie und ihrem Prinzen Ferdinand von Waldegg, die Weihnachten stattgefunden hatte. Die offizielle Verlobung sollte zu Ostern stattfinden und die Vermählung im August. Damit stand der kleinen Hochzeit von Elisabeth und Heinrich nichts mehr im Wege.

Auch Karl war froh über diese Entwicklung. „Wissen Sie, Heinrich, nichts gegen Ihre nun recht kleine Hochzeit, aber dieses ewige Hin und Her der Damen kann einen Mann schon zur Verzweiflung bringen. Waren die Damen seit Monaten mit Elisabeths Vermählung und ihrer Aussteuer beschäftigt, so gibt es jetzt seit Weihnachten nur noch ein Gesprächsthema: Verlobung, Hochzeit, Verlobung, Hochzeit und noch mal Hochzeit. Manchmal weiß ich gar nicht mehr von welcher Hochzeit eigentlich die Rede ist. Können Sie sich das vorstellen?"

Heinrich lachte: „Ja, das kann ich mir sehr gut vorstellen, Karl. Ich bin doch recht froh, dass ich momentan vorwiegend alles nur schriftlich erfahre. Könnte es sein, dass Sie vielleicht etwas Abstand von den Damen gebrauchen könnten? Vielleicht sollten Sie sich doch wirklich einmal selbst von den Fortschritten auf Schloss Eldingen überzeugen?"

Karl fuhr sich in gespielter Nachdenklichkeit über sein Kinn. „Ja, ja, ganz recht. Das sollte ich tun. Das ist doch wirklich zwingend notwendig, nicht wahr?"

Heinrich ging auf das Spiel ein: „Zwingend notwendig, unbedingt."

„Um der Sache mehr Nachdruck zu verleihen, wäre es von Vorteil, wenn Sie in Gegenwart von Beatrice und Elisabeth erwähnen würden, dass Sie in einigen Dingen meine Erfahrung benötigen würden. Also nur, wenn es Ihnen keine Umstände bereiten würde, meine ich", fragte Karl verschmitzt.

„Das, verehrter Karl, macht keinerlei Umstände. Im Gegenteil, es ist mir ein Vergnügen und dabei noch nicht einmal gelogen. Ich würde Ihren Rat in einigen Dingen sehr schätzen."

„Ich hoffe, dass Ihnen darum eine baldige Heimreise am Herzen liegt? Vielleicht schon morgen?", drängte Karl, ganz begeistert von der Aussicht den Planereien der Damen entfliehen zu können.

Heinrich machte es ein wenig Vergnügen, Karl zappeln zu lassen. „Eigentlich wollte ich noch eine Woche bleiben."

„Oh, muss das sein? Verzeihung! So war das nicht gemeint."

„Nein, schon gut. Ich verstehe Sie ja. Von mir aus können wir morgen abreisen. Aber ich muss Sie vorwarnen, die Handwerker arbeiten noch im Schloss, leise wird es nicht sein, Karl."

„Das macht nichts", beeilte sich Karl zu sagen. „Schlimmer als das unentwegte Geplapper von vier aufgeregten Damen über Kleider, Tischtücher und dergleichen, kann es überhaupt nicht sein. Sie haben etwas gut bei mir, Heinrich."

„Ich komme bei Gelegenheit darauf zurück", schmunzelte Heinrich.

Bei Tisch bekam Heinrich die ausgiebige Gelegenheit, sich von Karls Worten zu überzeugen. In einer klitzekleinen Redepause der Damen nutzte er die Gelegenheit, Karl um seinen Rat in Eldingen zu bitten. Karl tat recht unwillig, er hätte zu viel zu tun, die Verlobungs- und Hochzeitsplanungen würden ihn sehr in Anspruch nehmen und überhaupt.

„Was heißt hier ‚überhaupt' und ‚Planungen'", mischte sich Gräfin Beatrice in das Gespräch ein. Dein zukünftiger Schwager bittet dich um Hilfe, da wirst du ihn selbstverständlich begleiten, nicht wahr, Kinder? Wir kommen schon ein bis zwei Wochen ohne dich aus, Karl."

„Also, wenn du meinst, Beatrice, dann muss es wohl gehen", gab Karl gespielt klein bei.

„Ja, dass meine ich. Mach dir keine Sorgen, Karl. Wir haben genügend mit den Einladungen zu tun, die müssen dringend verschickt werden. Wann wollen Sie denn abreisen, Heinrich?"

„Es pressiert, gnädige Frau. Morgen müsste ich schon zurück."

„Oh, wenn es so ist, veranlasse ich, dass dein Koffer gepackt wird, Karl." Die Gräfin hatte in den letzten Tagen schon bemerkt, dass Karl überfordert war. Und selbst war es ihr auch recht, wenn ihr Stiefsohn einige Zeit nicht im Hause weilte. Ihr schien die neue Gesellschafterin, Komtesse zu Ahrensfelde, weniger konzentriert, wenn Karl in der Nähe war.

Elisabeth war betrübt über Heinrichs schnelle Abreise.

„Liebste, in sechs Wochen sehen wir uns zu Rosalies Verlobung wieder und in einem halben Jahr heiraten wir, dann können wir endlich für immer zusammenbleiben. Bis dahin soll aber dein neues Zuhause so schön sein, dass du kein Heimweh bekommst. Sonst reißt du mir gleich wieder aus. Ich muss mich sputen, rechtzeitig fertig zu werden, mein Engel."

„Ich sehe es ja ein. Auch ich habe noch reichlich zu tun. Ich liebe dich ebenso sehr." Dies war das erste Mal, dass Elisabeth die drei magischen Worte ausgesprochen hatte.

In Eldingen richtete sich Karl in den zukünftigen Räumen seiner Stiefschwester Elisabeth ein. Er fühlte sich darin sehr wohl und hatte schon eine gemauerte Latrine ganz für sich allein. *„Kluge Elisabeth, das hat sie wirklich vortrefflich geplant"*, dachte Karl nicht zum ersten Mal in seinem Leben.

In der Tat gingen Karl und Heinrich an den ersten Tagen die Ausgaben für den Um- und Einbau durch. Heinrich bestand darauf.

„Wie du siehst, Karl, habe ich bis jetzt keinen einzigen Groschen von Elisabeths Aussteuer angerührt. Im Gegenteil, ich könnte mir sogar vorstellen, dass ich mit meinem Geld auskomme. Die Ernte ist letztes Jahr vortrefflich ausgefallen und wir haben gute Preise erzielt." Am Abend vorher hatten sie bei einem guten Tropfen auf das Du angestoßen.

Karl nickte mit dem Kopf. „Du kannst wirklich stolz auf dich sein, mein Lieber. Und Elisabeth auch auf dich. Ich hatte von Anfang an den Eindruck, dass du richtig gut haushalten kannst und nicht über deine Verhältnisse lebst."

Ab da machte Karl, seit seiner Jugend das erste Mal, richtig Urlaub. Er schlief ausgiebig, manches Mal bis zum späten Vormittag. Er unternahm ausgiebige Spaziergänge in der noch winterlichen Landschaft oder ließ sich von Georg im Schlitten über die Dörfer kutschieren. Karl besuchte Pastor Boreen und kehrte in der Dorfschenke ein. Er beschäftigte sich viel mit Maria, die sein Herz im Sturm erobert hatte. Und endlich konnte er die Bücher lesen, zu denen er seit Jahren nicht gekommen war. Auch die Gespräche mit Rudolf genoss Karl sehr. Manchmal hatte er den Eindruck, sich mit seinesgleichen zu unterhalten.

Hermine war anfangs nicht erfreut, wenn Graf Karl bei ihr in die Küche hereinschneite. Aber langsam gewöhnte sie sich an ihn. Als ihr auffiel, wie herzlich er mit Maria umging, freute sie sich, ihn in ihrem Reich zu sehen. Karl machte auch keine Umstände. Er trank und aß mit ihnen, als gäbe es nichts Natürlicheres auf der Welt. Einmal entdeckte sie ihn sogar dabei, wie er Katharina beim Abtrocknen half. Sie schlich aber gleich wieder unbemerkt davon. *„Wenn das ein Graf unter Urlaub machen versteht"*, dachte Hermine, *„dann kann ich gut darauf verzichten."*

Tatsächlich gehörten solche Tätigkeiten für Karl zum Urlaub. Wenn die Familie, in seiner Jugend, auf ihren Sommersitz an die See gefahren ist, kamen nur die unentbehrlichsten Bediensteten mit. Der Rest der Arbeit wurde unter der Familie aufgeteilt. Zum einen wollte die Familie so weit wie möglich unter sich sein, zum anderen lernten die Kinder die Arbeit der Bediensteten schätzen. Denn erst nach der Arbeit durften sie an den Strand zum Spielen.

Karl blieb volle zwei Wochen. Er fragte sich am Ende, warum er nicht öfter Urlaub machen sollte. Die Familie war reich, die beiden Stiefschwestern bald außer Haus. Zusätzlich zu seinem Verwalter könnte er noch einen Sekretär einstellen. *„Ja, so werde ich es in Zukunft halten. Immer nur arbeiten, kann schließlich auch nicht „Gottes Wille" sein. Nein, jetzt will ich mein Leben auch etwas genießen"*, beschloss Karl bei sich.

Kurz nach Karls Abreise wurde der Gemeinderat im Beisein des Vogtes gegründet. Es unterschrieben als Berufene:

1. Vorsitzender Ewald Boreen, Pastor
2. Vorsitzender Rüdiger Röder, Arzt
1. Kassenwart Heinrich, Baron von Eldingen
2. Kassenprüfer Wolfgang Walter, Schenkwirt

Schriftführer Rudolf Soski, Butler des Barons

Der Vogt war hocherfreut über die Renovierung der Kirche und wie sie die Wetterkatastrophe in Eldingen und den umliegenden Dörfern überstanden hatten. In einigen Dörfern gab es Tote zu beklagen, weil sich keiner um die Alten, Kranken und ganz armen Menschen gekümmert hatte. „Ich werde ein Rundschreiben an die zuständigen Gemeinderäte aufsetzen. Dabei werde ich ihr Handeln hier in Eldingen als vorbildlich beschreiben. Sollte dann im Fall einer ähnlichen Katastrophe auch nur ein einziges Menschenleben zu beklagen sein, werde ich die Herrschaften zur Rechenschaft zwingen, im Notfall ihres Postens entheben oder sogar enteignen. Die werden schon sehen, wo der Hammer hängt. Sich ein gutes Leben machen, aber nicht an die Mitmenschen denken, die täglich dafür arbeiten. Ha, so geht's nicht! Da haben die aber nicht mit mir gerechnet."

Der neue Gemeinderat sah die im Volksmund herrschende Meinung über den Beedenbosteler Vogt, dieser sei hart aber gerecht, bestätigt.

Die Aus- und Umbauten im Schloss waren fertiggestellt. Nun waren die Polsterer am Werk. Von den Heimtrautern waren die Stoffe für Möbel, fertige Vorhänge und schon ein Teil dazu passender Tischtücher, Servierten und Deckchen angekommen.

Hermine hatte solche kostbaren Stoffe und herrliche Farben noch nie zu Gesicht bekommen. „Hein, ich habe gedachte, die feinen Damen lassen sich aus solchen Stoffen Kleider anfertigen, aber nur für Möbel und Vorhänge sind die doch viel zu schade. Ich mag sie gar nicht berühren."

„Welches sind deine Lieblingsfarben, Tante Hermine?" Heinrich hatte eine Idee.

„Diese hier, dieses dunkle glänzende Grün. Ach, das ist doch wunderbar. Ich kann mich nicht sattsehen. Fühle mal, wie fein der Stoff ist."

Heinrich nahm den Stoff in die Hand.

„Doch nicht so, du zerknitterst ihn ja!" Hermine tatschte ihm auf die Finger.

„Na ja, fühlt sich ganz gut an. Ein bisschen weich vielleicht."

„Geh du lieber wieder an deine Arbeit. Du verstehst davon nicht die Bohne, ‚Mannsbilder' eben!"

Eines hatte Heinrich aber sehr wohl verstanden, dass Hermine von einem schönen, dunkelgrünen schimmernden Kleid träumte. Er beschloss, mit Katharina ein Geheimnis zu haben: „Katharina, ich möchte mich bei deiner Mutter mit einem persönlichen Geschenk bedanken. Für alles, was sie in den letzten Jahren für uns getan hat. Aber es soll eine Überraschung sein. Hast du eine Idee, was sie sich wünschen könnte?"

„Ich muss erst einmal überlegen. Ich sage Herrn Baron Bescheid, wenn mir etwas eingefallen ist.“

Stunden später kam Katharina zu ihm: „Ich habe da eine Idee, aber ich glaube, sie ist nicht angemessen.“

„Das ist meine Entscheidung. Also?“

„Früher hat Mutter oft von einem schönen Kleid geträumt, mit dem sie einmal mit einem feinen Herren tanzen würde. Jetzt ist sie ja schon alt und ich weiß nicht so recht?“

„So so. Sag mir, welche Lieblingsfarbe hat deine Mutter?“

„Dunkelgrün, wieso?“

„Dann ist deine doch bestimmt auch dunkelgrün, nicht wahr?“, fragte Heinrich listig.

„Ach wo. „Rosa, rosa ist meine Lieblingsfarbe. Aber wieso fragen Herr Baron?“

„Ach nur so. Noch mal wegen deiner Mutter. Bist du in der Lage, heimlich die Maße von Hermine zu besorgen?“

„Nein das kann ich nicht. Erika, die kann Maß nehmen. Sie näht sich die Kleider selbst.“

„Gut. Ich wollte sowieso mit Frau Berger sprechen, dann frage ich sie gleich. Aber es bleibt ein Geheimnis zwischen uns. Versprochen?“

Katharina versprach es und Heinrich machte sich gleich auf zu Georgs Frau Erika.

Erika Berger war es nicht gewöhnt, dass der Baron zu ihr in das Kutscherhäuschen kam und wurde recht unsicher.

„Frau Berger, ich habe zwei Anliegen. Vom Pastor habe ich erfahren, dass Sie die Kirche immer recht hübsch mit Kränzen und Blumen schmücken. Er sagt, Sie haben ein gutes Händchen dafür.“

Erika wurde verlegen.

„Ich möchte Sie bitten, die Kirche zu meiner Vermählung im Mai zu schmücken. Meine zukünftige Gemahlin möchte dazu passend einen Kranz im Haar tragen. Würden Sie diese Aufgaben übernehmen? Es wird Ihr Schaden nicht sein.“

Erika traute ihren Ohren nicht: *Der Baron fragte sie, ob sie den Brautkranz anfertigen und die Kirche schmücken würde? Er brauchte es doch nur zu befehligen. Und bezahlen wollte er sie auch noch dafür.* „Es ist mir eine Ehre, Herr Baron. Geld nehme ich keines dafür.“

Da Heinrich sie nicht kränken wollte, akzeptierte er ihre Weigerung, dafür entlohnt zu werden. „Nun, ich hätte da noch einen Auftrag für Sie, Frau Berger. Den vergebe ich aber nur gegen entsprechende Bezahlung."

Heinrich erklärte Erika seinen Plan, als Überraschung für Hermine ein dunkelgrünes, schimmerndes Kleid für seine Hochzeit anfertigen zu lassen und bat um Stillschweigen. Erika Berger nahm den Auftrag erfreut an.

Mit der nächsten Post kam nicht nur ein Liebesbrief von Elisabeth, sondern auch zwei Pakete für Erika. Darin befanden sich ein rosa geblümtes Kleid mit einer passenden Stola und einem kleinen Hütchen sowie reichlich dunkelgrün schimmernder Stoff. Stoff für eine hellgrün geblümte Stola, einen passenden Hut und Handschuhe hatte Elisabeth dazugelegt. In einem Brief an Erika bedankte sie sich herzlich, dass diese ihren Brautkranz und den Kirchenschmuck übernehmen würde. Das rosa geblümte Kleid, schrieb sie, könnte Katharina passen, weil diese ungefähr ihre Statur hätte. Vielleicht würde ja Stoff übrig bleiben, um für die beiden passende Schuhe anfertigen zu lassen? Dafür würde der Schuhmacher von ihr persönlich entlohnt werden, solange es eine Überraschung bliebe.

Erika hatte sich mithilfe Katharinas inzwischen die Maße von Hermine besorgt. Sie machte sich gleich an die Arbeit.

Elisabeth hatte Heinrich auch in ihren „Schuhplan" eingeweiht und sie bat ihn, sich darum zu kümmern. Da Heinrich selbst noch Schuhe benötigte, passte es ihm ganz gut. Den Schuhmacher weihte er auch in seinen Plan ein und dieser musste ihm ebenso versprechen, Stillschweigen zu bewahren. Aber wie das nun mal so ist, nicht jeder Mensch kann ein Geheimnis für sich behalten. Bald wurde hinter vorgehaltener Hand im Dorf über die Überraschung des Barons und seiner zukünftigen Gemahlin für Hermine getuschelt. Wie durch ein Wunder erfuhren Hermine und Katharina nichts davon.

Zu Ostern ritt Heinrich mit Rudolf zur Verlobungsfeier von Komtesse Rosalie-Sophie und Prinz Ferdinand von Waldegg zum Herrengut Heimtraut. Die Verlobungsfeier war wesentlich größer ausgestaltet als Elisabeths und seine. Sogar eine große Kapelle und eine kleine

Zirkustruppe waren engagiert. An Gästen war mindestens die dreifache Anzahl anwesend.

Heinrich empfand die Veranstaltung als viel zu groß, zu bunt und zu laut, aber absolut passend für Rosalie. So fiel es nicht auf, als sich Elisabeth und Heinrich nach dem opulenten Mahl und den noch opulenteren Reden unauffällig zurückzogen. Sie fanden ein stilles Plätzchen in einer Kutsche, die mit den anderen Kutschen in der Remise stand.

„Jetzt weißt du, mein Lieber, warum ich mir eine kleine Hochzeit gewünscht habe."

„Ja durchaus. Das ist ja fast wie auf dem Markt hier. Ein ständiges Durcheinandergewusel. Nein, das ist auch nicht mein Bestreben. Ich würde dich die ganze Zeit nur suchen müssen."

„Aber weißt du, es hat auch seine Vorteile", meinte Elisabeth eng an ihn gekuschelt. „Es vermisst uns niemand. Du könntest mir noch so das eine oder andere beibringen, damit ich dich in der Hochzeitsnacht nicht enttäusche."

„Du kannst mich nie enttäuschen, Liebste, aber sicher ist es besser etwas mehr zu üben", murmelte Heinrich, während er ihr Dekolleté mit Küssen bedeckte. „Ich würde zu gern einmal unter deinen Rock sehen, was meinst Du?"

„Du Schelm du", kicherte sie, hob ihren Rock aber etwas hoch.

„Bitte noch höher, ich kann so nicht …"

„Was?"

„Du wirst es schon merken, es wird dir gefallen." Er kniete sich zwischen ihre Beine und liebkoste sie sanft mit seinen Fingern. Elisabeth hielt den Atem an.

„Gleich wird es noch besser", versprach Heinrich. Er hatte sich einen Weg durch ihr Unterkleid gebahnt und liebkoste sie nun mit seinem Mund. Anders als erwartet, stieß Elisabeth keine kleinen spitzen Schreie aus, sondern ihr keuchender Atem ging in wohliges Stöhnen über. Sie ließ sich völlig fallen und rekelte sich unter seinen Küssen. Als er mit dem Finger in sie eindrang, explodierten ihre Gefühle förmlich.

Geraume Zeit später, als Elisabeth wieder bei Atem war, sah sie ihn benommen an: „Es war wunderbar. Das Schönste, was ich je erlebt habe,danke."

„Ich freue mich für dich, dass es dir so gefallen hat." Heinrich hielt sie in seinen Armen und streichelte ihr zärtlich den Rücken.

„Ist es immer so schön?"

„Nein, es kann mal nicht so schön sein, aber es kann auch noch viel schöner werden."

„Noch schöner? Ich glaube, das verkrafte ich nicht."

„Doch, wirst du." Heinrich lachte. „Du wirst regelrecht süchtig danach werden, versprochen. Wart's nur ab."

„Wann?"

„Sobald wir verheiratet sind."

„Versprochen?"

„Versprochen. Nun müssen wir aber zurück. Du solltest deine Frisur richten und ich muss meine Hose wechseln."

Nun war es an Elisabeth zu lachen: „Für dich war es auch so schön? Obwohl ich bei dir gar nicht …?"

„Das war es. Auch das wirst du noch verstehen."

Zerzaust mit dem unübersehbaren Fleck in seiner Hose schlich sich Heinrich ins Haus. Er blieb unentdeckt und war erleichtert, seine Zimmertür zu sehen. Plötzlich öffnete sich die Tür neben seinem Zimmer und sein zukünftiger Schwager Ferdi trat aus der Nachbartür.

„Grüß dich, ‚Heini'. Wo steckst du die ganze Zeit? Wir haben dich und ‚Sissi' schon gesucht. Die ersten Gäste wollen heim. Die Familie muss doch zur Verabschiedung da sein. Meine Güte, wie siehst du denn aus? Bist du mit jemandem zusammengestoßen? Du hinkst ja, als wenn du gefallen wärst. Und was ist mit deiner Hose? Jetzt beeil dich! Das Roserl und die Sissi erwarten uns sicher schon. Von der Gräfin Trixi und Karli ganz zu schweigen. Die Zeit drängt, beeil dich! Ich warte hier so lange auf dich, gell." Ferdinand schob Heinrich in sein Zimmer. Heinrich hatte Ferdinand mit seinem lauten bayerischen Dialekt so gut wie nicht verstanden.

Elisabeth und Heinrich waren zu dem Schluss gekommen, dass der Grund für die Lautstärke der Bajuwaren wohl an den hohen Bergen liegen musste. *„Wahrscheinlich"*, so hatten sie überlegt, *„dämmten die Berge die normale Lautstärke so ein, dass sich die dortige Bevölkerung nicht mehr normal verständigen konnte. Darum mussten sie* *ständig so laut reden.“*

Elisabeth stand bereits zur Verabschiedung der Gäste mit der Familie bereit. Dies war Heinrich auch ein Rätsel. Eine Frau konnte Stunden damit verbringen, sich anzukleiden und zurechtzumachen. Aber wenn es darum ging, irgendetwas verpassen zu können, war sie schwupp die wupp schneller hergerichtet als ein Mann.

Der folgende Tag wurde mit Ausruhen und Faulenzen im Kreis der engsten Familie zugebracht. Sie plauderten über die gestrige Verlobung.

Ferdinand, der sich bequem in einen Sessel geflegelt hatte, genoss die traute Runde. „Geh, Haserl, so ist es doch viel gemütlicher. Im Kreise der lieben Familie, gell? Das mag ich am liebsten. Einen guten Wein, ein nettes Zigarrchen nach einem bravourösen Mahl. Der Herrgott meint es einfach gut mit uns. Wollen wir nachher zu die Pferdl, Heini? Karli kommst auch mit umi in den Stoall?“

Karli und Heini nickten mit dem Köpfen, da sie hinter dem Wort Stoall Stall vermuteten.

Sissi erkundigte sich höflich: „Ist es gemeinhin üblich, bei euch vorwiegend die Laute ‚ua‘ ‚oa‘ und ‚i‘ zu verwenden? Wäre es nicht zwecks der Verständigung einfacher, die Wörter ganz auszusprechen?“

Worauf Ferdi in schallendes Gelächter ausbrach. „Na, na, doas is viel zu lang. Da stehst am End aloa da, weil's di anderen zu lang dauert. Na, na doas geht freilich nit.“ Rosalie übersetzte: *Nein, das ist viel zu lang. Da stehst du am Ende alleine da, weil es den anderen zu lange dauert. Nein, das geht freilich nicht.*

Ferdi wandte sich seinem Roserl zu: „Spatzerl, bist du nachher so liab und nimmst mei Joppen mit obi? Ist heut ein wenig huschi draußen. I dank dir recht schön.“

Das „Spatzerl“ schien ihn zu verstehen und das war die Hauptsache.

Auf seinem Rückweg nahmen Heinrich und Rudolf zwei Wagen voller Möbel für Gästezimmer, Teppiche, Läufer. Kissen, Daunenbettzeug, Truhen mit Bettwäsche und Handtüchern mit. Die Damen hatten in liebevoller Kleinarbeit, genau wie bei der Tischwäsche, „E v E“, Elisabeths zukünftiges Monogramm, aufgestickt. Auch sämtliche Truhen mit ihren Verlobungsgeschenken waren auf den Wagen. Es waren nur noch sieben Wochen bis zum großen Tag.

Im Schloss wartete ein Berg von Post auf Heinrich. Darunter war ein Schreiben des Agenten, den er auf Ottos Spur angesetzt hatte. Dieser machte die erfreuliche Mitteilung, dass sich seine Suche auf vier Männer reduziert hätte. Davon trage einer eine Augenklappe, ein zweiter auf dem anderen Auge eine Augenklappe und ein Holzbein, der Dritte war ganz offensichtlich ein Trunkenbold und der Vierte komplett weißhaarig, hinkte und war urplötzlich von der Bildfläche verschwunden. Um von den infrage kommenden Männer Baron Otto zu ermitteln, wäre es jetzt von Nöten, dass sich Baron Heinrich die Personen selbst ansehen müsste. Der Agent machte den Vorschlag, die Herren einzeln nach Eldingen einzuladen. Dort würde Heinrich schon am Benehmen, in der seit Kindheit vertrauten Umgebung, feststellen, wer der richtige Bruder ist. Heinrich schrieb zurück, dass er den ersten der Herren auf Schloss Eldingen erwarten würde.

Inzwischen waren die Polsterer im Schloss mit ihrer Arbeit fertig. Heinrich war mit dem Umbau und der Ausstattung sehr zufrieden. Hermine begeistert. Jetzt waren die Tischler mit den Räumen für die Dienstboten beschäftigt und die letzten Gästezimmer mussten fertiggestellt werden.

Bei einem Besuch im Pfarrhaus zeigte ihm Pastor Boreen sichtlich stolz seine neuen Räume. Das Schlafgemach war jetzt geräumiger und angemessen eingerichtet. Das Arbeitszimmer bot eine gemütliche Sitzgruppe für die vertraulichen Gespräche an. Die Küche konnte benutzt werden. Die fleißigen Helfer hatten Pastor Boreen sogar eine richtig anheimelnde Stube eingerichtet. Überall waren Kamine und Öfen eingebaut. Sogar der gemauerte Abort war schon im Einsatz.

„Herr Baron, ich weiß nicht, wie ich Ihnen jemals danken kann“, bedankte sich Pastor Boreen.

„Danken Sie dem „lieben Gott“, Hochwürden. Es war schließlich sein Wille, den wir ausgeführt haben. Aber unser Herr da oben ist noch nicht ganz zufrieden mit unserem Werk.“

„Aber bis auf das Gemach des Bischofs ist das Pfarrhaus doch fertig“, stutzte Pastor Boreen.

„Eben, jenes Gemach fehlt noch. Weiter fehlen noch Vorhänge, Geschirr und andere Dinge, die im Haus gebraucht werden. Und vor allem fehlt Ihnen eine gute Haushälterin.“

„Für das, was ich zum Leben brauche, benötige ich wirklich keine Haushälterin. Nein, nein, es ist gut so, wie es ist“, entgegnete Pastor Boreen.

„Sehen Sie es doch einmal anders, Hochwürden. Wenn Sie selbst jeden Tag die Kirche und das Pfarrhaus putzen, für sich kochen und die Gäste bewirten müssen, haben Sie doch viel zu wenig Zeit, sich um die Bedürftigen zu kümmern. Ihre Predigten bereiten sich auch nicht von selbst vor. Eben all die Dinge, zu denen Sie hier auf der Erde von Gott berufen worden sind, kommen zu kurz, nicht wahr?“, köderte Heinrich den Pastor.

„Das hieße ja, dass ich meinem Dienst an Gott bisher nicht gebührlich nachgekommen bin.“

Heinrich musste sich ein Schmunzeln verkneifen: „Im Grunde genommen ja, Hochwürden. Dafür hatte ‚Er‘ da oben sicherlich das vollste Verständnis. Gott wird Ihnen mit den entsprechenden Gebeten sofort verzeihen. Und Mutter Maria ist bestimmt stolz auf Sie. Sie haben, seitdem Sie hier vor acht Jahren das Kirchspiel übernommen haben, die Dinge selbst gemeistert. Denken Sie nur an die vielen Taufen, die Sie im Namen Jesu vollzogen haben, die waren doch wirklich wichtiger als eine saubere Kirche, nicht wahr?“

Das Gesicht des Pastors erhellte sich langsam wieder.

„Wer denken Sie, Herr Baron, könnte oder besser gesagt würde diese Aufgaben übernehmen?“

„Eine gute Frage. Ich habe keinerlei Vorstellung. Nicht im Entferntesten“, gab Heinrich ehrlich zu.

Eine Weile saßen sie da und überlegten jeder für sich.

„Ich könnte unsere Hermine einmal fragen“, bot Heinrich an.

„Ich könnte Wilma, die Schenkwirtin, einmal fragen“, meinte Pastor Boreen.

„Sicher werden wir bald eine passende Haushälterin für Sie finden, Hochwürden.“

Wilma und Hermine wussten auch keinen Rat, versprachen aber, sich sofort umzuhören.

Der erste Kandidat als Baron Otto stellte sich vor. Der mit der Augenklappe. Hermine, so war ausgemacht, sollte hinter einem Wandschirm stehen und bei dem Gespräch zuhören.

Soweit kam es nicht, da der Kandidat selbstbewusst zu Heinrich sagte: „Unser Gespräch soll sicher wie immer in der Bibliothek stattfinden." Der Kandidat ging leider zielstrebig auf die Kellertür zu und öffnete diese.

„Wir haben umgebaut, die Bibliothek befindet sich nunmehr seit dreihundertzwanzig Jahren im ersten Stock auf der linken Seite. Tja, wie die Zeit vergeht. Man will es gar nicht glauben", bemerkte Heinrich zynisch.

Da war der erste Kandidat schon wieder zur Tür hinaus.

Als Heinrich beim gemeinsamen Abendessen davon erzählte, kringelte sich Katharina vor Lachen. „Umgebaut ha, ha, seit dreihundertzwanzig Jahren, ha, ha. Das muss einem erst einmal einfallen. Mutter hilf mir bitte, ich kann nicht mehr vor Lachen. Mir tut schon der Bauch weh."

Der zweite Baron Otto war der Trunkenbold, aber so wie es schien stocknüchtern. Heinrich wusste schon an der Tür, dass er nicht Otto sein konnte, aber er wollte sich heute mehr Zeit nehmen und dem Goldjäger eine Lehre erteilen. Heinrich stellte ihm anfangs oberflächliche Fragen, die wirklich jeder, der sich etwas vorbereitet hatte, beantworten konnte. So wie „Kannst du dich noch an die herrlichen Sonntagsbraten erinnern?"

„Ja, wirklich herrlich."

Heinrich langweilte sich. „Wie war denn noch der Name unserer Amme? Der ist mir momentan entfallen."

Otto und Heinrich hatten keine Amme gehabt. Ihre Mutter hatte damals darauf bestanden, ihre Kinder selbst zu stillen. Hermine wartet gespannt hinter dem Wandschirm.

„Berta, ja Berta", kam die Antwort vom Kandidaten.

Hermine stampfte wütend mit dem Fuß auf und schoss aus ihrem Versteck hervor. „Bertaaa?" Ich werd dir was! Berta! Das ist ein Name für eine Kuh! Ich werde dich jetzt in deinen Hintern treten!

Mach, dass du rauskommst! Du elender Nichtsnutz. Aber schnell! Sonst garantiere ich dir, dass du dein blaues Wunder erleben wirst!"

Heinrich brauchte kein Wort mehr zu sagen. Vor Hermine hatte jeder Respekt. Dieser Mann hatte sogar Angst.

Hermine sorgte schon dafür, dass es im Dorf wieder etwas zu reden gab. Schließlich hatte sie ja den Betrüger rausgeworfen.

Der Dritte mit Holzbein und Augenklappe machte einen sehr guten Eindruck. Aber als Heinrich dem Kandidaten seinen eigenen Siegelring mit den Worten: „Hier dein Ring" vorlegte und dieser den Ring wirklich an sich nehmen wollte, wurde es ihm zu viel: „Wenn Sie diesen Ring auch nur berühren, lasse ich Sie nicht nur wegen Betruges, sondern auch wegen Diebstahls festnehmen. Verlassen Sie auf der Stelle mein Haus."

Was dieser auch schnellstens tat. Hermine war stolz auf Heinrich. So streng hatte sie ihn noch nicht erlebt.

„Recht so, Hein. Du bist ein Guter." Das war das höchste Lob, was Hermine vergab. Das hatte sie bis jetzt nur über seinen Vater gesagt.

Der vierte Otto blieb verschwunden.

Maria-Magdalena

Hermine war unter Zeitdruck. Jeden Tag sollte sie zu Pastor Boreen kommen, um ihn bei der Auswahl einer geeigneten Haushaltshilfe zu unterstützen. Er hatte sie darum gebeten, weil sie so viel Erfahrung hatte.

Bei den Vorstellungen der Frauen ging es nicht anders zu als bei den Bewerbern um Ottos Position. Die eine war so dumm, dass sie nicht bis drei zählen konnte. Die andere konnte kochen, hielt aber vom Putzen gar nichts. Die Nächste war aufgetakelt wie ein Zirkusweib und schien dem Pastor sogleich schöne Augen zu machen. Wieder andere waren entweder selbst so schmutzig, dass sie stanken oder so laut, dass sie selbst den Pastor übertönten.

Eine der Frauen mit einer besonders schrillen Stimme antwortete Pastor Boreen auf seine obligatorische Frage: „Wie halten Sie es denn mit dem Herrgott?"

„Gott? Den da oben? Den meinen Sie doch, oder? Ja, also mit dem würde ich auch, – wenn er gut bezahlt."

Hermine traute ihren Ohren nicht. Pastor Boreen wühlte daraufhin in seinen Papieren und murmelt vor sich hin: „Bitte vergib ihr, denn sie weiß nicht, was sie redet. Bitte weise ihr den rechten Weg."

Es schien aussichtslos, eine passende Person zu finden. Die Guten hatten eine Stelle und die anderen waren eben nicht gut genug.

Pastor Boreen betete gerade um Vergebung, dass er seine Zeit weiter zwischen Haushalt und Dienst an seinem Herren teilen musste, als sich die Kirchentür leise auftat und wieder schloss. Nach seinem Gebet sah er in der hinteren Reihe eine kleine Gestalt sitzen. Er ging auf sie zu. Das Licht der Kerzen vom Marienaltar umgab die Silhouette der Gestalt wie ein goldener Schein. Pastor Boreen erkannte eine recht junge Frau, fast noch ein Kind, die still weinte. Er setzte sich neben sie und wartete. Irgendwann versiegten ihre Tränen.

„Wie kann ich dir helfen?"

„Mir kann keiner helfen. Aber vielen Dank", antwortete das Mädchen leise.

„Wollen wir gemeinsam beten?", bot Pastor Boreen an.

„Ja, das wäre schön."

Er betete mit ihr, bat um Trost und Hoffnung für die junge Seele. Nach dem Gebet fing sie langsam an, ihm ihr Leid anzuvertrauen: „Nach dem Krieg, als ich noch ein kleines Kind war, hatte es meine Eltern auf der Flucht hierher verschlagen. Es war ein eisiger Winter. Ein Knecht, der Mitleid mit uns hatte, bot uns einen verlassenen Stall im Wald an. Im Laufe der Zeit richteten wir uns dort ein. Mein Vater ging fischen und baute Fallen für kleines Wild. Später wurde mein Vater sehr krank. Meine Eltern sagten mir, dass Vater im Krieg verwundet wurde und jetzt die Krankheit die Folge davon wäre. Meine Mutter pflegte Vater, so gut es ging, doch eines Tages hat Gott ihn zu sich geholt. Meine Mutter weinte wochenlang. Das habe ich zuerst nicht verstanden. Weil meine Mutter mir erzählt hatte, dass Vater nun bei Gott wäre, er hätte dort keine Schmerzen mehr. Er sei im Paradies und lauter Engel seien um ihn herum. Ich habe mir das immer sehr schön vorgestellt."

„Ja, das glaube ich auch. Wo ist die Hülle deines Vaters begraben?"

„Mutter und ich haben ein tiefes Loch für seinen Körper gegraben und ich lege jeden Tag Blumen darauf."

Pastor Boreen bot ihr an, gemeinsam für ihren Vater zu beten. „Wo ist deine Mutter?"

„Sie ist jetzt bei meinem Vater im Paradies."

„Schon lange?"

„Nein, erst seit ein paar Tagen. Gestern habe ich ihre Hülle neben meinem Vater begraben."

„Wollen wir später dort hingehen und gemeinsam am Grab für

deine Eltern beten?“

„Das wäre schön, Mutter würde sich sehr darüber freuen. Sie hat einmal gesagt, wenn sie einmal sterben sollte, dann wünsche sie sich, dass ein Pastor ihr vorher alle Sünden im ‚Namen Gottes‘ abnehmen würde. Ja, das würde sie glücklich machen.“

„Gut, aber sag mir vorher noch deinen Namen.“

„Ich heiße Maria-Magdalena, meine Eltern haben mich Magda genannt.“

„Weißt du, Magda, dass du wirklich wie die echte Maria-Magdalena aussiehst?“

„Meine Mutter hat mir ein kleines Bild von ihr gezeigt. Aber ich habe mich noch nicht richtig gesehen. Nur im Fluss.“

„Dann sieh mal da hin.“ Pastor Boreen zeigte auf ein Bildnis von Maria-Magdalena.

„Ist sie nicht wunderschön?“

„So soll ich aussehen?“, staunte das Mädchen.

„Ja, so siehst du aus. Du könntest mit ihr verwandt sein, so ähnlich siehst du ihr.“

„Nein, so sehe ich nicht aus. Meine Mutter war so schön. Sie sah genauso aus. Und mein Vater, der war auch so schön, der sah genauso aus wie der da.“

„Wie der dort am Kreuz?“

„Ja, nur noch schöner.“

„Das ist „Jesus Christus“, mein Kind.“

Magda kannte eine Abkürzung zu ihrem Stall gleich hinter der Kirche entlang. Auf dem Weg dorthin erzählte sie Pastor Boreen, wie ihre Mutter starb. Pastor Boreen war erschüttert.

„Nachdem mein Vater gestorben war, kam der Knecht öfter. Zuerst brachte er uns Speck und Brot, manchmal Milch oder Käse. Der Knecht sagte, ich müsse recht hübsch werden, darum sollte ich fleißig essen. Mutter schickte mich irgendwann weg, wenn er kam. Als ich größer wurde und noch andere Männer kamen, musste ich mich unter Mutters Lager verstecken. Wir haben dort ein Loch gegraben und Bretter darüber gelegt. Wenn die Männer weg waren, kam der Knecht wieder und nahm uns die Hälfte von den Dingen weg, die die Männer uns geschenkt hatten. Manchmal auch alles. Meine Mutter erklärte mir, dass es so richtig sei, weil der Knecht uns beschützen würde und dafür müssten wir ihm etwas geben."

„Haben die Männer dir etwas getan?"

„Nein. Bis auf den Knecht hat mich nie einer gesehen. Der kam vor ein paar Tagen wieder. Meine Mutter war noch am Fluss Wäsche waschen. Zuerst redete er ganz freundlich, wie immer. Aber dann …" – Magda hielt inne.

„Ja?"

„Dann griff er mich und warf mich auf den Boden."

„Oh Herr, lass nicht wahr sein, was ich jetzt vermute", dachte Pastor Boreen.

„Der Knecht zerriss mein Kleid. Er holte sein Ding daraus und warf sich auf mich." Sie zeigte zwischen ihre Beine.

„Oh mein Kind!"

„Nein, es war nicht so, wie Sie denken. In dem Moment kam meine Mutter und rammte dem Knecht von hinten die Mistgabel in den Rücken."

„Dann?"

„Dann sind wir weggelaufen, in die Kirche, da war die Tür noch nicht heile. Ich habe Sie auch gesehen, Sie haben den Altar geputzt."

„Warum habt ihr nichts gesagt?"

„Mutter meinte, es wäre besser, wenn uns niemand sehen würde. Wir haben uns unter der Bank versteckt. Als wir wieder im Stall waren, haben wir ihm die Mistgabel raus gezogen. Da hat er sich umgedreht und meine Mutter geschlagen. Sie ist auf die Mistgabel gefallen. Er hat sie angeschrien: „Hure", hat er gebrüllt. Dann lief ihm Blut aus dem Mund. ‚Hure', was ist das?"

„Später, mein Magda, später."

„Wo ist der Knecht jetzt?"

„Ich habe ihn in das Loch geschoben, unter Mutters Lager."

„Hat er noch …? Hm, hat er noch geatmet?"

„Ich weiß nicht, ich glaube ja. Aber ich musste mich doch erst um Mutter kümmern. Sie blutete so stark, als ich ihr die Gabel aus dem Bauch gezogen habe. Das war doch richtig?"

„Ja, Magda. Du musstest dich erst um deine Mutter kümmern."

„Ich habe Mutter die ganze Zeit im Arm gehalten, so wie sie es immer mit mir gemacht hat, wenn ich Schmerzen hatte. Irgendwann war sie ganz weiß und kalt. Ich glaube, sie ist dann zu Vater gegangen." Die Tränen liefen Magda über ihr Gesicht.

Auch Pastor Boreen konnte seine Tränen nicht mehr zurückhalten. So saßen sie stumm auf dem Boden in dem Stall, wo sich so viel Leid zugetragen hatte.

Die Sonne ging langsam unter.

„Komm, Magda, wir gehen zu den Gräbern deiner Eltern. Ich werde ihnen in ‚Gottes Namen' ihre Sünden vergeben."

„Ja, dann sind sie beide glücklich."

Nachdem Pastor Boreen den Segen über Magdas Eltern gesprochen hatte, trat er ein paar Schritte zurück, damit Magda Abschied nehmen konnte.

Er schickte ein Stoßgebet zu Gott: *„Was soll ich jetzt tun? Was wird aus Magda? Hat sie nicht schon genug Leid in ihrem Leben ertragen müssen? Wenn ich sie jetzt wegschicke, dann wird sie als Tochter einer Hure ins nächste Freudenhaus gesteckt. Herr, das kannst du doch nicht zulassen? Herr, ich bitte dich, hilf mir! Was soll ich tun? Gib mir ein Zeichen, bitte. Nur irgendein Zeichen!"*

Pastor Boreen war vor so viel Elend schlecht geworden und er musste sich übergeben. Als er wieder aufblickte, sah er, wie die untergehende Sonne langsam ihre Strahlen über Magdas Haupt ausbreitete. Er beobachtete das Sonnenspiel fasziniert, bis ihre Gestalt von den letzten Strahlen ganz umhüllt war. Da kniete er nieder und streckte seine gefalteten Hände gen Himmel. *„Danke Herr."*

Eigentlich wollte er „Magda" rufen, aber aus seinem Mund kam das Wort „Nichte." Er konnte nichts dagegen tun: „Nichte, komm pack deine Sachen, es wird dunkel. Wir müssen gehen."

„Aber ich bin doch nicht Ihre Nichte.", erwiderte Magda.

„Doch, Gott hat es mir gerade gesagt. Du bist jetzt meine ‚Nichte' und ich dein ‚Onkel Ewald', strahlte Pastor Boreen sie an. „Jetzt sind wir beide nicht mehr allein. Wir sind jetzt eine Familie."

„Wenn Gott es so sagt, ist es richtig, nicht wahr?"

„Ja, das ist es. Komm lass uns nach Hause gehen. Dort bekommst du ein warmes Bad und hungrig bist du sicher auch?"

„Ja, – Onkel – Ewald", antwortete Magda vorsichtig.

Pastor Boreen richtete ihr ein warmes Bad ein und ein Lager her.

Er wusste nicht mehr, wann er sich das letzte Mal so wohl gefühlt hatte. So richtig zu Hause. Das Essen schmeckte ihm ganz hervorragend, obwohl es wie immer nur warmes Kraut mit Speck war. Der Kräutertee duftete plötzlich köstlich, so anders als sonst. Das Pfarrhaus schien ihm gemütlicher. Ach, einfach herrlich fand er alles.

In der Nacht wachte Pastor Boreen über Magda. Er befürchtete, sie würde wegen der schrecklichen Erlebnisse in einen unruhigen Schlaf fallen. Er hörte keinen Muckser. Ab und zu öffnete er vorsichtig ihre Tür. Sie schlief tief und fest. Dafür hatte er Albträume. Am schlimmsten war der Traum, in dem Magda von ihm weglief und er sie nicht erreichen konnte. Trotzdem fühlte er sich am Morgen wie neu geboren.

Pastor Boreen erklärte Magda, auf dem Weg zum Schloss, wer Hermine sei. Er beabsichtigte Hermine zu fragen, wo sie Kleidung für Magda herbekommen könnten. Ständig grüßten ihn Dorfbewohner und er erzählte jedem stolz, dass dies seine Nichte Magda sei, die gestern eingetroffen sei.

Hermine sah Magda von oben bis unten an, schickte Katharina einen Rock und eine Bluse holen, die sie noch nicht geändert hatte, und stellte trocken fest: „Die Kleidung passt. Genau zur richtigen Zeit bist du gekommen. Dein Onkel sucht nämlich dringend jemand, der ihm den Haushalt macht und für ihn kocht. Kannst du das?"

„Ich …"

„Lass gut sein, Mädchen. Wenn dein Onkel es dir erlaubt und du dich gut anstellst, bringe ich dir alles bei, was du können musst. Sauber bist du ja. Wie alt bist du eigentlich? Ich würde sagen vierzehn. Stimmt das?"

„Ja."

„Also Hochwürden, wie sieht es aus, kann Magda gleich hierbleiben? Heute ist ein guter Tag. Ich habe schon das Essen vorbereitet und jetzt geht es ans Saubermachen."

Pastor Boreen sah Magda unschlüssig an. „Willst du denn?"

Hermine schüttelte unwillig den Kopf: „Mich hat noch nie jemand gefragt, ob ich irgendetwas will, im ganzen Leben nicht. Wo gibt's denn so was? Sind ja ganz neue Sitten."

Magda, die Angst hatte, dass Hermine sich ihr Angebot anders überlegen würde, antwortete mit einem dankbaren Lächeln. „Das ist sehr freundlich von Ihnen, ich möchte gern sofort bei Ihnen anfangen."

„Gut, dann nimm schon mal den Besen und den Kehricht. Hochwürden, Sie müssen jetzt gehen. Sie stehen im Weg. Um sechs können Sie Magda wieder abholen." Hermine schob ihn sanft, aber bestimmt, aus der Küchentür.

So ging es Tag für Tag. Für ihre Hilfe bekam Magda abends Essen für sich und ihren Onkel mit nach Hause.

„Morgen bleibe ich nach dem Gottesdienst in der Kirche. Magda hat dann ihre erste Prüfung und macht die Kirche sauber", teilte Hermine dem Pastor eines Tages mit.

„Aber das ist der Tag des Herrn", gab Pastor Boreen zu bedenken.

„Ja eben, genau darum. Die Kirche soll doch immer gut aussehen, nicht wahr? Ist schließlich ‚sein' Haus." Sie zeigte mit dem Finger zum Himmel.

Natürlich hatte Hermine an Magdas Arbeit etwas auszusetzen, sonst wäre sie nicht Hermine gewesen. Aber sie mochte die Kleine. Magda war höflich, freundlich und tat jede Arbeit, die sie ihr auftrug, ohne zu murren. *„Sie ist so ganz anders als Katharina, was habe ich da bloß falsch gemacht?"*, überlegte Hermine. Ein anderer hätte wohl gesagt. Der Apfel fällt nicht weit vom Stamm. Aber Hermine fragte vorsichtshalber niemand anderen.

Die „Hohe Zeit"

Endlich war es so weit!

Die letzten Truhen und Möbel waren auf Schloss Eldingen eingetroffen. Hermine, Katharina und Rudolf hatten jede Menge mit dem Verräumen zu tun. Rudolf brachte Hermine mit seinem ewigen Madame fast zur Weißglut. Ein wenig rächte er sich damit. Hermine bezeichnete ihn, hinter seinem Rücken, immer als den Schönen. Andererseits wusste Rudolf keine treffendere Anrede für sie. Hermine schien ihm einfach zu wenig. Sie war die gute Seele im Schloss, in jeder Lebenslage und für jeden da. Hermine löste wirklich jedes Problem und war dabei ehrlich und gerecht. Außerdem war sie Meisterin ihres Faches. Rudolf hatte schon in herrschaftlichen Häusern gespeist, aber was Hermine zauberte, war einfach unübertrefflich.

„Madame, ich habe das gute Geschirr der zukünftigen Baronin in die Vitrine am Fenster gestellt. Ist es so recht, Madame? Und die festlichen Tischtücher mit den passenden Servietten darunter in die Schubladen gelegt, Madame. Oder möchten Madame, dass ich die Dinge woanders unterbringe?"

Hermine reichte es jetzt: „Ich heiße H E R M I N E und nicht M A D A M E", buchstabierte sie Rudolf vor.

„Sehr wohl. Und ich heiße R U D O L F und nicht D E R S C H Ö N E", buchstabierte er zurück.

Sie sahen sich an und um Hermines Mundwinkel begann ein verräterisches Zucken. Auch Rudolf musste grinsen.

„Und jetzt?", fragten sie beide wie aus einem Mund.

„Jetzt schlage ich vor, dass wir darauf einen Branntwein trinken. Der Baron hat hier noch einen guten stehen."

„Aber der Baron …?"

„Hermine nur ein Mal, ein einziges Mal möchte ich bestimmen. Lass mir bitte das Vergnügen. Sonst sehe ich mich wieder gezwungen, das Wort mit M zu benutzen."

Hermine lachte schallend: „Bloß nicht! Dann müsste ich ja auch wieder das Wort mit S sagen. Und ehrlich, das wurde mir schon zu anstrengend."

Heinrich betrat den großen Speisesaal und sah die beiden mit fragendem Blick an. Rudolf, der in jeder Lebenslage Haltung besaß, bot Heinrich auch ein Gläschen an: „Herr Baron, ich habe mir erlaubt aus meinem Privatbesitz einen außergewöhnlich guten Branntwein zur Verfügung zu stellen. Jetzt wollte ich Hermines Urteil darüber hören."

Heinrich kostete davon. „Einfach hervorragend, wenn ich so sagen darf. Ich habe einen so guten Brand noch nicht getrunken, mild und doch …" Er nippte noch einmal: „Dieses Aroma, ‚Himbeere'?"

„Ja, Herr Baron."

„Wenn ich vorschlagen darf, Rudolf, so würde ich sagen, der bleibt uns dreien vorbehalten. Für besondere Gelegenheiten, so wie die diese", Heinrich zwinkerte den beiden zu. „Aber die Entscheidung liegt selbstverständlich bei Ihnen."

„Ich finde Ihren Vorschlag passend, Herr Baron."

„Jetzt schnell weg damit", ordnete Hermine an. „Sonst ist die Flasche bald leer und die Arbeit bleibt liegen."

„Sehr wohl", sagten Heinrich und Rudolf gleichzeitig und verbeugten sich ritterlich vor Hermine.

Auch im Dorf waren die Menschen rührig. Erika hatte das Kleid für Hermine fertiggestellt. Für ihre zwei kleinen Töchter hatte sie hübsche Schürzchen genäht, sie sollten Blumen für das Brautpaar streuen. Jetzt war Erika mit Helene, Magda und einigen anderen Frauen dabei, Festschmuck für die Kirche und das Schloss anzufertigen. Die Männer brachten dafür grüne Zweige aus dem Wald und die Kinder pflückten Blumen. Hermine und Wilma hatten ihr Kriegsbeil begraben, wie sie es immer in Ausnahmesituationen taten. Sie halfen sich gegenseitig mit Geschirr, Pfannen und Eingemachtem aus. Die letzten langen Tafeln und Bänke wurden im Gesindehaus und im Schlosspark aufgebaut.

Pastor Boreen schrieb seine Predigt für den Trauungsgottesdienst ständig wieder um, bis gar nichts mehr zusammenpasste und er von Neuem beginnen musste.

Am Tag vor dem hohen Fest reiste die Familie Heimtraut an. Gräfin Beatrice, Karl, Rosalie-Sophie und ihr Ferdi wurden mitsamt Kammerdiener und einer Zofe im Schloss untergebracht. Elisabeth hatte gehört, dass es Unglück bringen würde, die Nacht vor der Trauung unter einem Dach mit dem Zukünftigen zu verbringen. Daher bestand sie darauf, mit der Gesellschafterin Komtesse zu Ahrensfelde, einer Zofe und Cockie, in der Dorfschenke mit den restlichen Hochzeitsgästen zu übernachten. Die Nacht war für die Schlossbewohner, die Gäste in der Dorfschenke und die Dorfbewohner, auch aus den umliegenden Dörfern, kurz. Galt es doch die letzte Hand anzulegen und im eigenen Heim die Dinge so zu richten, dass sie pünktlich zur Kirche kamen. Die Trauung war für zwölf Uhr angesetzt.

Gräfin Beatrice begann um neun Uhr morgens mit ihrer Toilette. Um zehnuhrdreißig ließ sie Hermine zu sich rufen. Dieser passte das natürlich gar nicht in den Kram. Heinrich, der geahnt hatte, dass Hermine sich stur stellen würde, hielt sich in der Küche auf.

„Kann Katharina nicht zu der Gräfin gehen?“

„Nein, kann sie nicht“, widersprach Heinrich. Er wusste, dass Katharina soeben von Erika mit ihrem neuen geblümten Kleid eingekleidet wurde. „Sie besorgt noch etwas für mich. Ich an deiner Stelle, Tante Hermine, würde jetzt zur Gräfin gehen und was immer sie von dir verlangt ohne zu murren tun. Sie kann fürchterlich werden, wenn man sich ihren Befehlen widersetzt.“

Mürrisch machte sich Hermine auf den Weg: „Sie haben nach mir verlangt, Hoheit.“

„Ganz richtig, Hermine. Ich möchte, dass du mir jetzt aufmerksam zuhörst. Ich sage es nur ein einziges Mal. Hast du verstanden?“

Hermine klappte ihren Mund auf und wieder zu.

„Du drehst dich jetzt um und gehst durch die Tür vor dir. Dort wartet eine Überraschung auf dich. Ich will kein einziges Wort von dir hören. Verstanden?"

Und Hermine ging tatsächlich, ohne ein Wort zu sagen, durch die Tür.

Im Zimmer der Gräfin fanden sich langsam Rosalie-Sophie, Ferdinand, Heinrich und Rudolf ein. Rudolf brachte ein Erfrischungsgetränk und ein paar Schnittchen mit. Er war im Grunde nur genauso neugierig wie die anderen.

Hermine sagte kein Wort. Sie hörten nur „Ohs", „Ahs", ab und zu mal ein „Aua." Dann war auf einmal Totenstille. Die Tür wurde langsam geöffnet und vorsichtig trat Hermine heraus.

Dann stand sie einfach nur da. Sie traute sich nicht, eine Bewegung zu machen.

„Hermine würdest du dich bitte einmal drehen, damit wir dich von allen Seiten bewundern können?", fragte Gräfin Beatrice.

Hermine drehte sich langsam einmal im Kreis herum. Die Versammelten klatschten in die Hände: „Bravo! Nicht wiederzuerkennen! Wie schön sie aussieht! Die entzückenden Schuhe! Das Hütchen, wie hübsch!"

Hermine bekam Tränen in die Augen. Heinrich ging zu ihr und nahm sie vorsichtig in die Arme. „Gefällt es dir?"

„Ja. Es ist schöner, als ich es mir je erträumt hatte. Darf ich es behalten?"

„Natürlich, Tantchen, es ist doch extra für dich geschneidert. Alles darfst du behalten."

„Danke, Heinrich. Ich weiß nicht, wie ich das jemals gutmachen kann."

„Das hast du schon im Voraus getan. Die ganzen Jahre, die ich lebe. Jetzt war es an mir, mich endlich einmal bei dir zu bedanken."

„Ach, wenn das deine Mutter hören könnte, mein Junge. Sie wäre so stolz auf dich. Du bist eben ein Guter."

„Ich habe noch eine Überraschung für dich. Dreh dich einmal um. Sieh mal, wer da steht", freute sich Heinrich.

„Katharina!! Kind! Bei Gott! Du bist ja wirklich hübsch!"

„Bin ich das, Mutter?"

„Nein. Ja, ach Gott. So meine ich es doch nicht. Ich ...", hilflos sah sie Heinrich an. „Nun hilf mir doch mal."

„Deine Mutter meint, dass du sehr fein in diesem Kleid mit dem Hütchen aussiehst, Katharina. Und sie sehr stolz auf dich ist. Hübsch bist du schon immer gewesen, das weißt du auch."

„Ja, genau das wollte ich sagen, mein Kind. Ich bin wirklich sehr stolz, so eine hübsche feine Tochter zu haben", beeilte sich Hermine zu sagen.

Die Gräfin klatschte laut in die Hände. „Los, Kinder, es wird höchste Zeit! Wir kommen sonst zu spät!"

Auf dem Dorfplatz vor der Kirche war bereits eine riesige Menschenmenge versammelt. Sie wollten einen guten Blick auf die Hohen Herrschaften haben.

Karl führte seine Stiefmutter am Arm zu ihrem Platz. Ferdi sein „Roserl", Heinrich bot Hermine seinen Arm und Rudolf hakte Katharina unter. Die gesamte Schlossfamilie mit Lennard, Erika und Georg durfte gleich hinter der Verwandtschaft Platz nehmen.

Pastor Boreen stand in seinem neuen weißen Talar erwartungsvoll vor dem Altar. Dann wurde es ganz ruhig in der Sankt Marienkirche. In Ermangelung der Kirchenglocke schlug Lehrer Rotermann glockenähnliche Töne auf dem Triangel an.

Als Elisabeth aus der Dorfschenke trat, teilte sich die Menschenmenge. Sie trug ein Kleid aus glänzender dunkelblauer Seide. Ihr offenes Haar schmückte ein geflochtener Blumenkranz mit bunten Blüten. In den Händen hielt sie einen kleinen Strauß aus Kräutern. Dieser sollte symbolisch für Gesundheit und Kindersegen sorgen.

Die Dorfbewohner waren entzückt. Fast keiner von ihnen hatte die zukünftige Baronin zuvor gesehen. Es wurde zwar erzählt, sie wäre wunderschön, aber so schön hatte sie sich keiner vorstellen können.

Auf dem Weg zur Kirche, lächelte Elisabeth ihren Bewunderern freundlich zu. Sie eroberte die Herzen der Menschen im Sturm.

Am Eingang der Kirche wurde sie von Karl erwartet. Karl bot Elisabeth seinen Arm und führte sie zum Altar. Als sie Heinrich in seinem dunkelblauen Waffenrock erblickte, stockte ihr für einen Moment der Atem. *„Mein Gott, wie ich ihn liebe."*

Heinrich zitterte etwas vor Aufregung.

Erika hatte auf dem Altar, mit dem neu bestickten Altartuch, Blumensträuße aufgestellt. An den Pfosten der Bänke hatten die Frauen kleine Maiglöckchengebinde angebracht. Sie erfüllten mit ihrem lieblich-süßem Duft die gesamte Kirche.

Karl übergab an Vaterstelle die Braut dem Bräutigam, indem er Elisabeths rechte Hand in die Heinrichs legte.

Pastor Boreen hielt eine wunderschöne Predigt. Mittelpunkt seiner Predigt war das gegenseitige Vertrauen, abgeleitet von dem Wort Trauung.

Nach der Zeremonie gingen Erikas und Georgs kleine Mädchen mit ihren Körbchen vor dem Hochzeitspaar den Mittelgang entlang und streuten Rhododendronblüten.

Vor der Kirche hatten die Dorfbewohner ein Spalier gebildet. Sie jubelten: „Das Paar lebe hoch! Hoch! Hoch!“ Von allen Seiten wurde das Hohe Paar mit Blüten bedacht.

Da herrliches Maiwetter war, beschlossen Heinrich und Elisabeth, den Weg von der Kirche bis zum Schloss zu Fuß zurückzulegen. Für alle Gäste eine angenehme Abwechslung, nach dem langen Sitzen in der Kirche.

Vor dem Schloss musste das Paar wieder ein Spalier durchschreiten, das dieses Mal von Heinrichs Schlossfamilie und dem Gesinde gebildet wurde. Hatte das frisch vermählte Paar das Spalier durchschritten, so würden sie auch jedes Hindernis in der Zukunft durchschreiten und ihren gemeinsamen Weg weitergehen.

Nach einem leichten Mittagessen zog sich die Familie zurück, um etwas zu ruhen.

Das Fest begann um fünf Uhr am Nachmittag. Die ersten Gäste kamen, gratulierten dem Hochzeitspaar und überreichten ihre Geschenke.

Heinrich hatte auch die Gemeinderatsmitglieder eingeladen. Doktor Röder kam in Begleitung von Helene. Pastor Boreen mit seiner Nichte Magda. Wolfgang und Wilma Walter von der Dorfschenke waren ebenso eingeladen wie Rudolf. Er hatte Heinrich gebeten, mit der Schlossfamilie und dem Gesinde feiern zu dürfen. Rudolf meinte, dort sei sein Platz und nicht bei der feinen Gesellschaft. Aus Erfahrung wusste Rudolf natürlich, dass es bei den einfachen Leuten wesentlich lustiger zuging. Er hatte auch einfach keine Lust sich die ganzen Reden anhören zu müssen. Im Grunde wurde immer dasselbe gesagt. Aber es gebot nun mal die Höflichkeit, dass aus jeder Familie das Oberhaupt einige Worte zur Vermählung beitragen musste.

Insgeheim beneidete Heinrich Rudolf später, als ihm fast vor Langeweile die Augen zufielen. Er hörte, durch die weit geöffneten Flügeltüren der Terrasse, das Gelächter von draußen. Elisabeth flüsterte ihm immer wieder zu: „Es ist bald vorbei, glaub mir, es dauert nicht mehr lange. Nur noch ‚der' und ‚der' und ‚der'.""„Hielt einer der Gäste eine erfrischend kurze Rede, kam sofort Bewegung in die Gesellschaft nur, um gleich darauf von einer doppelt so langen eintönigen Rede wieder eingeschläfert zu werden.

Gräfin Beatrice, die meinte, sie hätte diese Qualen lange genug über sich hatte ergehen lassen müssen, täuschte einen ihrer gekonnten kleinen Ohnmachtsanfälle vor. Worauf sich sofort absolut jeder von seinem Sitzplatz erhob. Es entstand ein riesiges Durcheinander, bis die ersten Gäste sich entschlossen, dem Gewirr zu entfliehen und das schöne Wetter im Park zu genießen.

Nach Beatrice Erwachen bat sie darum, mit Heinrich und Elisabeth allein gelassen zu werden.

„Mama, geht es dir auch wirklich gut?"

„Selbstverständlich, meine Kinder. Nachdem ich mir keine Reden mehr anhören muss, geht es mir bestens", lachte Beatrice. „Ich möchte mich bei euch entschuldigen, aber ich habe es einfach nicht mehr ausgehalten."

Heinrich verbeugte sich vor ihr und küsste ihre Hand. „Danke, Beatrice, ich glaube, du hast uns heute das ganze Fest gerettet."

Sie führten die Gräfin auf den großen Balkon im ersten Stock hinaus, damit jeder sehen konnte, dass es ihr gut ging und das Fest weitergehen konnte.

Im Ballsaal sowie im Gesindehaus wurden die langen Tafeln weggeräumt, damit genügend Tanzfläche zur Verfügung stand. Das kleine Orchester aus Celle, baute seine Instrumente auf und im Gesindehaus stimmten die Dorfmusikanten ihre Instrumente. Die ersten Kinder wurden zu Bett gebracht.

Elisabeth und Heinrich eröffneten den Ball für ihre Gäste. Daraus wurde schnell ein Reigentanz, an dem sich alle Gäste, die am Tanz Gefallen fanden, beteiligten. Durch den Reigentanz waren die meisten Pflichttänze absolviert.

Aus dem Park wurden die ersten Rufe laut: „Tanz dem Hochzeitspaar!“ Erst wenn das Hochzeitspaar das „Hohe Fest“ durch einen Tanz eröffnet hatte, durften alle Gäste tanzen.

Elisabeth und Heinrich gingen die große Freitreppe hinunter zum Gesindehaus. Dort warteten zwei zum Thron hergerichtete Stühle auf sie. Nach einigen kurzen und amüsanten Trinksprüchen eröffneten sie auch hier den Tanz.

Anschließen ging Heinrich zu Hermine hinüber, die in ihrem schönen Kleid wie eine Königin über dem Ganzen wachte. Er verbeugte sich vor ihr und bat sie um den Tanz. Hermine bekam vor Aufregung rote Wangen, die sie entzückend aussehen ließen. Ihr zweiter Traum ging an diesem Tag in Erfüllung: *Ein Tanz mit einem edlen Herren.*

Elisabeth wurde von Rudolf aufgefordert, dann von Lennard, Georg und vielen Pächtern, die sich trauten; die neue Baronin um einen Tanz zu bitten.

Irgendwann tauchten die ersten der geladenen Gäste aus dem Schloss im Park auf. Sie hatten die schmissige Musik und die ausgelassene Stimmung gehört. Eigentlich trieb die hohen Gäste nur die Neugierde dorthin. Sie merkten aber schnell, dass hier die Menschen noch richtig feiern konnten, und mischten sich unter die lustige Bevölkerung. Es war einfach schön, endlich einmal der strengen Etikette des Menuetttanzes zu entfliehen und in der lustigen Polka oder flottem Reigen die Lust am Tanzen auszuleben.

Als sich der Ballsaal immer mehr leerte, begaben sich auch, auf ein zustimmendes Nicken der Gräfin, die älteren Herrschaften zum Gesindehaus. Dort hatten nicht mehr alle Personen Platz, so zog die Gesellschaft in den Park um.

Katharina, die noch nie getanzt hatte, wurde zuerst von Lennard aufgefordert. Dann von Rudolf. Lennard klatschte Rudolf ab und Lennard wieder Rudolf. So ging das hin und her, bis Hermine zu den beiden Männern sagte, es gäbe schließlich noch mehr junge Mädel auf dem Fest und sie sollten Katharina eine Pause gönnen. Hermine und die andere machten ihre Späße über Rudolf und Lennard: „Es ist Frühling, die jungen Männer sind wohl auf der ‚Balz‘, Hochzeiten sind für viele ansteckend.“

Einer war aber tatsächlich auf der Balz: Lehrer Rotermann. Alexander Rotermann schwärmte schon seit Jahren für Hermine. Heute, nahm er sich vor, *„heute oder nie!“*

Alexander hatte heute schon einmal Glück gehabt. Beim Verlassen der Kirche hatte sich Hermines Kleid an einer der Bänke verfangen. Er konnte ihr schnell und ohne Aufsehen behilflich sein. Dafür bekam er von Hermine ein Lächeln geschenkt. In der Kirche versuchte er, sich immer in Hermines Nähe aufzuhalten. Alexander richtete es so ein, dass er direkt hinter ihr saß. Dazu mussten andere Besucher schon einmal rücken oder aufstehen. Weil der ehemalige Lehrer eine respektable Person im Ort war, machten sie ihm Platz. Einige Male hatte Alexander durch Gottes Fügung neben Hermine sitzen dürfen. Das waren die schönsten Gottesdienste, die er je erlebt hatte. Er war zwar hinterher ganz steif, weil er sich nicht traute, eine Bewegung zu machen, dafür konnte er ihren leichten Lavendelduft die ganze Zeit über genießen.

„Heute, heute bitte ich sie um einen Tanz.“ Alexander nahm vorsichtshalber noch einen Schluck Wein. Nach vier weiteren Gläschen Wein und vier vergeblichen Versuchen, Hermine aufzufordern, andere waren schneller als er, wollte er schon aufgeben. *„Noch ein letztes Mal“,* machte er sich Mut und ging etwas schräg auf Hermine zu.

„Darf ich Sie, hicks, um diesen Tanz bitten, Hermine?“ Seine Zunge war etwas schwerer als gewöhnlich.

„Gerne, Herr Rotermann, hicks.“ Auch Hermines Zunge war nach einigen Gläschen nicht mehr so leicht.

So schwankten die beiden etwas schwerfällig und hicksend auf die Tanzfläche. Sie stützten und hielten sich mehr, als sie tanzten, aber amüsierten sich königlich dabei.

Inzwischen wurden die ersten Rufe laut: *„Ein Kind! Ein Kind!“*

„Liebster, was ist mit dem Kind? Wo ist es?“ Elisabeth sah sich um.

„Hier ist kein Kind, Liebste. Sie meinen unser Kind“, klärte Heinrich seine junge Frau auf.

„Aber wir haben doch kein Kind.“

„Eben.“

Elisabeth überlegte einen Moment: „Du meinst sie wollen ein Kind von uns?“

„Ja, sie wollen, dass wir ein Kind zeugen“, Heinrich schmunzelte. „Dafür muss ich dir beiwohnen.“

„Aber das ist doch unsere Sache, das geht sie doch nichts an!“, empörte sich Elisabeth.

„Doch, wir können froh sein, dass sie nur rufen. Du weißt doch, dass ‚bei Hofe‘ Zeugen bei dem Vollzug der Ehe direkt neben dem Bett stehen. Erst wenn die Ehe vollzogen ist, dann ist sie gültig. Genaugenommen sind wir noch nicht richtig vermählt.“

„Ich habe das eigentlich für einen üblen Scherz gehalten.“

„Nein, leider nicht. Es geht immer um sehr viel Geld und damit Macht. Da muss ganz sichergestellt sein, dass die Ehe auch vollzogen worden und somit rechtsgültig ist.“

„Ein Kind! Ein Kind! Ein Kind! Ein Kind!“ Die Rufe wurden lauter und eindringlicher.

„Was machen wir nun?“

„Ganz einfach. Wir ziehen uns jetzt in unser Gemach zurück.“

„Und dann?“

„Dann werden wir sehen.“

„Ein Kuss! Ein Kind! Ein Kuss!“

Das Brautpaar gab sich unter lautem Jubel noch einen Kuss.

In ihrem Gemach wussten sie beide nicht so recht, was sie nun tun sollten. Elisabeth bat Heinrich, ihr Kleid aufzuknöpfen. Dann verschwand sie in ihrem Ankleidezimmer. Heinrich zog sich in Windeseile aus und schlüpfte in seinen neuen Hausmantel.

Er füllte für sie die Gläser mit Schaumwein, der zusammen mit frischem Obst, Käse und kleinem Gebäck in ihrem Hochzeitsgemach auf sie wartete. Zwischen der Musik im Park konnten sie die Rufe nach einem Kind hören.

„Geht das jetzt die ganze Nacht so weiter?“, fragte Elisabeth, als sie in einem wunderschönen Spitzengewand erschien.

„Nur bis wir die Kerzen löschen. Dann ist es offiziell vollbracht und das Fest zu Ende.“

Elisabeth wollte die Kerzen auspusten.

Heinrich lachte. „Nein, nein, es ist noch zu früh. Die Leute wissen ganz genau, wie lange so etwas dauert.“

„Wie lange ‚was‘ dauert?“

„Na ja, das ‚Ganze‘. Das Ausziehen zum Beispiel und so weiter.“

Elisabeth sah ihn prüfend an: „Das Ausziehen könnten wir ja

schon einmal üben, meinst du nicht?“

„Doch, doch, das denke ich schon. Doch.“ Heinrich war, im Gegensatz zu Elisabeth, nervös. Er hatte zwar die ganzen Monate immer wieder von der Hochzeitsnacht geträumt, aber er hatte ja nur Erfahrung mit einer Frau. Seine Elisabeth war völlig unerfahren und noch Jungfrau. Heinrich wollte sie weder überrumpeln noch ihr wehtun. Er hatte gehört, dass die Frauen beim ersten Mal einen starken Schmerz empfinden würden. Nicht alle Frauen, aber wohl doch viele.

Elisabeth spürte, dass Heinrich zögerte. Sie nahm seine Hände und legte sie sich um die Taille. Dann wiegten sie sich langsam zu der Musik im Park. Sie küssten sich nach Herzenslust und verloren dabei ein Kleidungsstück nach dem anderen.

Die stark beschwingte Hermine und ihr angesäuselter Lehrer kicherten wie Kinder. Sie wurden immer übermütiger. Alexander meinte, er hätte Hunger. Woraufhin Hermine vorschlug, sich heimlich in ihre Küche zu stehlen. Dort angekommen, kamen sie sich vor wie zwei Diebe, was sie noch mehr zum Kichern brachte. Sie tranken Wein und probierten aus jedem Topf und von jeder Platte.

Katharina und Rudolf platzten in die Küche: „Wir haben auch Hunger. Wir wollen Eier braten.“

„Eier braten, nachts?“, das fand Hermine so witzig, dass sie vor Lachen fast umfiel. Kurz danach tauchten Graf Karl, Lennard, Erika mit Georg und Pastor Boreen mit Magda auf. Doktor Röder und Helene waren auf dem Weg nach Hause, als sie aus der Küche lautes Gelächter hörten. Sie warfen einen Blick hinein und schon saßen sie auch inmitten der „eieressenden“ Gesellschaft.

Heinrich und Elisabeth lagen inzwischen ausgekleidet in ihrem herrlichen Hochzeitsbett. Er löschte die Kerzen: „Es ist genug Zeit vergangen. Der Rest der Nacht gehört uns allein.“

„Es ist vollbracht! Es ist vollbracht! Lang lebe das Paar! Lang lebe das Paar!“, jubelten die letzten Gäste.

Heinrich flüsterte Elisabeth ins Ohr: „Wenn die wüssten, jetzt beginnt ‚es‘ erst, Liebste.“

Heinrich und Elisabeth mussten, einem alten Brauch zufolge, zwei

Tage und zwei Nächte in ihrem Gemach bleiben. Dies sollte eine Art Probe für die Ehe sein. Wenn keiner der beiden aus dem gemeinsamen Gemach flüchtete: Der Mann zu seinen dringenden Geschäften oder das Weib, weinend vor Enttäuschung zu ihrer Mutter, so würden die Jungvermählten auch in Zukunft gut miteinander auskommen.

Die Mahlzeiten wurden ihnen vor die Tür gestellt. Sie genossen ihre ungestörte Zweisamkeit in vollen Zügen.

Ab und zu ging unten im Park jemand vorbei und fragte laut in die Luft: „Ob es ihnen auch gut geht? Oder sterben sie schon vor Langeweile?“ Woraufhin sie einen Schuh aus dem Fenster warfen, was „Verschwinde! Es geht uns gut!“, bedeutete.

Heinrich überreichte Elisabeth als Morgengabe den Familienschmuck. Es waren nicht viele Schmuckstücke, dafür aber jedes mit einer uralten Geschichte verbunden, die vor langer Zeit von einer Ahnin Heinrichs liebevoll aufgeschrieben worden war. Er gab ihr auch die Schatulle mit ihren Goldmünzen, die einen Teil der Aussteuer darstellten, zurück. Heinrich hatte nicht eine einzige Münze davon angerührt.

„Ich bin so stolz auf dich, Liebster. Da du sagst, es ist mein Geld, kann ich doch auch damit tun, was ich möchte, oder?“

„Sicher mein Engel. Um Rat könntest du deinen Gatten allerdings fragen. Er möchte nämlich ganz gern wissen, was sein ‚Weib‘ so treibt.“

„Wenn es keine Überraschung für dich sein soll, wirst du es erfahren – nach Hermine“, neckte sie ihn.

Die Verwandten reisten nach und nach ab. Am dritten Tag verabschiedeten sich unter Tränen die Heimtrauter. In drei Monaten, zur großen Hochzeit von Rosalie-Sophie und Ferdinand, sah man sich spätestens wieder.

Überall war die adelige Hochzeit das Gesprächsthema schlechthin. „Wer trug was? Wie war das Essen? Gab es genug Getränke? Wer hatte sich wie benommen, zu viel oder zu wenig getrunken? Wie war die Musik? Wer hatte mit wem getanzt?“ Über eines waren sich die Menschen einig, diese Hochzeit war die beste im ganzen Land und eine schönere Herrin konnte es selbst in Celle nicht geben.

So manchem Gast war auch die Balzerei zwischen dem schönen, ernsten Butler Rudolf und dem zurückhaltenden Stallmeister Lennard nicht entgangen. Dies überraschte viele besonders, da Lennard als jemand galt, der sich weder etwas aus Weiberröcken machte, noch dem gleichen Geschlecht zugetan schien. Einige schlossen Wetten ab, wer von den beiden wohl in diesem Jahr das Rennen bei der hübschen Katharina machen würde. Die Erfahrung zeigte, dass sich stets auf einer Hochzeit ein neues Paar findet, welches sich innerhalb eines Jahres ebenfalls vermählen würde.

Auch das Verhalten von der sonst so strengen Hermine und dem stocksteifen Lehrer Rotermann wurde bis ins Kleinste kommentiert. Als Hermine dies mitbekam, beschloss sie, dem Getuschel den Wind aus den Segeln zu nehmen und bat Heinrich um eine diskrete Besprechung.

„Herr Baron."

Heinrich zog erstaunt die Augenbrauen hoch. Hermine hatte ihn erst einmal so angesprochen, da war er zehn Jahre jünger und hatte richtig Mist gebaut: „Ja, Hermine, was habe ich verbrochen?"

„Gar nichts, Heinrich. Es ist nur so, dass ich seit der Hochzeit wohl Dorfgespräch bin. Und Alexander, ich meine, Herr Rotermann, auch."

Heinrich war erleichtert, dass es nicht um ihn ging: „Ach, Hermine mach dir da doch keinen Kopf drüber. Du kennst doch die Leute. Heute du, morgen der, so ist es doch immer."

„Diesmal ist es aber anders."

„Wie *anders*?"

„Es ist was dran."

Heinrich ließ sich auf seinen Stuhl plumpsen. „Was ‚dran'? Du meinst, ihr habt …? Ihr seid wirklich …? Das glaube ich nicht!"

„Ach, nicht was du denkst. Es geht auch ohne DAS."

„Ohne DAS, – aha …"

„Ja, nun tu doch nicht so. Wir sind nicht mehr so jung, um …"

„Aha, – um?" Heinrich ließ Hermine zappeln. Es war zu köstlich, Hermine die immer alles aussprach, so um Worte ringen zu sehen.

„Um, naja zu *‚Dingsen'."*

„Zu **D I N G S E N**", wiederholte Heinrich Buchstabe für Buchstabe.

Hermine knetete ihre Schürze. „Du bist alt genug. Ich brauche dir das nicht zu erklären."

„Nein, wohl kaum."

„Also es ist so. Wir mögen uns und wollen einfach mehr Zeit miteinander verbringen. Basta."

„Und ‚das' ist alles?"

„Ja, ‚das' ist alles. Aber wir finden du solltest das als Erster wissen."

Wir, dachte Heinrich, *es ist also ernst zwischen den beiden*. „Ich danke für euer Vertrauen, Hermine. Kann ich irgendetwas für euch tun?"

„Ja, deshalb bin ich ja hier. Ich möchte gerne sonntags nach dem Mittagessen freihaben und abends auch", platzte Hermine schnell heraus.

„Aber das hast du doch."

„Ich möchte auch abends nicht mehr immer hier sein müssen."

„Musst du doch auch nicht."

„Wer kümmert sich dann um Maria? Und was ist, wenn du und Baronin Elisabeth später Hunger habt?"

„Mit Maria können wir uns mit Katharina abwechseln. Und für einen eventuellen späten Hunger kannst du eine Kleinigkeit vorbereiten. Wäre das so für dich, für euch, in Ordnung?", verbesserte sich Heinrich schnell.

„Meinst du, das klappt?" Hermine war skeptisch.

„Ich bin sicher. Dann ist doch jetzt alles geregelt, nicht wahr? Aber warte mal. Soll ich das heute Abend den anderen offiziell mitteilen?", bot Heinrich an.

Hermine strahlte ihn dankbar an: „Heinrich, das wäre das Beste. Sonst kommen die anderen womöglich noch auf den Gedanken, ich nähme mir irgendwelche Freiheiten heraus und sie tun es mir nach."

„Du hast recht. Das muss ich klarstellen. Soll ich Herrn Rotermann erwähnen?"

„Was soll's. Sie erfahren ja doch bald, was Sache ist. Ich meine, dass wir uns zugetan sind. Da können sie es ebenso gut von dir erfahren. Dann ist die Luft gleich raus."

„Hermine, das ist doch einen Schluck von unserem geheimen

Himbeerbrand wert, nicht war?“, schlug Heinrich vor.

„Ja, ich hole schnell Rudolf. Er gehört zum Anstoßen dazu.“

Die drei stießen auf Hermines und Alexanders Wohl an.

Fünf Stunden später wussten nicht nur Elisabeth und die Schlossfamilie, dass Hermine jetzt einen Freund hatte, sondern auch das Gesinde und das halbe Dorf. Alle staunten nicht schlecht: *„So auf ihre alten Tage.“* War der allgemeine Kommentar. Aber die Leute freuten sich für die beiden und überlegten, ob man in dem Alter noch *dingst* oder nicht: *„Schließlich würden einem ja die Knochen wehtun und so.“* Nur die Alten, die *e*s besser wussten, hielten sich wohlweislich aus dem Thema heraus.

Gleich beim nächsten Sonntagsgottesdienst machte Hermine dem Dorfgetratsche ein Ende. Da Alexander Rotermann wie immer auf die letzte Minute eintraf, setzte sich in der kleinen Sankt Marienkirche ein Junge auf den freien Platz neben sie. Hermine sah den Jungen streng an, beugte sich ruckartig zu ihm hin und sagte laut vernehmlich: „Kusch! Dieser Platz ist ab jetzt immer besetzt!“ Der Junge zuckte zusammen und verließ fluchtartig den Platz. Hermine lehnte sich zufrieden zurück und faltete die Hände über ihren Bauch. Freudestrahlend nahm Alexander einige Minuten später das erste Mal offiziell neben seiner Herzdame Platz.

Der Biedermann

Rudolf beschloss, die Sache mit der Balzerei zu klären. Er ging bewaffnet mit einer guten Flasche Himbeerbrand zu Lennards Kammer.

„Was willst du?“ Lennard war genervt, als er Rudolf sah. So erging es ihm seit der Hochzeit jedes Mal.

„Ich wollte mich bei dir entschuldigen. Hast du einen Moment Zeit?“

„Eigentlich nicht“, entgegnete Lennard kurz angebunden.

Rudolf machte kehrt und wollte wieder gehen.

„Also wenn du schon da bist. Komm rein und setz dich. Aber nicht lange.“

„Ja, wie gesagt, ich will mich bei dir entschuldigen. Ich weiß nicht, was auf der Hochzeit in mich gefahren ist. Warum es mir so gegen den Strich gegangen ist, dich mit Katharina tanzen zu sehen.“

„Ich auch nicht.“ Lennard grinste Rudolf an.

„Wie meinst du das?“

„Ich weiß ebenfalls nicht, was in mich gefahren war, als ich dich mit Katharina hab tanzen sehen.“

„Du meinst also, … ich dachte du und sie, ihr wärt …?“

„I wo, keine Spur.“

„Du kennst sie doch schon so lange. Wolltest du sie vor mir beschützen?“

„Nein, auch nicht. Wie gesagt, ich weiß nicht, was da mit mir los war.“

„Willst du einen Schluck?“ Rudolf hielt die Flasche hoch.

„Kann wohl nicht schaden“, meinte Lennard.

„Und jetzt?“

„Jetzt sollten wir vielleicht klären, wie wir zu Katharina stehen.“ Lennard überlegte einen Augenblick. „Ja, wenn ich so richtig darüber nachdenke, ich mag Katharina wirklich. Sehr sogar, aber eben wie eine kleine Schwester, mehr nicht. Und du?“

„Ich weiß es nicht genau. Einmal ist es so, dann wieder so. Einmal geht sie mir ganz gehörig auf die Nerven, aber wenn ich sie einen Tag nicht sehe, fehlt sie mir schon sehr. Aber wie eine Schwester? Nein, so sehe ich sie nun wirklich nicht.“

Rudolf schenkte nach.

Lennard musterte ihn. „Warst du schon mal verliebt?“

„Ja, lange her. Ich war damals in die Tochter meiner Herrschaft verliebt. Irgendwann habe ich gemerkt, dass sie nur mit mir spielt und sich über mich lustig macht. Das hat mich tief getroffen. Ich habe dann die Stellung gewechselt, weil ich ihre ständigen Hänseleien nicht mehr ausgehalten habe.“

„Weiber können manchmal schon richtig scheiße sein“, stellte Lennard fest.

„Kannst du laut sagen! Ich habe mir damals geschworen, dass mir das nie wieder passiert. Dass ich mich nie wieder so sehr verlieben werde, dass es wehtut.“

Diesmal schenkte Lennard nach. „Vielleicht liegt es daran.“

„Was liegt woran?“

„Dass du nicht weißt, was du für Katharina empfindest. Es könnte sein, dass du dich gegen deine Gefühle sperrst.“

Rudolf sah ihn fragend an.

„Dass du deine Gefühle nicht mehr zulässt, weil dir dann jemand wieder wehtun könnte. So wie damals.“

„Vielleicht, ich werde darüber nachdenken“, überlegte Rudolf.

Sie stießen miteinander an.

„Auf die Weibsbilder“, sagte Lennard. „Nicht alle sind scheiße. Manche sind auch ausgesprochen nett, glaub mir.“

„Wer’s sagt!“

„Ja, die meine ist wirklich sehr, sehr nett.“

„Die deine? Alle denken du hast niemanden.“

„Ich weiß. Sollen sie ruhig. Ist mir lieber so. Weißt du, sie ist genau genommen nicht die ‚Meinige'. Sie ist mit einem Arschloch von Mann verheiratet. Wenn der das rauskriegen würde! Er würde sie nicht nur grün und blau schlagen, das tut er sowieso immer. Er würde sie umbringen und mich gleich mit."

„Ach du Scheiße!"

„Ganz richtig, ‚S c h e i ß e'!"

„Aber warum macht ihr so was? Ihr seid doch verrückt!"

„Ja, verrückt nacheinander. Wir können nichts dagegen tun. Jedes Mal ziehen wir einen Schlussstrich unter die Sache. Und wenn wir uns dann wieder sehen, können wir nicht anders. Wir können nicht ohne einander."

„Lebensgefährlich und irrsinnig!", kommentierte Rudolf.

„Ich denke, das ist ‚Liebe'."

„Wie lange geht es schon?"

„Zwei Jahre."

„Oh Gott", stöhnte Rudolf.

„Lass den aus dem Spiel, der hat uns die Suppe ja eingebrockt."

„Was wollt ihr denn machen? Das kann doch nicht ewig so weitergehen."

„Im Moment haben wir noch keine Möglichkeit, etwas zu ändern. Ich habe noch nicht genug Geld, um mit ihr und den beiden Kindern abzuhauen."

„Wie viel brauchst du denn noch?"

„Zu viel, um überhaupt nur daran zu denken. Schließlich müssen wir sehr weit weg und können nichts mitnehmen. Wir müssen ganz von vorne anfangen. Vielleicht geschieht einmal ein Wunder? Vielleicht bringt den Mann ja mal irgendwann einer um?"

„Lennard, das darfst du nicht mal denken!"

„Wenn du wüsstest, was für ein elendiges Schwein der ist, würdest du genauso denken. Es ist unvorstellbar, was er ihr und den Kindern antut."

„Kenne ich ihn?"

„Ja, ihr kennt ihn alle. Und ihr würdet es nicht glauben, er ist ja ein ‚so netter, zuvorkommender und lieber Mann'." Nach außen hin. Überall beliebt und gern gesehen. Nur seine Frau kennt so gut wie keiner. Die muss immer daheimbleiben, sonst könnte ja wer fragen, warum sie so krumm geht mit ihren gerade mal fünfundzwanzig Lenzen. Oder wie sie sich das Bein oder den Arm gebrochen hat. Und was für furchtbare Schränke sie zu Hause hat, die ihr ständig den Schädel aufschlagen."

„Oh, Lennard, das ist ja grauenvoll."

„Wenn ich es nicht selbst durch die Fenster gesehen hätte, würde ich es nicht glauben können. Es ist unfassbar. Die Kinder – den Kindern – denen tut er noch andere Sachen an. Die Sechsjährige muss mit ihm das Lager teilen und der Vierjährige muss seinen Hintern herhalten."

„Lennard, hör auf! Ich kann das nicht mehr hören!" Rudolf war mit einem Schlag wieder stocknüchtern.

„Ich könnte ihn umbringen!"

„Das wirst du nicht tun! Du wirst dir nicht an dem Stück D r e c k, Rudolf spie das Wort richtig aus, „die Hände schmutzig machen. Auf keinen Fall! Hörst du! Dann kommst du an den Galgen und keiner hätte etwas davon. Nein! Mir wird schon was einfallen. Ich bin ja im Gemeinderat. Vielleicht gibt es einen ganz legalen Weg, um ihn unschädlich zu machen. Auf jeden Fall muss sehr schnell etwas passieren."

„Ja, es wird allerhöchste Zeit. Ich weiß nicht, wie lange ich mich noch beherrschen kann."

Lennard berichtete Rudolf noch von vielen unvorstellbar grausamen Dingen. Die Peitsche, die Ketten im Keller, wo die Frau und die Kinder auf dem nackten Boden im Sommer wie im Winter angekettet schlafen mussten. Von den Schweinetrögen, aus denen sie die Abfälle fressen mussten, wie die Tiere. Von anderen Weibsbildern, die der Mann bestieg und dass sie und die Kinder dabei zusehen mussten. Wie er sich dabei an den verängstigten Blicken ergötzte und sie auslachte. Rudolf hatte das Gefühl, er wäre in einem miesen Albtraum gefangen, aus dem es kein Entrinnen gab.

Lennard wurde jetzt erst richtig bewusst, wie schrecklich all die Dinge wirklich waren, wo er mit einem Dritten darüber sprach. Zu sehr hatte er sich schon an all die Grausamkeiten gewöhnt, die ihm immer wieder zu Ohren kamen.

Sie leerten die Flasche zur Hälfte und versicherten sich, dass es gut war, miteinander zu reden. Dass alles unter ihnen beiden bleiben sollte, war Ehrensache.

Schlaf fand keiner von ihnen.

Am Sonntag nach der Kirche bat Rudolf um eine außergewöhnliche Sitzung des Gemeinderates. Es sei ein dringender Fall, der keinen Aufschub duldete.

Weder Pastor Boreen, Doktor Röder, Wolfgang oder Heinrich konnten glauben, welche Gräueltaten Rudolf da über einen ihrer Dorfbewohner erzählte. Da Rudolf keine Namen nannte, auch den von Lennard nicht, rätselten sie herum, wer der Mann sein könnte.

„Meine Herren, ich glaube, so kommen wir nicht weiter“, unterbrach Rudolf die Raterei. „Ich fasse noch einmal zusammen:

1. Das ganze Dorf kennt ihn.

2. Er soll „so ein netter, zuvorkommender und lieber Mann“ sein, der überall beliebt ist und gern gesehen wird.

3. Grauhaarig, zwischen vierzig und fünfzig Jahre alt.

4. Die Frau ist fünfundzwanzig Jahre alt und dunkelblond.

5. Sie wird nicht viel im Ort gesehen, da er sie zu Hause versteckt, damit niemand bemerkt, was er
ihr angetan hat.

6. Sie haben zwei Kinder, das Mädchen ist sechs und der Junge vier Jahre alt.

7. Der Mann lässt sich Huren nach Hause kommen.

8. Und wir haben einen Zeugen, der aber erst aussagen kann, wenn die Frau mit den Kindern in Sicherheit ist.“

„Das ist nicht gerade viel. Graue Haare hat so gut wie jeder Mann über vierzig und dunkelblonde Haare hat auch jede zweite Frau“, stellte Wolfgang fest.

„Ja, und die Frau geht manchmal recht krumm, wenn man sie überhaupt sehen würde. Außerdem tragen die meisten Frauen außer Haus eine Kapuze oder ein Tuch um den Kopf und die Männer einen Dreispitz“, stellte Heinrich fest. „Was hat der Zeuge gesagt? Wo soll die Hütte von der Familie sein?“

„Nicht direkt im Ort. Mehr wollte er nicht sagen. Er nennt uns den Namen nur, wenn die Frau und die Kinder vor dem Kerl in Sicherheit sind, und zwar für immer.“

„Das kann ich gut verstehen. Als Arzt habe ich schon einige kleine

Wunden behandelt, die von sogenannten ‚Schränken' stammen. Oder ‚Veilchen' verarztet, die bei einem Sturz entstanden sein sollten. Ein kleiner Schlag mit der Bratpfanne oder ein Tritt in den Hintern, das kommt oft vor. Aber grün und blau und blutig geschlagen, dass einer kaum mehr gehen kann, das ist nur nach einer Rauferei möglich. Davon hätten wir alle gehört. Ebenso die Arm- und Beinbrüche, die kommen sehr selten vor. Bei Männern auch mal durch die Arbeit, aber bei Frauen so gut wie nie, da muss es schon ganz dumm gelaufen sein", erklärte Doktor Röder.

„Könnten Sie, Herr Doktor Röder, in Ihren Akten einmal nachsehen, wann welche Frau das letzte Mal so verletzt zu Ihnen gekommen ist?", fragte Rudolf.

„Sicher, das kann ich wohl tun. Und das werde ich auch tun. Nur darüber reden darf ich nicht. Vertrauenssache. Außerdem halte ich es für höchst unwahrscheinlich, dass diese Frau zu mir gekommen ist."

„Aber sie muss doch unerträgliche Schmerzen gehabt haben?", gab Pastor Boreen zu bedenken.

„Ja, die Schmerzen müssen die Hölle gewesen sein. Aber bevor sie und die Kinder wieder von ihrem Mann misshandelt worden wären, hätte sie mit Sicherheit die Schmerzen ausgehalten. Aus Angst kann man schier unvorstellbare Grausamkeiten erdulden."

Auch Pastor Boreen, dem wie den anderen die Geschichte auf den Magen geschlagen war, verneinte, etwas über eine solche Frau zu wissen. Außerdem könne er natürlich nicht über Dinge sprechen, die ihm anvertraut wurden.

„Was können wir denn jetzt nur machen? Ich habe das schlechte Gefühl, dass es womöglich bald zu etwas noch Schlimmerem kommen könnte", gab Rudolf zu bedenken.

Die vier sahen ihn fragend an.

„Ein Mord."

„Nein! So weit darf es auf keinen Fall kommen! Wir müssen sofort etwas unternehmen!", bestimmte Heinrich. „Herr Doktor, Sie könnten mit Helene sprechen, vielleicht hat sie ja bei einer Entbindung vor Jahren geholfen, auf die diese Beschreibung der jungen Frau zutrifft. Sie, Wolfgang, könnten mit Ihrer Frau darüber reden, vielleicht hat sie etwas gehört. Die Frauen sollen zwar Tratschweiber sein, aber in bestimmten Dingen auch verschwiegen wie ein Grab.

Und in der Schenke, Wolfgang, könnten Sie auch bei einem Glas Wein, geht auf Rechnung des Gemeinderates, einmal das Thema ‚Besuch gewisser Damen' anschneiden, oder? Das ist doch für die Männer nicht uninteressant. Irgendwem muss doch mal etwas aufgefallen sein. Wir beide, Rudolf, werden unter strengster Verschwiegenheit mit Hermine darüber reden. Wenn in diesem Dorf jemand so gut wie alles weiß, ist es Hermine."

Der Schenkwirtin Wilma war nichts dergleichen zu Ohren gekommen. Mannsbilder, die sich mit anderen Weibern amüsierten, ja sicher. Das gab es immer mal wieder. Aber perverse Schweine, wie dieser ach so ehrenwerte Herr, nein.

Helene hatte mit ihren fünfundzwanzig Jahren bereits eine Menge gesehen. Ihre Mutter hatte sie schon als Kind zu Entbindungen mitgenommen. Aber so was, nein. Doktor Röder nahm diese Gräueltaten zum Anlass, mit Helene ein medizinisches Fachbuch durchzusehen. Darin waren auch Zeichnungen von brutalen Verletzungen zu sehen, wie sie durch Peitschenhiebe und jahrelanges Anketten entstehen. Teilweise bis auf die Knochen aufgeplatztes oder abgeschabtes Fleisch. Bei einer Zeichnung stutzte Helene etwas, konnte sich aber nicht erinnern, ob sie so etwas Ähnliches schon einmal gesehen hatte.

Hermine schluckte, schüttelte sich und wurde so wütend, wie Heinrich sie noch nie erlebt hatte: „Dieses dreckige Stück Scheiße! So ein perverser Hurensohn! Steinigen sollte man ihn und aus dem Dorf verjagen! Nein! Hängen wäre viel besser! Damit er gleich ohne Umwege in die Hölle kommt. Auf so einen warten die da unten nur. An dem können sie sich richtig austoben. Ha, aber vorher schneide ich ihm noch sein Ding persönlich ab und stecke es ihm in den Rachen, bis er daran krepiert!"

Heinrich versuchte, ihre Schimpftirade zu unterbrechen. „Tante Hermine, du hast ja mit allem so recht. Aber das bringt uns auch nicht weiter. Beruhige dich bitte. Und überlege, ob du in den letzten Jahren irgendetwas gehört hast oder dir aufgefallen ist. Und wenn es nur die kleinste Kleinigkeit ist. Auch wenn es dir völlig unwichtig erscheint. Vielleicht kann es uns auf die Spur des Mannes oder seiner armen Frau bringen. Solange wir nicht wissen, wer er ist, können wir der armen Frau und den Kindern nicht helfen. Bitte! Versuch es, bitte! Aber es darf kein Sterbenswörtchen nach draußen dringen, sonst ist der Kerl womöglich gewarnt und lässt seine Wut an seiner Frau und den Kindern noch schlimmer aus."

„Ja, natürlich, ich bin doch nicht auf der Brennsuppe dahergeschwommen. So etwas muss immer absolut diskret behandelt werden. Aber mit Alexander werde ich im Vertrauen darüber sprechen. Du kannst dir nicht vorstellen, was dieser ruhige Mann so mitbekommt. Manchmal weiß er mehr als ich."

„Das kann ich mir nun wirklich nicht vorstellen!", konnte sich Heinrich nicht verkneifen und flitzte schnell zur Tür hinaus, bevor ihn Hermines Putzlappen erwischen konnte.

Jeden Abend ging Rudolf zu Lennard. Dabei achtet er darauf, dass ihn von der Schlossfamilie keine sah. Wenn doch, so hatten sie ausgemacht, würden sie sagen, sie spielten eine Partie Dame. Jeden Abend fragte Rudolf, wie es Lennard und der Frau ging und jeden Abend bekam er dieselbe Antwort: *„Schlecht."* Jeden Abend fragte Lennard ihn, ob es schon Neuigkeiten gäbe und jeden Abend gab Rudolf dieselbe Antwort: *„Nein."*

Am siebten Abend wirkte Lennard nervös und fahrig: „Ich glaube jetzt passiert ‚es' bald wieder."

„Dass ER die Beherrschung verliert?"

„Ja. Das andere ist ja normaler Alltag: der Keller, der Missbrauch und so. Sie meint, er hätte keine guten Erlöse beim Verkauf des Holzes gemacht und würde jetzt wieder jeden Tag mehr saufen. Dann ist es meistens nicht mehr lange, bis er so richtig brutal wird."

Rudolf ließ sich nicht anmerken, dass Lennard ihm mit dem Holzverkauf vielleicht einen wichtigen Hinweis geliefert hatte. „Willst du mir nicht endlich sagen, wie der Kerl heißt?"

„Du weißt, dass es nicht geht."

Rudolf schützte Müdigkeit vor, ging aber direkt zu Heinrich und Hermine. Die erzählten den Holztipp gleich Doktor Röder und Alexander Rotermann. Rudolf selbst ging zu Wolfgang und Pastor Boreen.

Am nächsten Abend, die fünf Herren waren gerade dabei, einen Brief an den Beedenbosteler Vogt aufzusetzen, in dem sie um seine

Hilfe baten, wurden sie von Helene gestört.

„Ich glaube, ich habe solche Verletzungen schon einmal bei einer Entbindung vor ungefähr vier Jahren gesehen. Da dachte ich nämlich: Wo hat sie das nur her? An den Fußknöcheln und an den Handgelenken. Aber dann war die Entbindung so schwierig, dass ich weiter nicht mehr darüber nachgedacht habe. Da kam auch schon der Mann und hat mich, ohne zu bezahlen, rausgeworfen. Er war geschäftlich unterwegs und hätte mich ja nicht rufen lassen. Das stimmte auch, eine Magd hatte mich geholt, weil die Frau so furchtbar schrie und die Wehen schon fast zwei Tage gingen."

„Und …?", fragten die Gemeinderäte gleichzeitig.

„Es ist der „Biedermann Oswald", seine Frau heißt Anna."

„N E I N !" Ungläubigkeit erschien auf ihren Gesichtern.

„Doch, ich weiß es ganz genau. Das kleine Mädchen war vielleicht zwei Jahre alt."

„Aber doch nicht ‚D E R'!", rief Pastor Boreen aus. „Das ist doch einer der angesehensten Menschen hier im Ort. Und er ist immer so freund …", das Wort blieb ihm im Hals stecken.

„Ich fasse es nicht! Das soll das perverse Dreckschwein sein. Nein, das will mir nicht in den Kopf." Heinrich war ganz blass geworden. „Letzte Woche habe ich ihm noch Heu verkauft und mit ihm darauf getrunken. Ich glaube …, ich muss mich übergeben", und er verschwand.

„Ich brauche jetzt unbedingt frische Luft", meinte Doktor Röder und verschwand ebenfalls.

„Ich gehe Holz hacken!" Rudolf verschwand auch.

Nach geraumer Zeit kehrten Heinrich und Doktor Röder zurück. Draußen hörten sie Rudolf wie wild Holz hacken.

„Warten wir auf ihn, bis er sich beruhigt hat", meinte Pastor Boreen.

Es wurde wieder an die Tür geklopft. Es war Georg, Heinrich hatte ihn auch eingeweiht.

„Ich habe gehört, der Biedermann Oswald hat vor ein paar Tagen ein schlechtes Geschäft beim Holzverkauf gemacht und dachte, es könnte wichtig sein." Georg sah in die Runde der aschfahlen Gesichter.

„Ist es auch“, sagte Pastor Boreen. „Jetzt wissen wir, wer ER ist, danke, Georg.“

Heinrich wurde wieder schlecht. Mit der Hand vor dem Mund rannte er beinahe Rudolf um, der gerade wieder zur Tür hereinkam.

„Was ist los?“, fragte Rudolf.

„Sie können gleich weiter hacken!“, sagte Doktor Röder zu ihm. Es ist Oswald Biedermann. Georg hat es uns gerade bestätigt.“

Rudolf drehte sich auf der Stelle um. Aber anstatt weiter zu hacken, lief er zu den Stallungen: „Lennard wir wissen jetzt, wer ER ist! Es ist der Biedermann Oswald. Stimmt das?“

„Ja, das ist ER. Und es geht wieder los. Gestern Abend hat Biedermann wieder zugeschlagen.“

„Komm mit. Wir müssen sofort beratschlagen, was wir unternehmen können.“

Rudolf und Lennard liefen zu den anderen. „Dies ist unser Zeuge, Lennard von Eckberg.“

Anstatt sich groß darüber zu wundern, dass Lennard der Zeuge war, fingen die Herren sofort an, einen Plan zu schmieden. Sie wollten Biedermann auf frischer Tat überführen, bevor etwas Schlimmeres passieren würde.

Lennard schilderte sein Versteck, von wo er unentdeckt in die Küche und in die daneben liegende Stube sehen konnte. Üblicherweise kam Biedermann gegen sechs Uhr abends nach Hause und trank in der Küche erst einige Biere und Brände. In der Zwischenzeit bereitete Anna für ihn das Essen zu.

Nach dem Essen, Anna und die Kinder durften nicht mit Biedermann zusammen am Tisch sitzen, warf er seine Abfälle für sie auf den Boden. Dann legte er sich auf die Küchenbank und trank weiter.

Wenn eines seiner Kinder irgendetwas tat, was ihm nicht passte oder er an dem Essen etwas auszusetzen hatte oder ihn auch einfach nur einer von den dreien ansah, holte er zuerst die Peitsche. Reichte Biedermann das nicht, nahm er den Schürhaken, hielt diesen solange ins Feuer, bis er glühte. Damit jagte er die Kinder und Anna durchs Haus. Irgendwen erwischte Biedermann immer. Er lachte und erfreute sich an der Angst, die er ihnen einjagte. Meist verlor er nach kurzer Zeit die Lust, Anna und seine Kinder zu jagen. Dann sperrte er die drei in den Keller. Die Kellerklappe befand sich in der Küche.

Gingen sie die Stiege nicht schnell genug hinunter, so warf Biedermann die Kinder einfach in den Keller.

Die Männer entwickelten folgenden Plan: Doktor Röder und Wolfgang sollten die Hintertür im Auge behalten. Heinrich die Vordertür. Lennard und Rudolf sollten sich an Lennards Beobachtungsposten verstecken.

Pastor Boreen, der bisweilen am Grundstück des Biedermannes entlang spazieren ging, sollte einen Hustenanfall vortäuschen, wenn Biedermann in Sichtweite kam.

Lennard sollte Anna zuvor erklären, sie könnten ihr nur zu Hilfe eilen, wenn sie laut um Hilfe rief. Ansonsten dürften die Männer das Haus nicht betreten. Das wäre unerlaubtes Eindringen und strafbar. So viel hatten die Herren beim Studium der Gemeinderatsunterlagen herausgefunden.

Gegen halb sechs waren die Männer auf ihren Posten. Sie waren mit Hämmern, Säbeln und einem Seil bewaffnet. Pastor Boreen hatte die Bibel dabei.

Auf die Minute pünktlich kam Biedermann nach Hause. Pastor Boreen legte einen wirklich guten Hustenanfall hin.

„Einen schönen guten Abend, Hochwürden. Herrliches Wetter für einen kleinen Spaziergang, nicht wahr?“, säuselte Biedermann angetrunken.

„Danke, ebenso. Herrliches Wetter heute.“

„Ich würde Ihnen ja gern einen Schluck Wasser anbieten. Aber ich fürchte, meine Frau ist auf so ‚hohen Besuch‘ nicht eingestellt. Die Kinder, Sie wissen schon. Die machen ja immer Dreck“, schleimte der Biedermann mit schwerer Zunge.

„Nein, vielen Dank. Das ist wirklich nicht nötig. Es war nur … Ich habe mich nur verschluckt. Es ist schon wieder in Ordnung. Schönen Abend noch.“ Pastor Boreen war froh, der Gesellschaft des Mannes zu entkommen.

Durch das halb geöffnete Küchenfenster konnten die Männer auf ihren Posten sehr deutlich die laute angetrunkene Stimme Biedermanns hören. „Los, her mit dem Bier! Hab gerade den eitlen Gockel von Pastor getroffen. Der hält sich wohl für was Besseres, dieser ‚Gottesanbeter‘. Dabei ist er auf uns angewiesen. Er tut doch nichts anderes, als den ganzen Tag beten, beten, beten. Während wir hart schuften müssen. Der Nichtsnutz denkt wohl, es fällt alles vom Himmel. Der Spinner! Gottesgaben, wenn ich das schon höre! Nein, mit meiner Hände Arbeit bekommt der Pfaffe was zu essen und zu trinken. Da fällt nichts vom Himmel! Wo ist der Schnaps, verdammt noch mal? Hab ich nicht gesagt, dass er immer genau hier stehen soll?“ Biedermann zerrte Anna an den Haaren zum Küchentisch und knallte ihren Kopf mehrmals darauf. „Hier! Hier! Genau hier! Und nicht da. Damit du dir das jetzt endlich mal merkst! Du Stück Scheiße! Hier! Hast du es jetzt kapiert? Du dumme Kuh?“

Biedermann stieß Anna weg, sodass sie auf den Boden fiel. „Steh auf! Stell dich nicht so an! Tust doch den ganzen Tag nichts! Da kannst du dich auf meine Kosten schön ausruhen. Bist wohl ’ne feine Dame? Was? Ich werd dich lehren, wer du und deine verflixten Bälger seid! Nichts seid ihr! Schlimmer als nichts. Ich könnte kotzen, wenn ich euch ansehen muss!“ Zwischendurch trank er einen Humpen Bier und mehrere Gläser Schnaps.

„Ich halte das nicht mehr lange aus!“, stöhnte Lennard leise.

„Es dauert nicht mehr lange! Wirst sehen. Er ist schon ziemlich voll. Bleib ruhig!“, flüsterte Rudolf mit geballten Händen.

„Wo ist der Fraß, den du heute gekocht hast? Muss ich immer darauf warten? Kann er nicht ein Mal, ein einziges Mal, fertig sein, wenn ich nach Hause komme? Ist wohl zu viel verlangt, Madame? Ha, *M A D A M E* , dass ich nicht lache! Guck dich mal an! Und so was habe ich geheiratet! Da war ich wohl blind! Ja, du hast mich blind gemacht. Du Hexe! Verbrennen sollte man dich und deine Bälger! Verbrennen!“

Biedermann stopfte das Essen in sich hinein. Der Bratensaft vermischte sich mit dem Bier und lief ihm das Kinn herunter.

„Das kann ja kein Mensch essen! Eine Zumutung ist der Fraß! Das kann man nur den Schweinen vorwerfen!“ Plötzlich änderte sich sein Ton. Mit trügerisch sanfter Stimme fragte Biedermann: „Wo seid ihr denn meine kleinen Schweinchen? Wo seid ihr denn? Jetzt gibt es lecker Fressen. Kommt her. Ja, so ist’s gut. Noch etwas näher. Gut so.“

Dann holte er mit seiner Gerte aus und schlug auf die Kinder und seine Frau ein, bis sie vor ihm knieten: „Runter! Runter! Habt ihr mich nicht verstanden? So ist's recht."

Biedermann kippte ihnen seine Essensreste auf die Köpfe. „Was? Es ist euch nicht genug? Hier!" Er nahm eine Kelle heißes Kraut aus dem Topf und kippte sie auf den Kopf seiner Frau. „Und hier für dich, du Ferkel! Und für dich auch! Sollst ja nicht hungern!" Die Kinder schrien, als er sie verbrannte. Biedermann lachte schadenfroh.

Es sah aus, als wenn Biedermann an seiner Hose herumfummelte. Dann bewegte er sich hin und her. „Hier habt ihr noch was zu saufen! Lecker, was? Viel zu schade für euch Schweine!"

„Warum in Gottes Namen ruft Anna nicht um Hilfe?" Rudolf verstand die Frau nicht.

„Es ist wohl noch nicht schlimm genug", meinte Lennard.

Der Mann kippte die Kellerklappe hoch, holte mit seiner Gerte aus und schlug ihnen auf die Rücken: „Ab in den Stall ihr Schweine! Los! Los! Hab noch anderes Vieh, um das ich mich kümmern muss!"

Biedermann machte einen Schritt zur Seite, um sie in den Keller zu bugsieren. Dabei taumelte er vor und zurück. Er verlor das Gleichgewicht und schien zu fallen. Mehr konnten sie von draußen nicht sehen.

„Ich hab sie gehört!", rief Rudolf, der es nicht mehr aushalten konnte. „Ganz deutlich!"

Heinrich, Lennard, Wolfgang, Rudolf und Doktor Röder liefen gleichzeitig los: „Ich hab sie auch gehört!" „Ich auch!" „Ich auch!" „Ich auch!" Keiner hatte Anna um Hilfe rufen gehört.

Doktor Röder und Wolfgang stürmten durch die Hintertür. Heinrich durch die Vordertür, gefolgt von Pastor Boreen, der sich unweit versteckt hatte.

Lennard und Rudolf kletterten durch das Küchenfenster hinein. Der Anblick der auf der Erde kauernden Menschen war erschütternd. Von Biedermann keine Spur.

„Wo ist er hin?", fragte Lennard mit der Hacke in der Hand.

Anna deutete mit den Augen in Richtung Kellerklappe. Lennard ließ die Klappe zufallen, ohne hineinzusehen, und schob mit Wolfgang den schweren Tisch darauf. Jetzt sahen sie, warum Anna nicht um Hilfe gerufen hatte. Ihr Unterkiefer hing schief herab.

Doktor Röder und Pastor Boreen kümmerten sich zunächst um die Kleinen. Lennard und Wolfgang versuchten, die halb bewusstlose Frau zu heben und in die Stube zu bringen. Heinrich, der sofort gesehen hatte, dass es unmöglich war, Anna und die Kinder zu Fuß zum Schloss zu bringen, lief los, um Georg mit einem Wagen zu holen. Georg stand mit einem Wagen und angespanntem Pferd schon bereit. Als er Heinrich kommen sah, gab Georg seiner Frau Erika ein Zeichen, die daraufhin zum Schloss lief.

In der Schlossküche saßen Elisabeth, Hermine, Katharina, Helene und Magda. Sie warteten nervös auf eine Nachricht von den Männern.

„Es geht los!", rief Erika ihnen zu. *„Endlich"*, dachte jede für sich. Sie hatten bereits ein Zimmer für Anna und die beiden Kinder hergerichtet. Badewasser, Tücher zum Abtrocknen und Warmhalten sowie einen leckeren Kinderbrei und Tee. Für die Männer eine Brotzeit, Bier und Schnaps.

Elisabeth und Helene warteten vor dem Schloss auf die Befreiten. Doktor Röder hatte das weinende Mädchen auf den Armen. Pastor Boreen den völlig verängstigten Vierjährigen. Lennard, Rudolf, Wolfgang und Heinrich trugen vorsichtig Anna ins Schloss.

Helene und Magda redeten leise mit beruhigenden und tröstenden Worten auf die Kinder ein: „Jetzt wird alles gut. Ihr braucht nie wieder Angst haben. Hier seid ihr sicher und warm. Jeder hat jetzt ein Bettchen. Ihr schlaft alle beide mit eurer Mutter zusammen in einem wunderschönen Zimmer. Es ist alles gut. Er wird euch nie wieder etwas antun." Die Kinder waren so verängstigt, dass sie sich aneinanderklammerten.

Helene und Magda kamen überein, die Kinder nur notdürftig zu säubern, damit sie nicht noch mehr eingeschüchtert wurden. Sie gaben den Kindern auf ihre Brandwunden in den Gesichtern und auf den Köpfen eine kühlende Paste und flößten ihnen löffelweise Tee ein.

Doktor Röder renkte zunächst der immer noch ohnmächtigen Anna mit gekonntem Griff den Unterkiefer wieder ein. Dann säuberten und verarzteten Helene und er ihre Brandwunden. Als sie Anna auskleideten, stockte ihnen der Atem. Sie war über und über mit Brandwunden und schlecht verheilten oder frischen Striemen übersät. Viele waren so tief, dass sie nur von einer Peitsche herrühren konnten.

„Wie hat sie das nur ausgehalten?“, murmelte Doktor Röder ständig vor sich hin.

„Das kann eine Mutter aushalten, wenn sie ihre Kinder dadurch schützen kann“, klärte Helene ihn auf.

In der Küche warteten die anderen derweil am großen Tisch. Keiner sagte ein Wort. Hunger hatte niemand. Ab und zu seufzte einer der Männer, ansonsten starrten sie nur vor sich hin.

Als Doktor Röder und Helene zu ihnen in die Küche kamen, nahm Hermine das Zepter wieder in die Hand. „Wir Frauen gehen jetzt und lassen die Männer allein. Sie haben noch wichtige Dinge zu besprechen.“

Bis auf Hermine gingen die Frauen in den Park. Es hätte ein so herrlicher Juniabend sein können.

„Die Sache muss jetzt zu Ende gebracht werden“, ermahnte Hermine die Männer. „Wenn ihr den Mann ins Verlies sperrt, wird ihm ein Prozess gemacht. Alexander und ich haben uns überlegt, dass es wahrscheinlich keine Menschenseele glauben wird, was er seiner Frau und seinen Kindern angetan hat. Also wird Anna als Lügnerin hingestellt und muss sich peinlichen Verhören aussetzen. Biedermann ist einfach zu angesehen und beliebt. Man könnte ihm eventuell einen Betrug nachweisen und ihn des Landes verweisen. Das wäre vielleicht eine Möglichkeit für Anna, noch ein einigermaßen anständiges Leben hier führen zu können. Wo ist er überhaupt? Was habt ihr mit ihm gemacht?“

„Er ist im Keller, dort wo er die drei immer eingesperrt hat. Jetzt weiß er, wie das ist“, sagte Rudolf bitter.

„Habt ihr gut gemacht“, lobte Hermine.

„Haben wir nicht. Er ist von ganz allein hinuntergefallen“, stellte Wolfgang klar.

„Noch besser! Dann habt ihr Biedermann also gar nichts getan?“

„Nein, nicht ein Haar gekrümmt“, bestätigte Doktor Röder.

Pastor Boreen und Heinrich, die das Ganze nicht gesehen hatten, waren ebenso erleichtert wie Hermine.

„Das erleichtert die Sache ganz gewaltig“, freute sich Hermine. „Jetzt könnt ihr ja sagen, dass ihr Biedermann zu Hilfe kommen wolltet, als er in den Keller fiel. Dabei habt ihr die Frau und die Kinder entdeckt. Dann könntet ihr Biedermann auch vor die Wahl stellen. Entweder ihr klagt ihn seiner Verbrechen an oder er verlässt freiwillig sang- und klanglos die Gegend. Wäre doch eine Möglichkeit, oder?“

Rudolf sprang auf, umarmte Hermine und gab ihr einen Kuss: „Danke, danke, Du bist ein Schatz!“

Die sechs Männer erhoben sich und machten sich in viel besserer Stimmung auf den Weg zu Biedermanns Hof.

Keiner wollte die Kellerklappe hochheben. Wolfgang fasste sich als Erster: „Was soll’s, da müssen wir jetzt noch durch!“ Er hob die Klappe. Sie hörten keinen Muckser. Pastor Boreen, Heinrich, Lennard, Wolfgang und Rudolf sahen Doktor Röder fragend an. Dieser nahm eine Kerze und stieg langsam die schmale Leiter in den Keller hinab.

„Was ist? Warum sagen Sie denn nichts, Doktor?“

„Er ist tot.“

„Das erleichtert die Sache ganz gewaltig“, konnte Heinrich sich nicht verkneifen.

Doktor Röder kam die Treppe wieder hoch: „Genickbruch.“

Wolfgang schloss die Klappe wieder. „Das reicht für heute. Könnten wir ihn morgen schon beerdigen, Hochwürden?“

„Ja, sicher. Bei dieser Hitze sollte er schnell unter die Erde.“

Von den Frauen war nicht eine betroffen. Im Gegenteil. Sie planten eine anständige angemessene Beerdigung, damit keiner im Dorf der jungen Witwe Undankbarkeit nachsagen konnte. Biedermann war ja leider so beliebt im Dorf gewesen. Pastor Boreens zweifelte an der Richtigkeit einer ehrenvollen Beerdigungsfeier: „Das ist doch Heuchelei.“

Heinrich erklärte ihm die Situation: „Hochwürden, für uns sicherlich. Aber aus irgendeinem Grund war er beliebt und wir alle haben ihn vorher auch sehr geschätzt. Wer hätte jetzt etwas davon, ihn schlecht zu machen? Keiner! Am allerwenigsten seine Witwe und die Kinder. Sie brauchen bei der Predigt ja nicht zu übertreiben. So ein, zwei gute Dinge werden Ihnen schon einfallen. Ich für meinen Teil werde die ganze Zeit darum beten, dass er ohne Umwege in die Hölle kommt. Strafe muss sein, finde ich."

Während die Männer die Leiche aus dem Keller bargen, erkannten sie erst das Ausmaß des Schreckens, dem die Frau und die Kinder ausgesetzt gewesen waren.

Nach der Bestattung fuhr Georg mit dem Leichenwagen Heu abwerfen. Georg spannte den schnellsten Gaul ein und fuhr wie der Teufel mit dem Wagen solange durch die Gegend bis sich kein Heu mehr, auf dem der Tote gelegen hatte, auf dem Wagen befand. Das beschmutzte Heu herunter zu harken, hätte sonst wieder Tote nach sich gezogen. Es durfte auch nicht mehr mit einer Harke berührt werden. So war der Glaube. Georg glückte es, das ganze Heu abzuschütteln. Ansonsten hätte das Heu auf dem Wagen verbrannt werden müssen. Wobei es nur allzu oft dazu kam, dass der Wagen gleich mit abbrannte.

Zur Beerdigung am nächsten Abend kamen doch überraschend viele Menschen, um Oswald Biedermann die letzte Ehre zu erweisen. Pastor Boreen brachte die Predigt irgendwie hinter sich. Die junge Witwe saß völlig verschleiert neben Heinrich und Elisabeth. Um die Kinder kümmerten sich Magda und Helene im Schloss.

Die Dörfler kondolierten Frau Biedermann aufrichtig, der Verlust ihres Mannes würde eine große Lücke hinterlassen. Wie immer boten die Menschen den Hinterbliebenen ihre Hilfe an, was aber nach kurzer Zeit schon wieder in Vergessenheit geriet. Anna nickte hier und da mit dem Kopf, da sie mit ihrem Kiefer noch nicht sprechen konnte. Diese Sprachlosigkeit deuteten die Menschen als extreme Trauer und hatten noch mehr Mitleid mit der jungen Witwe.

In der Dorfschenke gab es anschließend Kaffee und Kuchen. Wolfgang hatte Mühe, sich zu beherrschen, als er ständig die Loblieder seiner Gäste über den Biedermann mit anhören musste: „Lange ertrage ich es nicht mehr. Bald platzt mir der Kragen und ich kläre die Gäste da vorne auf", prophezeite er seiner Frau Wilma.

„Das wirst du nicht tun", wies ihn Wilma in der Küche zurecht. „Sollen sie doch glauben, was sie wollen. Es stimmt meist nicht alles, was beim Leichenschmaus erzählt wird. Der eine sieht es eben so und der andere so. Lass sie einfach. Der Mistkerl ist es nicht wert, dass du nur ein Wort über ihn verlierst. Das ist Gottes Arbeit, er wird schon über ihn gerecht richten. Das tut er ganz bestimmt. Denk einfach an das Geld, was wir mit jedem Schluck heute verdienen. In ein paar Stunden ist die Sache vorbei. Dann kommen auch wieder schöne Dinge."

Wolfgang musste zugeben, dass seine Wilma recht hatte.

Die Genesung von Anna und ihren Kindern schritt sehr langsam voran. Es fing schon damit an, dass keiner wusste, wie die Kinder hießen. Auch Lennard nicht. Auf die Frage nach ihren Namen bekamen sie sowohl von dem sechsjährigen Mädchen als auch von dem vierjährigen Jungen die Antwort „Ferkel". Ihre Mutter sprachen sie nur mit „Schwein" oder „Sau" an. An die frische Luft wollten die Kinder nicht gehen. *S*ie kannten nur abgedunkelte Räume und den dunklen Keller. Mit dem Löffel konnten die Kinder gar nicht essen und Anna nur sehr ungeschickt. Doktor Röder überlegte, wie sie es anstellen sollten, dass die drei wenigstens im Bett schlafen würden. Morgens wurden sie schlafend, eng aneinandergeklammert, auf dem Fußboden vorgefunden. Meist noch mit irgendeinem Tuch oder Teppich über den Köpfen. Es war nicht möglich, die Kinder von ihrer Mutter zu lösen. Sie versteckten sich hinter ihren Beinen oder sogar unter ihrem Rock.

Eines Tages schlüpfte Cockie mit in das Zimmer der drei. Katharina hatte ihnen das Essen gebracht und vergaß ihn, als sie wieder ging. Cockie meldete sich auch den restlichen Tag und die ganze Nacht nicht mehr. Sonst verlangte er nach Aufmerksamkeit. Er wollte raus oder etwas zu fressen haben. Cockie wurde von der Schlossfamilie nicht vermisst, weil der kleine quirlige Vierbeiner sowieso überall und nirgends war.

Tags darauf schlüpfte er unbemerkt aus dem Zimmer, um seine Geschäfte zu erledigen, um dann bei der nächstbesten Gelegenheit wieder hineinzuschlüpfen. So muss es wohl einige Zeit gegangen sein. Denn als Elisabeth meinte, sie könnte den Kindern Cockie zum Spielen mit ins Zimmer bringen, lief er schwanzwedelnd auf die beiden Kleinen zu. Die freuten sich so sehr, ihn zu sehen, dass sie sogar auf den Hund zuliefen und ihre Angst vergaßen.

Elisabeth setzte sich in eine Ecke und sah dem Schauspiel zu. Die Kinder spielten mit Cockie und er knuffte sie vorsichtig in ihre Füße oder leckte ihnen über ihr Gesicht. Dabei sagten die Kinder wiederholt „Hund". Als Elisabeth ging, deutete sie auf Cockie und sagte mehrmals deutlich „C o c k i e". Später holte sie Cockie wieder ab und stellte erfreut fest, dass die Kinder Cockie mit Namen ansprachen. Elisabeth zeigte mit dem Finger auf sich und sagte ebenfalls deutlich

B a r o n i n E l i s a b e t h. Elisabeth erklärte ihr Vorgehen den anderen Frauen und Doktor Röder. Diese Methode erwies sich als sehr erfolgreich und sie fingen an, das Essen als „Essen" und nicht mehr als „Fraß" zu bezeichnen.

Nach einigen Wochen sagten sie sogar schon „Guten Tag" und „Auf Wiedersehen." Am besten klappte es, wenn man die Kinder dabei anlächelte und sie immer wieder lobte. Dann freuten sie sich richtig und wiederholten die Worte lachend. Anna konnte langsam einige Wörter murmeln. Aber zu verstehen war sie noch nicht.

Beim gemeinsamen Abendessen erzählten Hermine und Katharina von den Fortschritten der Kinder. Anna würde allerdings nicht viel mehr als „ard" von sich geben. Rudolf sah Lennard an und überlegte: „Könnte ‚ard' vielleicht Lenn- *‚ard'* bedeuten? Du bist der Einzige hier, den sie von früher kennt. Ein Versuch wäre es wert, findest du nicht auch?"

Katharina ging in das Zimmer und ließ die Tür weit offen stehen. So konnte Anna Lennard auf dem Flur stehen sehen. Kaum hatte Anna ihn erkannt, stand sie auf und ging schleppend auf Lennard zu.

„Ard, Ard, Dan, Ard, Dan", stammelte Anna, dabei liefen ihr die Tränen über die Wangen.

Lennard öffnete seine Arme weit. Nach kurzem Zögern lehnte sich Anna ganz leicht an ihn. Lennard schloss seine Arme nicht um sie. Sie sollte selbst bestimmen, wann sie Nähe zulassen wollte. Da brach es aus Anna heraus und sie wurde von Weinkrämpfen geschüttelt. Die Kinder weinten mit ihrer Mutter. Sie strichen ihrer Mutter liebevoll über Beine und Arme. Cockie lief leise winselnd um die vier herum.

Das war ein so herzergreifender Anblick, dass auch Katharina anfing zu weinen. Nach und nach sackten Anna, Lennard, die Kinder und Katharina auf den Boden. Sie weinten gemeinsam und trösteten sich gegenseitig. Die Kinder fingen an, auch Katharina und Lennard vorsichtig zu streicheln. Cockie, der in der Mitte saß, verteilte seine Zungenküsse gleichmäßig auf jeden.

Von nun an ging es bergauf. Langsam wurden die drei herangeführt, sich das Essen aus der Küche selbst zu holen. Die Kinder sahen das als Spiel an und freuten sich, wie Kinder sich eben freuen, wenn sie eine Aufgabe gelöst haben.

Sie bestaunten die einjährige Maria in ihrem Weidenkorb. Wie es schien, hatten sie keinen Kontakt zu anderen Kindern gehabt und betrachteten die kleine Maria zu Anfang als eine Art Cockie.

Anna konnte mit der Zeit, dank der Übungen, die Doktor Röder ihr empfohlen hatte, deutlicher sprechen. Jetzt wussten sie endlich, dass die Kleine Victoria und der Junge Levin hießen. Lennard zeigte Victoria und Levin im Stall eine richtige Sau und sie hörten damit auf, ihre Mutter so zu nennen. Anna war überglücklich, als ihre Kinder einen ganzen Tag „Mutter, Mutter, Mutter!“ riefen. Victoria und Levin freuten sich, ihre Mutter lächeln zu sehen. Das war auch etwas Neues für die Kinder.

Die fünf Ratsherren überlegten, wie es mit dem Erbe des Toten weitergehen sollte. Selbstverständlich hatte Anna rechtmäßig geerbt. Aber wer sollte den gar nicht so kleinen Hof mit den Ländereien verwalten? Darin hatte Anna keine Erfahrung. Lennard sah zwar dort jeden Tag nach dem Rechten, aber er hatte keinerlei Befugnis und somit auch keine Anweisungen zu geben.

Das Gesinde auf dem Hof fing an, sich über den Verbleib ihrer Herrin zu wundern. *„Trauern gut und schön.“* Meinten sie. *„Aber alles hätte doch seine Grenzen.“* Sie wollten ihre Herrin einfach auf dem Hof zurückhaben.

Anna und Lennard beschlossen als Erstes, den scheußlichen Keller zumauern zu lassen. Alle Dinge, die nur im Entferntesten an den Verstorbenen erinnerten, sollten vernichtet werden. Hermine bildete mit einigen Frauen ein Säuberungs- und Putzgeschwader. Rudolf und Heinrich, die in Gelddingen einen seriösen Ruf im Dorf hatten, machten im Namen von Anna eine Bestandsaufnahme des Hab und Gutes.

Biedermann hatte seine Bücher ganz genau geführt. So genau, dass er sogar aufgeschrieben hatte, wen und um wie viel er bei seinen Geschäften betrogen hatte. Das war sehr aufschlussreich, da Heinrich selbst, sein verstorbener Vater, Pastor Boreen, Doktor Röder und Wolfgang Walter auch betroffen waren. Letztendlich stellte sich nur noch die Frage: Wen Biedermann eigentlich nicht über den Tisch gezogen hatte? Laut den Unterlagen stand Anna nicht schlecht da. Sie und die Kinder bräuchten sich, bei guter Bewirtschaftung des Hofes, keine Sorgen um ihre Zukunft machen.

Am Schlüsselbund des Verstorbenen fanden Heinrich und Rudolf einen passenden Schlüssel für Biedermanns Schreibtisch. Dort hatten sie erwartet, ein beträchtliches Barvermögen vorzufinden. Nicht ein Pfennig befand sich darin. Heinrich und Rudolf suchten das ganze Haus ab. Hängten die Bilder ab, verschoben die Möbel, suchten nach Geheimfächern in den verschiedenen Schränken, klopften die Wände und die Dielenbretter nach einem geeigneten Versteck ab. Es war nichts zu finden. Anna hatte keine Vorstellung davon, wo Biedermann das ganze Geld versteckt haben könnte.

Es wurde langsam Zeit, dass Anna mit den Kindern wieder zurück auf den Hof zog. Die drei waren gesundheitlich wiederhergestellt. Die seelischen Wunden, erklärte Doktor Röder ihnen, würden erst in Jahren, wenn überhaupt heilen. Das Beste wäre, ein ganz neues Leben anzufangen, wenn nötig, sogar den Hof zu verkaufen und sich etwas Neues aufzubauen.

Lennard, Rudolf und Katharina begleiteten Anna, Victoria und Levin zu ihrem Haus. Beim Anblick des Hauses blieb Victoria stocksteif stehen und war auch nicht mit gutem Zureden und lieben Worten zum Weitergehen zu überreden. Levin klammerte sich so fest an die Beine seiner Mutter, dass sie nur noch mit Mühe vorwärtskam. Vor der Haustür fing Anna an, wie Espenlaub zu zittern und konnte sich nicht mehr bewegen, Levin warf sich auf die Erde und schrie wie am Spieß.

Katharina, Lennard und Rudolf waren völlig überfordert. Einige Frauen vom Gesinde kamen herbeigeeilt. Keiner wusste, was zu tun sei. Die kleine Victoria rief auf einmal: „Mutter!“

Dieses eine Wort schien Anna wieder zur Besinnung zu bringen. Sie drehte sich um, schnappte Levin, lief zu Victoria und rannte mit ihren Kindern weg. Rudolf, Katharina und Lennard folgten ihnen langsam, um sie nicht einzuschüchtern.

„Wo laufen sie hin?“ Katharina war noch nie so weit außerhalb des Dorfes gewesen.

„Richtung Bargfeld“, erklärte Rudolf. „Aber was wollen sie da?“

„Ich glaube, ich weiß, wo Anna hin will. Es gibt da eine alte Jagdhütte im Forst. Sie gehört, vermute ich, zum Hof. Dort habe ich Anna das erste Mal gesehen“, überlegte Lennard.

An der Jagdhütte angekommen, sahen sie Anna und die Kinder aneinandergeschmiegt auf einer Bank in der Sonne sitzen. Es sah aus, als hätten sie sich beruhigt.

„Lennard, ich glaube, es ist besser, wenn du allein zu ihnen gehst. Ich sehe mich hier ein wenig mit Katharina um“, schlug Rudolf vor.

Es war wirklich ein idyllisches Fleckchen Erde, stellten Katharina und Rudolf fest. In der Nähe floss ein Bach, die Hütte stand auf einer ziemlich großen Lichtung, mit einem Ausblick auf Wiesen und Felder. Sicher, alles war heruntergekommen, hier und da sogar baufällig. Aber schön war es hier, stellten sie fest. Einige Unterstände, die man als Ställe ausbauen konnte, waren auch vorhanden.

Lennard führte eine ruhige, leise Unterhaltung mit Anna. Den Kindern wurde es zu langweilig, sie fingen an zu spielen.

Rudolf beobachtete Anna und Lennard. Anna hatte das erste Mal, seit er sie kannte, einen entspannten Gesichtsausdruck „Ein schönes friedliches Bild mit den beiden auf der Bank und die spielenden Kinder dazu. Eine richtige Familie“, sagte er zu Katharina, sie stimmte ihm zu.

Rudolf beschloss, die vier allein zu lassen und mit Katharina zurück zum Schloss zu gehen. Er gab ihr ein Zeichen und rief Lennard zu: „Wir sehen uns später!“

Auf dem Heimweg schwiegen Katharina und Rudolf eine Weile. Sie mussten die Ereignisse erst verarbeiten.

„Wie es in der Jagdhütte wohl aussieht? Die drei scheinen sich dort richtig wohlzufühlen. Vielleicht können sie dort wohnen?“, fragte Katharina.

„Wir werden nachher von Lennard mehr erfahren, wenn er zum Essen kommt. Ich bin ehrlich gesagt auch schon gespannt. Im Schloss können sie jedenfalls nicht mehr lange bleiben. Sie sind jetzt schon sechs Wochen bei uns."

„Stimmt. Und Baronin Elisabeth und Baron Heinrich fahren nächste Woche nach Rauthheim zur großen Hochzeit der Komtesse Rosalie-Sophie. Bis dahin muss irgendwie geregelt sein, wo die drei bleiben sollen", überlegte Katharina.

Beim Abendbrot in der Schlossküche besprach Lennard die Pläne, die Anna und er gemacht hatten. Anna wollte mit den Kindern so schnell wie möglich in die Jagdhütte ziehen. Das Haus könne sie nicht mehr betreten, die Kinder schon gar nicht. Er hatte sich die Hütte genau angesehen. Es befand sich dort ein sehr großer Raum für die früheren Jagdgesellschaften mit einem Kamin und drei kleinere Räume für Übernachtungsgäste. Eine richtige Küche gab es nicht, da das erlegte Wild draußen auf dem Spieß gebraten worden war. Der Hof sollte verpachtet werden.

„Ich werde mich nach einem geeigneten Pächter umsehen. Anna kennt fast keine Leute".

„Lass uns das morgen mit dem Gemeinderat besprechen. Und mit Georg, der kennt die meisten Menschen in den Dörfern", schlug Rudolf vor. „Vielleicht kennt er jemanden, der sich für Annas Hof interessieren würde."

Weder der Gemeinderat noch Georg kannten einen potenziellen Pächter. Es blieb an Lennard, ob er den Hof von Anna führen würde oder nicht. Sonst wäre nur noch ein Verkauf sinnvoll. Damit wurde allerdings die Lebensgrundlage von Anna und den Kindern zunichtegemacht. Lennard kam mit Anna überein, den Hof zu behalten. Mit Heinrich machte er ab, dass er sich gegen Lohn weiterhin um die Zuchtpferde kümmerte. Lennard hing sehr an den Pferden und Heinrich war dankbar, einen solchen Experten an seiner Seite zu haben. Die rechte Hand von Lennard sollte mehr Aufgaben übernehmen.

Anna und Lennard hielten eine Versammlung mit dem Gesinde ab. Sie teilten ihnen mit, dass Lennard ab sofort der Verwalter und die rechte Hand der Herrin sei. Wem das nicht passte, sei ab sofort freigestellt. Die Leibeigenen unter ihnen seien ab sofort auch frei. Sie könnten ebenfalls gehen oder gegen Lohn bleiben. Für Lohn müssten sie allerdings, genau wie die anderen, freiwillig mehr leisten. Lennard würde genau ein Auge darauf haben. War er nach der Ernte zufrieden, könnten sie bleiben. Sonst würde Lennard sie entlassen. Keiner wollte gehen.

Die Leibeigenen waren außer sich vor Freude. Sie mussten sich aber erst daran gewöhnen, ihr eigener Herr zu sein und Verantwortung für sich selbst zu übernehmen. Außer der Unterkunft und der allgemeinen Verpflegung, mussten sie sich ab sofort um alles andere selbst kümmern. Dinge wie Bekleidung, Arzt und was sie sonst noch zum Leben benötigten.

Geplant war, das alte Herrenhaus in ein wetterfestes Gesindehaus mit Ställen umzufunktionieren. Die Jagdhütte zu reparieren, zu erweitern und mit einer Kochstelle auszustatten. Es war August und somit kein Problem für Anna und die Kinder sofort in die Jagdhütte zu ziehen.

Während Anna die Jagdhütte wohnlich einrichtete, entdeckte sie in einem Nebenraum unter alten Jutesäcken, einige kleine Bretter auf dem Boden. Darunter war eine Vertiefung, in der sich die Kiste mit dem Barvermögen ihres verstorbenen Mannes befand. Jetzt brauchte Anna sich in ihrem ganzen Leben keine Sorgen mehr über ihr Auskommen zu machen.

Anna beschloss, Haus und Hof zu verkaufen und sich mit ihren Kindern und Lennard ihren Traum zu erfüllen. Sie wollte irgendwo ein neues Leben beginnen und die Vergangenheit endgültig hinter sich lassen.

Katharina

Nachdem Elisabeth und Heinrich zu der wahrhaft prunkvollen Hochzeit Rosalies und Ferdinands nach Braunschweig abgereist waren, wurde es still im Eldinger Schloss.

Jeder konnte seiner Arbeit in Ruhe nachgehen und über die vielen Dinge nachdenken, die im letzten Jahr passiert waren.

Die Schlossfamilie wurde kleiner. Lennard war nun fast jeden Abend bei Anna, um ihr Bericht zu erstatten, und er kam nur zu einer kurzen Besprechung vor dem Abendbrot in die Schlossküche.

Hermine verschwand regelmäßig zu ihrem Alexander, den sie schelmisch ihr Bratkartoffelverhältnis nannte. Er kochte ab und zu für sie. Aber eben Bratkartoffeln, die er laut Hermines Beurteilung sogar besser zubereitete als sie selbst. Außerdem konnte er nur dieses eine Gericht. Aß sie bei Alexander, waren Katharina und Rudolf mit Maria allein.

Maria war jetzt über ein Jahr alt und ganz entzückend. Auf seine Finger musste jeder gehörig aufpassen, weil sie schon ordentlich zubiss. Die Erfahrung war keinem erspart geblieben. Sie lachte, quietschte, juchzte, brabbelte und freute sich ihres Lebens. Jedem, den Maria erwischte, streckte sie ihre Ärmchen entgegen. Sie wollte auf den Schoß genommen werden, um dann meist vor Freude in die Windeln zu machen. Maria war ein richtiger Wonneproppen, darin war sich die Schlossfamilie einig.

Rudolf war sich über seine Gefühle für Katharina immer noch

nicht im Klaren. Er empfand für sie jedenfalls keine brüderliche Zuneigung, das war sicher. Sie erschien ihm auch sehr faul und träge, was er überhaupt nicht mochte. Hermine musste Katharina stets zur Arbeit ermahnen und sie regelrecht antreiben, schneller zu arbeiten. Andererseits hatte Rudolf beobachtet, dass sie sich sehr gut beim ersten Mal Dinge einprägte und seien es auch die Unwichtigsten und Überflüssigsten, die er sich vorstellen konnte.

Katharina hatte ihm zum Beispiel beim Eindecken der Hochzeitstafel geholfen. Rudolf dachte, er müsste ihr breit und lang erklären, wo und wie die Teller, Gläser, Besteck, Servietten und so weiter eingedeckt werden sollten. Er war sich sicher, anschließend noch mal alles zu richten, weil Katharina es doch falsch gemacht hätte. Das Gegenteil war der Fall. Rudolf zeigte ihr beim ersten Gedeck, wie es sein sollte, dann arbeitete sie flink weiter und korrigierte so nebenbei seine eigenen Fehler, was ihn wurmte. Stand aus einem seiner arrangierten Blumensträuße eine Blume etwas hervor oder zu schräg, zupfte Katharina im Vorbeigehen einfach mal eben kurz daran und der Strauß war perfekt.

Einmal fragte Katharina ihn beim Saubermachen im gelben Salon: „Was ist das eigentlich für ein Fleck da auf dem Bild?“

Rudolf sah sich entsetzt um. „Wo? Auf welchem Bild?“

„Na auf dem da.“ Katharina deutete hinter sich.

„Das von der gnädigen Großmutter des Barons?“

„Ja.“

Rudolf sah keinen Fleck. „Was meinst du denn? Ich sehe nichts.“

„Sieh doch richtig hin. Der da“, Katharina deutete mit dem Finger auf die Wange der Großmutter.

„Ist mir noch nie aufgefallen. Das ist kein Fleck. Das ist ein Schönheitspflästerchen. Das tragen die Damen manchmal.“

Genauso fielen Katharina die kleinsten Dinge auf, die nicht ordentlich an ihrem Platz lagen, hingen oder standen. Sie richtete das dann einfach mit einer Lässigkeit im Vorbeigehen. Nicht vorwurfsvoll oder meckernd. Nein, einfach so.

Eines Abends, als Rudolf mit Katharina allein war, fragte er sie danach: „Wieso richtest du eigentlich ständig die Dinge, die wir anderen tun gerade oder schiebst es dahin, statt dorthin? Das geht mir manchmal ganz schön auf die Nerven.“

„Weiß ich auch nicht. Ich denke, es stört mich einfach. Es gehört eben so und sieht besser aus. Findest du nicht?“

„Doch, doch. Hast schon recht. Langweilst du dich manchmal?“, wollte Rudolf ablenken.

Katharina lachte. „Manchmal? Immer! Ja, wirklich immer!“

„Und was machst du dann?“

„Was soll ich schon machen? Saubermachen, Putzen, Kochen. Eben was gemacht werden muss.“

„Macht dir das Freude?“

„Was ist das denn für eine Frage? Natürlich nicht! Ich muss es eben einfach machen. Wenn es wenigstens mal etwas anderes zum Kochen oder Putzen gäbe. Es ist immer dasselbe. Einfach langweilig.“

Rudolf überlegte: „Was würde dir Freude machen?“

„Ich glaube Lesen, ja Lesen. Da steht doch eine Menge drin in den ganzen Büchern in der Bibliothek des Barons, oder? Das würde ich gern lesen.“

„Bist du nicht zur Schule gegangen?“

„Nein. Zuerst war Mutters ‚Bratkartoffelverhältnis‘, unser Dorfschullehrer, auch im Krieg und als Alexander Rotermann wiederkam, hatte keiner mehr Geld, ihn zu bezahlen. Wir Kinder mussten ja auch zu Hause mithelfen.“

„Also kannst du auch nicht schreiben und rechnen?“

„Nein.“

„Bevor du lesen kannst, musst du erst schreiben lernen. Sonst verstehst du nicht, was die Buchstaben bedeuten.“

„Dann lerne ich Schreiben. Kannst du mir das zeigen?“

„Wenn du willst. Du musst aber sehr fleißig sein und viel üben.“

„Gut, mache ich.“

„Ich hole einen Stift und Papier. Dann lehre ich dir zuerst das ‚Alphabet‘. Das sind die Buchstaben. Aus den Buchstaben ergeben sich die Wörter. Bin gleich wieder da.“

Rudolf schrieb ihr das ganze Alphabet auf. Er erklärte Katharina, sie müsse nun die Buchstaben immer wieder abschreiben und lernen, bevor sie weitermachen könnten.

Am nächsten Abend, als Hermine weg war, fragte Rudolf Katharina, ob sie schon ein paar Buchstaben gelernt habe.

„Ja, habe ich."

„Zeig mir welche?"

„A, B, C, D, E, F, G, H, …", sie schrieb Rudolf das ganze Alphabet auf.

„Das glaube ich nicht. Du hast mich angelogen. Du hast das Alphabet schon einmal gelernt."

„Nein, habe ich nicht. Warum sollte ich dich anlügen?"

„Weiß ich auch nicht. Um dir zu glauben, schreibe ich dir jetzt ein paar Wörter auf, die du ganz sicher noch nie in deinem Leben gesehen haben kannst."

Rudolf schrieb: Kathedrale, Köln, Italien, Beichtstuhl und vor Wut noch einige lateinische Begriffe auf.

„So, bis morgen kannst du die Wörter lernen, dann sehen wir, ob du lügst."

„Gut", antwortete Katharina leichthin.

Rudolf glaubte ihr immer noch nicht, als Katharina ihm am nächsten Tag die Wörter aufschrieb. Gut die Worte waren mehr gekrakelt als leserlich, ihr fehlte einfach die Übung. Rudolf wollte Katharina überlisten, er hielt es nicht für möglich, dass ein normaler Mensch so schnell lernen konnte. Er fragte Hermine, ob Katharina jemals Schach oder Dame gelernt hätte oder auch nur Gelegenheit gehabt hätte, dabei zuzusehen.

„Wo denkst du hin? Spielen? Dafür ist nun wirklich keine Zeit. Das bleibt den ‚Herrschaften' überlassen." Bekam er als Antwort.

Rudolf übte jeden Abend mit Katharina „Schreiben" und „Lesen". Sie machte unglaublich schnelle Fortschritte. Manchmal dachte er, Katharina schaue nur genau hin und prägt sich die Wörter ein. So wie sich jemand ein Bild einprägt.

Beim Schachspielen war es ebenso. Rudolf zeigte ihr nur jeweils einmal einen Zug und nachdem Katharina den Sinn des Spieles verstanden hatte, setzte sie ihn nach nur zehn Tagen das erste Mal Schach matt. Beim Damespiel ging es noch schneller.

Nach kurzer Zeit konnte Rudolf ihr schon ganze Sätze diktieren, die sie beim zweiten Mal fehlerfrei aufschrieb. Er kam zu dem Schluss, dass Katharina eine außergewöhnliche Fähigkeit besaß, neue Dinge zu lernen.

Da Rudolf diese Fähigkeit schon sehr unheimlich erschien, schilderte er Doktor Röder in einem vertraulichen Gespräch die Erfahrungen, die er mit Katharina gemacht hatte, ohne ihren Namen zu nennen.

„Tja“, Doktor Röder raufte sich die Haare, wie immer, wenn er über ein Problem nachdachte: „Es ist schon sehr außergewöhnlich. Ich habe während meines Studiums schon von solchen Fällen gehört. Es gibt, scheint es, viele Menschen, die auf die eine oder andere Weise eine anormale Fähigkeit aufweisen. Um diese abnormen Eigenschaften zu überprüfen, werden sie normalerweise von Ärzten etlichen Prüfungen unterzogen.“

„Welche Ärzte führen diese Prüfungen durch?“, erkundigte sich Rudolf.

„Das sind Kollegen, die im Zucht-Werk- und Tollhaus in Celle arbeiten. Dort wird geprüft, ob das Gehirn Schädigungen aufweist.“

Rudolf glaubte nicht richtig zu hören: „Sie wollen mir doch nicht im Ernst erzählen, dass ein ganz normaler Mensch, nur weil er schneller lernen kann als üblich, in die Irrenanstalt zu Untersuchungen eingeliefert wird.“

„Doch sicher. Wie soll denn die Wissenschaft vorankommen, wenn nicht die Menschen untersucht werden? Sei es nun ein Armbruch, ein anderes Körperteil oder das Gehirn.“

„Sie meinen, dass das Gehirn untersucht wird?“

„Ja. Ich war noch nicht selbst dabei, aber Mitstudenten von mir haben bei einer Gehirnoperation assistieren dürfen.“

Rudolf schüttelte den Kopf. „Wie wird das Gehirn untersucht? Welche Prüfungen gibt es da?“

„Kommt immer auf die Abnormität an. Die Tests sind von einfach bis fast unlösbar. Anschließend wird der Schädel geöffnet und das Gehirn zum Zwecke der Untersuchung herausgenommen“, erklärte Doktor Röder.

„Und danach wieder eingesetzt, nicht wahr?“, davon ging Rudolf aus.

„Normalerweise nicht. Wenn das Gehirn Abnormitäten aufweist, wird es zum Zwecke des Studiums in eine Flüssigkeit eingelegt, in der es nicht verwest. Schließlich gibt es weitaus weniger Gehirne als

Beinbrüche und dergleichen."
„Das bedeutet ja, dass dieser Mensch dann tot ist?"
„Ja, zum Zwecke der Wissenschaft. Ja, er ist tot, aber für einen guten Zweck. Außerdem weiß man nicht, wie vielen Menschen er mit seiner Abnormität Schaden zufügen kann."
„Wird der betroffene Mensch gegen seinen Willen untersucht?", schwante Rudolf Böses.
„Durchaus, wenn es sein muss. Wahrscheinlich hat er sowieso nicht mehr lange zu leben mit so einer Abnormität. Das kann ja nur schädlich sein. Ganz besonders für Frauen und Kinder. Manchmal verkaufen die Menschen auch Körperteile an die Wissenschaft. Dann haben sie für ihre Familien noch ein gutes Werk getan. Sie können somit auch sicher sein, in den Himmel zu kommen", verwies Doktor Röder auf Gott.
„Soso, in den Himmel. Gibt es einen Unterschied zwischen Frauen- und Männergehirnen?"
„Ja, das Gehirn der Frau ist von Natur aus anormal. Es ist größer."
„Wenn ich mir das richtig überlege, ist es doch besser, wenn man nichts Besonderes oder wie Sie es ausdrücken ‚Anormales' kann, nicht wahr? Sonst stirbt man vielleicht vor der Zeit."
„Ja, aber ich betone noch mal ‚für einen guten Zweck', für die Wissenschaft."
Rudolf war entsetzt über so viel verdrehten Schwachsinn. Er dachte bei sich: *„Es sollte doch eigentlich umgekehrt sein. Den Menschen sollte durch die Wissenschaft geholfen werden. Völlig gesunde Menschen sollten doch nicht umgebracht werden. Und wieso sollte das überhaupt krank oder abnorm sein? Das war doch etwas Schönes, etwas Besonderes."*

Rudolf schilderte Katharina sein Gespräch mit Doktor Röder.
„Ich höre sofort auf zu lernen! Ich will nicht für die Wissenschaft sterben! Auf keinen Fall! Das mache ich nicht! Niemals!", Katharina bekam Angst.
„Beruhige dich. Die Mediziner sind einfach noch nicht so weit. Gott hat uns Menschen doch erschaffen. Er wird sich dabei schon etwas gedacht haben. Wissenschaft hin oder her. Wir machen das so, du lernst eifrig weiter und wir beide erzählen das einfach nieman-

dem. Dann wird auch keiner auf uns aufmerksam. Für die anderen tust du so, als wenn du ganz wenig lesen kannst. Am besten gar nicht. Das bleibt unser Geheimnis, versprochen."

„Ganz sicher?"

„Ja, ich will doch nicht, dass dir etwas passiert. Darum habe ich dir das alles erzählt. Damit du dich nicht verplapperst."

Rudolf wäre untröstlich gewesen, wenn Katharina etwas zustoßen würde. In dieser kurzen Zeit war sie ihm richtig ans Herz gewachsen. Die Stunden mit Katharina und Maria, wenn Hermine bei ihrem Bratkartoffelverhältnis war, waren mittlerweile die kostbarsten des ganzen Tages geworden. Rudolf vernachlässigte dafür sogar sein Studium der Sprachen.

Nach zwei Wochen kehrten Elisabeth und Heinrich aus Braunschweig zurück. Auf der Heimfahrt meinte Heinrich: „Ich habe nichts gesehen."

„Was hast du nicht gesehen?", wunderte sich Elisabeth.

„Na, ihren Bauch", sagte Heinrich ganz selbstverständlich.

„Wessen Bauch?"

„Den von Rosalie-Sophie, natürlich."

„Warum wolltest du denn ihren Bauch sehen? Reicht dir meiner nicht?", lachte Elisabeth.

„Wieso, erwartest du auch ein Kind? Das ist ja wunderbar!"

„Moment mal. Ganz langsam. Du denkst, Rosa erwartet ein Kind?", jetzt hatte Elisabeth verstanden.

„Ja, warum sollten Rosa und Ferdi denn sonst so schnell heiraten?""

„Ach so, du meinst, weil wir ein Jahr warten mussten?"

„Genau."

„Nein, Rosa erwartet noch kein Kind. Ich erkläre dir, warum die beiden nach so kurzer Zeit heiraten durften: Ferdinand sollte eine Verbindung mit einer Prinzessin aus Dresden eingehen. Ferdinands Familie und er selbst besitzen riesige Weingüter. Er selbst, da noch unverheiratet und reiselustig, verkauft die Weine persönlich. Ferdinand beschloss, sich als Weinanbieter unter einem anderen Namen erst einmal seine zukünftige Gemahlin in Dresden anzusehen. Er war entsetzt, dass ihm nur des Geldes wegen eine solche Verbindung zugemutet werden sollte. Die betreffende Prinzessin hatte nicht nur eine matronenhafte Statur, sie besaß vor allem so gut wie keine Zähne mehr und die sie noch hatte, waren braun und gelb. Daraufhin machte Ferdi sich unerkannt aus dem Staub. Bei seiner Familie meldete er sich zunächst über ein Jahr nicht. Die konnte somit der Prinzessin mitteilen, dass der „Erbprinz“ als verschollen galt. Vor einem Jahr lernte er Rosa kennen und verliebte sich unsterblich in sie. Zu Weihnachten erhielt Ferdinand einen Brief, in dem ihm mitgeteilt wurde, dass er in Bälde in seine Heimat zurückkehren müsse. Es stehe nicht mehr zum Besten mit der Gesundheit seines Vaters. Kurz nach der Verlobung an Ostern, reiste Ferdinand nach Bayern. Der Arzt gab seinem Vater höchstens noch ein Jahr zu leben. Daraufhin wurde der vorläufige Hochzeitstermin von Rosa und Ferdi zu einem festen Datum. Karl hat natürlich Ferdinand überprüfen lassen, genau wie dich und andere Kavaliere vor euch. Karl hat schon einen Mitgiftjäger entlarvt, der um Rosas Hand angehalten hatte. Nach dem Krieg sind solche Männer scheint's wie Pilze aus der Erde geschossen. Also nimm es bitte nicht zu persönlich“, klärte Elisabeth ihn auf. „Du würdest den zukünftigen Gemahl für unsere Tochter später auch überprüfen lassen, ober nicht?“

„Sicher. Wobei wir bei meiner nächsten Frage sind. Erwartest du ein Kind?“ Heinrich brannte diese Frage auf den Lippen.

Sie strahlte ihn an. „Ich wollte es dir eigentlich erst zu Hause sagen. Ja, ich glaube schon. Ich bin mir nicht ganz sicher. Aber doch, ich denke schon.“

Heinrich küsste Elisabeths Hände. „Liebste, ich freue mich so sehr. Geht es dir gut? Ist dir die Reise nicht zu anstrengend? Möchtest du ein Kissen für deinen Rücken? Das soll wohltuend sein.“

Elisabeth lachte: „Ja, es geht mir gut. Die Reise ist nicht zu anstrengend. Ich möchte kein Kissen. Ich bekomme wahrscheinlich ein Kind und bin nicht krank. Denk an die Tiere, die bekommen auch kein Kissen.“

„Nein. Die reisen allerdings auch sehr selten in einer Kutsche, nicht wahr?“ Heinrich war beruhigt, dass es seiner Frau gut ging.

Nun begann endlich der ganz normale Alltag im Schloss. Es standen keine Umbauten, Feiern, Besuche oder sonstige Aufregungen mehr an.

Heinrich stand wie immer gegen sechs Uhr morgens auf, trank mit Hermine, Katharina, Lennard und Rudolf seinen ersten Tee und besprach die Dinge, die für diesen Tag anlagen.

Danach gingen Heinrich und Rudolf in die Bibliothek, um die fällige Post zu beantworten, Aufträge und Rechnungen zu schreiben.

Gegen neun Uhr frühstückten Elisabeth und Heinrich gemeinsam im gelben Salon. Wenn es das Wetter zuließ, ritt Heinrich mit seinem Hengst Adolpho aus.

Rudolf kümmerte sich um die persönlichen Dinge Heinrichs, so wie es Katharina für Elisabeth tat.

Elisabeth hatte sich, gegen den Willen ihrer Mutter, entschieden keine Zofe oder Gesellschafterin einzustellen. Sie wollte ihr junges Glück ungestört genießen und zum An- und Auskleiden benötigte sie noch keine Hilfe. Dafür sei sie zu jung und Heinrich übernahm sowieso das Ausziehen. Für die seltenen Gelegenheiten, an denen sie eine festlichere Frisur benötigte, wären sicher im Schloss oder im Dorf geschickte Hände zu finden, hatte sie ihre Entscheidung begründet.

Elisabeth nutzte die Zeit zwischen Frühstück und Mittag, um mit Hermine über das Essen, die Vorratshaltung, Einkäufe, Wäschepflege, eben alles, was den Schlosshaushalt betraf, zu sprechen. Nebenbei beschäftigte sie sich mit Maria und Cockie.

Um zwölf Uhr wurde Elisabeth und Heinrich von Rudolf das Mittagessen im kleinen Speisezimmer, auch grüner Salon genannt, serviert. Hier hatte Heinrich einen Speiseaufzug, der direkt von der darunter liegenden Küche bis in den zweiten Stock führte, einbauen lassen. Die Schlossfamilie aß zusammen in der Küche.

Heinrich traf sich am frühen Nachmittag meist mit Georg, um auf die Felder zu reiten oder Pächter, die ein Anliegen hatten, zu besuchen.

Elisabeth hatte diese Zeit für sich. Sie richtete sich ein, erkundete Schloss und Park, änderte hier und da noch einige Kleinigkeiten in den Räumen und schrieb Briefe an ihre Familie und Freunde.

Rudolf sorgte für Sauberkeit und Ordnung im Schloss. Außerdem hatte er es sich zur Gewohnheit gemacht, sich täglich in den Stallungen und im Gesindehaus nach dem Befinden der Tiere und dem Gesinde zu erkundigen. Dabei erfuhr er auch allerlei Neuigkeiten, die sich hervorragend mit Hermines Wissen ergänzten.

Um sechzehn Uhr trafen sich Elisabeth und Heinrich zum Tee mit Schnittchen oder süßem Gebäck im roten Salon. Dieser Salon war schon seit ewigen Zeiten ausschließlich der Familie vorbehalten. Hier wurde auch am Abend zusammengesessen, wichtige Beschlüsse gefasst und kleine Familienfeiern abgehalten.

Die Zeit zwischen Tee und Abendessen nutzten Heinrich und Rudolf meist für Angelegenheiten, die das Pfarrhaus, die Kirche oder den Gemeinderat betrafen.

Elisabeth nutzte diese Zeit ausgiebig, um sich mit Maria und Cocki zu beschäftigen.

Gegen halb acht wurde das Abendessen im blauen Salon serviert. Wenn das junge Paar Gäste hatte, zog sich Heinrich mit den Herren in die Bibliothek zurück, um dort ein Pfeifchen oder eine Zigarre bei einem guten Branntwein zu genießen.

Die Damen verblieben im blauen Salon, wo es außer dem großen Esstisch noch einen großzügigen gemütlichen Sitzbereich um den großen Kamin gab.

Waren Elisabeth und Heinrich allein, genossen sie die Abende im roten Salon bei einer Partie Dame oder lasen ein Buch.

Elisabeth ließ den alten Pavillon am Ende des Parks wieder herrichten. Der Pavillon lag etwas versteckt hinter hohen Rhododendron-büschen. Hier wollte sie gemeinsame ruhige, schöne Stunden mit Heinrich und ihrem Kind verbringen.

Der aus Marmor bestehende Pavillon war außen und innen mit Gestrüpp überwuchert. Nachdem es entfernt worden war, ließ sich seine frühere Schönheit wieder erahnen. Über acht rosafarbenen marmornen Säulen wölbte sich eine runde weiße Kuppel. Zwischen den Säulen standen niedrige, halbhohe und bis zur Kuppel reichende weiße Mauern, die vor Wind, Regen und unerwünschten Blicken schützten. Die Mitte des Pavillons zierte eine runde aus rotem Marmor gefertigte Tischplatte, die auf einer mit Rosen verzierten Säule ruhte.

Heinrich hatte Elisabeth ein Geheimnis verraten. Wenn sie einen der Blütenköpfe an dem mit Rosen verzierten Fuß der Tischplatte etwas drehen würde, verschöbe sich im hinteren Teil des Pavillons eine Steinplatte, auf der eine marmorne Bank befestigt war. Darunter würde ein Geheimgang bis ins Schloss führen. Elisabeth fand die entsprechende Blüte, die sich drehen ließ, aber die Platte mit der Bank verschob sich kein Stück. Heinrich erklärte ihr, dass von innen ein Riegel angebracht worden war.

Heinrich und Otto hatten als Kinder oft Verstecken in dem unterirdischen Gang mit seinen Verliesen gespielt, bis sie sich eines Tages dort selbst eingesperrt hatten. Daraufhin hatte sein Vater den beiden das Verbot erteilt, den Gang jemals wieder zu betreten und die Verriegelungen angebracht. Später hatte ihr Vater ihnen die Funktion erklärt: „Kinder, dieser Geheimgang ist nur für den Notfall angelegt worden. Wenn jemand das Schloss angreifen würde, hätten wir hier eine Möglichkeit zu entkommen. Merkt euch das: Nur für den Notfall. Nicht zum Spielen!"

Als der Pavillon, vom Gestrüpp befreit, wieder in seiner Pracht zu sehen war, zeigte Heinrich Elisabeth den ganzen unterirdischen Geheimgang. Aus ihren Schlafzimmern und der darunter liegenden Bibliothek führte jeweils eine Tür eine schmale Wendeltreppe hinunter an der Bibliothek und im Keller an der Vorratskammer vorbei. Die Türen waren hinter Seidentapeten verborgen. Dann endete die Wendeltreppe und ging in dreißig gerade Stufen über. Dort stießen sie auf die erste verriegelte Eisentür. Dahinter zog sich ein niedriger Gang etwa zweihundert Schritte hin. Es gingen viele Türen davon ab. Sie waren vor Urzeiten für Vorräte angelegt worden. Aber auch für Gefangene. Es gruselte Elisabeth vor den Räumen.

Heinrich erklärte ihr, dass dort sicher keine Heiligen eingesperrt worden waren, sondern Mörder oder solche Menschen wie der brutale Biedermann. Am Ende des langen Ganges befand sich eine verriegelte Eisentür, hinter der wieder dreißig Stufen hochführten. Dort befand sich ein kleiner Riegel, den Heinrich nach oben schob. Die Steinplatte mit der Bank im Pavillon bewegte sich und die beiden standen an der herrlich frischen Luft.

Elisabeth meinte, sie hätte vorerst genug von Abenteuern und wollte den unterirdischen Weg nicht noch mal zurücklegen. Heinrich war auch nicht erpicht darauf. Mit einer Drehung der Blüte verschloss sich der Gang wieder.

Als Nächstes nahm sich Elisabeth Tante Sarahs Garten vor. Der Garten war nach einer Vorfahrin Heinrichs benannt worden. Nach fast zehn Jahren war von der ehemaligen Pracht des Gartens ebenfalls nichts mehr zu sehen. Elisabeth ließ für die gröbsten Arbeiten einen ihrer Familiengärtner vom Gut Heimtraut kommen.

Das Wiedersehen

Mit einem Korb voller Rosen wollte sich Elisabeth gerade ins Schloss begeben, als sie einen Mann, eine Frau und ein Kind vor der Schlosstür stehen sah. Die laute Stimme der Frau und ihre heftig gestikulierenden Hände erweckten den Eindruck eines Streitgespräches. Elisabeth ging langsam auf die drei Personen zu. Um sich bemerkbar zu machen, hüstelte sie einige Male:

„Einen schönen guten Tag, kann ich Ihnen behilflich sein?"

„Wer sind Sie überhaupt?", fuhr die Frau sie unwirsch an.

„Ich bin Baronin von Eldingen."

„So, so." Die Frau mit der hohen weißen Perücke musterte Elisabeth von Kopf bis Fuß. „Wennse sich da mal nich jewaltig irren, Gnädigste. Det bin nämlich ich. Und det ist meen Mann, der Baron Otto von Eldingen und Thorben unser Sohn, wennse jestatten."

Heinrich, der die Stimmen draußen hörte, trat an das Fenster der Bibliothek. Als Heinrich den Namen Otto hörte, sah er sich den Mann genauer an. *„Weißhaarig ja, Augenklappe nein. Vom Profil her könnte es Otto sein. Aber diese Frau mit der Perücke?"*

Elisabeth bat die Personen herein. „Ich sage meinem Mann schnell Bescheid. Er kommt gleich herunter."

„Nich nötig. Meen Mann, der Baron, kennt sich hier aus. Gehört ja alles ihm," entgegnete die Frau mit der weißen Perücke und stieß ihren Mann in die Seite: „Nun mach schon! Los! Treppe hoch haste doch jesagt."

Elisabeth sah den dreien erstaunt nach, wie sie Richtung Bibliothek gingen. Elisabeth klingelte nach Rudolf, erzählte ihm kurz von den dreien und bat ihn, Hermine zu sagen, dass sie sich bereithalten sollte.

Ohne Anklopfen betrat die Frau, gefolgt von ihrem Mann und Sohn, die Bibliothek.

„Na endlich im *Allerheiligsten", s*tellte sie fest, ohne Heinrich zu beachten. Sie setzte sich in einen Sessel, zog ihre Schuhe aus und begann, sich die Füße zu massieren.

„Na kannste nich mehr reden?", keifte die Frau ihren Mann an.

„Sag schon, wer du bist. Und dass ich deine Frau, die Baronin, bin und dass dein Sohn der Thronerbe ist. Das wirste wohl noch hinkriegen. Oder muss ich das auch noch machen?"

Der Mann blickte peinlich berührt auf den Boden. „Guten Tag, Heinrich."

„Guten Tag, Otto." Unzweifelhaft war es sein lange vermisster Bruder. Heinrich ging auf ihn zu und umarmte Otto herzlich. „Ich freue mich, dich endlich wiederzusehen. Komm, setz dich zu mir. Kann ich euch etwas anbieten? Habt ihr Hunger oder Durst? Oder beides?" Heinrich war vor Freude ganz aus dem Häuschen: „Ach was, ich lass einfach alles kommen. Mein Gott, Hermine wird sich erst freuen, dich endlich wieder zu sehen, Otto!"

Bevor Heinrich klingeln konnte, ging die Tür auch schon auf und Hermine stürmte vor Freude strahlend herein. Sie schlug die Hände vor das Gesicht. Unter Freudentränen sagte sie: „Dass ich das noch erleben darf! Du bist es wirklich. Otto, komm lass dich umarmen." Sie drückte Otto an ihre Brust und tätschelte liebevoll sein Gesicht.

„Geht es dir gut?", Hermine sah in Ottos Augen, die von einer tiefen Traurigkeit erfüllt waren: „Wir reden später. Jetzt stärke dich erst einmal und mach dich frisch."

Otto konnte kein Wort herausbringen.

„Jetzt is mal jut, ja. Wir sind schließlich auch noch da. Und die alte Frau hat hier auch nichts verloren."

Damit war Hermines Kriegsbeil ausgegraben.

Inzwischen hatte Rudolf Tee, Gebäck und Schnittchen serviert.

„Wat denn? Soll det alles sein?" Alle Augen richteten sich auf die Frau. Auf die grell geschminkte schuhlose Frau mit der hohen weißen Perücke. „Wo bleibt der Schampanja? Es gibt doch die große Heimkehr zu feiern. Los, los. Ne'n bisschen flott, wenn's geht. Oder muss man hier ewig warten?", befahl sie Rudolf.

Rudolf überhörte sie. Solange er von Heinrich keine anderen Anweisungen bekam, würde er diese unmögliche Person einfach nicht zur Kenntnis nehmen. Das empfahl er später auch Hermine, Katharina und Lennard. Meistens, so hatte er die Erfahrung gemacht, änderte sich der Ton von selbst, wenn solche eingebildeten Leute nicht bekamen, was sie wollten.

Rudolf zog sich mit einem fragenden Blick auf Heinrich, der fast unmerklich mit dem Kopf nickte, zurück.

„So jetzt reicht es mir aber, Otto. Du bist zu nichts zu jebrauchen. Stell uns jetzt endlich vor, damit die wissen, mit wem sie es zu tun haben." Mit dem Kopf nickte sie in Heinrichs und Elisabeths Richtung.

„Meine Frau Auguste und unser Sohn Thorben", sagte Otto leise.

„Das heißt: Meine Frau die Baronin Auguste und mein Sohn, Prinz Thorben. Nur damit hier keene Missverständnisse auftreten", stellte Auguste klar.

Heinrich und Elisabeth sahen sich ernst an. Elisabeth wusste, dass Heinrich zuerst gern mit seinem Bruder allein sprechen wollte. „Auguste, ich werde Ihnen jetzt Ihre Zimmer zeigen, damit Sie sich frisch machen können."

„Frisch machen? Nee, ich will een scheenes jroßet Duftbad in meenen Jemächern, Gnädigste. Aber zuerst den Schampus"

Heinrich kam seiner Frau zu Hilfe: „N E E", ahmte er Auguste nach. „C H A M P U S" gibt es hier nicht. Und een scheenes jroßet Duftbad auch nicht. Es sei denn, Sie haben einen Kammerdiener oder eine Zofe mitgebracht, die Ihnen ein Bad einlassen. Und wenn sich Ihnen meine Frau anbietet, Ihnen Ihre Zimmer zu zeigen, ‚G N Ä D I G S T E', dann sollten Sie es annehmen. Außer Sie ziehen es vor, in der Dorfschenke zu schlafen? Das bleibt Ihnen überlassen, G N Ä D I G S T E", Heinrich sah Auguste fragend an.

„Also jut. Dann zeigen Sie mal", gab Auguste großzügig nach.

Kaum hatten Auguste, Thorben und Elisabeth die Bibliothek verlassen, wandte Heinrich sich an Otto: „Bevor wir hier alles andere klären, Otto, sag mir bitte aufrichtig, ob du diese Frau wirklich liebst? Und ist Thorben dein leiblicher Sohn?"

Otto räusperte sich: „Nein, ich glaube, ich habe Auguste einmal geliebt. Ganz am Anfang, als sie mich im Lazarett gepflegt hat. Aber dann …?"

„Und Thorben?"

„Auguste sagt, er ist von mir. Aber ich kann mich nicht erinnern, zu dem Zeitpunkt mit ihr …, du weißt schon."

„Der Junge sieht dir nicht im Geringsten ähnlich und unsere Augenfarbe, die seit Jahrhunderten in unserer Familie vererbt wurde, besitzt er auch nicht. Wie alt ist er denn?"

„Vierzehn."

„Recht klein für sein Alter, nicht wahr? Wir Jungen sind immer sehr groß gewesen."

„Ja, das habe ich mir alles auch schon überlegt. Bloß wenn ich Auguste danach gefragt habe, ist sie auf mich losgegangen."

„Wie losgegangen?"

Otto rutschte verlegen aus seinem Stuhl hin und her. „Sie schlägt immer gleich zu."

Die Tür wurde aufgerissen und Thorben stürmte herein: „In den Zimmern schlafen wir nicht, sagt Mutter. Sie will die Gemächer, die ihr zustehen."

„Jetzt hör mal gut zu, Junge. Du entschuldigst dich sofort bei uns, dass du uns gestört hast. Dann gehst du raus, schließt die Tür leise hinter dir und bestellst deiner Mutter einen schönen Gruß von mir. Wenn sie hier noch einmal etwas will oder auch nur einen einzigen Befehl an meine Dienerschaft gibt, fliegt ihr beide hier auf der Stelle raus. K A P I E R T? Raus jetzt, und zwar schnell. Und lass dich hier nicht wieder blicken!", befahl Heinrich gereizt.

Heinrich sah seinen Bruder nachdenklich an: „Wo waren wir? Ach ja, sie schlägt dich auch? Du bist mehr als zwei Köpfe größer als sie und auch viel stärker."

„Sie schlägt mit allem, was sie in die Hände bekommt. Besen, Bratpfannen – einfach alles. Ich kann mich nicht wehren, ich kann keine Frau schlagen. Es geht einfach nicht. Einmal war ich kurz davor. Nein, ich kann es einfach nicht."

„Noch mal zurück. Du hast Auguste also im Lazarett kennengelernt?“

„Ja, ich war aus der Gefangenschaft mit gebrochenen Beinen und einer Augenverletzung dort hingekommen.“

„Und sie hat dich gepflegt?“

„Ja, mich und viele andere.“

„Wann und wo hast du sie nach deiner Genesung geheiratet?“

„Noch im Lazarett. Eines Tages bin ich aufgewacht und da hat sie mir strahlend die Urkunde gezeigt.“

„Otto, du hast ihr gar keinen Antrag gemacht? Und du weißt nichts von einem Priester? Hattet Ihr Zeugen? Oder besser noch die Heiratsurkunde? Zeig sie mir, bitte.“

„Ich kann mich nicht erinnern, Auguste einen Antrag gemacht zu haben. An die Trauung kann ich mich auch nicht erinnern. Zu dieser Zeit war ich durch die starken Schmerzmittel nicht immer bei klarem Verstand. Dazu hatte ich wochenlang hohes Fieber. In diesen Lazarettsälen wimmelt es nur so von ansteckenden Krankheiten. Die Heiratsurkunde hat Auguste.“

„Du hast die Urkunde aber unterschrieben?“

„Sie sagt ja. Die Urkunde sei rechtsgültig.“

„Sie sagt ‚Ja‘? Hast du die Urkunde gesehen?“

„Ja, einmal hat Auguste sie mir kurz vor die Nase gehalten.“

„Moment mal. Das prüfen wir gleich nach.“ Heinrich klingelte nach Rudolf.

„Rudolf, ich weiß es ist unangenehm, aber würden Sie die ‚Gnädigste‘ bitte hier in die Bibliothek bestellen? Bitte richten Sie ihr aus, dass ich sie auf der Stelle zu sehen wünsche.“

Auguste platzte fast vor Neugierde. Sie kam Heinrichs Aufforderung sofort nach. Kaum hatte Auguste die Tür aufgerissen, unterbrach sie das Gespräch zwischen Heinrich und Otto. „Was jibts? Kriege ich endlich meine Jemächer? Ich bin hier schließlich keen Gast, sondern die Baronin, die Frau vom Erben. Da habe ich jawohl n’en Recht drauf.“

„Wer oder was Sie sind, müssen wir erst einmal klären. Zeigen Sie mir bitte die rechtsgültige Urkunde, die bestätigt, dass Sie mit meinem Bruder verheiratet sind.“

Auguste fummelte in ihrem Ausschnitt herum, wobei ihre übergestülpte Perücke immer mehr zur Seite rutschte. Vor Heinrichs Nase mit der Urkunde wedelnd, erklärte sie lautstark: „Hier, da isse. Allet in bester Ordnung.“

„Das werden wir noch sehen.“ Heinrich entriss ihr die Urkunde. „Sie können jetzt wieder gehen.“

„Wie? Was?“ Auguste sah zwischen Otto und Heinrich hin und her. „War det allet? Otto, nun sag mal was! Du bist zu nichts nutze! Kümmere dich mal darum, dass deine Frau, die Baronin, anständig in ihren Jemächern untergebracht ist.“

„Es reicht“, unterbrach Heinrich Auguste. „Raus hier. Und zwar auf der Stelle.“

Heinrich sah seinen in sich zusammengesunkenen Bruder an. Otto tat ihm leid. Heinrich erkannte seinen stolzen, starken, lebenslustigen Bruder nicht wieder. Nichts mehr davon war übriggeblieben. Otto schien ein gebrochener Mensch zu sein.

„Otto, ich brauche jetzt dringend etwas Starkes zu trinken, du auch?“ Heinrich reichte Otto einen Brand, aber dieser rührte ihn nicht an.

„Otto, was hältst du davon, wenn Rudolf dir ein Bad einlässt und du dich anschließend ausruhst? Ich denke, das wäre jetzt das Beste. Du brauchst Ruhe, Ruhe und nochmals Ruhe. Ich werde dafür sorgen, dass du sie bekommst. Du kannst vorerst in mein Schlafzimmer ziehen. Dort wird Auguste sich wohl nicht hineinwagen. Inzwischen werde ich mir diese Heiratsurkunde und deine Entlassungspapiere aus der Gefangenschaft und dem Lazarett genauer ansehen. Bist du damit einverstanden?“

Otto übergab ihm die entsprechenden Entlassungspapiere, nickte und sagte leise: „Danke, Bruder.“

Sobald Otto das Zimmer verlassen hatte, riss Heinrich die Fenster auf. Der Geruch nach dem widerwärtigen billigen Parfüm seiner angeblichen Schwägerin hatte ihm Kopfschmerzen verursacht. Heinrich sagte kurz Elisabeth Bescheid, dass er dringend einen Ausritt unternehmen würde. Er musste seinen Kopf freibekommen.

„Wollen wir uns anschließend im Pavillon treffen, Hein?“

„Wenn du für mich Zeit hast, gerne, Lisa. Ich brauche dringend eine kultivierte Frau in meiner Nähe.“

„Da kannste mal sehn, wat du fürn Jlück hast, nä?“, meinte Elisabeth lachend.

„Ich werde dir gleich deinen entzückenden Mund mit Seife auswaschen, wenn du so weiter machst," konterte Heinrich. „Pass bloß auf, dass diese Gossensprache nicht auf unser ungeborenes Kind abfärbt." Er gab Elisabeth einen Kuss.

Im Pavillon erwartete Elisabeth ihn mit Wein und Wasser.
„Was hältst du davon, wenn wir heute hier zu Abend essen, Liebster? Es ist wunderbares Wetter und …"
„… und wir laufen hoffentlich nicht Gefahr, von dieser Frau und diesem Sohn belästigt zu werden. Ach, herrlich dein Vorschlag."
„Wie war dein Gespräch mit Otto?"
„Aufschlussreicher als ich angenommen hatte." Heinrich erklärte Elisabeth, wie es zu der angeblichen Vermählung mit Auguste gekommen war. „Wenn es so ist, wie ich es mir denke, sind sie nicht rechtskräftig verheiratet. Morgen früh werde ich zu Herrn von Mollenstein reiten und von ihm die Papiere prüfen lassen."
„Das ist gut. Ich habe mir auch Gedanken über Otto gemacht. Er wirkt so, – wie soll ich das ausdrücken? Vielleicht: geknickt? Und so furchtbar müde."
„Ja, das finde ich auch. Vielleicht ist ‚gebrochen' das richtige Wort für seinen Zustand? Und müde ist er auf jeden Fall."
„Ich habe mir überlegt, dass Otto erst einmal wieder zu sich finden müsste. Und zwar weit weg von dieser Frau."
„Das wäre bestimmt genau das Richtige für ihn."
„Du hast doch noch etwas gut bei Karl, nicht wahr?"
„Wie meinst du das?"
„Karl hat doch hier bei dir Urlaub gemacht und sich prächtig erholt. Jetzt könnte er sich revanchieren. Unsere Familie besitzt ein entzückendes Sommerhaus an der See, ich glaube, das wäre passend für Otto. Dort kann man nämlich nichts anderes machen als schwimmen gehen und sich erholen."
„Ich werde Karl darum bitten, Liebste."

In ihrem Zimmer überlegte Auguste wie sie am geschicktesten vorgehen könnte. Bis jetzt hatte ihre Planung ganz gut funktioniert. Gut, sie hatte damals nicht damit gerechnet, dass Otto so lange leben würde. Sie hatte, wie viele Frauen, die Kranken und Verletzten im

Lazarett gepflegt. Otto war ihr gleich aufgefallen. Er sah gut aus und bedankte sich für jeden Handgriff bei ihr, was überhaupt keine Selbstverständlichkeit war. Die meisten nahmen die freiwilligen Pflegerinnen nicht zur Kenntnis oder waren sehr unwirsch wegen ihrer Schmerzen und ihrer Hilflosigkeit. An dem einen oder anderen Kranken rächte sich Auguste hier und da. Sie gab ihnen keine oder nur eine unzureichende Dosis heilender schmerzlindernder Tees oder Salben.

Otto hatte es ihr aber irgendwie angetan, er behandelte sie mit Respekt. Seine Beinbrüche heilten langsam. Leider steckte er sich ständig wieder mit Krankheiten an. Eines Tages bat Otto sie, ihm aus seinem Bündel ein Schreiben zu geben. Da Otto mit seiner Augenklappe schlecht sehen konnte, sollte sie an Heinrich einen Brief schreiben. Otto wollte seinem Bruder mitteilen, wo er sich zurzeit befand. Den Brief schickte Auguste nicht ab. Da sie nun wusste, dass Otto ein zukünftiger Baron und in einem Schloss aufgewachsen war, wollte sie ihn heiraten. Zudem hatte sie nun auch noch den Balg ihrer Schwester am Hals, die kürzlich im Kindbett gestorben war. Wenn Auguste Otto dazu bekäme, sie zu heiraten, wären sie und das Kind nicht nur abgesichert, sondern auch noch reich.

Während einem seiner schlimmen Fieberanfälle zwang sie Ottos Bettnachbar, die von ihr aufgesetzte Heiratsurkunde zu unterschreiben. Diesem Mann ging es wirklich richtig schlecht, er bat ständig um Erlösung und wollte nicht mehr leben. Auguste stellte ihn vor die Wahl: Entweder sie würde ihn noch lange am Leben erhalten und er würde weiter mit seinen Schmerzen durch die Hölle gehen oder sie würde ihn von seinen Qualen erlösen. Er unterschrieb die Urkunde. Am nächsten Tag teilte sie Otto mit, dass sie verheiratet und sein Bettnachbar leider gestorben war.

Otto schien es in seinem Fieber nicht richtig zu begreifen. Das war Auguste aber völlig egal, sie hatte jetzt, was sie wollte. Sie hatte sich sowieso vorgenommen, auch Otto in ein paar Tagen zur Erlösung zu verhelfen.

Leider kamen zur Unterstützung neue Ärzte aus einem geschlossenen Lazarett und machten ihr einen Strich durch ihre Planung.

Auguste stopfte sich einige Monate Kissen unter ihre Kleidung und gab vor schwanger von Otto zu sein. Er schämte sich zu fragen, wie das denn passiert sein könnte, im Lazarett unter all den anderen Kranken und ließ das Thema auf sich beruhen. Das ging so lange gut, bis sich die Amme von dem kleinen Thorben nicht mehr um ihn kümmern konnte. Dann entband Auguste kurz entschlossen in der Hoffnung, dass Otto sich mit der Dauer von Schwangerschaften nicht auskannte.

Nachdem sie Otto bei sich zu Hause hatte, drängte sie ihn, nach Eldingen zu reisen. Otto weigerte sich schlichtweg. Er müsse erst auf die Beine kommen, so heruntergekommen, könne er sich dort nicht sehen lassen und außerdem hätte sein Bruder auf seinem Brief noch nicht geantwortet. Dies deutete Otto als Zeichen, dass er dort nicht mehr erwünscht sei.

Arbeit fand Otto so gut wie keine und wenn doch, war sie so hart, dass Otto sie nicht lange durchhielt. Auch Krankheitserreger jedweder Art schien er wie magisch anzuziehen. Die Enttäuschung darüber, weiterhin in einem Kellerloch hausen zu müssen, statt in einem Schloss zu wohnen, außerdem ein ungewolltes Balg und einen ständig kranken nichtsnutzigen Mann am Haken zu haben, ließ Auguste immer unzufriedener werden.

Wegen jeder Kleinigkeit, und sei es nur die sprichwörtliche Fliege an der Wand, ging Auguste an die Decke. Zu Anfang gab sie dem Jungen nur ab und zu ein paar Ohrfeigen, aber als das nicht mehr ihre Wut über ihr verpfuschtes Leben besänftigen konnte, fing sie an, ihn regelrecht zu verprügeln. Bis sich Otto schützend vor das kleine Kind stellte. Ab da konzentrierten sich ihre Ausbrüche auf ihn. Da Otto gut zwei Köpfe größer als sie war, nahm sie sich Hilfsmittel, um ihn zu schlagen. Aus ihrer Erfahrung als Pflegerin wusste Auguste genau, wo sie ihn am empfindlichsten treffen konnte. Außer seinen noch nicht ganz verheilten Knochenbrüchen, bevorzugte sie die Nieren und seine Weichteile. Schnell stellte sie fest, dass Otto nicht in der Lage war, sie zu bändigen oder gar zurückzuschlagen. Das ließ ihn in ihren Augen nur noch tiefer sinken. Ein Mann, der sich nicht wehrte, war für sie das Allerletzte. Jetzt hasste sie Otto nicht nur, nun kam noch Abscheu dazu.

Auguste blieb nichts anderes übrig, als sich eine lukrative Arbeit zu suchen. Vom Putzen und sonstigen Arbeiten konnten die drei nicht leben. Auch Otto und Thorben, die sie zum Betteln auf der Straße gezwungen hatte, brachten so gut wie nichts mit nach Hause. Es gab einfach zu viele Bettler und die guten Reviere, wo die Reichen wohnten, waren in festen Händen. Zudem hatten die versierten Bettler die verschiedensten Arten von auffälligen Gebrechen aufzuweisen. Ihnen fehlten Gliedmaßen oder sie waren blind oder beides. So weit wollte Auguste nun auch nicht gehen. Dieses ganze Blut von den Amputationen im Lazarett war ihr widerlich gewesen. Aber zur Not musste sie darauf zurückgreifen, das war ihr klar.

Eine Bekannte verschaffte ihr einen Platz. Auch diese Reviere waren in festen Händen, besser gesagt in Schößen. Auguste takelte sich auf, verließ gegen Abend die Wohnung und kam am nächsten Morgen, meist betrunken, nach Hause.

Zunächst dachte sie, diese Arbeit nicht ertragen zu können. Aber als Auguste nach einer Nacht mehr Groschen in ihrem Beutel hatte als nach einem Monat Putzarbeit, trank sie billiges Bier und machte die Augen zu. Mit der Zeit machte ihr diese Tätigkeit richtig Spaß, sie hatte bald ihre festen Kunden und aus billigem Bier wurde Champagner. Eine ihrer besten Investitionen war die weiße hohe Perücke. Immer wieder äußerten einige Männer den Wunsch, einmal eine hochwohlgeborene, feine Dame zu besteigen. Gegen einen saftigen Aufpreis für das Tragen der Perücke und das Rollenspiel der feinen Dame, erfüllte Auguste ihren Freiern diesen Wunsch. Schon bald war Auguste im Milieu unter *Madame Pompadour* bekannt.

Otto fragte nicht, wo sie die Nächte verbrachte. Er konnte es sich denken. Statt zu antworten, würde Auguste ihn nur beschimpfen und verprügeln. Sie ernährte nun alleine die kleine Familie. Die Amputationen an ihm und den Jungen waren kein Thema mehr.

Nach gut einem Jahr ihrer Tätigkeit hatte Auguste genug zusammengespart, um eine Wohnung mit zwei Zimmern zu mieten. Sie teilte Otto mit, ab jetzt zu Hause arbeiten zu wollen. Er hätte nun die Kunden zu ihr zu führen und damit sie sich von ihrer erschöpfenden Tätigkeit erholen könne, sollte Otto sie und ihre Freier bedienen. *„Er könne schließlich auch etwas zum Broterwerb beitragen“*, bekam Otto nun Tag und Nacht zu hören. Ottos letzter Rest an Selbstachtung verschwand. Otto besorgte den Haushalt, das Kochen, unterrichtete Thorben im Schreiben, Lesen, Rechnen, ließ sich beschimpfen, verprügeln und verwöhnte seine Frau. So ging es jahrelang.

Nach einigen Jahren ließ das Geschäft, wie Auguste es bezeichnete, nach. Die Nachfrage nach unverbrauchtem Frischfleisch, jungen Frauen und Männern, möglichst noch im Kindesalter, stieg explosionsartig an. Madame Pompadour sowie ihre zweite Rolle als Krankenschwester bezeichneten ihre Kunden nun als alten Hut.

Auguste musste wieder auf die Straße, bekam aber nur einen Platz in einem der schlechtesten Viertel. Einen ganz entscheidenden Vorteil hatte dieses Viertel allerdings. Hier bekam sie ständig die neuesten Informationen, wo es günstig etwas zu holen gab. Über billige Lebensmittel, Abfälle von Feiern der Bessergestellten oder wann diese vereist waren und die Häuser leer standen.

Für Einbrüche und zum Stehlen war ihr Nichtsnutz von Ehemann auch nicht zu gebrauchen, aber Thorben. Thorben war klein und wendig genug, um in kleine Kellerfenster zu kriechen. Um Thorstens Einbruchs- und Diebstahlausbildung zu bezahlen, verlangte der Meister den Großteil des Diebesgutes und Augustes Körper. Ein faires Geschäft fand Auguste. Thorsten stellte sich als ausgezeichnetes Talent heraus.

Auf der Straße hatte Auguste ihre Kontakte zu den alten Kolleginnen und Kollegen wieder aufgefrischt und war in allen Dingen, die in Magdeburg passierten, auf dem Laufenden. Dinge von denen die Wohlhabenden oder Reichen, wenn überhaupt, nur aus ihren Zeitungen und Zeitschriften erfuhren.

So bekam Auguste auch mit, dass ein Mann in Ottos Alter und mit seiner Statur im Zusammenhang mit einem Schloss gesucht wurde. Sie witterte ihre Chance und fand den Herren, der nach solchen Männern Ausschau hielt. Nach einem Treffen mit Otto und dem Herren, bei dem Otto viele Fragen beantworten musste, teilte der Agent ihnen mit, dass er Otto ganz oben auf die Liste setze. Er würde sich in entsprechender Zeit bei ihnen melden.

Das erste Mal in ihrem Leben wurde Auguste krank, schwer krank. Thorben wurde bei einem Einbruch erwischt und so brutal zusammengeschlagen, dass er sich gleich neben Auguste legen konnte. Sie hatten keine Einkünfte mehr und konnten die Miete für die zwei Zimmer nicht mehr bezahlen. Das Ersparte war für gute Investitionen, wie Auguste sagte, draufgegangen. Sie hatte für sich, Otto und Thorben standesgemäße Kleidung anfertigen lassen, um nach

Eldingen zu reisen. Das restliche Geld brauchten sie zum Essen, den Arzt und die nötigste Medizin.

Da die Wohnungsnot in Magdeburg groß war, stundete ihnen ihr Vermieter die Miete nicht. Er setzte sie von heute auf morgen vor die Tür und war froh, solche Menschen nicht mehr im Haus zu haben.

Auguste, Otto und Thorben kamen in einem Kellerraum eines Etablissements unter. Die Besitzerin kannte Auguste noch aus Augustes besten Jahren und hatte Mitleid mit ihr. Dafür musste Otto der Besitzerin beiwohnen. Sie hatte Gefallen an Ottos gepflegtem Auftreten und seiner vornehmen Erscheinung gefunden. Außerdem hatte die Besitzerin des Bordells schon lange die Nase voll von den primitiven Männern und wollte einen vorzeigbaren Mann an ihrer Seite haben. Ihr Etablissement war eines der besten in der Stadt. Sie wurde sogar auf der Straße gegrüßt, da sie den Ruf hatte, außerordentliche Spenden an die Kirche und an Bedürftige zu vergeben.

Für Otto begann, abgesehen von dem Milieu, eine der angenehmsten Zeiten seines Lebens. Irgendwann konnte er seine Geliebte davon überzeugen, dass Auguste und sein Sohn besser untergebracht wurden. Die Besitzerin bestand darauf, dass Auguste diese Unkosten abarbeitete. Das war für Auguste eine Ehrensache. Man wusste ja nie, ob man diese Hilfe noch einmal in Anspruch nehmen musste. Auguste spezialisierte sich auf das Auspeitschen und andere Foltermethoden. Sie machte ihre Arbeit so gut, dass sie mehr und mehr von gewissen Kunden unter der Hand in Anspruch genommen wurde. Reich wurden sie allerdings nicht dabei, weil die gnädige Frau fast das gesamte Geld für ihren luxuriösen Lebenswandel, Spenden an die Kirche und für andere wohltätige Zwecke benötigte, wovon auch ein beträchtlicher Teil für die Polizei draufging.

Trotz einiger Vorwarnungen, dass sich in einem ihrer Salons eine Verschwörung gegen die Obrigkeit zusammenbraute, unternahm die Besitzerin des Bordells nichts dagegen. Diese Männer waren allesamt sehr gute Kunden, hatten die perfekten Beziehungen zur feinen Gesellschaft und sorgten ständig für gut betuchten Kundennachschub.

Eines Tages, mitten zur Hauptgeschäftszeit, stürmte die Polizei das Haus. Jeder wurde festgenommen und auf die Wache gebracht. Otto, Auguste und Thorben hatten Glück, dass sich Auguste zufällig gerade nicht mit einem Kunden beschäftigte. So konnte ihr nicht nachgewiesen werden, dass sie dort wirklich arbeitete. Der Polizeiinspektor, der ein spezieller Kunde von Auguste war, entließ sie aus dem Polizeigewahrsam schnell und ohne Aufsehen.

Nun waren Otto, Auguste und Thorben polizeilich registriert und eine Bleibe hatten sie auch nicht mehr. Es blieb ihnen nichts anderes übrig, als im Milieu noch tiefer abzurutschen oder sich endlich auf den Weg nach Eldingen, in das väterliche Schloss, zu machen. Das sah auch Otto endlich ein.

Während seiner Fieberschübe hatte Otto viel fantasiert. Auguste wusste, dass sie darauf nicht viel geben konnte. Später aber redete Otto nachts im Schlaf über seine Kriegserlebnisse, seine Eltern, Heinrich, Hermine, seine Kindheit und Jugend und von einem Schatz, der in einem unterirdischen Geheimgang vergraben war. Hermine konnte nicht schlafen, wenn er im Schlaf sprach. Zunächst hatte sie Mitleid mit ihm, dann hörte sie immer aufmerksamer zu. Manchmal fragte Auguste ihn etwas. Otto antwortete ihr, als wenn er wach wäre. So horchte sie ihn nach und nach aus. Otto konnte sich nie an die nächtlichen Unterhaltungen erinnern. Auguste erfuhr eine Menge über die Sitten und Gebrauche der im Schloss lebenden Personen. Ihr Hauptinteresse galt allerdings dem Schatz. Wörter wie *Gang*, *Gemächer*, *dunkel*, *Geheimtür*, *Verlies*, *Pavillon*, *Bibliothek*, *Rosen* kamen Otto dabei immer wieder über die Lippen. In Augustes Vorstellung nahm der Schatz eine riesige Dimension an. Sie sah die Berge von Gold und Edelsteinen förmlich vor sich.

Nun war Auguste auf Schloss Eldingen und der Schatz, der sie unendlich reich machte, zum Greifen nahe. Sie musste ihn nur noch finden. Dazu brauchte sie Thorben. Widerwillig weihte sie ihn in ihre Pläne ein. Unter Androhung, ihm seine Arme und Beine abzuhacken und ihm ein Auge auszustechen, musste Thorben ihr schwören, in seinem ganzen Leben zu niemandem ein einziges Wort darüber zu verlieren. Thorben wusste, dass seine Mutter ihre Drohung wahrmachen würde, um ihn dann, verkrüppelt, zum Betteln auf die Straße zu schicken.

Auguste beschloss, gleich in der ersten Nacht mit der Suche nach dem Schatz anzufangen. Als sie glaubte, die Schlossbewohner seien schlafen gegangen, machte sie sich mit Thorben auf in die Bibliothek. Falls sie dort überrascht werden sollten, würden sie sagen, dass Thorben in der neuen Umgebung nicht schlafen könne und sie deshalb ein Buch ausleihen wollten.

Auguste und Thorben tasteten in der Bibliothek die Wände nach einer Geheimtür ab. Sie entdeckten sie nicht. Danach schlichen sie in den Keller und untersuchten dort die Küche und die anderen Wirtschaftsräume. Wieder nichts. Für heute war es genug, entschied Auguste, so kamen sie nicht weiter.

Am nächsten Tag ging Auguste an der Bibliothek vorbei. Die Tür stand auf. Neugierig ging sie hinein, aber außer Cockie, der in einem Spalt hinter einem Sessel schwanzwedelnd herumschnüffelte, sah Auguste niemanden.

An diesem Tag erkundete sie mit Thorben den Schlosspark. Sie entdeckten den etwas verborgenen Pavillon. Auguste fand es hier wunderschön. Sie ließ Thorben Saft, Gebäck und Kissen holen und sie genossen den Vorgeschmack auf ihr zukünftiges Leben im Reichtum. Cockie leistete ihnen Gesellschaft. Er kannte keine Klassenunterschiede, Hauptsache die Menschen waren nett zu ihm und es fiel ab und zu etwas vom Tisch. Auguste mochte Hunde ausgesprochen gerne und das spürte Cockie. So fühlten sie sich alle drei wohl. Auguste und Thorben spielten mit Cockie Stöckchen holen und das Suchspiel. Ermüdet dösten die drei später ein.

Bis Auguste von Thorben gerüttelt wurde: „Mutter, nun wach doch schon auf! Mutter, ich muss dir etwas zeigen. Wach auf!"

Auguste, erbost darüber, dass sie aus ihrem juwelenreichen Tagtraum gerissen wurde, fuhr Thorben an. „Wat is? Lass mir meene Ruhe!"

„Cockie ist verschwunden!"

„Hä? Der wird scho wieda kommen."

„Er ist in dem Loch da verschwunden." Thorben zeigte auf die Stelle, an der vormals die marmorne Bank gestanden hatte.

Auguste fröstelte es. Es war schon Nachmittag und die Oktobersonne zog sich hinter den hohen Bäumen zurück.

„Hol mir den Umhang aus unserm Zimmer. Ich warte hier."

Thorben tat wie ihm befohlen.

Auguste überkam die Neugier und sie wagte sich, nach Cockie rufend, die ersten Stufen in den unterirdischen Gang hinunter. *„Ach was! Da unten wird schon nichts Schlimmes sein"*, dachte sie bei sich. *„Vielleicht entdecke ich ja zufällig die Juwelen. Wer nichts wagt, der nichts gewinnt. Los, reiß dich zusammen!"*, befahl Auguste sich selbst. *„Du bist doch sonst auch nicht so ne Memme."* Sich selbst Mut zusprechend, stieg Auguste tiefer und stieß auf den Gang. Es wurde dunkler. Aber sie dachte, wenn sie schon einmal da war, konnte sie auch noch weitergehen. Auguste rief an jeder offenen Tür oder was sie dafür hielt, nach Cockie. Jetzt konnte sie fast gar nichts mehr erkennen und sie tastete sich an den Wänden entlang. Da berührte sie etwas an ihrem Rock. Sie wirbelte vor Schreck herum und fiel hin. *„Das wird wohl Cockie gewesen sein. Geister? Nee, die jibt es nich!"*, beruhigte sie sich selbst. Auguste rappelte sich wieder auf und tastete sich weiter an den Wänden entlang.

Nach einer endlosen Zeit begann sie, daran zu zweifeln, dass sie in der Richtung des Ausganges unterwegs war. Da trat sie auf etwas Weiches, Wabbeliges. Sie trat erschrocken zurück und stieß mit ihrem Rücken eine Tür zu. *„Ah eine Tür, endlich! Dann ist dahinter ja der Gang, aus dem ich gekommen bin. Der Ausgang kann nun auch nicht mehr weit sein"*, überlegte sie. Damit hatte sie recht, sie bekam bloß die Tür nicht mehr auf. Diese Gefängnistüren ließen sich sinnvollerweise nicht von innen öffnen.

Zuerst rief Auguste nach Thorben, dann schrie sie, bis sie heiser wurde. Auguste hatte schon immer das Beste aus jeder Situation in ihrem Leben gemacht. Sie beschloss, mit ihren Händen die Wände nach einem losen Stein abzutasten, dahinter könnte der Schatz verborgen sein. Über kurz oder lang würde sie schon vermisst werden. Wirklich richtige Angst kannte Auguste nicht.

Oben im Park ging Elisabeth mit Maria im Bollerwagen und einem vor Freude hüpfenden Cockie spazieren. In der Nähe des Pavillons lief Cockie aufgeregt hinein und wieder zu ihr zurück. Elisabeth ging ihm nach. Cockie stand schwanzwedelnd vor dem Eingang in den unterirdischen Gang im Pavillon. Elisabeth lobte Cockie und verschloss mit einer Drehung an der Rose die Luke. *„Ich muss Heinrich davon berichten. Wir müssen den Zugang von innen wieder sichern"*, nahm sie sich vor.

Thorben hatte Elisabeth von Weitem in der Nähe des Pavillons mit Cockie gesehen. Er versteckte sich, bis sie und Cockie außer Sichtweite waren. Im Pavillon traf er seine Mutter nicht mehr an. Thorben suchte den gesamten Park ergebnislos nach seiner Mutter ab. Bis ihm der Magen knurrte. Zu Mittag hatte er auch nicht gegessen, jetzt wollte er wenigstens das Abendbrot nicht verpassen.

Rudolf hatte das unberührte Mittagessen von Auguste und Thorben wieder in die Küche getragen.

„Ist der *Gnädigsten* wohl nicht fein genug, wie? Sie will wohl lieber Kaviar?" Hermine wusste zwar nicht, was Kaviar war, aber im Zusammenhang mit dem Tratsch über die königliche Gesellschaft hatte sie das Wort schon einmal gehört.

„Ach, Hermine, ich bin sicher, dass diese Frau in ihrem Leben noch nie Kaviar gesehen, geschweige denn gegessen hat. Und außerdem: Wer nicht will, der hat schon, nicht wahr? Ich verspreche dir, obwohl ich Kaviar nicht besonders mag, später einmal welchen zu besorgen. Du, als so gute Köchin, müsstest ihn einmal probiert haben." Rudolf tröstete Hermine.

„Das würdest du für mich tun?", fragte Auguste ihn verlegen.

„Ja, mit Freuden. Du bist mir das wert. Kaviar ist sehr teuer", versicherte Rudolf ihr. „Ich bringe der ‚Gnädigen' und ihrem fürchterlichen Sohn jetzt schon das Abendbrot hoch, dann braucht Katharina das später nicht tun. Ich will noch einmal zu Lennard, bevor er zu Anna geht."

„Das ist lieb von dir."

Rudolf stutzte: *„Lieb? So ein nettes Wort hatte er von Hermine noch nie gehört. Überhaupt schien ihr das Bratkartoffelverhältnis mit Alexander Rotermann sehr gut zu tun. Sie ging längst nicht mehr so schnell an die Decke wie früher."*

Elisabeth berichtete Heinrich am Abend von der offenen Luke im Pavillon.

„Du hast recht, Lisa. Ich werde mich darum kümmern. Ich sichere jetzt erst einmal sofort die Tür in der Bibliothek. Dann gehe ich gleich zu Otto. Wenn er wach ist, berichte ich ihm von meinem Gespräch mit Hans von Mollenstein. Wir reden später darüber."

Otto war wach.

„Du, unser Advokat Herr von Mollenstein, zweifelt stark an der

Rechtmäßigkeit der Heiratsurkunde. Auch nach dem ersten Blick auf deine Papiere meinte von Mollenstein, dass es sehr unwahrscheinlich ist, dass Thorben dein leiblicher Sohn ist. Er will jetzt die Unterlagen ganz genau überprüfen und teilt uns dann sein Ergebnis mit."

„Je mehr ich in Ruhe darüber nachdenke, desto merkwürdiger erscheint mir die Geschichte", gab Otto zu.

"Weil du gerade ‚Ruhe' gesagt hast, Otto. Ich war auch beim Arzt, Doktor Röder. Du kennst ihn noch nicht. Ein sehr netter und, wie ich finde, ein sehr fähiger Arzt. Ich habe ihm von dir erzählt und er empfiehlt dir, dich erst einmal gründlich auszuruhen, bevor du dein neues Leben planst. Diese Zeit solltest du nutzen und deine ganzen Erlebnisse niederschreiben. Die guten wie die schlechten. Doktor Röder hat genügend Erfahrung mit Kriegsheimkehrern. Die meisten können nicht über das Erlebte sprechen. So bleibt es ihnen immer im Kopf. ‚Schreiben' tut es genauso, sagt er. Damit wird man es los und es macht den Geist frei für neue Erlebnisse. Mir hat das eingeleuchtet. Ich habe dir Papier und Tinte mitgebracht, falls du es versuchen möchtest." Heinrich legte einen Stapel Papier auf den Tisch, welches Otto sehr weit von sich schob.

„Nun zu deiner Erholung. Du könntest eine Weile verreisen. Die Familie von Elisabeth besitzt ein Sommerhaus an der See. Dort soll es geradezu perfekt für den Urlaub sein. Die Familie ist jedes Jahr dort hingefahren, als die Kinder noch klein waren. Überlege es dir einmal. Ich würde dann meinen Schwager schriftlich konsultieren."

„Werde ich mir überlegen. Aber die Aussicht mit Auguste und Thorben Zeit zu verbringen, scheint mir nicht verlockend."

„Nein, nein!", lachte Heinrich. „Nur du allein. Sonst ist es ja keine Erholung. Mach dir keine Gedanken um die beiden. Ich werde dafür sorgen, dass sie hier genug zu tun haben. Schließlich müssen sie hier, wie wo anders, für Unterbringung und Essen arbeiten. Wir arbeiten auch für unser Auskommen. Ich habe da schon ein paar Ideen. Die werden ihnen sicher nicht gefallen. Aber sie haben die freie Wahl: Arbeiten oder unser Schloss zu verlassen."

„Danke für deine Mühe, Heinrich."

„Kakaladutsch. Ich möchte so etwas nie wieder von dir hören, Otto. Nie wieder, hörst Du! Wir sind Brüder und eine Familie hält zusammen. Damit Schluss."

„Was hast du da eben gesagt? *K a k a la …?* Das habe ich ewig nicht mehr gehört.“ Otto lachte das erste Mal seit ihrem Wiedersehen. „Das hat doch Hermine immer gesagt, oder? *„Ka ka la dutsch.*“

„Ja, hat sie. Immer wenn wir Unsinn oder Blödsinn gesagt haben: *Kakaladutsch.*“

Eine Weile amüsierten sie sich darüber, was Hermine noch so an Schimpfwörtern in ihrem Sprachschatz hatte.

Otto wurde müde.

„Entschuldige Heinrich, ich …“

„Ich muss mich entschuldigen. Du musst dich erholen. Ich habe hier noch die Briefe von Mutter und Vater an dich. Für mich hatten sie auch welche geschrieben. Mir war das damals lange zu viel und ich habe sie erst sehr spät gelesen. Das war falsch. Ich hätte sie sofort lesen sollen. Die Briefe haben mir sehr geholfen. Dir werden sie sicher auch helfen.“ Heinrich legte sie zu dem Papierstapel. Möchtest du heute noch mal hier zu Abend essen?“

„Hier“, sagte Otto hastig. „Wenn es Euch nichts ausmacht. Ich weiß, es ist unhöflich.“

„Kakaladutsch, du kommst zum Essen zu uns, wenn dir danach ist. Um dich zu beruhigen: Ich habe angewiesen, dass Auguste und ihr Sohn auf ihrem Zimmer die Mahlzeiten serviert bekommen. Ich kann diese Frau nicht ertragen und schon gar nicht Elisabeth zumuten. Ich werde Rudolf Bescheid geben, er kommt dann gleich mit deinem Essen. Brauchst du sonst noch etwas? Du brauchst es nur Rudolf sagen. Er bringt es dir sofort.“

„Danke, Bruder. Ich habe alles, was ich benötige. Bitte bestell Elisabeth meine besten Grüße. Du hast dir wirklich eine gute Frau genommen.“

Heinrich gab in der Küche Bescheid. Es war auch für ihn und Elisabeth Zeit zum Essen. Katharina servierte heute, da Rudolf nicht im Schloss war.

Nachdem Katharina aufgetragen hatte, meinte Elisabeth zu Heinrich: „Ist dir aufgefallen, dass Katharina neuerdings so anders geht?“

„Wie anders ‚geht‘?“, fragte Heinrich nach, dem ganz andere Dinge durch den Kopf gingen.

„Sie geht so, wie soll ich sagen: so steif, so gerade. Ob sie wohl in ihrem Alter schon Probleme mit dem Rücken hat?“

„Kann sein.“

„Gesprächig bist du heute nicht“, stellte Elisabeth vorwurfsvoll fest.

„Entschuldige, Liebes. Mir gehen so viele Dinge durch den Kopf.“

„Ich werde dir nach dem Essen die Schultern und den Nacken massieren. Dann genießt du einen guten Brand und lässt mich an deinen Gedanken teilhaben“, schlug Elisabeth vor.

„Wenn Du meinst.“ Heinrich hatte ihr gar nicht zugehört.

„Ja, meine ich.“

Nach dem Essen gingen Elisabeth und Heinrich in den gemütlichen roten Salon hinüber.

„Setz dich bitte und sieh mich an“, bat Elisabeth.

Verwirrt setzte sich Heinrich. Sie winkte ihm zu. „Siehst du mich? Hier bin ich, deine Frau Elisabeth.“

Heinrich sah sie an, aber sah sie doch nicht.

Sie schenkte Heinrich einen Brand ein und nahm ihr Stickzeug zur Hand. Nach kurzer Zeit hörte sie an Heinrichs ruhigen Atemzügen, dass er eingeschlafen war.

„Heinrich arbeitet einfach zu viel. Vielleicht sollte er gleich zusammen mit Otto ins Sommerhaus fahren. Ja, das wäre das Beste. Sicher haben sie sich nach all den Jahren auch vieles zu erzählen. Da würde ich nur stören. Er braucht auch nicht immer dabei zu sein, wenn ich mit Rosa rede. Manchmal müssen Frauen und Männer unter sich sein. Ja, morgen werde ich ihm meinen Entschluss schon irgendwie unterschieben.“ Zufrieden arbeitete sie an ihrer Stickerei, bis es Schlafenszeit war. Heinrich stammelte leise das Wort Urlaub.

„Wunderbar! Wenn es sein Wunsch ist, bekommt er Urlaub“, freute sich Elisabeth innerlich.

Rudolf erreichte Lennard, kurz bevor dieser zu Anna aufbrach. „Hast du ein paar Minuten Zeit für mich?“

„Ja, sicher, wenn es nicht bis morgen warten kann.“

„Könnte es, aber ich bin nun mal neugierig. Geht es euch gut?“

„Könnte besser sein. Aber ich will nicht klagen.“

„Was ist los? Nun erzähl schon.“ Rudolf merkte, dass irgendetwas nicht stimmte.

„Rudi, das könnte länger dauern. Ich weiß es selbst noch nicht so richtig. Können wir morgen darüber sprechen? Ich habe heute noch so viel zu tun. Ab morgen werde ich einige Abende hier bleiben."

„Gut, wie du möchtest. Ich bringe eine Flasche Himbeerbrand mit, dann legen wir die Beine hoch und reden oder auch nicht. Ganz wie es uns gefällt."

„Ja, ich glaube, das wird mal wieder Zeit."

Thorben hatte einen fürchterlichen Hunger. Das Essen stand vor ihm. Der Schinken und der Käse dufteten verführerisch. Aber seine Mutter tauchte nicht auf. Wenn er ohne sie anfangen würde, würde sie ihn schlagen. Das hatte sie seit ihrer Ankunft im Schloss nicht mehr getan. Sie war wohl zu sehr mit dem Schatz beschäftigt.

Als die Uhr im Schloss zehnmal schlug, hielt er es nicht mehr aus. Thorben stibitzte sich ein Stück Käse. Dann noch eins und noch eins. Bis fast kein Käse mehr übrig war. Er sah sich die Platte von allen Seiten an. *„Ja, da fehlt was. Das sieht jeder und Mutter sofort. Jetzt ist es auch egal. Wenn sie jetzt kommt, hackt sie mir einen Arm ab."* Das stand für Thorben fest. *„Dann kann ich auch den Rest essen. Einmal im Leben satt werden, wo ich noch beide Arme habe."*

Thorben und Otto hatten immer nur sehr wenig zu essen. Auguste aß für zwei. Das brauchte sie, bei der harten Arbeit, die sie machte, hatte Auguste ihnen erklärt. Und außerdem sollten sie dankbar sein, dass sie überhaupt etwas bekämen.

Die Uhr schlug zwölf Mal. Da stand immer noch reichlich Schinken und Brot. Thorben hatte immer noch Hunger. Er aß alles auf. Anschließend wurde Thorben schlecht und er übergab sich mitten ins Zimmer. Er musste sein Übergebenes wegwischen. Seine Mutter würde ihm dafür auch den zweiten Arm abhacken. Thorben holte sich von draußen einen Eimer mit Wasser und aus der Küche einen Lappen. Er brachte anschließend beides an seinen Platz zurück.

Am nächsten Morgen war Auguste immer noch nicht da. Um keine Fragen beantworten zu müssen, zerwühlte Thorben ihr Bett, aß fast zwei Portionen vom Frühstück und fühlte sich das erste Mal in seinem Leben nicht mehr hungrig.

Thorben stromerte den Vormittag so durch die Gegend. Er achtete darauf, von niemandem gesehen zu werden. Auch im Pavillon schaute Thorben noch einmal halbherzig nach seiner Mutter. Irgendwann wird sie schon wieder auftauchen. Das war schon oft vorgekommen.

Auf Elisabeths Frage, wie es ihm heute gehe, erwiderte Heinrich: „Ich weiß auch nicht. Ich fühle mich, als wenn ich einen halben Wald gerodet hätte. So müde und zerschlagen."

„Hm, vielleicht sollte ich auf dein Ansinnen doch eingehen", tat Elisabeth so nebenbei.

„Welches Ansinnen?"

„Ach, nicht so wichtig." Elisabeth wusste inzwischen, wie weit sie bei Heinrich gehen konnte.

„Nun komm schon, ich weiß nicht, was du meinst. Es war in der letzten Zeit so viel los."

„Na ‚letzte Zeit' ist recht untertrieben, findest du nicht? Seitdem wir uns kennengelernt haben, hattest du immer mehr als genug zu tun. Der Besuch des Bischofs, die Umbauten im Schloss und Pfarrhaus, die Reparaturen in der Kirche. Die Gründung des Gemeinderates, unsere Hochzeit und was damit zusammenhing. Das Elend mit Anna und den Kindern. Abgesehen von deiner täglichen Arbeit, um die sich eigentlich schon zwei Männer kümmern müssten. Wenn du willst, kann ich dir gern noch einige Dinge aufzählen. Jetzt erwartet dein Weib ein Kind und dein Bruder mit seiner Familie ist auch da. Wenn ich so darüber nachdenke – , ja, ich werde deinem Wunsch wohl nicht mit gutem Gewissen entgegenstehen können. Von mir aus eben, wenn du willst. Du hast ja recht. Ich muss es leider zugeben."

Wie in fast jeder Ehe, freute man sich doch immer ein wenig, wenn man recht hat. So ganz egal ist es im Grunde niemandem. Dies und die Weisheit, die eigene Idee dem Ehepartner als die seine geschickt zu verkaufen, war einer der Lebensratschläge ihrer Mutter. Nun probierte Elisabeth es aus: „Fahre ruhig mit deinem Bruder. Aber lass mich nicht zu lange allein. Darauf bestehe ich."

Heinrich hatte wirklich keine Ahnung, wie sie darauf kam. Sicher, er hatte schon in der letzten Zeit ab und zu daran gedacht, einmal ausspannen zu können. Von all den täglichen Pflichten frei zu sein. Aber wenn er daran dachte, dann nur im Zusammenhang mit Elisabeth, nicht mit Otto. *„Vielleicht rede ich ja im Schlaf und verletze sie* *womöglich“,* überlegte Heinrich.

Kleinlaut fragte er Elisabeth: „Liebes, rede ich im Schlaf?“

„Nein, du schläfst wie ein Murmeltier. So, ich nehme jetzt Maria und Cockie mit in ‚Tante Sarahs Garten‘. Es sind noch Gurken zu ernten“, wechselte Elisabeth geschickt das Thema. *„Soll er sich erst einmal mit dem Gedanken vertraut machen und überlegen, wann er von Urlaub gesprochen hat.“*

Das beschäftigte Heinrich in der Tat den ganzen Tag. Er fragte Rudolf bei der Bearbeitung der Morgenpost, ob er nichts vergessen hätte.

„Nein, bis auf diese Schreiben hier. Das scheint mir doch wichtig“, bekam Heinrich zur Antwort. Das Schreiben war außerordentlich wichtig. Der Beedenbosteler Vogt, Hans-Hermann von Bergdorf, erkundigte sich nach dem Verbleib von Otto, seinem Nachfolger. Der Vogt wies daraufhin, dass seine Krankheit schneller fortschritt, als ursprünglich angenommen wurde und ihm nicht mehr viel Zeit bliebe, seinen Nachfolger einzuarbeiten. Dazu würde ihn beinahe täglich sein Stellvertreter, Innozenz Schmutz, darauf hinweisen, ihm doch seinen Posten zu übergeben, wo er so krank sei. Hans-Hermann von Bergdorf vermutete, dass Innozenz Schmutz hinter seinem Rücken beim Herzog von Celle gegen ihn intervenieren würde, um an seinen Posten zu kommen. Der Vogt bat dringend um eine baldige Zu- oder Absage von Otto. Heinrich sagte im Namen seines Bruders zu. Sollte Otto allerdings auf sein Recht des Erstgeborenen bestehen, so würde Heinrich sich selbst um den Posten bemühen. Nur müsse sein Bruder sich erst einmal von der Gefangenschaft und deren Folgen erholen. Otto würde persönlich in vier bis sechs Wochen beim Vogt in Beedenbostel vorstellig werden.

Heinrich fragte Hermine sicherheitshalber noch einmal nach dem Stand der Dinge. Hermine informierte Heinrich mit dem Hinweis, dass sie ihm gestern schon alles berichtet hätte, er aber wohl nicht zugehört hätte, noch einmal.

Heinrich fragte Georg ganz direkt. „Hast du den Eindruck, dass ich vergesslich bin? Sei ehrlich.“

„So würde ich es nicht direkt ausdrücken. Du hast einfach zu viel um die Ohren. Da kann einem dies und das schon einmal durchrutschen. Deine Zeit ist auch sehr viel knapper geworden. Da geht vieles nur noch nebenher, dann passieren eben auch Fehler. Das ist normal."

Völlig verunsichert konnte Heinrich sich nicht mehr richtig auf seine Arbeit konzentrieren. Er gab auf.

Heinrich fand Elisabeth auf der großen Terrasse vor. Sie saß eingehüllt in eine Decke in der Sonne und las ein Buch. *„So möchte ich auch einmal sitzen. Einfach nur ein gutes Buch lese.",* dachte er bei sich.

„Liebes, störe ich dich? Das ist so ein schönes Bild: Du hier in der untergehenden Sonne mit einem Buch auf dem Schoß. Cockie zu deinen Füßen."

„Nein, Liebster, du störst mich niemals. Ich freue mich, dich zu sehen. Warum holst du dir nicht eine Decke und setzt dich zu mir? Oh, ich vergaß, du hast sicher, wie immer, noch zu viel zu tun. Entschuldige."

„Nein, ich habe für heute beschlossen, nicht mehr zu arbeiten." Heinrich holte sich eine Decke und klingelte nach Rudolf.

„Rudolf entschuldigen Sie mich heute Abend bitte bei der Gemeinderatssitzung. Und bringen Sie mir und meiner Frau bitte noch frischen Tee und Gebäck. Wir beide sind heute für niemanden mehr zu sprechen."

Das wurde aber auch höchste Zeit, dachte Rudolf. „Sehr wohl, Herr Baron. Wenn Herr Baron mir die Bemerkung gestatten. Die Sitzung ist erst nächste Woche."

„Danke, Rudolf."

„Hermine, bitte frischen Tee und Gebäck für den Baron und die Baronin. Die Herrschaften wünschen, heute von niemandem mehr gestört zu werden." Informierte Rudolf Hermine in der Küche.

„Aber es ist doch noch nicht einmal Teezeit", warf Hermine ein.

„Umso besser. Dann haben sie mehr Zeit für sich."

„Und wer bespricht heute mit uns, was morgen anliegt?"

„Das werden wir wohl heute und vielleicht auch in Zukunft unter uns ausmachen müssen."

„Wenn du meinst."

„Doch ich denke, dass wir das schaffen werden. Du hast doch auch bemerkt, wie es um den Baron steht. Er kann sich nicht mehr um alles kümmern, wir müssen ihm helfen", erklärte Rudolf.

„Ja, er ist etwas zerstreut und immer müde. Du hast recht. Es hat sich hier vieles verändert. Wir müssen ihm helfen. Das werden wir schon schaffen", pflichtete Hermine ihm bei.

Elisabeth und Heinrich genossen schweigend den Tee und die himmlische Ruhe. *„Herrlich"*, seufzte Heinrich innerlich, *„so müsste es öfter sein."*

„Herrlich, so müsste es öfter sein", seufzte Elisabeth laut.

„Habe ich dir heute schon gesagt, wie sehr ich dich liebe, mein Engel?"

„Ja, aber ich höre es gern noch mal."

„Ich liebe dich."

„Und ich liebe dich", antwortete Elisabeth.

Mit diesen Worten im Ohr und einem zufriedenen Lächeln um die Lippen döste Heinrich ein.

„Katharina, ich könnte eigentlich jetzt schon zu Alexander gehen", meinte Hermine. „Heinrich und Baronin Elisabeth wollen heute nicht mehr gestört werden. Bereitest du bitte das Abendessen alleine zu? Schinken und Käse sind geschnitten, der Salat ist fertig. Du brauchst nur wie immer die Teller anzurichten, Brot schneiden und Tee kochen."

„Und alles nach oben bringen. Ich bin später auch weg. Gestern hatte Lennard keine Zeit." Rudolf freute sich schon auf den Männerabend.

Katharina hatte nicht mehr viel zu tun. Sie nahm sich den Putzlappen von der Spüle, um Regale in der Vorratskammer auszuwischen. Der Lappen fühlte sich klebrig an. Sie sah ihn sich genauer an und roch daran. *„Igitt, der stinkt vielleicht. Und diese kleinen Stücke, woher sind die? Mutter hat heute nicht geputzt. Ich mache doch immer sauber"*, grübelte sie. Katharina wusch den Lappen gründlich aus. Der Putzeimer stand auch nicht haargenau an der richtigen Stelle. *„Ich frage Rudolf danach. Sicher hat er etwas weggewischt. Vielleicht muss ich noch mal gründlich hinterhergehen."*

Später stellte Katharina sich einen halb gefüllten Weidenkorb auf den Kopf und übte damit zu gehen, ohne dass er herunterfiel. Sie bewunderte die aufrechte gerade Haltung Rudolfs, edel und vornehm, daher hatte sie sich überlegt auf diese Weise ebenfalls eine bessere Haltung zu bekommen.

Rudolf machte sich mit einer Flasche seines guten Himbeerbrandes auf zum Herrenabend. Er hatte vor über einem Jahr, bei seiner Ankunft, sechs Flaschen davon mitgebracht. Jetzt musste er neuen brennen. Himbeeren und Brombeeren gab es in der Umgebung in Fülle. Etliche Eimer voll Beeren hatte Rudolf in Zuckerrübensaft eingelegt, die er im Frühjahr zu brennen gedachte.

Lennard hatte ein kleines Feuer vor seiner Hütte angezündet. Dort saßen sie, die Beine auf Baumstümpfen hochgelegt, schauten in die Flammen und genossen den ersten Schluck.

„Wie geht es dir mit Katharina?“, erkundigte sich Lennard.

„Eigentlich ganz gut.“

„Eigentlich, hm?“

„Ja“, bestätigte Rudolf.

„Hm.“ Lennard schenkte nach.

„Und dir mit Anna und den Kindern?“, erkundigte sich Rudolf.

„Eigentlich ganz gut.“

„Eigentlich, hm?“

„Ja“, bestätigte Lennard.

„Hm.“ Rudolf schenkte nach.

Sie schwiegen wieder und sahen in die Flammen.

„So so“, meinte Rudolf.

„Ja, kann man so sagen“, pflichtete Lennard bei.

„Aha.“

„Wie `a h a´?“, fragte Lennard.

„Du hast Anna noch nicht geküsst, so richtig meine ich, oder doch?“, wollte Rudolf wissen.

„Nein. Hast du etwa Katharina schon geküsst?“

„Nein, noch nicht einmal ein bisschen. Das ist es ja, eigentlich. Ich weiß nicht, wie ich es anstellen soll. Ich weiß ja noch nicht einmal, ob sie das überhaupt will.“

„Hm, geht mir genauso.“ Lennard schenkte nach. „Ich glaube, Anna braucht einfach noch Zeit. Wahrscheinlich sehr viel Zeit. Das ist es ja eigentlich. Sie macht mich verrückt. Wenn du weißt, was ich meine."

„Weiß ich. Bei mir ist es noch nicht ganz so schlimm."

„Hm. Du könntest Katharina ja mal testen", schlug Lennard vor.

„Wie *testen*?" Rudolf wurde neugierig.

„Ob sie überhaupt von dir berührt werden will, sozusagen."

„Und wie soll ich sie *testen*?"

„Du könntest ja mal ihre Hand zufällig berühren. Wenn sie ihre Hand zurückzieht, will sie es entweder nicht oder sie hat sich erschrocken. Dann musst du es noch mal probieren."

Rudolf schenkte nach. „Und wenn sie mir dann eine runterhaut?"

„Dann hast du Pech gehabt." Lennard lachte. „Irgendein Risiko gibt es immer. Da spreche ich aus Erfahrung."

Lennard gab Rudolf einige Erfahrungen preis, bei denen er sich schon Körbe von Frauen geholt hatte. Über Kontakte mit Wassereimer, Verjagung mit dem Besen bis zu einem Tritt in seine Weichteile war alles dabei gewesen. Beschimpfungen immer mit eingeschlossen.

„Die Frauen könnten uns Männer doch einfach nur sagen, dass sie uns nicht wollen", überlegte Rudolf.

„Könnten sie vielleicht", meinte Lennard. „Aber dann müssten wir sie auch vorher fragen, ob wir sie küssen dürfen. Ich glaube, das halten sie für unmännlich. Nicht wagemutig genug, meine ich."

„Verstehe. Mann, das ist echt kompliziert mit den Frauen. Warum sind sie so?", überlegte Rudolf.

„Weil sie das ganze Gegenteil von uns sind, nehme ich an. Also mich möchte ich wirklich nicht küssen. Du dich vielleicht?" Der Brand tat seine Wirkung.

„Du spinnst ja wohl. Mich mit meinen Bartstoppeln."

Lennard kringelte sich vor Lachen: „Also, wenn ich mir dich so genau ansehe, ich würde dich auch nicht küssen wollen."

„Ich dich auch nicht", gab Rudolf zurück.

Lennard schenkte nach und lachte: „Na, dann hätten wir das ja auch geklärt und wir können uns wieder unseren Angebeteten widmen."

„Ja, das Thema ist weitaus erfreulicher als meine Bartstoppeln. Bevor ich nicht mehr klar denken oder reden kann, möchte ich dir auch einen Vorschlag machen, wenn du erlaubst. Du kannst ja morgen mit klarem Kopf darüber nachdenken."

„Wenn wir weiter so trinken, ist der Morgen alles andere als klar. Schieß los."

„Du könntest Anna sagen, dass du sie verstehst, bei all dem, was sie bei dem perversen Schwein durchmachen musste. Dass du nicht weißt, wie du dich verhalten sollst. Dass du sie nicht bedrängen willst. Sie aber wissen soll, dass du sie begehrst. Und dass sie den ersten Schritt machen soll. Dass du wartest, bis sie dir zu verstehen gibt, dass sie mehr von dir will. Verstehst du, was ich meine?" Rudolf schenkte nach.

„Nicht schlecht, Herr Seelenklempner, nicht schlecht. Hoffentlich fällt es mir morgen wieder ein. Oder du erinnerst mich einfach noch einmal daran."

„Zu spät. Das würde ich nicht noch einmal so erklären können. Und jetzt glaube ich, ist es Zeit für einen letzten Schluck. Mir fällt das Denken und Reden verdächtig schwer."

„Hast ja recht. Bin auch reif fürs Bett", stellte Lennard gähnend fest.

18

Das Böse

Thorben langweilte sich. Er war froh, dass seine Mutter nicht da war, aber ohne sie war es einfach zu langweilig. Er hatte keinen zum Reden, auch wenn sich das Reden auf das Reden seiner Mutter beschränkte und er entweder nur beschimpft wurde oder Befehle ausführen musste.

Seinen Vater hatte Thorben seit der Ankunft nicht mehr gesehen. Aber der interessierte ihn nicht, bei seinem Vater musste er höchsten lernen.

Heute hatte er die Tiere in den Ställen und draußen beobachtet. Es hatte ihm Spaß gemacht, auf die Hühner mit kleinen Steinen zu werfen. Manchmal hatte Thorben auch getroffen. Sie flogen dann vor Schreck ein paar Meter durch die Luft, bis sie wieder runterplumpsten. Es hatte ihm schon immer gefallen, Tiere zu ärgern. Auf Cockie hatte er auch mit Nüssen gezielt. Aber der dachte, es wäre ein Spiel und schnappte schwanzwedelnd danach. Das machte Thorben keinen Spaß.

Ich werde morgen einem Huhn ein Bein abhacken, das wird bestimmt lustig. Ein Huhn auf einem Bein! Thorben amüsierte sich bei der Vorstellung. Ein Huhn zu fangen und zu schlachten hatte er auf der Straße gelernt. Man kann ja schließlich nicht alles kaufen, hatte seine Mutter ihn gelobt. Einem Huhn nur den Hals umzudrehen, war ihm eine zu kurze Freude.

Seine Mutter kam auch diese Nacht nicht nach Hause.

Schäumend vor Wut knallte Lennard den beiden Frauen am nächsten Vormittag ein zerfleddertes Huhn auf den Küchentisch.

„Das hätte ich nicht von euch gedacht! Das ist widerlich! So eine Schweinerei! Schämen solltet ihr euch! Pfui Teufel!"

Hermine und Katharina sahen Lennard erschrocken an. So war er nur, wenn es um seine Tiere ging. Da kannte er kein Erbarmen, das wussten sie.

„Was habt ihr euch dabei gedacht? Ich …"

„Moment! – Moment!", fuhr Georg dazwischen, der die Einkäufe in die Küche brachte. „Was ist hier los?"

Lauthals redeten Hermine, Katharina und Lennard auf ihn ein.

„R U H E!!!" Georg haute mit der Faust auf den Tisch. „Seid ihr allesamt verrückt geworden? Hinsetzen! Sofort! Alle! Hin - set - zen habe ich gesagt! Tief durchatmen! Los macht schon! Ja, so ist es besser! Wenn ihr euch beruhigt habt, können wir anfangen. Du zuerst, Hermine."

„Lennard ist hereingestürmt, hat das Huhn auf den Tisch geknallt und uns beschimpft."

„Stimmt das, Katharina?"

Diese nickte: „Ja."

„Lennard, was sollte das?"

„Was ist das für eine Frage? Das siehst du doch!"

Jetzt sahen sie es. Dem zerrupften Huhn fehlte ein Fuß und ein Teil vom Bein.

„Das ist sauber abgetrennt worden. Damit flatterte es wie verrückt durch das Gehege. Ich habe es fast nicht erwischen können. Die anderen Hühner waren auch schon ganz verrückt und haben auf dieses Huhn hier eingehackt", kochte Lennard vor Wut.

„Das ist Tierquälerei", stellte Hermine fest.

„Ganz genau Tierquälerei!", ereiferte sich Lennard.

„Und das traust du uns zu?", fragte Hermine erbost.

„Nein, eigentlich nicht. Tut mir leid. Ich habe mich so aufgeregt, dass ich nicht mehr wusste, was ich sagte. Bitte entschuldigt."

„Ist schon gut. Aber wage es ja nicht noch einmal, uns so widerwärtige Sachen zu unterstellen." Hermine war noch immer sauer.

Katharina war aufgefallen, dass das kleinste von den drei Hackebeilen am Regal fehlt: „Seht mal da fehlt …"

In dem Moment sah Lennard eine Bewegung an der offen stehenden Küchentür. Er sprang auf und Georg hinterher.

Kurze Zeit später kamen Lennard und Georg mit Thorben zurück. Beide zogen Thorben an einem Ohr. Georg hielt das kleine Hackebeil in der Hand.

„Seht mal wen wir hier haben! Einen kleinen, dreckigen Tierquäler. Seht ihn euch genau an. So ein Stück Dreck bekommt man nicht alle Tage zu sehen.“ Lennard schubste Thorben auf den Boden: „Ich hole den Baron. Dann wirst du dein blaues Wunder erleben, Bürschchen. Gnade dir Gott!“

Thorben musterte Lennard. *Pah, was hat der schon zu sagen? Wer ist der überhaupt? Außerdem ist es nur ein dämliches Huhn, so schlimm wird es schon nicht werden.*

„Hast du den Baron gesehen?“, fragte Lennard Rudolf, den er auf der Treppe traf.

„Nein, der Baron ist unterwegs. Was ist denn? Du hast ja einen ganz roten Kopf“, wollte Rudolf wissen.

„Ich bin wütend, stocksauer! Der Junge hat ein Huhn grausam verstümmelt. Wir haben ihn erwischt.“

„Wo ist er jetzt?“, fragte Rudolf.

„Unten in der Küche. Georg passt auf ihn auf.“

„Warte kurz, ich hole Stift und Papier.“

Lennard erzählte Rudolf auf dem Weg in die Küche was passiert war.

„Ein kleiner Teufel ist das“, meinte Rudolf dazu.

Thorben wollte aufstehen, doch Georg hielt ihn mit seinem Fuß am Boden niedergedrückt.

Rudolf setzte sich an den Tisch. „Knie dich hin, Junge. Beantworte meine Fragen. Lüge nicht, sonst fällt die Strafe noch schlimmer aus. Hast du diesem Huhn ein Bein abgehackt?“

„Ich habe, also ich, ich wollte …“ Rudolf war Thorben unheimlich.

„Ein bisschen schneller. Ja, oder nein?“ Rudolf wurde ungeduldig.

„Ja, aber ich wollte nur …“

„W a s wolltest du N U R?“

„Mir war langweilig und ich wollte nur ein bisschen Spaß haben.“

Rudolf und die anderen trauten ihren Ohren nicht. *S P A S S* haben wolltest du? Das nennst du S P A S S? Ein Lebewesen zu quälen, das ist also S P A S S für dich? Ja?“ Rudolf konnte nicht glauben, was er gerade gehört hatte und lief vor Wut im Gesicht rot an: „Antworte mir gefälligst. Spaß hast du dabei gehabt, wie es hilflos mit Schmerzen durch die Gegend geflattert ist und die anderen Hühner darauf eingehackt haben? Ja?“

„Ich wollte doch nur sehen, wie es auf einem Bein läuft. Es sah so ... lustig aus. Das hättet ihr sehen sollen.“ Thorben klatschte vor Freude in die Hände.

Rudolf blieb der Mund offen stehen. Er verzog angewidert sein Gesicht und drehte sich weg. Er konnte Thorbens Anblick nicht mehr ertragen. Wie er so dastand und sich über das gequälte Huhn amüsierte.

„Bringt ihn weg und sperrt ihn ein. Mir wird schlecht, wenn ich ihn noch länger ertragen muss“, bat Rudolf, erhob sich und ging holzhacken.

Georg und Lennard brachten ihn weg. Thorben rief immer wieder: „Es ist doch nur ein Huhn! Ein kleines dämliches Huhn. So ein Aufstand wegen einem Stück Vieh!“

Hermine und Katharina saßen schweigend in der Küche. Sie konnten nicht in Worte fassen, was sie gesehen und gehört hatten.

Draußen hörten sie Rudolfs schnelle, kräftige Schläge.

„Das braucht er.“ Georg deutete mit dem Kopf nach draußen.

„Ja, dadurch bekommt er wieder einen klaren Kopf. Hat er einmal gesagt“, bestätigte Lennard. „Ich wünschte, bei mir wäre es auch so einfach.“

Katharina stand auf, griff sich eine Bürste, holte sich Wasser und fing auf Knien an, den Küchenboden zu schrubben.

„Das hast du doch heute Morgen schon gemacht“, bemerkte Hermine.

„Da hat der Junge auch noch nicht hier gelegen. Hier soll nichts sein, was er berührt hat.“

Rudolfs Holzschläge wurden langsamer und schwächer.

„Es geht ihm besser, jetzt kommt er bald rein“, stellte Lennard fest.

Als Rudolf sich wieder gesetzt hatte, nahm er Papier und Feder und schrieb das Erlebte auf.

„Lest euch das bitte durch. Ich hoffe, es stimmt so. Bitte unterschreibt es mit euren Namen. Ich lege das Papier Baron Heinrich vor.“

Katharina sah Hermine über die Schulter. „Was soll das, du kannst doch nicht lesen“, meinte Hermine und schubste sie weg. Katharina hatte es schon längst durchgelesen.

Nachdem Georg, Hermine, Lennard und Katharina die Richtigkeit bestätigt und unterschrieben hatten, sahen sie Rudolf erwartungsvoll an.

„Ich weiß mir auch keinen Rat. Mir scheint, dem Jungen ist überhaupt nicht klar, was er da getan hat. Ich glaube fast, mit Strafe ist das nicht abgetan. Vielleicht wird Thorben es immer wieder tun? Da muss wohl in seinem Kopf etwas nicht ganz richtig sein, wenn er *Spaß* dabei hat. Wie gesagt, ich weiß es nicht. Ohne Hilfe kommen wir da nicht weiter.“

Auf dem Weg zu Heinrich traf Rudolf auf Elisabeth. „Darf ich den Herrn Baron stören?“

„Es tut mir leid, Rudolf. Er hat noch so viel zu tun vor seiner Abreise. Er wollte Ihnen, Lennard und Georg heute Abend noch für die nächsten Wochen letzte Instruktionen geben. Was ist? Hat mein Mann Ihnen davon nichts gesagt?“

„Nein, noch nicht.“

„Dann wissen Sie ja jetzt Bescheid und können mit dem Packen, für ungefähr vier Wochen, beginnen. Auch die Sachen für Baron Otto bitte. Sie reisen zusammen.“

„Ja, gnädige Frau.“ Rudolf sah auf den Boden.

„Was gibt es? Ist es denn so wichtig, dass Sie nicht alleine damit klarkommen?“

„In der Tat, es ist etwas passiert, bei dem wir die Hilfe des Barons brauchen.“

„Ich möchte nicht, dass mein Mann vor seine Abreise noch mit wichtigen Dingen abgelenkt wird. Kommen Sie, vielleicht kann ich Ihnen helfen.“

Elisabeth und Rudolf gingen in das Empfangszimmer.

„Bitte setzen Sie sich und fangen Sie an“, forderte Elisabeth ihn auf.

„Ich glaube nicht, dass Frau Baronin mit derartigen Dingen belästigt werden sollte.“ Rudolf sah dabei auf ihren leicht gewölbten Bauch.

„Meinen Sie, weil ich eine Frau bin? Oder ein Kind trage? Oder beides?“, schmunzelte Elisabeth.

„Beides. Herr Baron wird damit nicht einverstanden sein.“

„Erstens bin ich nicht aus Zucker. Zweitens trage ich nur ein Kind in mir und bin nicht krank. Und drittens wird mein Mann es nicht erfahren, wenn Sie es ihm nicht sagen. Nun fangen Sie bitte an, ich bestehe darauf.“

Rudolf schilderte Elisabeth, was sich zugetragen hatte. Zum Schluss überreichte er ihr das Protokoll, welches alle unterschrieben hatten.

„Ich weiß mir keinen Rat. Der Junge ist anders als andere Kinder. Es war nicht nur die kindische Freude über einen gelungenen ‚Streich‘. Da war noch etwas anderes in seinem Blick. Ich finde dafür nicht die richtigen Worte. Es war unangenehm, sogar abstoßend, wie der Junge sich gefreut hat.“

Elisabeth hatte ihm aufmerksam zugehört. Sie sah Rudolf nachdenklich an. „Ich werde mir selbst einen Eindruck von Thorben verschaffen. Er ist schließlich noch ein Kind. Was sagt seine Mutter dazu?“

„Ich habe seine Mutter seit ihrer Ankunft vor drei Tagen nicht wieder gesehen.“

„Trotzdem müssen wir sie dazu befragen. Wo befindet der Junge sich jetzt?“

„Er ist in einem leeren Stall eingesperrt.“

„Gut, da ist er bis morgen gut aufgehoben. Sorgen Sie bitte dafür, dass er genug zu trinken hat. Ich denke, auf das Essen muss er heute verzichten. Eine kleine Strafe muss schon sein. Thorben wird daraus lernen. Morgen werde ich mit ihm sprechen. Ich denke, seine Mutter wird ihn vermissen und sich bei uns melden. Es wird nicht nötig sein, sie aufzusuchen. Morgen nach der Abreise von meinem Mann und Baron Otto werden wir uns weiter um den Jungen kümmern. Und Rudolf, dieses Gespräch, sowie der gesamte leidige Vorfall, bleibt unter uns. Bitte richten sie das auch den anderen aus. Ich verlasse mich darauf, dass mein Mann unbelastet abfahren kann. Danke, Rudolf.“

Elisabeth wollte Heinrich noch bei seinen letzten Reisevorbereitungen behilflich sein. Sie lächelte vor sich hin. Heinrich von der gemeinsamen Reise mit Otto zu überzeugen, war einfacher gegangen, als sie es sich vorgestellt hatte.

Nachdem Heinrich gestern Nachmittag auf der Terrasse ein Nickerchen gehalten hatte, fragte er sie: „Wann habe ich eigentlich von Erholung gesprochen? Ich weiß das nicht mehr so genau.“

Elisabeth wusste genau, dass Heinrich es überhaupt nicht wusste. „Gestern Abend hast du von Urlaub gesprochen.“

„Hm, habe ich?“ Er konnte sich beim besten Willen nicht erinnern.

„Ja, Liebster.“

„Und du meinst, wir sollten zur Erholung fahren?“, versuchte Heinrich, den Spieß umzudrehen.

„Nein, du meinst das. Genauer gesagt, meinst du, dass du Otto begleiten solltest. Ich gebe dir recht. Ja, ich bin dir sogar dankbar, dass du nicht darauf bestehst, in meinem Zustand mitzufahren.“

„Aber warum? Es geht dir doch gut. Oder verschweigst du mir da was?“

„Nein, mach dir bitte keine Sorgen. Es geht mir ausgezeichnet. Aber die Fahrt dorthin dauert zu lange. Ich habe die ganzen Tage dann nicht genügend Bewegung. Ich würde sicher ‚Elefantenbeine‘ bekommen.“

„*Elefantenbeine*?“

„Ja, das sagt man so. Wenn eine Frau, die ein Kind in sich trägt, sich nicht regelmäßig bewegt und dazu auch noch die Beine abgeknickt, dann sammelt sich oft Wasser in den Beinen an und sie werden sehr dick.“

„Das tut doch weh?“

„Bestimmt. Deshalb danke ich dir ja, dass ich nicht mitfahren muss.“

„Hm, es wäre dir also recht, wenn ich mit Otto allein reisen würde?“

„Liebster, ich möchte mal so sagen: Ich sehe es ein. Ihr beide müsst euch einfach erholen. Ihr habt auch sehr viele Jahre nachzuholen. Da würde ich nur stören.“

„Kakaladutsch, Liebste. Du kannst gar nicht stören."

„Das wollte ich nur hören", strahlte sie Heinrich an.

„Was denkst du, wann wir aufbrechen sollten?"

„Das musst du entscheiden. Ich würde so bald wie möglich reisen. Morgen schon."

„Warum so eilig?", wollte Heinrich wissen.

„Da gäbe es einige Gründe. Ich wäre schneller wieder hier bei dir. Otto sollte so schnell wie möglich von der Frau und dem Sohn weg. Hier würde er immer Gefahr laufen, sie zu sehen, wenn er das Zimmer verlässt. Der Vogt drängt auf einen Nachfolger. In einigen Wochen wird sich unser Kind das erste Mal bewegen, da würde ich an deiner Stelle dabei sein wollen. Und nicht zuletzt das Wetter, noch ist es ganz passabel. Aber das musst du ganz allein entscheiden. Du hast mich nur gefragt, was *ich* tun würde."

„Ich werde zu Otto gehen und ihn fragen, was er davon hält", überlegte Heinrich.

„Du kommst aber gleich wieder, ja? Keinen Umweg über die Bibliothek oder so!", forderte Elisabeth.

„Nein, Liebes. Versprochen. Es ist einfach zu schön hier mit dir auf der Terrasse."

Tatsächlich kam Heinrich ziemlich schnell zurück. Er strahlte Elisabeth vor Freude an und gab ihr einen Kuss. „Du glaubst es nicht. Otto hat meinen Vorschlag sofort angenommen. Ich brauchte ihn gar nicht zu überreden. Er wollte schon immer einmal an die See."

„Liebster, das freut mich für dich. Morgen also?"

„Nein, übermorgen."

„Ich schreibe Karl einen Brief und informiere ihn", bot sich Elisabeth an.

„Danke, mein Engel."

Elisabeth half Heinrich noch bei der Auswahl seiner Bekleidung, ließ die Stiefel und Schuhe putzen, empfahl ihm noch dies und das mit auf die Reise zu nehmen. In der Küche gab sie Anweisungen, Vorräte und Reiseproviant einzupacken.

Heinrich schien wie ausgewechselt. Er summte vor sich hin, machte kleine Scherze und lachte über die kleinsten Kleinigkeiten.

Otto gesellte sich zum Abendessen zu ihnen, was Elisabeth sehr freute. Sie mochte ihn. Otto war Heinrich in vielerlei Hinsicht ähnlich. Nicht nur äußerlich. Otto schien auch denselben Humor zu besitzen. Sie verbrachten einen schönen Abschiedsabend. Elisabeth teilte den Brüdern mit, sie würde während ihrer Abwesenheit Tante Sarahs Garten winterfest machen. Sich mit der alten Familienchronik der Eldinger Barone beschäftigen und mit Erika Babykleidung nähen und besticken. Die Herren sollten sich keine Gedanken um sie machen. Beschützer hätte sie genug, erklärte sie. Außer Rudolf, Lennard und Georg wäre vor allem noch Hermine da, an der sich ein Bösewicht nicht so ohne Weiteres vorbeitrauen würde. Nicht zu vergessen, die gefährliche Bestie namens Cockie.

Mit gutem Gewissen reisten die Brüder am nächsten Morgen ab.

„Wie geht es dem Jungen? Hat er zum Frühstück genug bekommen?“, erkundigte sich Elisabeth bei Rudolf.

„Ja, aber seine Mutter hat das Abendessen und das Frühstück nicht angerührt. Das hat uns gewundert, sonst waren die Mahlzeiten wie leergeputzt.“

„Hat sie sich nach dem Verbleib ihres Sohnes erkundigt?“

„Nein, ich habe Hermine und Katharina schon befragt. Ihr Bett war auch nicht benutzt.“

„Merkwürdig, wirklich sehr merkwürdig. Nach dem Mittagessen werde ich mit dem Jungen sprechen. Ich wünsche, Sie in der Nähe zu wissen, damit Sie jedes Wort hören können, Rudolf. Danach möchte ich mit Ihnen, Hermine, Katharina, Lennard und Georg, sprechen. Am besten wir treffen uns gegen drei Uhr in der Küche.“

„Wenn ich bemerken darf, Frau Baronin, um die Zeit sind alle sehr beschäftigt.“

„Oh, ich vergaß, selbstverständlich. Danke.“

„Dürfte ich einen Vorschlag machen?“, fragte Rudolf höflich.

„Sicher.“

„Vor Ihrer Hochzeit hat der Herr Baron abends mit uns in der Küche gegessen. Dort essen wir zusammen. Bis auf Georg, weil er Familie hat. Dabei haben wir die nötigen Dinge besprochen. Vielleicht möchten Frau Baronin dabei sein?“

„Ein ganz ausgezeichneter Vorschlag, Rudolf. Aber wird es den anderen auch recht sein?“

„Ich denke schon. Ein paar Tage wird es dauern, bis sie sich daran gewöhnt haben.“

„Gut. Geben Sie bitte Bescheid. Ich komme gegen halb sieben zu Ihnen hinunter. Ein Versuch kann ja nicht schaden, nicht wahr? Ach, wie wäre es, wenn wir der ‚gnädigen Frau‘ kein Essen mehr auf ihr Zimmer servieren würden? Irgendwann wird sie Hunger haben und sich bei uns melden. Sie wird sich beschweren. Ich sehe nicht ein, sie suchen zu lassen.“

„Ein sehr guter Vorschlag, Frau Baronin. Wenn ich bemerken darf.“

„Sie dürfen, Rudolf, Sie dürfen“, lachte Elisabeth.

Thorben stand vor dem Schreibtisch, hinter dem Elisabeth Platz genommen hatte. Rudolf saß hinter dem Wandschirm.

„Nun Thorben, hast du über das nachgedacht, was du gestern getan hast?“, fragte Elisabeth freundlich.

Thorben dachte, er hätte mit der Frau Baronin ein leichtes Spiel. Sagte seine Mutter nicht immer: *„Die anderen Frauen sind einfach zu dumm. Denen kann man erzählen, was man will, die glauben alles.“*

„Ja, habe ich.“

„Und tut es dir leid?“

„Nein, ich meine ja.“

„Was tut dir leid?“

„Ich weiß nicht so genau. Was meinen Sie?“

„Zum Beispiel, dass du dem Huhn Schmerzen zugefügt hast?“

Bei dem Gedanken daran huschte ein diabolisches Grinsen über Thorbens Gesicht. „Das war doch gar nicht so schlimm.“

„Ein Bein abhacken, nennst du nicht schlimm?“

„Nein, es konnte ja noch herumflattern. Das sah lustig aus.“

„Ist es dir nicht in den Kopf gekommen, dass es vor Schmerzen und aus Angst herumgeflattert ist?“

„Nein, es ist doch bloß ein Huhn.“ Die Wahrheit war, dass Thorben es sehr wohl wusste und den Anblick genossen hatte.

„Warum hast du es überhaupt gemacht?“, fragte Elisabeth immer noch freundlich. Sie wollte ihn verstehen können.

„Weil es Spaß macht“, grinste Thorben wieder so böse.

„Hast du es auch schon bei anderen Tieren getan?“, fragte Elisabeth, ohne groß nachzudenken.

„Ja, bei Mäusen und Ratten. Einmal bei einer Katze.“

Elisabeth glaubte, nicht richtig zu hören. „Was hast du mit der Katze gemacht?“

Thorben dachte, das interessiere Elisabeth wirklich und versuchte, es ihr anschaulich zu erklären: „Das war auch lustig. Ich habe ihr den Schwanz mit Pech eingerieben und dann angezündet. Das hätten Sie mal sehen sollen, wie sie gekreischt hat und kreuz und quer durch die Gegend gerannt ist. Als wenn der Teufel hinter ihr her gewesen wäre. Einfach köstlich!“ Er klatschte vor Vergnügen in die Hände.

Elisabeth hatte sich erhoben, ihr wurde schwindelig. „Ru ...“

Rudolf sprang hinter dem Wandschirm hervor und konnte Elisabeth gerade noch auffangen, bevor sie in Ohnmacht auf den Boden fiel.

Rudolf zischte Thorben an. „Wenn du nicht auf der Stelle verschwindest, weiß ich nicht mehr, was ich tue.“

Geistesgegenwärtig rannte Thorben zur Tür, riss sie auf und schrie: „Hilfe! Hilfe! Er will mich umbringen! Hilfe! So helft mir doch! Hilfe!“

Hermine kam mit einem Messer aus der Küche hochgerannt und Katharina mit einem Staubwedel aus dem Speisesaal. Sie sahen Thorben in der weit aufgerissenen Tür stehen und dahinter Rudolf, der sich über Elisabeth beugte, die auf einem Chaiselongue lag.

„Was ist hier los?“, herrschte Hermine Thorben an.

„Der da wollte mich umbringen!“ Thorben zeigte mit dem Finger auf Rudolf, drehte sich um und wollte weglaufen. Katharina versperrte ihm mit dem Staubwedel den Weg. „Du bleibst schön hier!“

„Oh Gott, die Baronin!“ Hermine stürzte zum Chaiselongue. „Was ist mit ihr?“

„Ich vermute, sie ist in eine Ohnmacht gefallen“, meinte Rudolf voller Panik.

„Fenster auf! Katharina hol das Riechsalz! Dann schick jemanden nach Doktor Röder so schnell es geht! Rudolf pass auf den Jungen auf. Sperr ihn am besten wieder ein!“, organisierte Hermine blitzschnell.

„Aber ich hab doch gar nichts gemacht! Er wollte mich umbringen!“, schrie Thorben sie an.

„Wer dich einmal umbringen wird, das steht noch nicht fest! Jetzt halt dein Schandmaul!“, schrie Hermine zurück.

Hermine legte Elisabeth ein Kissen unter die Füße und öffnete ihr enganliegendes Kleid. Sie schlug ihr einige Male leicht auf die blassen Wangen, aber Elisabeth wachte nicht auf. Das Riechsalz half.

„Schlecht, ich muss mich …“ Und schon erbrach sich Elisabeth.

„Richtig so. Gut so. Jetzt langsam tief ein- und ausatmen. Gut so. Ganz ruhig. Der Arzt kommt bald. Sie kommen wieder in Ordnung, Baronin“, sprach Hermine beruhigend auf Elisabeth ein.

Rudolf kam sehr schnell wieder. Er war mindestens genauso blass wie Elisabeth. „Wie geht es ihr?“, erkundigte er sich flüsternd.

„Sie ist aufgewacht, aber noch ganz benommen.“

„Was kann ich tun?“, fragte Rudolf hilflos.

„Momentan können wir nicht viel machen. Wir müssen auf den Arzt warten. Es könnte eine ganz normale Ohnmacht sein, die Schwangere manchmal überkommt. Hat sie sich aufgeregt?“

„Ja, sicher. Wen regt dieser Junge nicht auf?“, empörte sich Rudolf.

„Was wollte sie von ihm?“, wollte Hermine wissen.

„Sie wollte im Guten mit ihm über das Huhn sprechen.“

„Das ist doch sinnlos. Mit dem geht gar nichts im Guten. Eine richtige Tracht Prügel braucht der.“

„Ja, das wissen wir jetzt auch.“

„Und was meinte der Junge damit, dass du ihn umbringen wolltest?“

„Quatsch. Ich habe gesagt, er soll verschwinden. Sonst weiß ich nicht mehr, was ich tue.“

„Ach, ganz normal also“, stellte Hermine fest. „Wie oft habe ich das schon zu Katharina gesagt!“

„Ja, ganz normal, wenn man wütend ist.“

„Angefasst hast du ihn wirklich nicht?“, wollte Hermine zur Sicherheit noch ein Mal wissen.

„Kein Stück. Kannst du mir glauben. Ich mache mir doch nicht die Finger an dem schmutzig!“

„Nee, würde ich auch nicht", pflichtete sie Rudolf bei.
„Der Herr Baron wird mir das nie verzeihen."
„Was? Dass du den Jungen nicht verprügelt hast?"
„Nein. Dass ich zu gelassen habe, dass die Baronin mit ihm spricht. Und sie deshalb in Ohnmacht gefallen ist."
„Mach dir keinen Kopf. Du wirst schon sehen, es kommt alles wieder in Ordnung. Ihr Puls war vorhin völlig normal und Herzrasen hat sie auch nicht gehabt."
Elisabeth bewegte sich.
„Wir bringen sie jetzt vorsichtig in ihr Zimmer, dort kann ich sie, bis Doktor Röder kommt, umkleiden und säubern", bestimmte Hermine.

Helene kam anstelle des Arztes. Nach der Untersuchung teilte sie Ihnen erfreut mit, dass wirklich alles bestens sei. Das Kind hätte sich wahrscheinlich das erste Mal bewegt. So etwas Ungewohntes könne schon einmal zu einer Ohnmacht führen.
„Dürfen wir zu ihr?", fragten Hermine und Rudolf.
„Selbstverständlich. Sie ist putzmunter."
In der Tat fanden sie Elisabeth aufrecht sitzend mit rosigen Wangen im Bett vor.
„Ich freue mich so. Es ist schon ein ungewohntes Gefühl, auch wenn ich so lange darauf gewartet habe."
Hermine konnte es sehr gut nachempfinden. „Und es hat sicher nichts mit dem Jungen zu tun?"
„Nein", lachte Elisabeth. „Ganz sicher nicht. Um den muss sich Doktor Röder kümmern. Es gibt einfach Menschen, die sollen abgrundtief böse sein. Ich vermute, er ist so einer. Ich will ihn nicht mehr im Schloss oder auf unserm Grund und Boden wissen. Womöglich vergreift er sich noch an Cockie. Bitte kümmern Sie sich darum, Rudolf."
„Mit Vergnügen, Frau Baronin." Rudolf war eine ganze Wagenladung Steine vom Herzen gefallen.
„Wir sehen uns nachher zur verabredeten Zeit unten in der Küche. Ich freue mich schon darauf", strahlte Elisabeth.
Den restlichen Nachmittag verbrachte Elisabeth damit, ihren gewölbten Bauch im Spiegel zu betrachten und ihre neuen, weiten

Kleider anzuprobieren.

Rudolf hatte sich Notizen über das Gespräch zwischen Elisabeth und Thorben gemacht. Mit diesen Notizen und dem Protokoll aus der Küche suchte er Doktor Röder auf. Der Arzt las sich beides sorgfältig durch und reichte die Unterlagen an Helene weiter. Doktor Röder legte inzwischen gesteigerten Wert auf Helenes Meinung.

Anschließend ließ sich Doktor Röder nochmals ganz genau beide Gespräche mit Thorben schildern. Vor allem interessierte ihn, was dort nicht geschrieben stand. Thorbens Mimik, seine Gesten, seine Stimmlage und der Gesamteindruck, den er auf alle Beteiligten gemacht hatte. „Nun, ich werde gleich morgen früh mit Thorben sprechen. Helene wird dabei anwesend sein. Wenn Sie Zeit hätten, Rudolf, würde ich Sie gern in der Nähe wissen. Falls der Junge aggressiv werden sollte.“

Das gemeinsame Abendessen in der Schlossküche mit Hermine, Katharina, Lennard und Rudolf verlief lockerer, als alle Beteiligten befürchtet hatten. Elisabeth bedankte sich nochmals für deren Hilfe während ihres Ohnmachtsanfalles und versicherte, dass nicht die Situation mit Thorben daran schuld gewesen sei.

Elisabeth erklärte ihre Absicht, jedwede Unbill von Heinrich, während seiner Erholung, abzuhalten. Jeden Einzelnen von ihnen bat Elisabeth um Unterstützung, da sie mit einer Gutsführung noch nicht vertraut war und auf ihre Erfahrungen sehr viel Wert legte. Sie erkundigte sich nach den Plänen für die Stallerweiterungen und was sonst so anlag.

Eine zwanglose Stimmung herrschte beim Essen. Darauf verstand Elisabeth sich. Ihre Familie legte stets Wert darauf, keine grundsätzlichen Fragen oder Entscheidungen bei Tisch zu treffen.

Hermine hatte mit Katharina, zur Freude aller, kleine runde Küchlein aus feinem, mürbem Teig hergestellt, mit Himbeeren belegt und einem Guss aus süßsaurem Himbeersaft überzogen. Darüber hatte sie kleine Streifen aus dem restlichen Teig gelegt und mit Butter bestrichen. Gekrönt wurde die Köstlichkeit mit einem Schuss flüssiger Sahne.

Elisabeth klatschte vor Entzücken in die Hände: „Oh, wie herrlich!

Fast zu schade zum Verzehren“, stellte sie fest.

Vor Stolz wuchs Hermine sichtlich auf ihrem Schemel. „Morgen werde ich einen Belag aus Stachelbeeren und Brombeeren ausprobieren. Darf Rudolf Ihnen zum Kosten auch von den Törtchen servieren, Baronin?“

„Nicht nur zum Kosten, bitte“, lächelte Elisabeth sie an. „Ich weiß, ich darf nicht für zwei essen. Aber als Ausgleich für die Reise des Barons kann ich mich ruhig von Ihnen verwöhnen lassen, nicht wahr?“

„Das will ich wohl meinen, Frau Baronin“, bestätigte Hermine trocken.

Das Gespräch des Arztes mit Thorben verlief nicht viel anders als die vorherigen Gespräche. Durch fachmännisch gestellte Fragen bekam Doktor Röder mehr aus Thorben heraus.

Thorben hatte mit der Tierquälerei bei den Schmetterlingen angefangen, denen er die Flügel ausriss. Dann kamen Vögel an die Reihe, denen er die Füße zusammengebunden hatte. Ratten hatte er mit Holzkeilen und Stricken auf Bretter geklemmt und ihnen bei lebendigem Leib den Bauch aufgeschlitzt. Auf Hunde hatte er mit Pfeilen gezielt, bis er fähig war, ihnen ein oder beide Augen auszustechen.

Die Liste wurde immer länger.

An eine tragende Eselin hatte Thorben sich auch herangetraut. Ihr wollte er den Bauch aufschlitzen, um ihr das Kleine herauszureißen. Es hat Thorben sehr geärgert, dass die Eselin nach ihm getreten hatte und er sein Vorhaben nicht in die Tat umsetzen konnte. Aus Rache hatte er auf den Bauch, der nicht mehr wendigen Eselin, so lange mit Steinen gezielt, bis sie zusammenbrach. Kurz vor der Abreise aus Magdeburg hatte Thorben sich ein kleines Mädchen von der Straße geschnappt und sie in einen Keller gebracht. Dort hatte er das kleine Mädchen mit allem, was er fand, auf Brettern befestigt und ihr ein Bein abgehackt. Da sie nicht aufhörte zu schreien, hatte Thorben sie so lange gewürgt, bis sie still war.

Auf jede Frage Doktor Röders, wie Thorben sich bei seinen Taten gefühlt habe, bekam er stets wieder die gleiche Antwort: „Schön war es. Hat mir richtig Spaß gemacht“, dabei klatschte Thorben in seine Hände und lachte grausam.

Wenn Doktor Röder Thorben fragte, warum er sich einer anderen, größeren Tierart zugewandt habe, antwortete Thorben mit geballten Fäusten und eiskalter Stimme: „Das wurde mir zu langweilig. Es hat mir keinen Spaß mehr gemacht. Ich wollte was Neues ausprobieren."

Nach dem kleinen Mädchen fragte Doktor Röder nicht mehr.

„Warte hier, Thorben, ich bringe dir einen Tee", befahl Doktor Röder.

Im Nebenzimmer wartete Rudolf. Am Anfang hatte Rudolf einige Wortfetzen mitbekommen, das hatte ihm gereicht. Er setzte sich so weit von der Tür weg, dass er kein Wort mehr mit anhören musste.

„Ich werde dem Jungen jetzt einen starken Tee zubereiten. Nach kurzer Zeit wird er einschlafen. Wir bringen ihn noch heute in die „Irrenanstalt" nach Celle. Ich kann ihm nicht helfen. Da scheint hier oben", Doktor Röder deutete mit dem Finger auf seinen Kopf, „etwas nicht zu stimmen. Damit müssen sich die Spezialisten beschäftigen. Würden Sie und Pastor Boreen uns nach Celle begleiten? Vielleicht hilft die Anwesenheit eines Geistlichen dem Jungen."

Eine Stunde später fuhren Pastor Boreen, Doktor Röder und Rudolf mit Thorben los. Rudolf kutschierte den mit Stroh ausgelegten Wagen. Doktor Röder und Pastor Boreen saßen neben dem schlafenden Thorben. Sie hatten ihm die Hände und Füße zusammengebunden. Sicherheitshalber, hatte ihnen der Arzt erklärt. Menschen reagierten mitunter seltsam, wenn sie in ungewohnter Umgebung aufwachten.

Kurz vor Celle wurde Thorben langsam wach. Zunächst wälzte er sich nur unruhig hin und her. Je wacher er wurde, desto heftiger wehrte er sich gegen seine Fesseln. Thorben fing an zu toben, beschimpfte Pastor Boreen und Doktor Röder auf das Unflätigste und trat um sich. Unter Aufbietung ihrer Kräfte konnten sie Thorben halten. Als Thorben dem Pastor mit seinen zusammengebundenen Füßen voll gegen die Brust trat, versetzte Doktor Röder ihm gezielt einen Kinnhaken, der Thorben bis zum Erreichen der Anstalt außer Gefecht setzte. Pastor Boreen betete ununterbrochen das Vaterunser.

Nachdem sie den Jungen in der Irrenanstalt eingeliefert und Doktor Röder einem dortigen Kollegen den Fall übergeben hatte, machten sich die Männer erschöpft von der Hinfahrt und den schockierenden Eindrücken, die sie in der Anstalt bekommen hatten, auf den

Heimweg. Schreiende, tobende Menschen, Menschen, die mit leeren Augen durch die Gänge schlurften oder solche Patienten, die zu ihrer eigenen und der Sicherheit des Personals angekettet auf Pritschen lagen oder an Eisenringen vor den Wänden hockten.

Das Letzte, was sie von Thorben sahen, war sein unverhohlener, hasserfüllter Blick, den er ihnen zuwarf. Die drei gestandenen Männer, die schon so viel Grausamkeiten in ihrem Leben gesehen hatten, erschauderten unter Thorbens furchteinflößendem Blick.

Auf der Rückfahrt sprachen sie kaum miteinander.

In Gockenholz legten sie eine Rast ein, um sich etwas zu stärken. Appetit hatte keiner von ihnen.

Rudolf musste immer wieder an das Gespräch mit Doktor Röder denken, in dem sie über Menschen mit abnormen Fähigkeiten gesprochen hatten: Den Kopf öffnen, das Gehirn herausnehmen … Er wollte nicht darüber nachdenken, konnte aber nicht dagegen an. *„Bitte lass mich bald Katharina sehen, lieber Gott. Ob sie noch wach ist? Sie wird mich auf andere Gedanken bringen.“* So schickte Rudolf ab und zu ein Stoßgebet zum Himmel. Seinen Mitfahrern erging es ähnlich.

Ihre Gebete wurden erhört: Pastor Boreen wurde von seiner Nichte Magda erwartet. Sie brachte ihm seine Pantoffeln und kochte ihm einen heißen Punsch. Wohlig in eine Decke gehüllt erzählte sie ihm von ihrem ganz normalen Tag.

Auf Doktor Röder wartete Helene. Er schloss sie in seine Arme. „Mein Gott ist es schön, dich wiederzusehen. Ich will keine Stunde mehr ohne dich sein. Ich liebe dich. Bitte lass uns heiraten“, mit einem liebevollen Kuss gab Helene ihm ihr Jawort.“

In der Schlossküche saß Katharina in eine Decke gehüllt schlafend vor dem ausgehenden Feuer. *Ob sie auf mich gewartet hat? Wie friedlich sie aussieht.* Rudolf nahm sich einen Becher und goss Wasser ein. Durch das Geräusch wurde Katharina aus ihrem leichten Schlaf geweckt.

„Bitte entschuldige, ich wollte dich nicht stören“, flüsterte Rudolf.

„Hast du nicht. Ich habe auf dich gewartet“, flüsterte Katharina zurück.

Sie hat auf mich gewartet! Sie hat wirklich auf mich gewartet! Es ist schon so lange her, dass jemand auf mich gewartet hat. Ein

Glücksgefühl durchströmte Rudolf. Er sah sie ungläubig an und setzte sich. Unaufgefordert machte Katharina ihm einen heißen Punsch. Kleine Häppchen hatte sie auch für ihn vorbereitet. Als alles vor ihm stand, brach Rudolf in Tränen aus. Er weinte bitterlich.

Katharina ließ ihn gewähren. Sie nahm seine Hände in die ihren und streichelte seine Hände sanft. Hin und wieder fuhr sie ihm beruhigend mit der Hand über seinen Kopf. Schließlich ließen Rudolfs Tränen nach. Sie hielten sich bei den Händen.

„Ist es wirklich wahr? Du hast auf mich gewartet?", fragte er leise.

„Ja, du hast mir gefehlt. Ich musste immer an dich denken", antwortete sie ebenso leise.

„Du weißt nicht, was mir diese Worte bedeuten."

„Ich glaube schon. Es tut gut, wenn jemand an einen denkt oder er dem anderen fehlt."

„Ja, das tut gut. Sehr gut. Du hast mir auch gefehlt, Käthe. Ich musste ständig an dich denken."

Nun war es an ihr verlegen zu sein. „Das habe ich mir gewünscht. Du und kein anderer", flüsterte Katharina.

Rudolf und Katharina saßen noch lange, sich an den Händen haltend, nebeneinander. Sie genossen das sichere Gefühl, dass es richtig war und ab nun alles gut wird. Sie gingen nicht mehr schlafen. Keiner von beiden war müde.

Familie

Hermine kam verschlafen in die Küche geschlurft. Mit dem Instinkt einer Mutter spürte sie, dass sich etwas verändert hatte.

Rudolf saß, wie jeden Morgen, mit einem Becher Tee auf seinem Platz.

Katharina hatte den Brotteig vorbereitet. Maria meldete sich aus ihrem Körbchen und verlangte ihren Brei. Cockie kam langsam in die Küche geschlichen und wollte rausgelassen werden, um sein Geschäft zu erledigen.

„Oahhh, wann seid ihr wiedergekommen?“, wandte Hermine sich gähnend an Rudolf.

„Es war schon weit nach Mitternacht“, antwortet Rudolf.

„Der Rotzlöffel ist jetzt weg? Endgültig?“

„Ich hoffe, ja.“

„Was ist mit der Mutter? Hat die irgendwer von euch in den letzten Tagen gesehen?“, fragte Hermine.

„Nein, anscheinend niemand“, antwortete Katharina.

„Na, dann hoffen wir das Beste.“

„Was denn? Dass sie sich in Luft aufgelöst hat?“ Katharina lachte.

„Na ja, so was in der Art.“ Irritiert sah Hermine ihre Tochter an. *Morgens um sechs hat sie noch nie gelacht. So munter ist sie nicht um die Zeit.*

„Wann bist du aufgestanden?“ Misstrauisch beäugte Hermine ihre Tochter.

„Ich habe nicht geschlafen. Ich konnte nicht.“

Seit dem Umbau hatte Katharina eine eigene Kammer. Darauf hatte Hermine bestanden. Dadurch hatte sie keine Kontrolle mehr über ihre Tochter. „Was hast du die ganze Nacht gemacht? Hast du dich mit jemandem rumgetrieben?“

Entrüstet drehte sich Katharina herum. „Mutter bitte! Du weißt ganz genau, dass ich das niemals tun würde. *Rumtreiben.*“

Hermine war sicher, dass ihre Katharina das nicht tun würde. Sie hatte ihr eingeschärft, was mit unverheirateten Mädchen und Frauen geschieht, wenn sie ein Kind erwarteten. Sie wurden geächtet und aus der Dorfgemeinschaft ausgeschlossen. Meist blieb ihnen nur übrig, sich als Hure durchs Leben zu schlagen. Die Kinder wurden ihnen weggenommen. Sie kamen in Waisenhäuser. Wenn die Kinder Glück hatten, wurden sie von dort herausgekauft, um in einer Familie als Leibeigene ihr Dasein zu fristen. Dort schufteten sie, bis sie nicht mehr zu gebrauchen waren. Die Kinder wurden viel verprügelt und durften von jedem nach Lust und Laune bestiegen werden. Wobei das Geschlecht nicht die geringste Rolle spielte. Wenn sie Pech hatten, wurden sie, auch als Säuglinge, direkt von den Nonnen gegen Bares an ein Bordell abgegeben. Sie waren schließlich Kinder der Sünde und Schande.

„Nein, tut mir leid. Ich weiß, dass du dich nicht rumtreiben würdest“, entschuldigte sich Hermine.

Rudolf wurde das Thema zu heiß. Er zog es vor, mit den täglichen Aufräumarbeiten zu beginnen.

Nach einer Weile fragt Katharina: „Mutter, ich bin jetzt sechzehn. Da wäre ich doch längst alt genug, um zu heiraten? Du hast schon mit fünfzehn geheiratet und Constanza ist auf die Welt gekommen, da warst du noch nicht einmal sechzehn.“

Also daher weht der Wind, hab ich mir doch gedacht, dass hier etwas anders ist. „Das war damals etwas ganz anderes“, erklärte Hermine. „Über solche Dinge kann ich morgens um halb sieben nicht reden.“ *Man darf den Kindern nicht immer alles erzählen,* dachte Hermine sich mindestens zum hundertsten Mal in ihrem Leben. *Irgendwann bekommt man es todsicher aufs Brot geschmiert.*

„Später.“

„Ja später, von mir aus“, murrte Hermine herum. Sie nahm sich vor, Katharina heute weit weg von der Küche zu beschäftigen. *Mög-*

lichst den ganzen Tag, bis ich zu Alexander gehe. Morgen ist auch noch Zeit, darüber zu reden. Aber wen Katharina zum Heiraten ins Auge gefasst haben könnte, überlegte Hermine dennoch.

Elisabeth hatte sich vorgenommen, sich sofort den alltäglichen Schreibtischarbeiten Heinrichs zu widmen. Sie kleidete sich entsprechend förmlich an und rief Rudolf zu sich in die Bibliothek.

Freundlich aber bestimmt erklärte sie Rudolf: „Jetzt werden wir beide das Vergnügen haben, uns mit der täglichen Post zu befassen. Wobei ich annehme, dass das Vergnügen sich wohl auf meine Seite beschränken wird. Sicher hat mein Gatte Sie beauftragt, ihm die Post nachzusenden. Das werden Sie nicht tun. Ich habe vor, Baron Heinrich nicht mit Dingen zu belästigen, die ihn von seiner Erholung ablenken könnten. Nur in außergewöhnlichen Fällen, die seine unverzügliche Rückkehr erforderlich machen würden, werde ich ihn benachrichtigen. Seine Erholung liegt mir sehr am Herzen und wird anschließend uns allen zugute kommen. Sie haben mich verstanden, Rudolf?“

„Sehr wohl, Baronin.“ Rudolf war gespannt, wie sie das alles bewerkstelligen würde. Er hatte aber gleichzeitig Hochachtung vor Elisabeth, weil sie sich um die Gesundheit Heinrichs sorgte.

„Nun, dann gehen wir es an. Gehen Sie bitte so vor, wie Sie es mit meinem Gatten sonst auch tun. Wenn ich Fragen habe, werde ich sie stellen. Nehmen Sie beide während der Arbeit eine Erfrischung zu sich?“

„Manchmal ja. Wenn es länger dauert.“

Elisabeth lachte ihr herzerfrischendes Lachen. „Also heute. Ich denke, heute wird es wohl sehr viel länger dauern.“

Rudolf besorgte Saft und ein wenig Obst. Elisabeth hatte hinter Heinrichs Schreibtisch Platz genommen. Rudolf setzte sich wie immer davor.

„Zunächst sortieren wir die Post in geschäftlich und privat.“

In den letzten Tagen hatte sich einiges angesammelt, da Heinrich mit den Angelegenheiten seines Bruders und den Reisevorbereitungen zu tun hatte.

„Hier sehen Sie einmal, da hat sich unsere ‚Post-Lucy‘ wohl vertan.“ Elisabeth hielt einen ziemlich in Mitleidenschaft gezogenen

Umschlag in den Händen. „Dem Absender nach zu urteilen hat er einen weiten Weg hinter sich. Die Anschrift stimmt zwar, aber einen Grafen von Soski beherbergen wir nicht. Erwartet mein Gatte eventuell Besuch, über den er mich nicht informiert hat?“ Sie reichte Rudolf den Brief hinüber.

Rudolf war leicht zusammengezuckt, als er seinen Namen hörte.

“Ist irgendetwas?“, erkundigte sich Elisabeth.

„Nein, Verzeihung, es hat mich nur etwas gezwickt.“ Rudolf schob seinen Wams hin und her. „Ich wüsste nicht, dass wir Besuch erwarten. Ja, die Anschrift stimmt.“

R. Graf von Soski
Schloss Eldingen
Vogtei Beedenbostel

Das war der Brief, auf den Rudolf zwei Jahre gewartet hatte. Er war von seiner Schwester. Rudolf legte den Brief zur Seite.

„Die dringenden Briefe bearbeiten wir sofort. Die private Post erledigt Herr Baron zu späterer Zeit“, erklärte Rudolf.

„Ist heute ein sehr dringender Brief zu beantworten?“

„Nein, soweit ich das beurteilen kann, hat alles noch ein paar Tage Zeit. Zur Sicherheit sollten wir aber jeden Brief durchgehen.“

Die Briefe waren allesamt von Pächtern.

„Die Pächter schicken jetzt jeweils eine Liste, in der sie ihr eingefahrenes Getreide angeben. Der Viehbestand, Gemüse und Obst werden separat aufgeführt. Daraus errechnen wir die Abgaben an die Vogtei und an das Eldinger Schloss“, klärte Rudolf sie auf.

„Was machen wir jetzt mit den Listen?“

„Die übertragen wir in die Bücher. Die befinden sich im Schreibtisch unten links. Der Schlüssel für die Tür ist in der mittleren Schublade.“

„Und der Schlüssel für die mittlere Schublade.“

„Der ist in der vierten rechten Schublade von oben.“

„Und wo ist der Schlüssel zu der Schublade?“ Elisabeth zog wieder ergebnislos an der Lade.

„Der ist an dem Schlüsselbund des Herrn Barons.“

Elisabeth zog unter ihrer Schürze den Schlüsselbund hervor. „Dieser hier?“ Heinrich hatte es ihr vor seiner Abreise im letzten Moment ohne Erklärungen gereicht.

„Ja, es sieht so aus“, bestätigte Rudolf.

„Wollen sie damit sagen, es gibt noch einen Schlüsselbund?“

„Wenn Frau Baronin jetzt die vierte Schublade von oben öffnen, werden Sie noch einen Bund vorfinden, an dem sich wiederum Schlüssel für weitere Fächer befinden.“

Fassungslos öffnete Elisabeth so nach und nach alle Fächer. „Das verstehe ich nicht! Warum ist ein Schlüssel eingeschlossen, zu dem man wiederum einen Schlüssel braucht? Und wieder und wieder?“

„Der Herr Baron handhabt es so.“ Rudolf verstand es eigentlich auch nicht.

Er erklärte ihr die Bücher, in denen die Listen der Pächter eintragen wurden. Rudolf war erstaunt über ihre schnelle Auffassungsgabe. Durch ihre wenigen, aber sinnvollen, Fragen merkte er, dass Elisabeth mehr über die Zusammenhänge eines Gutsbetriebes wusste, als er angenommen hatte.

Eine Frau wie sie, dachte Rudolf, *sollte sich doch nur mit den schönen und angenehmen Dingen des Lebens beschäftigen.* Seine Hochachtung vor ihrem Interesse und ihrer Kenntnis wuchs stetig.

„Rudolf, für heute ist es genug. Ich werde mir die Bücher später noch einmal ansehen, damit wir morgen mit den Übertragungen beginnen können. Vor dem Essen werde ich einen Spaziergang mit Maria und Cockie unternehmen.“

Für den Nachmittag hatte Elisabeth sich vorgenommen, die Schlüssel auszuprobieren. Sie zählte zweihundertsechsunddreißig Schlüssel. Große, kleine, dicke, dünne, lange, kurze, schwere, leichte, klobige und besonders schön verzierte. Elisabeth hatte die Schlüssel auf dem riesigen Schreibtisch sortiert. Nun saß sie davor und schüttelte den Kopf. *Herr im Himmel, was soll man denn mit so vielen Schlüsseln? Wie soll ich damit nur weiterkommen?* Diese Frage stellte sie sich zurecht.

Elisabeth hatte beim Sortieren alle Schlüssel durcheinandergebracht. Keiner hing mehr an seinem ursprünglichen Ring oder lag an seinem angestammten Platz. *Was habe ich da nur angerichtet?* Aber sie wäre nicht Elisabeth, wenn ihr keine Lösung einfallen würde.

Alles der Reihe nach, Schritt für Schritt. Schön ruhig bleiben. Du hast noch einige Wochen Zeit bis dein Mann zurückkehrt. Betrachte es einfach als ein Spiel, sagte sie sich.

Elisabeth riss sich kleine Zettelchen und legte sie jeweils unter einen Schlüssel. Dann sah sie sich das Türschloss in der Bibliothekstür an und wählte einen Schlüssel aus. Nach, wie ihr schien, unendlicher Zeit, hatte sie endlich einen gefunden, der in das Schlüsselloch passte. Nur ließ er sich kein Stück drehen.

Rudolf servierte Elisabeth den Nachmittagstee mit einem Brombeertörtchen in der Bibliothek.

„Das brauche ich jetzt dringend. Danke, Rudolf."

Er sah sich die Menge Schlüssel auf dem Schreibtisch an.

„Sparen Sie sich Ihre Worte, Rudolf. Ich habe ein heilloses Durcheinander angerichtet."

„Auf den ersten Blick scheint es so. Aber oft folgt das gute Ergebnis erst nach einem gewaltigen Durcheinander. Wenn Sie möchten, können wir Ihnen dabei behilflich sein."

„Ich wüsste nicht, wie Sie mir dabei behilflich sein sollten. Ich werde das wohl selbst richten müssen."

Rudolf zog einen großen Schlüsselbund aus seinem Wams.

„Bitte nicht. Bitte nicht noch mehr Schlüssel." Elisabeth hob abwehrend ihre Hände.

„Ich habe noch zwei Bünde und Hermine sogar vier."

„Bitte nicht, verschonen Sie mich damit."

„Frau Baronin, wenn Sie gestatten. Die Schlüssel an meinen Bünden kenne ich, ich weiß in welche Tür oder zu welcher Schublade sie gehören. Bei Hermine wird es ebenso sein. Vielleicht ähneln meine Schlüssel denen hier auf dem Tisch, dann wissen wir schon zu einem Teil, wohin sie gehören."

In Elisabeths Augen glomm ein Hoffnungsschimmer auf. „Probieren wir es aus."

Rudolfs Vorschlag war so einfach wie genial. Nachdem sie seine und Hermines Schlüssel mit denen auf dem Schreibtisch verglichen hatten, war ein beträchtlicher Teil der Schlüssel zugeordnet.

„Für heute lassen wir es genug sein. Ich danke Ihnen für Ihre Hilfe. Ich will vor dem Abendessen einen Spaziergang mit Maria und Cockie machen. Gurten Sie bitte Maria an. Ich hole nur meinen Mantel.“

Elisabeth ging mit Maria am Laufgurt und Cockie langsam zum Pavillon. Sie wollte nachsehen, ob Heinrich vor seiner Abreise die Luke zum Geheimgang von innen verriegelt hatte.

Bei ihren Spaziergängen hatte sie beobachtet, dass Cockie immer wieder zu der Bank lief und die steinerne Rosenblüte mit seinen Pfoten betatschte. Sie drehte an der Blüte und die Bank verschob sich. Sie verschloss die Luke wieder. *So kann das nicht bleiben. Es dauert nicht mehr lange und Maria kann alleine bis hierher laufen. Da muss sofort etwas unternommen werden,* beschloss Elisabeth.

Im Stall fragte sie Lennard nach zwei kräftigen Gärtnerburschen, die ihr behilflich sein sollten. Elisabeth gab Maria in der Küche ab und traf sich anschließend mit den Burschen am Pavillon. Sie deutete auf die Stelle vor dem Rosenkopf. „Hier, genau hier möchte ich einen großen Stein herhaben. Ich möchte meine Füße hochlegen können.“

Die Burschen wunderten sich nicht. Sie hatten Mütter und Schwestern, die oft eigenartige Wünsche hatten. Sie taten einfach, was die Baronin verlangte. Auf ihrem Rückweg kamen sie überein, dass die Baronin wohl an Geschmacksverwirrung litt. *Erst ließ sie den Pavillon so herrlich wieder herrichten und jetzt verunstaltete sie ihn mit einem riesigen hässlichen Stein. Na ja, schwanger eben. Könnte gut sein, dass sie morgen wieder gerufen würden, weil die Baronin ihre Meinung geändert hat. Es lohnt sich nicht, darüber nachzudenken.*

In dieser Nacht träumte Elisabeth von Türen, die von selbst auf und zu gingen. Türschlössern, die so hoch angebracht waren, dass Elisabeth selbst auf einer Leiter stehend nicht an sie herankam. Sie träumte von Unmengen an Schlüsseln, die sich so vermehrten, dass die Schlüsselberge bis zur Decke reichten. Die Schlüssel drohten aus der Bibliothekstür herauszuquellen. Elisabeth versuchte, die Tür zu schließen, hatte aber keinen passenden Schlüssel dafür. Einige der Schlüssel hatten Füße, mit denen sie lustig in den Fluren und auf der Treppe tanzten.

Elisabeth und Rudolf arbeiteten am Vormittag in der Bibliothek. Sie übertrugen die Listen der Pächter in die Bücher und verglichen sie mit denen vom Vorjahr.

„Bei diesem Pächter stimmt die Anzahl der Rinder zum Vorjahr nicht überein.“ Rudolf zeigte ihr den Vergleich.

„Der Pächter hat sich wohl zu seinen Ungunsten verrechnet.“

„Er hat sich zu unseren Ungunsten verrechnet.“

„Wieso? Er besitzt doch siebzehn Rinder weniger als letztes Jahr.“

„Eben, Frau Baronin. Der Pächter hat uns weniger angegeben, als er besitzt. Er hat uns keine Verkäufe und damit Erträge von den Tieren mitgeteilt, also müssten sie noch vorhanden sein. Eventuell sogar mehr.“

„Warum macht er das? Das ist doch nicht richtig.“

„Damit er nicht so viele Abgaben zahlen muss. Genau genommen ist das Betrug. An uns, an der Vogtei und somit an unseren Landesherren, den Klöstern und Kirchen.“

„Er muss doch bestraft werden, oder nicht?“

„Sicher. Das wird er auch. Dieser Pächter hat das nicht zum ersten Mal gemacht. Das probiert er jetzt das dritte Mal hintereinander. Da gibt es noch einige von denen. Bei den meisten Pächtern sind das wesentlich kleinere Vergehen. Mal ein paar Ziegen oder ein, zwei Milchkühe. Das lassen wir auf sich beruhen. Die tun es meistens aus Not, damit sie für ihre Familien genug haben. Da wird nur eine Ermahnung ausgesprochen. Aber dieser Pächter hier, der macht das schon im großen Stil. Der ist richtig dreist, als wenn er es darauf anlegt, verjagt zu werden. Von der Strafe ganz abgesehen.“ Rudolf schüttelte seinen Kopf.

Für Elisabeth wurde die Buchführung interessanter. Jetzt kamen hinter den nüchternen Zahlen auch die Menschen zum Vorschein. „Was für eine Strafe könnte ihm drohen?“

„Das kommt auf die Summe der Verbrechen und den Vogt an. Das kann auch den Tod durch den Strick bedeuten.“

„Was machen wir nun?“

„Nun, wenn alle Pächter ihre Listen bei uns abgegeben haben und wir sie übertragen, nachgerechnet und mit dem Vorjahr verglichen haben, fährt Georg die Schlitzohren ab und kontrolliert vor Ort noch einmal alles. Wir hoffen, dass sie sich verrechnet haben. Wenn nicht, liegt es im Ermessen des Herrn Barons, ob der entsprechende Pächter mit einer Ermahnung und einer kleinen Strafe davonkommt oder ob er es dem Vogt meldet. Bei diesem hier, wird dem Baron wohl keine Wahl bleiben. Wenn der Pächter noch einmal damit durchkommt, nehmen vielleicht andere Pächter ihn als schlechtes Vorbild und tun es ihm nach."

„Da können wir zurzeit nicht gleich etwas unternehmen?"

„Nein, Frau Baronin, noch nicht."

Elisabeth passte es eigentlich nicht, warten zu müssen. Sie schaffte gern Probleme sofort aus der Welt, als sich unnötig lange damit herumzuärgern.

Mit Lennards Schlüsseln dazu, waren sie nach vier Nachmittagen mit dem Zuordnen fertig. Es blieb nur ein einziger kleiner, silberner Schlüssel übrig, auf dem in winziger Schrift etwas eingraviert schien.

Hermine, Lennard und Rudolf bestanden darauf, ihre Schlüsselbunde, so wie sie waren, zu behalten. *Sie kannten sich damit im Schlaf aus*, meinten sie. Elisabeth entwickelte für Heinrichs und ihre Schlüssel eine, wie sie meinte, viel praktischere Ordnung und war zufrieden. Und weil sie gerade einmal dabei war, ordnete Elisabeth alle Schubfächer im Schreibtisch neu. Heinrich war sehr ordnungsliebend. Er würde sich darüber freuen. Da war Elisabeth sich ganz sicher.

Nach zehn Tagen kam ein Brief von Heinrich: Die Reise war angenehm verlaufen. Das Sommerhaus reizend. Die Nachbarn, die auf das Haus achteten, außerordentlich hilfsbereit. Das Wetter gemischt.

Otto hatte jede Hilfe der Nachbarsfrau kategorisch abgelehnt. Er wollte nicht, dass jemand um sie herum war.

Wie sich zu Heinrichs Erstaunen herausstellte, war Otto bestens mit der Hausarbeit vertraut, selbst die Latrinen reinigte Otto, ohne sich anzustellen. Kochen konnte Otto ebenfalls sehr gut. Nicht so gut wie Hermine natürlich, aber durchaus ansehnlich und schmackhaft. Heinrich hatte angefangen, ihm bei der Hausarbeit zu helfen. Dies empfand Otto wohl als selbstverständlich. Heinrich stellte sich jedoch so unbeholfen an, dass Otto ihn davon freistellen wollte. Das wiederum gefiel Heinrich gar nicht und er entwickelte in dieser Hinsicht den Ehrgeiz, es ebenso zu können wie Otto. Manchmal stand er Otto so im Weg, schrieb er über sich selbst, dass Otto ihn mit irgendwelchen Arbeiten betraute, die nicht in seiner Nähe stattfanden. Beim Kochen war ihm Heinrich zu schnell. Heinrich räumte ihm ständig Löffel, Pfannen oder anderes Arbeitsmaterial weg, was Otto eigentlich noch einmal benutzen wollte oder sich gerade herbeigeholt hatte.

Was mache ich nur falsch, meine Liebste? Otto kann doch froh sein, wenn ich ihm behilflich bin. Ich versuche mein Allermöglichstes, um ihn zu entlasten, aber er will lieber allein in der Küche arbeiten, schrieb Heinrich fragend.

Ansonsten hatten sich die Brüder den Tag bequem eingerichtet. Sie nahmen sich nicht viel vor. Nach Lust, Laune und Wetter schliefen sie, gingen spazieren oder liehen sich Pferde aus. Heinrich selbst lese endlich die Bücher, die er schon Jahre lang lesen wollte. Otto dagegen schrieb stundenlang seine Erlebnisse nieder.

Abends spielten sie Schach, Backgammon oder Dame. Ja, die Tage gingen schnell vorbei. Heinrich merkte aber deutlich, wie sehr er sich von Tag zu Tag mehr erholte.

Natürlich fehle Elisabeth ihm unendlich und er würde zu gern ihre zierlichen Füße mit ihren entzückenden Zehchen massieren. Heinrich war gespannt, ob Elisabeths Bauch schon runder sein würde, wenn er heimkehrte. Herzlichst ließ er die Heimtrauter und die Schlossfamilie grüßen. Heinrich bemerkte zum Abschluss, dass er es merkwürdig fand, keine Post zu erhalten. Er versicherte Elisabeth wieder und wieder wie sehr er sie vermissen und lieben würde.

Elisabeth machte sich sogleich daran, Heinrichs Brief zu beantworten. Sie hatte überaus erfreuliche Nachrichten für Otto. Ihr Advokat, Hans von Mollenstein, hatte mitgeteilt, dass Ottos Ehe mit Auguste ungültig sei. Er habe an das Lazarett in Magdeburg geschrieben, um Kontakt mit dem Pastor, der die beiden getraut hatte, aufzunehmen. Obwohl es schon über vierzehn Jahre her war, waren die Unterlagen über Ottos Aufenthalt und seinen Krankheitsverlauf dort noch vorhanden. Der Name des damals zuständigen Pastors für Nottrauungen, Taufen und Sterbesakramente war jedoch ein völlig anderer. Der Name, der die Heiratsurkunde beglaubigt hatte, gehörte zu einem Patienten, der einen Tag nach der Ausstellung der Urkunde verstorben war. Die Verwaltung des Notlazarettes wies darauf hin, dass Ottos Fall keineswegs der Erste in dieser Richtung war.

Hans von Mollenstein hatte sich auch mit dem zuständigen Kirchenkreis in Verbindung gesetzt. Dort mussten der entbindende Arzt oder die Hebamme sämtliche Geburten melden. Thorstens Geburtsdatum stimmte nicht mit den Angaben Augustes überein. Wäre dies der Fall gewesen, wäre das Kind schon drei Monate nach der Eheschließung zur Welt gekommen. Die Mutter würde nicht Auguste, sondern Agatha heißen. Sie könne die Schwester oder eine Cousine der angeblichen Mutter sein.

Weiter berichtete Elisabeth: *Ihr Bauch würde stetig wachsen und sie könne nun endlich die bequemen weiten Kleider tragen. Maria könne schon fast alleine laufen.*

Hermine würde Elisabeth mit köstlichen kleinen Obstküchlein verwöhnen. Ansonsten sei alles in bester Ordnung. Es sei keine dringende Post zu erledigen, die ihn von seiner Erholung ablenken könne.

Außerdem sei Auguste, zur Erleichterung aller, schon seit Wochen nicht im Schloss aufgetaucht.

Natürlich schwor Elisabeth ihm ewige Liebe und beschrieb ihm ausführlich, bei welchen Gelegenheiten und warum sie ihn besonders vermisse.

Sie gratulierte Otto herzlich zu seiner wieder gewonnenen Freiheit und legte den Brief Hans von Mollensteins dazu.

Thorben erwähnte Elisabeth mit keinem Wort.

Katharina hatte das Zimmer von Auguste und Thorben in der Zwischenzeit gründlich gereinigt und das persönliche Gut von ihnen in einer Tasche verstaut. Die jetzt auf die Eigentümer in einer Kammer wartete. Die Schlossfamilie ging nach der langen Zeit davon aus, dass Auguste einfach das Weite gesucht hatte.

In den letzten Tagen war Hermine Katharinas Fragen bezüglich ihres heiratsfähigen Alters ausgewichen. Hermine klagte ihrem Bratkartoffelverhältnis ihre Befürchtungen: „Alexander, weißt du, natürlich ist Katharina schon längst im heiratsfähigen Alter. Es fällt mir nur so schwer, sie gehen zu lassen. Meine erste Tochter, Constanza, ist bei meiner älteren Schwester Else groß geworden. Constanza ist jetzt neunzehn Jahre alt. Ich war damals einfach noch zu jung und Else hatte schon ein Kind. Es war die beste Lösung. Constanza sagt noch nicht einmal Mutter zu mir. Für sie bin ich Tante Hermine. Ich sehe sie nur alle paar Jahre einmal. Jetzt ist es schon wieder vier Jahre her. Katharina ist mein *ein und alles*. Ich weiß nicht, was ich ohne sie tun soll." Hermine weinte.

Alexander legte tröstend den Arm um sie. „Ich denke, ich kann dich gut verstehen. Leider habe ich keine eigenen Kinder. Als Lehrer tat es mir manchmal auch sehr weh, wenn bestimmte Kinder die Schule verlassen haben. Ich habe Trost darin gefunden, dass meine ehemaligen Schüler nicht aus der Welt sind. Die meisten leben noch hier und so weiß ich, was in ihrem Leben so passiert. Einige sind schon verstorben, das war besonders hart für mich. So jung und nicht mehr unter uns."

„Das glaube ich dir."

„Knuffi", so nannte Alexander sie liebevoll, „Katharina ist weder tot, noch aus der Welt. Sie hat dich vielleicht nur so gefragt. Schließlich wäre es ja an der Zeit, jemanden zu finden. Ob sie jemanden hat, wirst du allerdings nur herausbekommen, wenn du mit ihr redest. Schiebe es nicht lange vor dich her. Ich merke doch, dass es dich ständig beschäftigt."

„Du hast recht, *‚Bärlie'*." Hermine hatte sich wieder gefasst. „Morgen Abend bleibe ich im Schloss und spreche mit ihr. Falls sie verliebt ist, gefällt er mir vielleicht sogar. Kann ja sein, oder?"

Alexander lächelte Hermine liebevoll an. „So ist es recht. Das ist meine kleine ‚Knuffi'."

Hermine reichte ihm tatsächlich nur bis zur Brust.

Am nächsten Abend teilte sie Katharina mit, dass sie nun Zeit für sie hätte. „Du wolltest wissen, ob du heiraten kannst", fiel Hermine mit der Tür ins Haus.

„Ja also, es ist nicht so, dass ich jetzt unbedingt heiraten will. Ich habe nur so gefragt", antwortete Katharina vage.

„Hast du nicht. Ich kenne dich doch. Sag schon, W E R ist ‚er'?"

„Mutter, ich habe nur so gefragt."

„*Nur so* gibt es nicht. Es steckt immer was dahinter. Gefällt dir jemand?"

„Ja, ein wenig schon."

„Weiß er das?"

„Ich glaube schon."

„Ach, Kind, lass dir doch nicht alles aus der Nase ziehen. Dir gefällt jemand, du glaubst, du ihm auch. Und weiter?"

„Weiter nichts."

„Aha, weiter nichts." Hermine musterte ihre Tochter eindringlich. Katharina wurde es unbehaglich in ihrer Haut.

„W E I T E R   N I C H T S", wiederholte Hermine langsam. „Wie heißt ‚er'?"

„Sag ich nicht. Das ist mir unangenehm, solange ich nicht weiß, ob er mich wirklich mag."

„Frag ihn doch."

„Also Mutter! So macht man das doch nicht."

„Doch, ich habe deinen Vater gefragt."

Katharina lachte: „Das glaube ich dir. Das passt zu dir, Mutter. Nur bin ich leider nicht du. Und frag mich jetzt bitte nicht, warum ich nicht so bin wie du."

Hermine ließ das Gespräch auf sich beruhen, nahm sich aber vor, jeden Burschen, der in Katharinas Nähe kam, ganz genau zu beobachten.

Katharina erzählte Rudolf von dem Gespräch mit ihrer Mutter.

„Ich finde, sie hat recht. Frag mich einfach."

Katharina wurde rot. „Das gehört sich nicht. Ich meine, so wird das nicht gemacht. Und außerdem bin ich nicht meine Mutter."

„Nein, aber ihre Tochter. Ich würde dich dann auch etwas fragen, wenn du mich fragst", bot Rudolf an.

Katharina senkte den Kopf. „Also gut: Magst du mich wirklich?", stieß sie heraus.

„Katharina sieh mich an." Rudolf hob ihren Kopf vorsichtig an und sah ihr tief in die Augen. „Ja, ich mag dich wirklich sehr."

„Das reicht nicht", antwortete Katharina leise.

„Wofür reicht das nicht?" Rudolf war verunsichert.

„Um zum Beispiel zu – heiraten, eben."

„Mir würde es reichen. Es ist so viel mehr, als ich seit damals für irgendeine Frau empfunden habe", betonte Rudolf ehrlich.

„Seit damals?"

„Ja." Rudolf erzählte Katharina von seiner unglücklichen ersten

Liebe und wie diese junge Frau ihn damals deswegen verspottet hatte.

„Das war fürchterlich gemein von ihr“, stellte Katharina fest.

„Ja. Damals habe ich mir geschworen, mich nie wieder zu verlieben. Nie wieder eine Frau in mein Herz zu lassen. Liebe ist nicht nur schön, Liebe kann auch unerträgliche Schmerzen breiten. Ich dachte nicht, dass ich jemals wieder etwas mehr als Freundschaft für eine Frau empfinden könnte. Deswegen, Katharina, bedeutet es sehr viel, wenn ich heute sagen kann, dass ich dich wirklich sehr mag.“

Katharina ließ sich das durch den Kopf gehen. „Ich glaube, ich verstehe dich ein wenig. Ich bin noch nie so verletzt worden. Ich habe früher einmal für einen Burschen geschwärmt, aber er hatte mich nicht einmal bemerkt. Und dann war es auch schon wieder vorbei. Nur glaube ich, mir reicht es nicht, wenn du mich nur *wirklich sehr magst.* Nein, ich denke, das ist mir zu wenig.“

„Wie steht es denn bei dir? Was empfindest du für mich?“, wollte jetzt auch Rudolf wissen.

„Ich mag dich nicht nur *wirklich sehr.* Es ist mehr. Ich denke, man nennt es ‚verliebt sein‘ oder ‚Liebe‘. Genau weiß ich es nicht. Ich würde gern mit jemandem darüber reden. Nur weiß ich nicht mit wem. Meine Freundin hat nicht aus Liebe geheiratet. Sie wurde verheiratet, weil ihre Eltern sie nicht mehr ernähren konnten. Mit Mutter will ich nicht darüber reden, weil sie nur wissen will, wer derjenige ist. Solange wir beide uns nicht sicher sind, möchte ich nicht, dass es jemand erfährt. Da sind wir uns doch einig, nicht wahr?“

„Ja, das ist sicher besser so. Nur einer weiß es schon. Ich musste mit jemandem darüber sprechen.“

„Lennard, oder?“, riet Katharina.

„Ja, ich bin froh darüber, in ihm einen Freund gefunden zu haben.“

„Lennard ist ein feiner Kerl. Da hast du Glück gehabt.“

„Warte kurz, ich hole dir ein Buch.“

Katharina konnte inzwischen schon ganze Bücher lesen. Es war ihnen beiden eine Freude, später darüber zu reden.

Rudolf überreichte ihr ein Buch über die Liebe. „Hier, vielleicht hilft es dir, mich besser zu verstehen.“

„Hättest du etwas dagegen, wenn ich noch einmal mit Lennard

über uns sprechen würde, Käthe? Er hat mir schon so manchen guten Rat gegeben. Vielleicht hilft er mir, dich besser zu verstehen."

„Solange Lennard verschwiegen ist, habe ich nichts dagegen."

„Das ist er sicher. Es beruht auf Gegenseitigkeit. Lenni hat mir auch schon so manches anvertraut. Ich werde ihn heute fragen, wann er für mich Zeit hat."

Brüder

Otto und Heinrich hatten sich aufeinander eingespielt. Jeder ließ dem anderen seine Freiheit.

Elisabeths Brief traf ein. Heinrich stürmte in Ottos Zimmer „Entschuldige, wenn ich dich so überfalle, aber ich denke, es ist ein ganz hervorragender Grund."

Heinrich legte Otto das Schreiben seines Advokaten auf den Tisch. Otto las den Brief noch mal und noch mal: „Ich kann es nicht glauben. Auch wenn ich hin und wieder Zweifel an der ganzen Geschichte hegte. Ich kann es einfach nicht glauben." Ein Strahlen ging über Ottos Gesicht. „So lange! So viele Jahre!"

„Ja, so viele Jahre! Komm lass dich umarmen! Ich gratuliere dir zu deiner wiedergewonnenen Freiheit, Bruder! Das muss gefeiert werden! Ja, das schreit geradezu nach einer Feier!" Heinrich tanzte durch den Raum.

Otto lachte befreit auf. „Das hast du als Kind schon gemacht, wenn du dich über etwas ganz besonders gefreut hast. Weißt du noch?"

„Ja! Ja! Ich weiß! Ist das Leben nicht herrlich!" Heinrich drehte sich im Kreis, bis er aus der Puste war. Dann ließ er sich in einen Sessel fallen. „Heute kochen wir nicht selbst! Heute gehen wir richtig schön essen und feiern deine Freiheit. Keine Widerrede! Los! Los! Zieh dich an! Das Wetter ist herrlich. Wir reiten zum nächsten Ort. Dort soll die Wirtschaft eine fantastische Küche bieten! Mein Gott, Otto! Du bist dieses unerträgliche Weib los und ihren Jungen noch dazu! Ist dir das eigentlich klar?"

„Noch nicht so ganz. Es ist plötzlich so einfach."

„Manche Dinge erledigen sich eben von selbst. Es ist wahr! Wahr! Hurra! Hurra! Hurra!“

Sie ließen sich mit einem ganz hervorragenden Fischgericht verwöhnen. Tranken Friesenbrand, der es in sich hatte, und erlebten einen fast übermütigen Abend.

Otto hatte Tage zuvor Heinrich seine Aufzeichnungen gegeben. „Du musst sie nicht lesen, Heini. Nur wenn du willst. Es stehen grausame Dinge darin. Der Krieg und seine Folgen sind das Schlimmste, was wir Menschen uns gegenseitig antun können. So viel Leid, so viel Elend und unendlich viel Schmerz. Ich weiß nicht, warum ich unbedingt in den Krieg ziehen wollte. Jetzt erscheint es mir wie eine Welle, die mich einfach mitgerissen hat. War es, weil alle in meinem Alter nur von Ehre und Ruhm sprachen? Für das Vaterland kämpfen? Momentan zweifle ich daran, ob es sich lohnt dafür Väter, Söhne, Geschwister und Mütter zu opfern? Ich weiß auch nicht, ob es richtig ist, seinen Glauben bis auf das Blut zu verteidigen und darum zum Mörder zu werden? Für die Familie, ja. Da würde ich jederzeit wieder zur Waffe greifen. Aber für alles andere? Nein. Bevor du das liest, solltest du wissen, dass ich mich wahrlich nicht mit Ruhm bekleckert habe. Die mir verliehenen Orden habe ich allesamt weggeworfen. Orden, dafür, dass ich Menschen getötet habe? Das fühlt sich für mich sehr falsch an.“

„Aber du hast doch gesagt, dass durch dein Schwert kein Mensch um sein Leben gekommen ist.“

„Das stimmt. Durch mein Schwert ist niemand ums Leben gekommen. Aber sehr wohl durch meine Hand und meinen Mund. Das wiegt mindestens genauso schwer, wenn nicht noch mehr.“

„Wie meinst du das? ‚Nicht durch dein Schwert, aber doch durch deine Hand?‘“ Heinrich verstand Otto nicht.

„Da ich von adeliger Herkunft bin, stiegen meine Artgenossen und ich sehr zügig zu den höheren Rängen auf. Ich wurde nach kaum einem Monat zum Unteroffizier. Mit sechzehn Jahren und ohne jegliche Erfahrung im Kampf. Es hat mir geschmeichelt, gebe ich zu. Noch dazu bekamen wir mit jedem höheren Rang mehr Privilegien und mehr Macht. Ich habe Befehle ausgegeben, um Menschen zu töten. Ich habe sie ausgesprochen und unterschrieben. Das meine ich mit ‚durch meine Hand und meinen Mund'."

„Du hast doch nur getan, was du tun musstest. Keiner hat deine Untergebenen gezwungen zu töten."

„Doch, wir sind direkt oder indirekt dazu gezwungen worden. Wir haben alle, ob freiwillig wie ich oder zwangsrekrutiert, einen Eid schworen und diesen unterschrieben. Hätten wir es nicht getan, wären wir nicht einfach nur unehrenhaft wieder in die Heimat geschickt worden. Damit hätte ich leben können. Nein, ich habe genug Kameraden und Soldaten gesehen, die dafür kurzerhand wegen ‚Feigheit vor dem Feinde' oder ‚Vaterlandsverrat' gehängt worden sind. Nicht nur das, auch ihr, unsere Familien, wurden dadurch bestraft. Sie hatten somit schließlich einen Feigling und einen Verräter in der Familie. Keine Reputation mehr bei Hof. Kein Amt, keine Würden. Keine höhere Ausbildung für die anderen Kinder. Keine gesellschaftlichen und damit verbundenen guten geschäftlichen Kontakte mehr. Das ganze Ansehen der Familie hätte darunter gelitten. Wahrscheinlich hättest du Elisabeth noch nicht einmal heiraten können. Denn damit hättest du wiederum ihrer Familie geschadet. Ja, mein Lieber, über diese Folgen ist man sich nicht im Geringsten klar, wenn man zu dem Verein gehören will."

„Aber es muss doch alles vor einem Gericht ordnungsgemäß verhandelt werden, bevor jemand aus diesen Gründen bestraft wird", wandte Heinrich ein.

„Dein Einwand ist berechtigt. Nur gelten im Krieg andere Regeln. Ich glaube, du hast keine Vorstellung davon. Tote so weit das Auge reicht. Unvorstellbar viel. Ich vermute, dass in dem ‚Dreißigjährigen Krieg' fast genauso viele Menschen ihr Leben lassen mussten, wie Europa Einwohner hat. Wie sollten da ordentliche Gerichtsverfahren durchgeführt werden? Da hätte ja vor lauter Prozessen kein Krieg mehr stattgefunden. Nein, man kann es drehen und wenden wie man will: Krieg bringt nur Verderben mit sich."

Heinrich las Ottos Aufzeichnungen, obwohl sein Bruder ihn davor gewarnt hatte. Heinrich war erschüttert über Ottos Beschreibungen. Als er bei dem Bericht über Ottos Gefangenschaft angekommen war, liefen Heinrich die Tränen herunter. Die Soldaten, die einen höheren Rang innehatten und dazu von adeliger Herkunft waren, wurden besonders gern intensiv erniedrigt und gefoltert. Die Adelsfolter wurde es genannt. Eine Mischung aus der üblichen Quälerei und der Hexenfolter. Die Beschreibungen von den feindlichen Soldaten, die unschuldige Frauen und Kinder vergewaltigten, ermordeten und anschließend mit ihren abgehackten Köpfen auf den Straßen Fußball spielten, nahm Heinrich den Atem und die Sicht vor Entsetzen. Trotzdem las er den Bericht seines Bruders bis zur letzten Zeile durch, die da lautete: *Und wir waren kein bisschen besser. Ich schäme mich unendlich.*

Heinrich betete für das Seelenheil seines Bruders. *Mein Gott, warum hast Du das alles zugelassen? Haben wir nicht schon genügend Elend auf dieser Welt? Mit wie viel Schuld kann ein Mensch leben? Das kann doch niemand verkraften. Wie soll mein Bruder jemals Ruhe finden? Wie kann ich ihm helfen? Ich habe noch nie aus Eigennutz zu Dir gebetet. Das tue ich auch jetzt nicht. Ich bitte Dich, verzeih meinem Bruder, wenn er nach all dem Grauen an Dir zweifeln sollte. Du bist größer und gütiger als wir Menschen. Ich bitte Dich aus ganzem Herzen, lass meinen Bruder mit seiner Schuld leben können. Ich werde ihm helfen, wo ich kann. Ich danke Dir dafür, dass Du ihn wieder nach Hause geführt hast. Und ich danke Dir unendlich, dass ich davor verschont geblieben bin.*

Heinrich gab seinem Bruder die Aufzeichnungen wortlos zurück.

Otto hatte endlich die Briefe seiner verstorbenen Eltern gelesen. Keiner der beiden machte ihm einen Vorwurf, dass er in den Krieg gezogen war. Sie machten sich selbst Vorwürfe, ihn nicht mit allen Mitteln davon abgehalten zu haben.

Sein Vater schrieb ihm:

Mein lieber Junge,

manchmal beobachtete ich Deine Mutter, wie sie in Deinem Zimmer mit ihren Händen liebevoll über Deinen Schreibtisch strich. Dein erstes Kuscheltier an ihr Gesicht drückte, um Deinen Babyduft zu riechen. Oder vor Deinem Kleiderschrank stand und jedes einzelne Teil, das Du getragen hast, immer und immer wieder herausnahm und an ihr Herz drückte. Dann schäme ich mich, dass ich Deiner Mutter das angetan habe. Das ich Dich habe ziehen lassen und dadurch ihr Herz entzwei gerissen wurde. Ich weiß sehr wohl, dass Du unter allen Umständen gegangen wärst. Den Dickkopf hast Du wohl von mir geerbt, sagte sie immer. Trotzdem ich hätte darauf bestehen sollen.

Seine Mutter schrieb:
Mein geliebter Sohn,
wenn ich Deinen Vater beobachte, wie er nach all den langen Jahren Deiner Abwesenheit noch immer, und immer wieder die Bilder, die Du als Kind für ihn gemalt hast, lange ansieht und mit seinen Fingern liebevoll darüberstreicht. Oder Dein Portrait, welches neben dem Kamin hängt, abends stundenlang betrachtet. Dann mache ich mir große Vorwürfe, Dich nicht von Deinem Vorhaben mit allen Mitteln abgehalten zu haben. Ich weiß, es wäre zwecklos gewesen. Du hast den Dickkopf Deines Vaters geerbt. Aber ich hätte es unbedingt versuchen müssen, bevor sein Herz in Stücke gerissen wurde.

Nein, sie hätten mich beide nicht davon abhalten können, bestätigte Otto ihre Gedanken. *Ich war zu verblendet und zu egoistisch. Ich hätte ahnen müssen, was ich ihnen damit antun würde.* Er vermisste seine Eltern sehr.

Ottos Mutter beklagte sich in ihrem Brief nicht über ihre Krankheit, an der sie bald würde sterben müssen. Sie beteuerte ihm, auch wenn ihre Hülle begraben sei, so würde sie ihn sein Leben lang im Geiste begleiten. *Eine Mutter bleibt immer eine Mutter, auch wenn sie nicht mehr für ihre Kinder sichtbar ist,* schloss sie ihren liebevollen Abschiedsbrief.

Der Brief seines Vaters war sachlicher gehalten: *Nun ist eure Mutter schon vor vier Jahren von uns gegangen und ich merke, dass auch meine Kräfte nachlassen. Der Agent, den ich gleich nach Deinem Fortgang beauftragt habe, hat nunmehr seit fünf Jahren keine Spur von Dir. Davor wussten wir immer ziemlich sicher, wo Du Dich gerade aufgehalten hast.*

Jetzt, da ich nicht mehr weiß, wie viel Zeit mir noch bleibt und wann Du heimkehrst oder ob ich Dich womöglich schon überlebt habe, muss ich handeln. Verzeih mir bitte, aber ich muss hier Vorsor-

ge treffen, nicht nur für Deinen Bruder auch für alle anderen, die hier mit uns leben und von uns abhängig sind.

Ich habe, in diesem Sonderfall, die Genehmigung vom Celler Herzog bekommen, dass Heinrich als Zweitgeborener das Erbe offiziell antreten kann. Falls Du vor meinem Ableben zurückkehrst, ist das natürlich hinfällig. Für Dich ist ein sehr guter und wichtiger Posten als Nachfolger des Beedenbosteler Vogtes vorgesehen. Hans-Hermann von Bergdorf ist erkrankt und kann sein Amt voraussichtlich nur noch einige Jahre ausüben.

Soweit ist es von meiner Seite geregelt. Die Urkunden darüber befinden sich im Geheimfach. Wenn Du nun erst nach meinem Tod zurückkehren solltest, überlege Dir bitte gut, was Du tun willst. Du kannst selbstverständlich Heinrich das Erbe streitig machen und er würde, so wie ich ihn kenne, dann die Vogtei übernehmen. Bedenke aber bitte, dass Heinrich sehr viel Energie und Kraft hier in den Gutsbetrieb hineingesteckt hat. Er hatte durchaus nicht immer eine so unbeschwerte Jugend, wie Du Dir das vielleicht vorstellst. Auch jetzt ist noch längst nicht alles so, wie es auf einem Gut sein sollte. Der Krieg hat unsere sämtlichen Ersparnisse und Vorräte aufgebraucht.

Falls Du auf Dein Erbe bestehen solltest, riskiere bitte keinen Rechtsstreit. Entweder Heinrich überlässt es Dir im Guten oder Du lässt es. Ich meine es nur gut. Ihr beide seid Brüder und habt nur noch Euch als Familie. Riskiere keinen Bruch, der nie wieder zu kitten ist, Sohn. Ich wünschte, Du wärst hier bei uns und wir könnten diese Dinge persönlich besprechen. Lass Deinen Bruder nicht zu lange im Ungewissen über Deine Entscheidung, das hat er nicht verdient.

Trage Deinen Namen mit Anstand und Würde. Sodass Deine Mutter und ich immer stolz auf Dich sein können.

Dein Dich liebender Vater.

Otto hatte auf beiden Briefen die Spuren getrockneter Tränen bemerkt.

„Heinrich, hast du Zeit für mich?“

„Natürlich. Was gibt es? Kann ich dir beim Kochen helfen?“, fragte Heinrich erwartungsvoll.

„In gewisser Weise schon. Wir kochen jetzt zusammen ‚unsere Zukunft'."

Darauf war Heinrich nicht vorbereitet. „Hast du dich schon entschieden, was du machen willst?"

„Ja", antwortete Otto mit gespieltem Ernst in der Stimme. „Ich habe lange darüber nachgedacht. Es ist das Beste, du und Elisabeth verschwindet sofort aus dem Schloss. Ein paar Dinge lasse ich euch mitnehmen. Ja, das ist das Beste. Jetzt bin ich endlich wieder da und will mein Erbe antreten. Du hast genug in Saus und Braus gelebt. Jetzt bin ich dran. Das ist mein gutes Recht!"

Heinrich war blass geworden. Er erkannte seinen Bruder nicht wieder. *Habe ich mich tatsächlich so in ihm täuschen können?* Heinrich erhob sich zitternd. „Wenn es das ist, was du willst, gibt es wohl zwischen uns nichts mehr zu bereden."

Das hatte Otto nicht gewollt. Er sprang ebenfalls auf. „Mensch! Bruder! Heinrich! Das war doch nur ein Scherz! Wie kannst du so von mir denken? Nie im Leben würde ich so handeln. Selbstverständlich bleibt alles so, wie es ist. Ich werde das Amt des Vogtes übernehmen. Und du bleibst Baron auf Schloss Eldingen."

„Das war ein schlechter Scherz – g a n z schlecht! Ich habe dir jedes Wort geglaubt."

„Das wollte ich nicht! Glaub mir bitte!" Otto tat es wirklich leid.

„Das machst du nie wieder mit mir, hörst du! Das ertrage ich nicht. Du hast das schon als Kind immer so mit mir gemacht, sodass ich dir jedes Wort geglaubt habe."

„Es war wirklich nur ein Scherz. Ich gebe zu, dass es ein schlechter war."

„Ja, ein hundsmiserabler. Und ich will deinen Verzicht schriftlich mit Stempel und allem Drum und Dran von dir."

„Ja, ja, bekommst du. Ist kein Problem. Verzeihst du mir jetzt endlich?"

„Mal sehen. Ich habe jetzt aber etwas gut bei dir!"

„Von mir aus", gab Otto klein bei.

Um Heinrichs Mund erschien ein kleines gehässiges Grinsen.

„Oh nein, DAS tust du nicht!" Otto hatte sich ebenfalls erhoben. „Mach DAS nicht!"

„Doch!“ Heinrich kniff die Augen zusammen.

„Nein! Wage es nicht!“

„Doch!“

„Nein!“

„Doch! Doch! Doch! P i c k e l g e s i c h t!“ Heinrich genoss jeden einzelnen Buchstaben. Otto hatte als Kind die Masern gehabt.

„Das ist unfair!“

„Na und? Pickelgesicht!“

„Hosenscheißer!“, revanchierte sich Otto. Hosenscheißer, sagten seine Eltern zu Heinrich, als er noch in die Windeln machte.

„Nein!“

„Doch: H o s e n s c h e i s s e r!“ Otto bewegt sich in Richtung Terrassentür. Heinrich ging langsam um den Tisch herum auf ihn zu: „Das war vor hundert Jahren!“

„Na und? Hosenscheißer! Hosenscheißer!“ Otto öffnete die Terrassentür. Er wusste, dass es gleich losgehen würde. Otto rannte los in Richtung Strand: „Hosenscheißer!“

Heinrich hinterher. Er ließ Otto einen Vorsprung, weil er hinkte.

„Ich kriege dich schon, du ‚Pickelgesicht‘! Warts nur ab! Ich habe dich gleich!“, rief Heinrich.

Plötzlich stolperte Otto über angeschwemmtes Treibgut und fiel mit dem Gesicht nach vorne in den Sand.

„Otto! Ist alles in Ordnung?“ Kurz bevor Heinrich ihn erreichte, rutschte er selbst aus und fiel auf seinen Hosenboden.

Otto drehte ihm sein Gesicht zu und spuckte Sand aus. „Und bei dir? Auch alles in Ordnung?“

„Ich glaube ja, ich bin weich gefallen!“ Heinrich hob seine rechte Pobacke, um zu sehen, worauf er saß. Ein riesiger Pferdeapfel. Scheinbar ganz frisch. Otto fing an zu lachen: „Hosenscheißer! Sag ich doch!“

„Musst du gerade sagen mit dem ganzen Sand im Gesicht: Pickelgesicht!“

Die Flut kam und Otto erreicht mit seinen Händen das Wasser. Er schippte es in Heinrichs Richtung. Die Wasserschlacht war eröffnet.

Später, als sie untergehakt, klitschnass zum Sommerhaus zurückkehrten, hatten sie beide das Gefühl, dass Otto wieder der Alte war.

Am späten Abend, nachdem sie sich mit Glühwein am Feuer erwärmt hatten, fragte Heinrich: „Wir haben uns doch beide ganz gut erholt. Findest du nicht?“

„Doch, warum fragst du?“, erkundigte sich Otto.

„Ich möchte dir einen Vorschlag machen.“

„Nur zu. Ich höre?“

„Wir sind hier nicht weit von der Stadt Kiel entfernt. Wir könnten dort auf der Rückreise eine Rast einlegen. Ich würde zu gern einmal die großen Schiffe sehen. Ich fand sie als Kind in unseren Schulbüchern schon faszinierend. Dann könnten wir weiter über Segeberg nach Hamburg fahren, das würde sich anbieten. Und von dort noch einen Abstecher nach Bremen machen, bevor wir uns auf den Weg nach Hause begeben“, schlug Heinrich vor.

„Klingt nicht schlecht. Wann willst du los?“

„Sobald wie möglich. Wir sind jetzt schon drei Wochen fort. Für die Rückreise, wenn wir uns Zeit lassen, brauchen wir sicher zwölf Tage. Elisabeth fehlt mir. Irgendwie bist du doch nicht der richtige Ersatz für sie“, Heinrich grinste Otto an.

„Das nehme ich aber persönlich. Jetzt bin ich beleidigt. Ich habe mir doch so große Mühe gegeben“, grinste Otto zurück.

„Du hast eben nicht das ‚gewisse Etwas‘. Wenn du weißt, was ich meine.“

„Tja, dann müssen wir wohl die Heimreise antreten. Da kann man nichts machen. Wie wäre es mit morgen?“ Otto ahnte, dass Heinrich Sehnsucht nach Elisabeth hatte.

„So plötzlich?“, fragte Heinrich.

„Nicht nur du wirst mit Sehnsucht erwartet. Auf mich wartet schon lange jemand.“

„Ehrlich? Sag an, wer ist sie?“

„Sie ist ein Er‘.“

„Wie, du bist …? Ihr seid …? Ich meine seit wann?“ Heinrich war durcheinander.

„Och, – so ungefähr seit drei Jahren.“ Otto hielt sich die Hand vor sein Gesicht, damit Heinrich sein Lachen nicht sehen konnte.

„Das ist ja ein Ding. Hätte ich nicht gedacht. Ist es ernst mit euch?“

„Sehr.“

„Nun sag schon. Wie heißt ‚Er‘? Wo wohnt ‚Er‘? Wie alt ist ‚Er‘?“

Otto konnte sich nicht mehr, vor unterdrücktem Lachen, halten: „Er ist sehr alt, wohnt in Beedenbostel und heißt Vogt“, stieß er aus. „Und er hat große Sehnsucht nach mir.“ Otto kringelte sich vor Lachen in seinem Sessel.

„Ottooo! Du hast es schon wieder getan!“

„Ich konnte nicht anders. Wirklich. Es kam so über mich. Es ist einfach zu schön, dein erstauntes Gesicht zu sehen.“

„Ich sage nur R a c h e. Mehr sage ich nicht.“ Heinrichs kleines gehässiges Grinsen tauchte wieder auf: „Rache, und zwar dann, wenn du nicht damit rechnest!“

„Brauchst du nicht. Ich habe doch gesagt, ich kann da nichts dafür.“

„Ich auch nicht!“, sagte Heinrich trocken. „Also zurück zum Thema: Wollen wir morgen los? Bist du mit meinem Vorschlag einverstanden?“

„Ja, es ist alles gut.“

„Dann schreibe ich den Brief an Elisabeth jetzt fertig und teile ihr unsere Pläne mit.“

„Mach das, mach das“, stimmte Otto zu.

Otto hatte sich gerade im Bett in seine Daunendecke eingekuschelt, als seine Zimmertür leise aufging.

„Bist du noch wach?“

„Hm.“ Otto hörte Heinrich leise auf sein Bett zukommen.

„Schade.“ Heinrich klatschte Otto einen eiskalten nassen Lappen ins Gesicht: „Schlaf gut, Pickelgesicht. Ich schließe übrigens meine Tür ab. Du brauchst dich also nicht zu bemühen.“

Es war für Heinrich ein Volksfest. Er wusste, wie sehr Otto kaltes Wasser im Gesicht hasste.

Während ihrer Heimreise ging es bei sich jeder bietenden Gelegenheit so weiter. Otto foppte Heinrich und amüsierte sich königlich. Und Heinrich nahm Rache.

Auf der letzten Strecke nach Eldingen sagte Heinrich: „Nur dass dir das klar ist. Ich glaube dir kein einziges Wort mehr!“

„Solltest du aber, Bruder. Wenn ich dir jetzt sage, dass ich dir von ganzem Herzen für alles danke und dass ich dich liebe. Dann ist das die reine Wahrheit."

Heinrich war zu Tränen gerührt. „Ich habe das alles aus Liebe zu dir getan, Bruder."

„Ich weiß, danke."

Das Wiedersehen, nach über vier Wochen, war eine Freude für jeden.

Katharina hatte fleißig mit Maria das Laufen geübt. Maria lief Heinrich entgegen, bis sie auf seine Füße plumpste. Dann hielt sie ihm strahlend ein kleines Bändchen hoch: „Da." Hermine hatte die Lieblingsgerichte ihrer beiden Jungs zubereitet. Elisabeth hatte das frühere Jugendzimmer von Otto herrichten lassen und mit neuen Vorhängen aufgefrischt. Lennard hatte die Ställe auf Vordermann bringen lassen. Die Pferde wurden gestriegelt, bis sie glänzten.

Rudolf und Georg hatten schon etliche Schlitzohren abgefahren und die Differenzen zwischen den angegebenen und tatsächlichen Erträgen und des Viehbestandes auf ihre Weise geklärt. Je nachdem wie willig ein Pächter war, hatten sie sich gütlich geeinigt oder mit Enteignung gedroht. Einer der Pächter war so frech, dass Georg es sich nicht verkneifen konnte, ihn in den Hintern zu treten. Woraufhin dieser mit aller Wucht seines fetten Körpers im Misthaufen landete.

Ja, es war rundherum alles in bester Ordnung, stellte Heinrich zufrieden fest.

Bis er den Schlüssel für seinen Schreibtisch von Elisabeth zurückbekam. Wie immer zog er die vierte Schublade von oben auf der rechten Seite auf, um den Schlüssel für die mittlere obere Schublade zu entnehmen. Er konnte keinen Schlüssel fühlen. Dann sah er hinein. Nein, es war kein Schlüssel darin. Heinrich nahm seinen Schlüsselbund und wollte die nächste Schublade öffnen. *Das gibt es ja gar nicht, war ich wirklich vor der Reise so durcheinander?* Zweifel an sich selbst stiegen in ihm auf. *Ich habe doch nicht irgendwelche Schlüssel vertauscht. Das hätte ich doch merken müssen. Oder nicht?*

Heinrich probierte jeden Schlüssel an seinem Bund aus. Keiner passte dahin, wo er vorher gepasst hatte.

Rudolf kam in die Bibliothek, um die tägliche Post mit Heinrich durchzugehen.

„Hm", machte sich Rudolf dezent bemerkbar. Heinrichs Kopf tauchte mit verwuselten Haaren über der Schreibtischkante auf. „Kann ich Herrn Baron behilflich sein?"

„Ich hoffe!", grunzte Heinrich. „Die Schlüssel passen nicht mehr. Die Schlösser können sich doch nicht verzogen haben. Keiner meiner Schlüssel passt mehr so wie vorher. Es ist zum Verrücktwerden." Heinrichs Kopf war erneut hinter dem Schreibtisch verschwunden.

Rudolf räusperte sich. „In dieser Sache kann ich nicht behilflich sein. Da müssten Sie ihre Gattin fragen."

„Was für eine Sache? Die Schlüssel passen einfach nicht mehr. Und wieso sollte ich die Baronin fragen? Was soll das? Lassen Sie einen Schreiner kommen. Und wenn ich bitten darf: Jetzt sofort!"

„Sehr wohl, Herr Baron."

Rudolf machte sich auf die Suche nach Elisabeth. „Baronin, darf ich Sie stören? Ich glaube, es ist dringend."

„Ja, was gibt es, Rudolf?"

„Der Baron kann seinen Schreibtisch nicht mehr aufschließen. Er sagt, die Schlüssel passen nicht mehr und ich soll sofort einen Schreiner kommen lassen."

„Ach", lachte Elisabeth auf. „Ich kümmere mich darum. Ein Schreiner braucht bestimmt nicht zu kommen."

In froher Erwartung, was ihr geliebter Mann zu ihrer neuen Schlüsselordnung sagen würde, eilte sie in die Bibliothek. Heinrich sah genervt aus.

„Was ist, mein Lieber? Geht es dir nicht gut?"

„Ging mir vorhin besser! Die Schlüssel passen nicht mehr in die Schlüssellöcher, zum Teufel!"

„Das kann nicht sein. Gestern haben sie noch alle gepasst."

„Warst du hier dran? Hast du irgendetwas verändert?"

„Ja, schau einmal." Elisabeth erklärte ihm in wenigen Worten und mit zwei Handgriffen die neue Ordnung. „Probiere es einmal aus."

Heinrich tat es, in der leisen Hoffnung, dass es vorher viel besser funktioniert hatte. Aber leider musste er zugeben, dass es viel bequemer und schneller ging. Auch die praktischere Ordnung in den Schubladen bewunderte er. „Das ist viel zu einfach, mein Engel. Das bin ich nicht gewöhnt. Was mache ich jetzt mit der vielen Zeit, die du mir damit ersparst?" Er zog Elisabeth auf seinen Schoß und streichelte ihr liebevoll über den gewachsenen Bauch.

Elisabeth fuhr ihm über seine verwuselten Haare und zerzauste sie noch mehr. „Na, zum Beispiel, das was du jetzt gerade tust. Die Zeit mit deinem Eheweib und unserem ungeborenen Kind verbringen." Sie küsste ihn keck auf die Nasenspitze.

„Ich danke dir, Liebes. Nur eine Bitte habe ich: Wenn du noch einmal etwas so Grundlegendes hier im Schloss verändern möchtest, dann spreche bitte vorher mit mir darüber. Bitte. Ich möchte hier nicht als Letzter erfahren, was sich hier so tut. Versprichst du mir das?"

„Mache ich, aber dann darfst du mich auch nicht mehr so lange alleine lassen. Auch versprochen?"

„Auch versprochen!"

„Gut, dann hör mir zu." Elisabeth berichtete von der Arbeit mit Rudolf und dass sich Georg und Rudolf schon um die kleineren Schlitzohren gekümmert hatten, um ihm Arbeit abzunehmen. Auch von ihrem abendlichen Essen mit der Schlossfamilie berichtete sie Heinrich. Dass sie einen großen Stein im Pavillon vor der Rosenblüte hatte legen lassen und sie mit der Lektüre über seine Ahnen begonnen hatte.

„Da hat sich eine Menge getan während meiner Abwesenheit. Meinst du, du hast mir alles erzählt?", fragte Heinrich sicherheitshalber nach.

Elisabeth wurde ernst. „Nein, das habe ich nicht." Sie erzählte ihm die ganze leidige Geschichte mit Thorben.

„Mein Gott, du hast ja Furchtbares mitgemacht. Hat es dir und unserem Kind auch nicht geschadet?"

„Nein, es hat uns nicht geschadet. Ich selbst habe nicht so viel mit Thorben erleben müssen. Das hat überwiegend Rudolf durchgemacht. Er hat sich um alles gekümmert. Ich weiß nicht, wie er das verkraftet hat. Wir haben nicht mehr darüber gesprochen."

„Ich werde mit Rudolf reden und mich vor allem bei ihm bedanken."

„Tu das bitte bald, mein Liebling. Auch lobe ihn bitte dafür, dass er mich so kräftig unterstützt hat."

„Selbstverständlich."

Heinrich bedankte sich bei Rudolf. „Und wie steht es bei Ihnen so, Rudolf?“

„Herr Baron, wenn ich darauf zurückkommen darf: Ich hatte um Erlaubnis gebeten, nach ihrer Vermählung in meine Heimat zu reisen. Ich habe endlich Nachricht von meiner Schwester erhalten und würde sie gern besuchen.“

„Es spricht nichts dagegen. Das Jahr geht dem Ende zu. Die ruhigere Jahreszeit beginnt. Sie haben in meiner Abwesenheit ordentlich vorgearbeitet. Nein, es spricht nichts dagegen, Rudolf. Wann möchten Sie reisen?“

„In ein paar Tagen, wenn es recht ist, Herr Baron.“

„Haben Sie auch schon eine Vorstellung, wie lange Sie abwesend sein werden?“

„Ich plane nicht mehr als einen Monat dafür ein.“

„Gut. Ich sage Elisabeth Bescheid. Und Sie selbst informieren bitte die anderen.“

Elisabeth hatte keine Einwände und die Schlossfamilie hatte sehr viel Verständnis für Rudolf. Katharina war ein wenig traurig. „Ach schade, ich wollte so gern mit dir über das Buch sprechen, welches du mir gegeben hast.“

„Ich habe es selbst noch nicht gelesen. Ich habe mir überlegt: wie wäre es, wenn du Anna und die Kinder einmal besuchen würdest? So ein Gespräch unter Frauen? Mit Lennard habe ich auch noch nicht sprechen können. Zuerst hatte er keine Zeit, jetzt habe ich keine mehr. Leider drängt mich der Brief meiner Schwester. Ich habe da kein gutes Gefühl und möchte so schnell wie möglich zu ihr, damit ich bald wieder zurück bin. Hierher zu dir. Du wirst mir fehlen, Käthe.“

„Du mir auch, Rudi. Komm bitte bald gesund wieder heim.“

Rudolf reiste ab und Otto trat seinen Dienst als Vogtanwärter an.

Für Elisabeth und Heinrich begann die ruhige Zeit des Jahres. Hermine war so gut wie jeden Abend bei ihrem Alexander. Lennard ging nach getaner Arbeit zu Anna und den Kindern. Katharina und Maria verbrachten die Abende allein.

21

Otto von Eldingen

Otto und der Beedenbosteler Vogt Hans-Hermann von Bergdorf waren sich auf Anhieb sympathisch. Gleichermaßen waren sich Otto und Innozenz Schmutz auf Anhieb unsympathisch. Innozenz Schmutz, der Stellvertreter des Vogtes, öffnete Otto die Tür und musterte ihn mit feindlichem Blick von oben bis unten. Innozenz Schmutz wies Otto mit knappen Worten an, in der kalten Vorhalle zu warten. Er ließ ihn lange warten.

Nun, wenn er es so will, spiele ich das ‚Feind-gegen-Feind-Spiel' vorerst mit, beschloss Otto.

Nach fast zwei Stunden öffnete sich eine Tür. *Die Haushälterin, der Kleidung nach,* tippte Otto. Die adrette junge Frau, Mitte zwanzig, erkundigte sich freundlich, ob sie etwas für ihn tun könne.

Fröstelnd antwortete Otto: „Ich hoffe, mir ist etwas frisch. Vielleicht gibt es noch einen anderen Ort, an dem ich auf den Vogt warten kann?"

„Darf ich um ihren Namen bitten?"

„Verzeihung, Baron Otto von Eldingen." Otto deutete eine Verbeugung an.

„Herr von Bergdorf erwartet sie schon seit anderthalb Stunden. Eben gerade hat er es mir noch gesagt. Wer hat Sie hier in der Kälte stehen lassen?"

„Ich nehme an, das war der Hausdiener. Er hat sich mir nicht vorgestellt."

„Gibt es hier nicht. Hatte er einen Spitzbart?"

„Ja."

„Das war Innozenz Schmutz. Der Stellvertreter des Vogtes. Bitte kommen Sie erst einmal zum Aufwärmen mit, am besten in die Küche. Ich werde Sie in der Zwischenzeit beim Vogt anmelden. Mein Name ist übrigens Sophia Fröhlich.“

Völlig ungezwungen ging Sophia Fröhlich vor Otto her zur Küche. Sie bot ihm einen Platz am Ofen an und reichte ihm einen Becher heißen Tee.

„Ich bin gleich wieder hier.“

Otto rieb sich die Hände warm und sah sich um. Die Küche war richtig gemütlich eingerichtet. Auch auf dem neuesten Stand, soweit er das als ehemaliger Hausmann beurteilen konnte. Er fühlte sich wohl.

„Herr von Bergdorf erwartet Sie, Baron. Wenn ich vorgehen darf?“

Sie stieg vor Otto die Treppe hoch. *Wenn mir jetzt schon ihre zierlichen Füße auffallen, habe ich mich wohl zu gut erholt,* dachte Otto amüsiert.

Der Vogt kam mit ausgestreckten Händen auf ihn zu. „Entschuldigen Sie vielmals, Baron. Es tut mir sehr leid. Eigentlich hätte ich damit rechnen müssen, dass Herr Schmutz Sie warten lässt. Ich möchte da auch gar nicht lange um den heißen Brei herumreden. Sie sind, obwohl Schmutz Sie nicht kennt, sein schlimmster Feind.“

„Den Eindruck hatte ich auch schon, Herr von Bergdorf.“

„Bitte nehmen Sie Platz. Sophia wird uns Tee und etwas Gebäck bringen. Tja, wie gesagt, es ist wichtig, dass Sie gleich von Anfang an über ihren Beginn im Klaren sind“, fuhr Hans-Hermann von Bergdorf flüsternd fort. „Die Wände haben hier Ohren, genauer gesagt zwei Ohren, die von Innozenz Schmutz, wenn Sie wissen, was ich meine.“

„Was hat Herr Schmutz denn gegen mich?“, flüsterte Otto zurück.

„Er hat sich ausgerechnet, dass Sie ihren Dienst hier nicht antreten können und er mein Nachfolger werden würde. Im Sommer hat er angefangen, mich beim Herzog von Celle anzuschwärzen. Ich wäre nicht mehr fähig, dieses Amt auszuführen. Wegen meiner Krankheit, wissen Sie. Dann hat er sich darüber mokiert, dass ich nicht mehr zu Pferde sein kann. Ein anderes Mal hat er dreist behauptet, ich könne nicht mehr rechnen, ich sei zu alt und verblödet. Solche Dinge in einem fort. Es gibt da für Ausnahmefälle eine Regelung, durch die ein Nichtadeliger dieses Amt übernehmen könnte. Vorausgesetzt der Herzog ist damit einverstanden. Jetzt habe ich aber das Glück, dass der Herzog mir wohl gesonnen ist und mich über alle intriganten Handlungen seitens Herrn Schmutz in Kenntnis setzen lässt. Herr Schmutz weiß das aber nicht, darum macht er immer weiter. Ich habe den Herzog immer wieder darauf hingewiesen, dass Sie der beste Kandidat für meine Nachfolge sind. Ihr Bruder Heinrich hat mir einen außergewöhnlich guten Eindruck gemacht. Er ist ein Ehrenmann mit dem angemessenen Feingefühl, welches für dieses Amt vonnöten ist. Auch mit Ihrem verstorbenen Herrn Vater habe ich mich sehr gut verstanden. Also hoffe ich, dass es sozusagen in der Familie liegt und Sie sich nicht nur äußerlich so ähnlich sehen."

„Herr von Bergdorf seien Sie versichert, dass ich genauso wie mein Bruder unserem Namen alle Ehre machen möchte." Das ständige Flüstern ging Otto auf die Nerven und war zudem auch noch anstrengend, da der Vogt, mangels Zähnen, nicht sehr deutlich zu verstehen war.

Das Geflüster ging weiter. „Davon gehe ich aus. Dieses Amt besteht nicht nur aus unendlich viel Post, die zu bearbeiten und zu beantworten ist." Herr von Bergdorf deutete auf den Stapel vor sich. „Dies ist nur die Post von gestern und heute. Buchführung, Listen in jedweder Form, Berechnungen, Abrechnungen, Gesetze, Vorschriften, Gerichtsverfahren, Urteile." Er zeigte auf zwei Wände vom Boden bis zur Decke mit Büchern gefüllt. „Kurzum, was alles zu der Verwaltung des herzöglichen Grundbesitzes dazugehört. Dazu kommt noch die Teilnahme an Sitzungen mit den Gemeinderäten und mit meinem Vorgesetzten, dem Großvogt von Celle, was mindestens zwei Mal im Jahr stattfindet. Meist geht das über Tage, da dort bei dem sogenannten geselligen Beisammensein die wichtigen Gespräche erst stattfinden. Von den anderen gesellschaftlichen Verpflichtungen möchte ich gar nicht erst reden. Ständig kommen neue Gesetze, Vorschriften, Verordnungen und dergleichen ins Haus geflattert. Ich möchte manchmal meinen, die da oben haben den ganzen lieben langen Tag nichts anderes zu tun, als sich neue Dinge auszudenken, um uns zu beschäftigen und noch mehr Steuern einzutreiben. Letzten Endes wird es noch dazu kommen, dass wir jedem, der mit seinem Fuhrwerk über die Straße fährt, Steuern abnehmen müssen."

Otto musste bei der Vorstellung lachen: „So schlimm wird es wohl nicht kommen."

„Das war nun wirklich übertrieben. Aber glauben Sie mir, es sind in den Jahren neue Gesetze verordnet worden, von denen ich es nie für möglich gehalten hätte, dass es sie einmal geben könnte."

Herr von Bergdorf legte eine Pause ein. „Jetzt habe ich Ihnen einen groben, einen wirklich sehr groben Überblick gegeben. Ein Drittel der Arbeit ist mit Fahrten ausgefüllt, zwei Drittel mit schriftlichen Dingen. Meinen Sie, das wäre etwas für Sie? Für Privatleben und Familie ist so gut wie keine Zeit, das muss ich Ihnen leider von vornherein sagen."

„Wie lange haben Sie gebraucht, um das alles zu lesen?" Otto schaute sich die Wände mit den prall gefüllten Büchern und Papieren an.

Der Vogt lachte auf. „Ich habe bei Weitem nicht alles gelesen, was Sie hier sehen. Vor gut vierzig Jahren habe ich als Gehilfe bei meinem Vorgänger angefangen. Ich würde sagen, ich habe gut die Hälfte davon gelesen. Irgendwann bin ich zu der Einsicht gelangt, dass es reicht, wenn ich weiß, wo ich etwas finde, wenn ich es brauche. Ich hätte sonst, vor lauter Lesen, meine Arbeit nicht geschafft. Es ist auch eine Menge unwichtiges, ja teilweise unsinniges Zeug darunter. Aber wenn ich am Anfang davon einiges entsorgt habe, so kommt doch irgendwann der Tag, an dem ich es gebraucht hätte. Das dann wieder zu besorgen nimmt sehr viel Zeit in Anspruch. Darum hebe ich einfach alle Unterlagen auf. Im Keller sind übrigens noch vier Archivräume, zwei von meinem Vorgänger und zwei von mir. Wenn Sie sich irgendwann einmal vor wenig Arbeit langweilen, ha, ha, ha, dann können Sie sich die Räume ja vornehmen. Ha, ha." Der Vogt amüsierte sich bei der Vorstellung.

„Dann wird man niemals fertig mit der Arbeit?"

„Nein, niemals. Es gibt immer wieder neue Dinge zu bearbeiten. Aber Herr Baron, genau darum habe ich dieses Amt mein Leben lang ausgeübt. Es wird einfach nie langweilig. Fragen Sie doch einmal ihren Advokaten, diesen *von Mollenberg,* der wird Ihnen dasselbe erzählen. "

„Hans von Mollenstein", verbesserte Otto leise.

„Ja, genau den. Mit ihm hatte ich schon viel zu tun. So, aber Sie haben mir meine Frage noch nicht beantwortet. Wäre dieses Amt etwas für Sie? Können Sie sich vorstellen, dieses zeitaufwendige Amt ihr Leben lang auszuüben? Ich frage das, weil es sich sonst nicht lohnen würde, Sie einzuarbeiten. Das bedeutet für mich doppelt so viel Arbeit, weil ich Ihnen erst alles erklären muss. Also, wollen Sie?“

„Ich denke schon.“

„Gut, dann denken Sie weiter nach, genau bis morgen Mittag um zwölf Uhr. Dann möchte ich definitiv eine klipp und klare Entscheidung von Ihnen haben. Wir setzen sofort einen Vertrag auf, wenn Sie sich für das Amt entscheiden. Wenn Sie sich dagegen entscheiden, setzen wir ebenfalls eine Erklärung Ihrerseits auf, in der Sie auf das Amt verzichten. Das gilt für alle Zeiten. Diese Verzichtserklärung wird sodann sofort an den Herzog von Celle weitergeleitet.“ Sein Flüstern wurde noch leiser. „Sie würden damit Herrn Schmutz eine riesige Freude bereiten. Sein Weg für dieses Amt wäre damit frei. Es gibt weit und breit keinen adäquateren Mann für dieses Amt außer Ihnen, Herr Baron.“

Hans-Hermann von Bergdorf erhob sich und reichte Otto die Hand. „Wir sehen uns morgen um Punkt zwölf hier in meiner Amtsstube. Sie kennen ja den Weg und brauchen unten nicht zu warten. Ich sage meiner Nichte Bescheid. Guten Tag, Herr Baron.“ Damit war Otto entlassen.

Otto stand auf einmal auf der Dorfstraße in Beedenbostel und wusste nicht, wie er zu einer Entscheidung kommen sollte. Er beschloss, noch einmal nach Eldingen zu reiten, um sich mit seinem Bruder zu beraten.

Das Gespräch mit Heinrich brachte Otto auch nicht weiter. *Ich habe schon einmal so viel Verantwortung übertragen bekommen und kläglich versagt,* überlegte Otto. *Ich habe durch meine Unterschrift ganze Familien ausgelöscht oder sie ins Unglück gestürzt. Ja, sogar getötet habe ich Menschen nur durch mein Wort. Und jetzt soll ich wieder über Menschen bestimmen. Wenn ich wieder so viele Fehler mache?* Otto befand sich in einem Gewissenskonflikt. *Ich werde dem Vogt morgen meine Bedenken erklären. Nein, ich bin wahrlich nicht der richtige Mann für das Amt.*

Kurz nach elf Uhr am Vormittag stand Otto in der kalten Vorhalle des Amtsgebäudes. *Merkwürdig, gestern ging die Türglocke nicht,* fiel Otto auf, als Sophia Fröhlich ihm schon entgegenkam.

„Schön, Sie wieder zu sehen", begrüßte sie Otto herzlich. „Mein Onkel wird sogleich herunterkommen. Er pflegt um diese Zeit einen kleinen Spaziergang zu machen."

„Guten Tag, Herr Baron." Der Vogt erschien oben an der Treppe. „Kommen Sie, ich mache um diese Zeit immer einen kleinen Spaziergang im Garten, um mein Gehirn durchzulüften. Das tut mir gut."

„Gern, Herr von Bergdorf."

Otto teilte dem Vogt seine Absage mit.

„Nur um Sie besser verstehen zu können. Würden Sie mir Ihre Beweggründe für Ihre Absage mitteilen?", bat Herr von Bergdorf.

Otto erklärte ihm seine Bedenken.

„Sehr gut, ausgezeichnet!", begeisterte sich der Vogt.

Otto verstand nicht, was der Vogt meinte. „Ich glaube, ich habe mich nicht deutlich genug ausgedrückt. Ich bin der falsche Mann für dieses Amt. Ich habe schon zu viele Fehler in meinem Leben gemacht. Das möchte ich nicht noch einmal tun."

„Ich habe Sie schon verstanden. Eben darum sind Sie genau der richtige Mann für dieses Amt. Sie haben Fehler gemacht, sehr viele und schlimme Fehler. Aber Sie haben daraus gelernt. Sonst würden Sie nicht hier sitzen und sich selbst anklagen. Wahrscheinlich werden Sie sich ihr Leben lang an Ihre Fehler erinnern. Diese Fehler werden Sie nicht mehr begehen und Sie werden auch die ganzen Fehler, die ich am Anfang begangen habe, nicht machen. Sie werden bei jeder Entscheidung, und erscheint sie noch so unwichtig, ihr Gewissen hinterfragen und die Folgen abwägen. Damit können Sie vieles wiedergutmachen. Der schlechteste Kandidat für dieses Amt wäre jemand, der ohne Gewissen, nur der Macht und des Geldes wegen, Vogt werden würde. So eine Art ‚Innozenz Schmutz' zum Beispiel. Ich glaube, Ihnen ist noch nicht klar, zu welchem Reichtum Sie in wenigen Jahren gelangen werden. Und das ist auch gut so. Herr Schmutz weiß es ganz genau."

„Herr von Bergdorf, eins können Sie mir glauben, das Geld hat bei meiner Entscheidung überhaupt keine Rolle gespielt. Ich möchte nur nicht versagen."

„Das können Sie gar nicht. *Sie* nicht. Ich habe genug Lebenserfahrung und Menschenkenntnis. Sie trauen sich einfach noch nicht genug zu. Das wird sich mit der Zeit ändern. Ich werde Ihnen dabei helfen."

Ottos fester Entschluss begann zu wanken. „Könnte ich noch einmal darüber nachdenken?"

„Ja, sicher." Der Vogt sah auf seine Taschenuhr. „Wir essen jetzt zu Mittag. Sie sind mein Gast."

„Ich möchte Ihnen keine Umstände machen, Herr von Bergdorf."

„Dann würde ich Sie nicht einladen. Kommen Sie, es gibt heute *Szegediner Gulasch*, so ein Gulasch haben Sie noch nicht gegessen. Meine Nichte kocht nämlich ganz ausgezeichnet. Besser als meine Frau. Aber das darf meine Frau niemals erfahren. Kommen Sie schon. Sie mag es nicht, wenn ich nicht pünktlich bin. Nach dem Essen werde ich noch ein wenig ruhen. Sie können während der Zeit ihre Entscheidung noch einmal überdenken. Wenn Sie mehr Zeit benötigen sollten, dann hat es ehrlich gesagt keinen Zweck mehr. Man kann auch manche Dinge *zerdenken.* Dann sind Sie auch in einem Jahr noch nicht sicher, was Sie tun sollen."

Das Essen war ausgezeichnet und die Stimmung sehr entspannt.

Otto verbrachte die Wartezeit in der Amtsstube. Seine Entscheidung war schon während der Unterhaltung mit dem Vogt gefallen. Das wurde ihm gleich nach dem Betreten des Amtszimmers bewusst.

Otto sah sich die unendlich vollgestopften Regale näher an. Alles stand und lag ordentlich in den Regalen. Nur in dem Regal, genau gegenüber vom Schreibtisch des Vogtes, sah es nicht so aufgeräumt aus.

Diese Unterlagen scheinen wohl ständig in Gebrauch zu sein, überlegte sich Otto. *Mal sehen, womit der Vogt sich zurzeit beschäftigt.* Otto las sich die verschiedenen Buchrücken durch. Eines sah schon sehr abgegriffen aus. Otto nahm das Buch heraus, es war in alter lateinischer Schrift geschrieben, er konnte nur wenige Wörter übersetzten. *Mein Latein ist eingerostet. Ich muss es unbedingt wieder üben,* nahm er sich vor.

Otto stellte das Buch zurück in das Regal und verschob eine Bücherstütze. Dabei bemerkte er ein Loch in der hinteren Regalwand. Er schob die Bücherstütze weiter zur Seite, um mehr Platz zu schaffen. Da sah er ein zweites Loch. Das kam ihm merkwürdig vor. Otto trat einige Schritte zurück und sah sich das Regal noch einmal im Ganzen an. *Wahrscheinlich haben sie hier einmal umgebaut,* vermutete er. Er wollte sich auf seinen Stuhl setzen, als ihm einige Bücher weiter rechts auffielen, die unordentlich im Regal standen. In der Hoffnung, dass er ein Buch finden würde, was er verstand, zog er sich das erstbeste Buch heraus. Dabei fielen einige kleine Krümel auf den Boden. Schuldbewusst bückte Otto sich, um sie zu entfernen.

„Kann ich Ihnen behilflich sein, Herr Baron?“ Sophia, die Nichte, hatte mit einem Tablett die Amtsstube betreten.

„Es ist mir unangenehm, ich habe ein Buch herausgezogen, dabei sind einige Krümel auf den Boden gefallen. Ich wollte sie nur schnell aufheben.“

Der Vogt betrat den Raum. „Habt ihr eine interessante Lektüre entdeckt? Wenn ja, lasst mich daran teilhaben, ich könnte eine Abwechslung, nach dem ganzen verstaubten Zeug, gut gebrauchen“, machte der Vogt einen Scherz.

Otto erklärte ihm schnell die Situation.

„Diese beiden Bücher standen hier?“, fragte der Vogt.

„Ja, genau hier“, bestätigte Otto.

„Das kann nicht sein, ich habe sie selbst heute Vormittag dort hingestellt. Da wo die kleine Statue steht. Die gehört nämlich da hin.“ Der Vogt zeigte auf die Stelle, an der Otto die Bücher herausgezogen hatte. „Was sind das für Löcher da an der Rückwand?“

Otto und Sophia sahen jetzt genauer hin.

„Da liegen noch mehr von den Krümeln, die herausgefallen sind“, stellte Sophia fest. „Hast du hier Mäuse bemerkt, Onkel?“

„Nein, hier gibt es keine Mäuse. Die hätten sonst schon das Papier angenagt.“

Otto nahm einige Krümel zwischen die Finger und roch daran. Dann befühlte er die Löcher. „Das sind Holzspäne. Die riechen ganz frisch und die Löcher sind auch noch feucht. Da links sind auch zwei Löcher.“ Otto zeigte auf die ersten Löcher, die er entdeckt hatte.

„Mitkommen“, befahl der Vogt. „Alle beide.“ Neben der Amtsstube schloss er eine Tür auf. „Das ist das Arbeitszimmer von Innozenz Schmutz. Er ist unterwegs und kommt erst gegen Abend zurück. Hier ist die Wand, auf der anderen Seite haben Sie die Löcher entdeckt."

Die Wand war ebenfalls mit Regalen voller Bücher bedeckt. An drei Stellen hingen allerdings Portraits der Herzöge von Celle. Der Vogt nahm ein Bild ab. „Ich fasse es nicht! So eine Schweinebacke!"

Sophie hatte das zweite Bild und Otto das dritte abgenommen. Auch da waren Löcher zu sehen. Sie sahen alle drei hindurch.

„Ich sehe nichts", stellte Sophia fest.

„Ich auch nicht", äußerte der Vogt.

„Ich glaube, ich erkenne Ihren Schreibtisch", sagte Otto.

„Nicht möglich! Lassen Sie mich mal ran." Nach einem kurzen Blick bestätigte es der Vogt. „Ja, tatsächlich, das ist mein Schreibtisch. Ich kann sogar das Tablett mit dem Tee erkennen."

„Ich gehe nach nebenan und sehe nach, was vor den anderen Löchern stehen könnte", bot sich Sophia an.

„Ehrlich, Herr Baron, ich habe dem ‚Schmutz' ja einiges zugetraut, aber so was! Das schlägt dem Fass den Boden aus!", schimpfte der Vogt.

„Aua! Schrei nicht so, Onkel."

„Hörst du mich Sophia?", fragte er laut und deutlich seine Nichte.

„Was für eine Frage! Ja, ich höre dich, aber sprich bitte leiser."

„Sophia, setz dich bitte auf meinen Sessel, hinter dem Schreibtisch. Sie nehmen bitte wieder auf dem Besucherstuhl Platz", wandte er sich an Otto.

„Und jetzt?", rief Sophia, als sie beide saßen.

„Jetzt unterhaltet ihr euch. In üblicher Lautstärke", rief von Bergdorf zurück.

Die beiden wussten so auf die Schnelle nicht, worüber sie reden sollten, und lächelten sich an.

„Ihr sollt euch nicht anlächeln. *R e d e n*. Los, redet schon irgendwas. Über das leckere Mittagessen oder so."

„Ich möchte mich noch einmal bei Ihnen für das leckere Mittagsessen bedanken, Frau Fröhlich."

„*Fräulein*, bitte. Ich freue mich, dass es Ihren Geschmack getroffen hat, Herr Baron."

„Reicht schon. Ihr könnt aufhören. Ich komme jetzt rüber", stoppte der Vogt das Gespräch. „Sophia jetzt gehst du nach nebenan und ich unterhalte mich mit Baron Otto."

Auch Sophia konnte jedes Wort verstehen. Sie tauschten einige Male die Rollen und probierten jedes der drei Löcherpaare aus. Anschließend setzten sie sich zusammen an den Schreibtisch.

„Tja, jetzt müssen wir schnell handeln", stellte der Vogt fest. „Dies ist ein Grund den ‚Schmutz' endlich los zu werden. Als Erstes brauchen wir weitere Zeugen. Sophia, geh bitte auf die Straße hinunter und spreche vier Personen an, die einigermaßen passabel aussehen. Du weißt schon, keiner der mit uns in Verbindung gebracht werden könnte. So wie du es schon einmal getan hast. Der Vogt bittet Sie um Hilfe und so weiter. Anschließend bittest du Frau Schniedel herüber, wir brauchen schnellstens ihre Zeichenkünste." Sophia ging sofort los.

„Sie, Herr Baron, schlagen bitte in diesem Buch nach. Hier müssten Sie über ‚das Belauschen', ‚das Abhören', ‚die Spionage' und dergleichen fündig werden." Der Vogt wollte Otto das Buch geben, hielt aber inne: „Was ist jetzt? Nehmen Sie das Amt als mein Nachfolger an oder nicht?"

„Ja."

„Nein. Nicht Ja, Sie müssen schon sagen: Ich nehme das Amt als mein, nein – als Ihr Nachfolger, an."

„Ja, mache ich."

„Ich merke schon, das müssen wir noch üben. Dazu haben wir jetzt keine Zeit. Also noch mal: Ja, ich nehme an, unwiderruflich."

„Ja, ich nehme an, ohne zu widerrufen."

„Na ja, für heute muss es so reichen. Ist ja ein Notfall." Von Bergdorf drückte Otto das Buch in die Hand.

Gott sei Dank ist es nicht auf Lateinisch geschrieben, stellte Otto erleichtert fest.

Der Vogt nahm ein Buch nach dem anderen aus dem Regal heraus. Dann wurde er anscheinend fündig. „Ich hab's! Wusste ich es doch! ‚Amtsmissbrauch von Untergebenen', das ist es. Haben Sie auch schon etwas entdeckt?"

„Ja, ich glaube schon. Hier steht: Das Belauschen anderer ohne gewichtigen Grund und Auftrag durch Amtspersonen ist nicht gestattet", las Otto vor.

„ Weiter!“

„Weiter bin ich noch nicht.“

„Drei Seiten weiter, so im unteren Drittel müsste für diesen Fall das Passende stehen“, wies ihn der Vogt an.

„Wird ein Gespräch ohne Auftrag belauscht und ohne Erlaubnis an Dritte weitergegeben, so ist das zu ahnden“, zitierte Otto.

„Weiß ich selber. Weiter.“

„Liegen Beweise vor, deren Tragweite so schwer wiegen, dass eine Person dadurch zu Schaden kommen könnte, kann es zu einer sofortigen Ahndung führen.“

„Die mit ihrer ‚Ahndung‘. So ein Mist! Das hilft uns jetzt nicht weiter. Wir brauchen für die Ahndung Beweise. “

„Gestatten Sie die Frage, Herr von Bergdorf. Was ist eine ‚Ahndung‘?“

„Das gewöhnen Sie sich gleich wieder ab. Das mit ‚eine Frage stellen‘ und ‚Herr von Bergdorf‘. Fragen Sie mich einfach gerade heraus. Und ‚Vogt‘ reicht völlig aus. Eine Ahndung ist praktisch eine Strafe. In den unterschiedlichsten Ausmaßen und Konsequenzen. So jetzt hab ich es. Unter ‚Amtsgeheimnis‘ müssen wir nachsehen. Da oben rechts. Und wir müssen den Schreibtisch vom Schmutz durchsuchen, ob er da etwas hat, was er nicht haben dürfte. Ich fange schon mal an. Nach ‚Amtsgeheimnis‘ sehen Sie gleich unter ‚Verdacht‘ nach. Steht in der Reihe da oben von A bis Z. Wir haben bis jetzt nämlich nichts weiter als einen Verdacht, keinen Beweis.“

„Wieso? Wir haben doch die Löcher?“

„Noch kann er jederzeit behaupten, und glauben Sie mir, er wird es tun, dass ich die Löcher selbst gebohrt habe, um IHN zu belauschen.“

„Das wäre unerhört.“

„Ja. Aber weder Sie noch ich oder sonst wer waren dabei, als die Löcher gemacht wurden. Also Aussage gegen Aussage.“

Sophia kam mit den Zeugen wieder. Der Vogt nahm die persönlichen Daten der zwei Frauen und zwei Männer auf und klärte sie über ihren Zeugenstand auf. Dann forderte er einen nach dem anderen auf, ihm genau zu sagen, was sie in den Regalen sahen. Er zeigte auf die Stellen mit den Löchern. Diese Aussagen musste Otto Wort für Wort aufschreiben.

„Ist Ihnen sonst noch irgendetwas aufgefallen?“, fragte der Vogt die Zeugen.

„Ja.“ Ein Zeuge trat hervor. Die Löcher sind etwas trichterförmig angelegt.

„Heißt?“, wollte der Vogt wissen.

„So wie ein Hörrohr. An dem einen Ende etwas größer am anderen etwas kleiner. Damit kann man besser hören. Hier in der Amtsstube sind die Öffnungen größer. Da kann man im Zimmer nebenan besser hören.“

„Danke, notieren Sie das, Baron.“

Der Vogt wandte sich an die Zeugen. „Sie sind jetzt fertig und können gehen. Denken Sie unbedingt an Ihre Schweigepflicht. Sie unterschreiben alle noch dieses Formular, auf dem ausdrücklich die Schweigepflicht erklärt wird. Es ist strafbar, wenn Sie dagegen verstoßen. Ich lasse es Sie wissen, wenn ich Sie noch einmal benötige. Und danke, dass Sie alle so bereitwillig hierher gekommen sind. Guten Tag.“

Kaum waren die Zeugen aus der Tür heraus, fing der Vogt an, hektisch seinen Schreibtisch zu durchsuchen. „Verflixt noch mal. Ich habe doch. Nein. Aber hier. Ich habe sie doch da reingelegt. Oder nicht? Das darf nicht wahr sein! Die müssen doch hier sein!“, schimpfte er vor sich hin.

„Kann ich Ihnen behilflich sein, Vogt?“, bot sich Otto an.

„Nein, ja – doch. Ich such dieses kleine Buch. Das liegt sonst immer auf meinem Schreibtisch oder wenigstens in der oberen Schublade. Aber es ist weg. Einfach verschwunden!“

„Frau Schniedel wartete nebenan schon eine Weile“, meldete Sophia die Künstlerin an.

„Ja, ich komme gleich. Ich muss nur erst – verdammt! Sophia, hast du das kleine Buch gesehen?“

„Onkel, es liegt da, wo es immer liegt. Du hast nur ein paar Papiere darübergelegt. Hier.“ Sie zwinkerte Otto zu.

„Gott sei Dank!“ Der Vogt klappte das Buch auf, nahm seine Zähne heraus, hielt sie prüfend gegen das Licht und pustete ein paar Mal dagegen. „Doch so geht es“, stellte er zufrieden fest und schob das

Gebiss in seinen Mund. Er bewegte seinen Unterkiefer einige Male hin und her, klappte den Mund auf und zu. Dann nahm er einen kleinen Flakon aus seiner Westentasche und sprühte ein paar Tropfen in seine Handfläche. Damit rieb er sich über die Wangen und glättete anschließend, überflüssigerweise, seine spärlichen Haare. „Ich bin fertig“, sagte der Vogt mehr zu sich selbst.

Mit einem Blick auf Otto: „Ich möchte nicht gestört werden.“ Und einen Blick auf Sophia. „Bring bitte etwas von dem feinem Gebäck und frischen Tee.“ Damit waren Otto und Sophia vorerst entlassen.

Mit einem strahlenden Lächeln öffnete von Bergdorf die Tür. „Oh, Frau Schniedel, wie schön, dass Sie gleich kommen konnten. Ich hoffe, ich halte Sie nicht von wichtigen Dingen ab“, begrüßte er eine sympathische, elegante Frau mittleren Alters mit Handkuss. „Meine Nichte kennen Sie bereits und dies ist Baron von Eldingen, mein Nachfolger, der jetzt leider anderweitig zu tun hat.“

Heinrich folgte Sophia in die gemütliche Küche. „Onkelchen schwärmt nun mal für Frau Schniedel“, lachte Sophia. „Er sagt: *Er kann nicht anders. Sie fasziniere ihn.“* Mein Onkel weiß, dass er sich albern benimmt. Aber er kann eben nicht anders. Wenn Sie später meine Tante kennenlernen, können Sie ihn bestimmt verstehen. Onkel sagt: Er *braucht auch mal was fürs Auge*. Ehrlich gesagt, ich liebe meine Tante, aber fürs Auge ist sie nicht gemacht. Nur, dass Sie nicht auf irgendwelche komischen Ideen kommen, da ist nichts zwischen Onkel und Frau Schniedel. Frau Schniedel hat einen ganz reizenden Gatten und sie machen einen ausgesprochen glücklichen Eindruck. Ich bringe schnell den Tee und das Gebäck hoch.“

„Danke, dass Sie mir vorhin die Situation mit Ihrem Onkel und Frau Schniedel erklärt haben, Fräulein Fröhlich“, meinte Otto, als Sophia wieder in der Küche war. „Was denken Sie, wie lange wird Frau Schniedel wohl bleiben?“

Sophia sah auf die große Küchenuhr. „Ich denke, wenn die beiden den Tee ausgetrunken haben, wird Frau Schniedel gehen. Sie kommt mit ihren Zeichensachen sicher morgen wieder. Sie sollte dann auch gehen, denn Herr Schmutz wird spätestens in einer guten Stunde zurück sein.“

„Was wird Ihr Onkel mit ihm machen?"

„Das kann niemand im Voraus sagen. Selbst wenn mein Onkel haargenau etwas geplant hat, läuft die Sache meistens doch anders. Vielleicht wird er ihn rauswerfen? Vielleicht auch nicht." Sophia und Otto spielten noch einige Szenarien durch.

Nach einer halben Stunde brachte der Vogt seinen Gast persönlich bis unten zur Haustür. Sie verabredeten sich für den folgenden Tag.

Der Vogt kam, sich vor Vergnügen die Hände reibend, in die Küche. „So ihr zwei, es geht weiter. Sophia, hol bitte den Bierkutscher von nebenan, den Herrn …?"

„Blume", half sie ihm.

„Warum kann ich mir den Namen nicht merken? Ich finde, *Schnaps* passt besser zu ihm. Ja, also den *Herrn Blume,* den brauchen wir noch. Und wir beide, Herr Baron, gehen in die Amtsstube. Der Schmutz wird bald kommen."

„Was haben Sie jetzt vor, Herr Vogt?", erkundigte sich Otto.

„Soll ich ehrlich sein? – Ich weiß es noch nicht. Handfeste Beweise haben wir noch nicht. Tja, und sonst? Keine Ahnung."

„Ich hätte da eventuell einen Vorschlag."

„Nur zu, nur zu. Übrigens, Sie haben einen Vorschlag oder Sie haben keinen. ‚Eventuell' gibt es in dem Zusammenhang nicht. Ich höre?"

„Wie wäre es, wenn Sie Herrn Schmutz in einen ‚lang verdienten Urlaub' schicken würden. Jetzt, da ich hier bin, wäre es doch eine Möglichkeit."

Der Vogt klatschte in die Hände. „Ich wusste es! Sie sind derjenige, den ich brauche. Ausgezeichnet! Er muss ihnen alle Schlüssel übergeben. Sie müssen ja überall herankommen können. Ja, genau so machen wir es. Jetzt brauchen wir nur noch ein Zeichen, mit dem wir uns verständigen können. Wie wäre es, wenn Sie einmal husten würden. So in etwa: *Ahö, ahö*", machte der Vogt vor. Dabei flogen ihm die oberen Zähne aus dem Mund und landeten direkt vor Otto auf seinem aufgeschlagenen Buch. Ungeniert griff der Vogt über den Tisch und steckte sich die Zähne wieder in den Mund. „Sie wissen schon, wie ich das mit dem Husten meine. Probieren Sie das mal. Sie haben doch hoffentlich noch Ihre eigenen Zähne?"

Otto nickt und hustete.

„Prima, das Husten stimmen wir noch mit Sophia ab, dann weiß sie, wann sie zu uns ins Zimmer kommen soll. So rein zufällig, Sie verstehen? Der Herr ‚Schnaps' wartet vor der Tür, falls der Schmutz Ärger macht, Sie verstehen? Die Bilder hängen an ihrem Platz, die Bücher stehen da, wo Schmutz sie hingestellt hat. Es sieht aus wie immer, gut so. Der Schmutz soll sich in Sicherheit wiegen." Zufrieden sah sich der Vogt um.

Gut vorbereitet saßen der Vogt und Otto am Arbeitstisch in der Amtsstube, als Innozenz Schmutz, nach kurzem Klopfen, hereinkam.

„Mein lieber Herr Schmutz", begrüßte der Vogt seinen Stellvertreter überfreundlich. Ich habe außerordentlich erfreuliche Nachrichten für Sie. Die haben Sie sicher nicht erwartet."

Innozenz Schmutz fing an zu strahlen. „Ein wenig habe ich schon gehofft, dass ich Ihr Nachfolger werden könnte", verplapperte er sich. Innozenz Schmutz musterte Otto herablassend: „Im Gegensatz zu ihm bin ich allerbestens eingearbeitet. Ich kenne mich mit allem hervorragend aus. Mich wundert nicht, dass der Herzog doch die richtige Entscheidung getroffen hat."

Der Vogt fing langsam an, innerlich zu kochen, riss sich aber weiter zusammen. „Da haben Sie wohl hier und da noch ein wenig nachgeholfen? Um den Herzog auf den richtigen Weg zu bringen?"

„Wenn Sie es so formulieren wollen, Herr von Bergdorf", fuhr Schmutz sich geschmeichelt über seinen Spitzbart.

„Ach, dafür gibt es auch noch zutreffendere Formulierungen. Aber dazu später, nach Ihrer …", Hans-Hermann von Bergdorf legte eine Pause ein.

„Nach meiner offiziellen Amtseinführung", ergänzte Schmutz übereifrig.

„Nein, nach Ihrer Erholung. Sie haben jahrelang keinen freien Tag gehabt, selbst wenn ich mir freigenommen hatte, haben Sie gearbeitet. Jetzt sind Sie endlich einmal an der Reihe. In einer Woche ist Heiligabend und Sie haben ab sofort frei. Sie wissen schon ‚die besinnliche Weihnachtszeit' und dergleichen. Und weil ich in so guter Laune bin, dürfen Sie bis nach dem Dreikönigstag freihaben. Ist das nicht schön? Ich freue mich richtig für Sie. Fast als hätte ich selbst frei. Nun was sagen Sie, Herr Schmutz?"

Der stand mit vor Enttäuschung offenem Mund da. „Ich weiß nicht …?“

„Ach papperlapapp, freuen Sie sich einfach. Sie haben noch viel mehr verdient.“

„Ja, also …“ Innozenz Schmutz war sichtlich ratlos.

„Genau. Richtig so. Damit Sie jede Minute genießen können, machen wir jetzt ganz schnell. Kommen Sie, wir gehen nach nebenan.“ Der Vogt ging in das Arbeitszimmer von Herrn Schmutz.

„Wieso?“, folgte Innozenz fragend.

Der Vogt grinste ihn scheinheilig an: „Na, Sie müssen mir doch Ihre Schlüssel übergeben. Sonst kommen Sie womöglich auf die dumme Idee und kommen zum Arbeiten hierher. Dann ist Ihre Erholung futsch. Das wollen wir doch nicht. Sie werden später noch Ihre ganze Kraft und Ihre Nerven benötigen, nicht wahr?“

Otto dachte: *Wenn der Schmutz wüsste, wie zutreffend die Worte des Vogtes sind, würde er nie wieder hier auftauchen.*

Herr von Bergdorf setzte sich an den Schreibtisch von Innozenz Schmutz. „So dann wollen wir mal“, er rieb sich kurz an der Schläfe, das vereinbarte Zeichen dafür, dass Otto husten sollte. Otto hustete und nach einem kurzen Klopfen öffnete sich die Tür.

„Ach hier bist du Onkel“, spielte Sophia mit.

„Du kommst wie gerufen, Sophia. Stell dir vor, ich habe Herrn Schmutz ab sofort freigegeben, damit er sich endlich erholen kann. Jetzt gibt er mir seine Schlüssel, aber ich kenne mich damit nicht so gut aus wie du. Bitte hilf mir dabei. Herr Baron, Sie schreiben bitte jeden Schlüssel auf, damit ich den Empfang quittieren kann. Dann hat Herr Schmutz einen Beleg in der Hand. Das ist doch praktisch, nicht wahr, Herr Schmutz?“

„Ja, das ist …“, stotterte Innozenz.

„Genau“, unterbrach ihn der Vogt, wie er es bei diesem Gespräch ständig tat. „Schlüssel her, alle.“

„Aber Sie brauchen doch meine Schlüssel gar nicht, Herr Vogt.“

„Doch. Was ist, wenn ich etwas suche? Dann muss ich doch auch hier nachsehen können. Oder soll ich Sie jedes Mal holen lassen? Nehmen Sie zuerst Ihre persönlichen Sachen aus dem Schreibtisch heraus.“

Herr Schmutz nahm seine persönlichen Dinge heraus, darunter war nichts, was sich zu verbergen lohnte. Sie fingen an, die verschiedenen Schlüssel in die Türen und Schubladen zu stecken und auf und zuzuschließen. Otto notierte die jeweiligen Schlüssel.

„Was ist mit der Schublade hier unten“, fragte Sophia.

„Den Schlüssel habe ich wohl zu Hause vergessen“, räumte Schmutz ein.

„Hm, so jetzt alle Türschlüssel, bitte,“ forderte der Vogt.

„Haben wir jetzt alle, Sophia?“

„Wenn Herr Schmutz keine Schlüssel für die Hintertür, den Keller, den Schuppen, die Amtsstube und unsere Privaträume hat, dann sind sie vollständig.“

„Haben Sie Schlüssel von den Türen, die Sophia gerade aufgezählt hat?“

„Ich glaube nicht.“

„Was heißt ‚Sie glauben nicht‘? Ja oder nein?“

„Eher nicht. Ich müsste nachsehen.“

„Dann tun Sie das. Schnell bitte, ich habe noch mehr zu tun.“

„Dazu müsste ich erst in meine Wohnung und den Schlüssel für die untere Schublade holen.“

„Sie wohnen doch gleich in der nächsten Straße, Sie können in zehn Minuten wieder hier sein. Also los, beeilen Sie sich. Aber lassen Sie den Haustürschlüssel hier, das brauchen wir dann nachher nicht mehr erledigen.“

Innozenz Schmutz kam nicht nach zehn Minuten wieder, auch nicht nach einer Stunde. Er kam überhaupt nie wieder.

Sie brachen die untere Schublade auf und fanden die geforderten Schlüssel und noch etliche weitere. Innozenz Schmutz hatte sich auch von Truhen und Schränken in allen Zimmern Schlüssel nachmachen lassen. Sogar von Sophias Schlafzimmer fanden sie einen Schlüssel und ein kleines Spitzentuch mit ihrem Monogramm.

Die drei waren nicht nur entsetzt. Herr von Bergdorf zweifelte an seiner Menschenkenntnis: „Ich habe Jahrzehnte lang jeden Betrüger überführt, nur in meinem eigenen Haus habe ich nicht bemerkt, wie sehr ich hintergangen werde!“

Nachdem von Bergdorf und Otto den gesamten Fall protokolliert hatten, legten sie die Zeugenaussagen und die Zeichnungen von Frau Schniedel dazu und schlossen die Akte Innozenz Schmutz.

Vom ersten Tag an schlief Otto in einem schönen Gästezimmer mit angrenzendem eigenem Salon im Amtsgebäude. Herr von Bergdorf und Sophia fuhren jeden Tag nach Hause.

Den Heiligen Abend und den ersten Weihnachtstag „1657“, verbrachte Otto mit Heinrich, Elisabeth und der Schlossfamilie. Es war das schönste Fest, das er seit seiner Kindheit erlebt hatte.

Dieses Jahr bekam Heinrich das wohl wichtigste Weihnachtsgeschenk seines Lebens. Otto schenkte ihm die beglaubigte Urkunde, in der Otto zeit seines Lebens und für alle seine Nachkommen auf das Erbe derer von Eldingen verzichtete. Heinrich revanchierte sich, indem er auf der Urkunde das lebenslange Wohnrecht für Otto und seine Angehörigen eintrug.

Rudolf von Soskie

Nach Weihnachten erhielt Katharina einen Brief von Rudolf aus Wittenberg. Er hatte den Brief an Lennard adressiert.

Rudolf schrieb Katharina, wie sehr sie ihm fehle und dass er sich nach den gemeinsamen Abenden mit ihr und der kleinen Maria sehne. Er habe seine einundzwanzigjährige Schwester Juliana aufgesucht. Ihr ginge es gut. Sie sei mit einem Kaufmann verheiratet und hätte drei entzückende kleine Kinder. Seine Schwester war auch diejenige gewesen, die ihm den Brief geschrieben hatte. Außer Juliana habe er noch einen jüngeren Bruder Sergej und eine jüngere Schwester Malinka, ein Zwillingspärchen. Eine Tuchmacherfamilie hatte die Zwillinge zu sich genommen. Nach dem Tod ihrer Eltern waren Juliana und Rudolf von einer Tante aufgenommen worden. Sie war eine liebenswerte ältere, verwitwete Dame. Den kleinen Zwillingen war sie nicht mehr gewachsen.

Als Juliana und ihr Gatte finanziell in der Lage waren, hatten sie beschlossen, die jüngeren Zwillinge zu sich zu holen. Die Frau des Tuchmachers hatte ihnen mitgeteilt, dass ihre Schwester Malinka mit dreizehn Jahren an hohem Fieber gestorben und der Zwillingsbruder Sergej seit dem Tag verschwunden war.

Juliana und ihr Mann hatten vergeblich versucht, den Aufenthaltsort von Sergej ausfindig zu machen. Rudolf fuhr noch einmal zu der Tuchmacherfamilie, um sich zu erkundigen. Bekam aber von der Frau nur dieselbe Antwort wie Juliana und ihr Gatte zwei Jahre zuvor.

Rudolf plant nun, vor seiner Rückkehr noch einmal in sein Heimatdorf Soskie, unweit von Wittenberg, zu reisen, um dort endgültig mit der Vergangenheit abzuschließen. Rudolf beendete seinen Brief mit:

Liebe Käthe, ich freue mich darauf, in meine neue Heimat zurückzukehren. Du sollst wissen: Diese neue Heimat besteht zu einem Großteil aus Dir. Ich danke Gott dafür, dass er mich zu Dir geschickt hat.

Bitte warte auf mich. Dein Rudolf.

Diese Worte bedeuteten Katharina sehr viel.

Je näher Rudolf dem Schloss seiner Eltern kam, desto trauriger und wütender wurde er. Und er hatte Angst. Angst davor, dass die Geister der Vergangenheit wieder auftauchten und ihn Tag und Nacht verfolgten. Jahre hatte Rudolf gebraucht, um sie los zu werden.

Dann sah er sie. Die Ruine des ehemals so herrschaftlichen Schlosses seiner Familie, der Landgrafen von Soskie. Hier hatten seine Geschwister und er eine unbeschwerte Kindheit und Jugend verlebt. Bis zu dem Tag, an dem das Unheil seinen Anfang nahm.

Einige Wochen vor seinem sechzehnten Geburtstag erklärten ihnen ihre Eltern, dass von einem Bauernaufstand in der Bevölkerung gemunkelt wurde. Seine Eltern waren sehr reich. Sie besaßen große Wälder und Anbaugebiete, die sie verpachteten. Nach dem Dreißigjährigen Krieg ging es den Bauern nicht mehr gut und trotzdem wurden ständig mehr Abgaben an den König eingetrieben. Das bekam auch seine Familie zu spüren. Sein Vater schloss sich mit anderen Adeligen zusammen, um sich an den König zu wenden. Ein zweckloses Unterfangen. Daraufhin wollten sich die Adeligen mit den Bauern zusammenschließen, was diese kategorisch ablehnten, da die Großgrundbesitzer allesamt mit der Obrigkeit unter einer Decke stecken würden. Nun organisierten sich die Bauern selbst.

Seine Eltern machten Pläne mit ihren Kindern, was sie im Fall eines Aufstandes zu tun gedachten. Für das Barvermögen mit dem Familienschmuck der Soskies wurden Verstecke ausgesucht.

Die kleineren Kinder: Rudolf, Juliana, Sergej und Malinka sollten früh genug zu Verwandten nach Wittenberg geschickt werden, die älteren Brüder zur Verteidigung mit den Eltern auf dem Herrschaftssitz bleiben.

Am Morgen des Aufstandes sollte der sechzehnjährige Rudolf mit Juliana und den Zwillingen nach Wittenberg aufbrechen. Rudolf konnte sehr gut reiten, wie alle Kinder in der Familie und war zudem ein ausgezeichneter Kutscher.

Rudolf fühlte sich zurückversetzt zu dem Tag, an dem er seine Eltern und seine drei älteren Brüder das letzte Mal gesehen hatte. Er sah plötzlich alles klar wieder vor seinen Augen: Seine Eltern und seine älteren Brüder verabschiedeten ihn und seine jüngeren Geschwister vor dem Schloss mit Tränen in den Augen. Alle Fenster und Türen waren mit Holzbrettern verriegelt worden. Sein Vater gab Rudolf eindringlich mit auf dem Weg, langsam zu kutschieren, damit er nicht den Eindruck einer Flucht erwecken würde. Rudolf hatte nach zwanzig Minuten die Ausfahrt vom Besitz seiner Eltern mit dem großen doppelflügeligen Eisentor erreicht. In der Ferne sahen er und seine Schwester Juliana eine Staubwolke über den Feldern. Er dachte an die Worte seines Vaters und lenkte die Kutsche langsam in den Wald. Als Rudolf meinte, die Kutsche würde nicht mehr zu sehen sein, hielt er hinter dichten Büschen an. Dort band er den Pferden mit Stricken die Mäuler zu und setzte sich zu seinen Geschwistern in die Kutsche. Rudolf brauchte ihnen nicht zu erklären, dass sie sich ruhig zu verhalten hatten. Nach ein paar Minuten hörten sie die Schritte von vielen Menschen am Wald vorbeimarschieren. Laute Rufe und Gegröle, auch Frauenstimmen waren darunter, drangen bis zu ihnen. Die Pferde wurden unruhig. Er stieg mit Juliana aus, um sie mit gutem Zureden und Streicheln zu beruhigen. Die Zeit schien endlos zu sein. Irgendwann hörten sie den großen Trupp Menschen wieder Richtung Dorf ziehen. Nachdem Rudolf sich sicher fühlte, wies er seine Geschwister an, sich weiterhin ruhig zu verhalten und machte sich durch den Wald zurück zum Schloss auf.

Schon von Weitem sah er dunkle Rauchschwaden aufsteigen. Je näher Rudolf kam, desto deutlicher bot sich ihm ein Anblick der Verwüstung. Nicht nur das Schloss brannte lichterloh, auch die Ställe, die Scheunen und die Gesindehäuser. Seine Sicht war durch den Rauch stark beeinträchtigt. Rudolf hielt sich schützend die Augen mit der Hand bedeckt und die Nase und den Mund mit dem Kragen seines Mantels zu. Plötzlich stolperte er auf der großen Rasenfläche vor dem Schloss. Wegen des starken Rauches konnte er nicht erkennen, dass es Beine waren, über die er stolperte. Rudolf lief auf das brennende Schloss zu. Er konnte den Gedanken, dass seiner Familie etwas zugestoßen sein konnte, nicht ertragen. Trotz des Rauches und der enormen Hitze des Feuers gelang er durch die eingeschlagene Tür in die Empfangshalle. Er versuchte, so laut wie möglich nach seinen Eltern und Brüdern zu rufen. Es war zwecklos, gegen die Geräusche der lodernden Flammen anzuschreien. Der Wind kam jetzt durch die große Eingangstür und fachte die Flammen noch stärker an. Rudolf lief durch die große Halle wieder hinaus. Dann sah er sie, in einer Reihe nebeneinander auf Holzpflöcken aufgespießt, die Köpfe seiner Eltern und Brüder. Er wollte schreien, brachte aber keinen Ton heraus. Rings um die aufgespießten Köpfe lagen die zerstückelten Körper. Rudolf nahm im Laufen noch wahr, dass alle Körper entblößt waren und zwischen ihren Beinen Stangen herausragten. Dann lief er nur noch. Er wusste nicht wohin, er lief, lief fort vor dem Grauen, das er gesehen hatte.

Irgendwo im Unterholz nahm Rudolf einen herabgefallenen Ast und schlug auf die Bäume ein, bis er vor Erschöpfung zusammenbrach. Als er einigermaßen wieder klar denken konnte, besann er sich auf seine kleinen Geschwister in der Kutsche. *Wir müssen fort, ganz schnell fort*, sagte er sich immer wieder.

Seine Geschwister sahen Rudolf nur fragend an. Er wich ihren Blicken aus. Er hätte ihnen das Geschehene nicht erklären können.

Sie warteten bis zur Nacht. Leise und langsam führte Rudolf die Pferde am Halfter durch das Dorf. Aus der Dorfschenke hörten sie das Gegröle der Männer und Frauen, die ihren schäbigen Sieg über die herrschende Klasse feierten. In der Morgendämmerung hatten sie die Jagdhütte seines Vaters erreicht. Vor Erschöpfung fielen die Geschwister eng aneinandergeschmiegt in den Schlaf. Lange konnten sie dort nicht bleiben, das war Rudolf bewusst. Hatten die Mörder ihrer Eltern erst ihren Rausch ausgeschlafen, konnten sie auch hier auftauchen, um zu plündern.

Rudolf und seine Geschwister verzehrten den wenigen restlichen Reiseproviant, den sie auf die Fahrt nach Wittenberg mitbekommen hatten. In der Mittagszeit machten sie sich auf, die restliche Strecke nach Wittenberg zurückzulegen. Immer bemüht, nicht aufzufallen.

Hier und da, wo Rudolf die Herrenhäuser der Nachbarn und Freunde der Familie vermutete, stiegen in der Ferne noch Rauchschwaden auf.

Am späten Abend erreichten sie das Haus ihrer Tante.

Jetzt, über sechs Jahre später, stand Rudolf hier vor den ausgebrannten Mauern des Schlosses seiner Ahnen und ihm erschien es, als wenn es erst gestern gewesen wäre. Obwohl er vor Kälte zitterte, riss er sich seinen Schal vom Hals und öffnete seinen dicken Mantel. Er bekam keine Luft mehr. Langsam ging er mit seinem Pferd zum familieneigenen Friedhof. Er wollte sehen, ob seine Eltern und Brüder wenigstens ordentlich begraben worden waren.

Der Friedhof hatte sich nicht verändert, bis auf einen einzigen Hügel, der völlig überwuchert war. *Das musste es sein*, vermutete Rudolf, *hier haben sie die Überreste meiner Familienangehörigen verscharrt.* Vor Wut versuchte er, das Gestrüpp zu entfernen, doch nach kurzer Zeit gab er auf und schwor sich, die Leichname sobald wie möglich in der Familiengruft beisetzen zu lassen.

„Was machen Sie da?“, vernahm Rudolf eine wütende Stimme. Er drehte sich um und sah in einiger Entfernung einen vermummten Menschen stehen. Mit drohenden Gebärden schwang dieser Mensch den Knüppel in seine Richtung: „Mach dass du wegkommst! Verschwinde! Sonst gnade dir Gott!“

Rudolf musterte die Gestalt kurz und kam zu dem Schluss, dass er der Gestalt körperlich überlegen war. „Was tun Sie hier?“, schrie Rudolf zurück. „Sie haben hier nichts verloren! Verschwinden Sie gefälligst sofort von hier. Das ist Familienbesitz!“

Die Gestalt regte sich nicht mehr. Sie drohte ihm nicht mehr, machte aber auch keine Anstalten zu verschwinden.

„Los machen Sie schon! Verschwinden Sie!“, versuchte es Rudolf noch einmal im Guten.

„Rudolf?“, fragte die Gestalt zögerlich. „Rudolf von Soskie?“

„Wer fragt da?“

„Sergej von Soskie“, kam die leise Antwort.

Rudolf ging auf die Gestalt zu. *Konnte es sein, wirklich sein, dass er seinen kleinen Bruder vor sich hatte?,* zweifelte er. Doch je näher er der Gestalt kam, desto mehr fühlte er, dass es wahr sein konnte.

Auch sein vermeintlicher Bruder kam ihm entgegen. Langsam zog sich dieser seinen Schal aus dem Gesicht. Rudolf sah sich seinem Spiegelbild gegenüber. Dann fielen sie sich in die Arme und weinten lange unterdrückte Tränen der Erleichterung.

„Wo kommst du auf einmal her? Ich warte hier schon Jahre auf dich“, fragte Sergej.

Mit knappen Worten schilderte Rudolf ihm seine Reise „Und wo kommst du her?“

„Ich lebe hier seit Jahren, in Vaters Waldhütte. Und warte auf ein Lebenszeichen von dir oder Juliana.“

„Warum bist du nicht bei den Tuchmachern geblieben, dann hätte Juliana dich schon vor zwei Jahren zu sich geholt und wir wären längst wieder beisammen?“

„Erzähle ich dir später. Jetzt komm erst einmal mit. Wir müssen uns aufwärmen und etwas essen. Du bist doch hungrig?“, schlug Sergej vor.

„Du hast es dir hier ganz wohnlich eingerichtet“, bemerkte Rudolf beim Essen.

„Ja, kann man hier aushalten.“ Sergej fühlte sich geschmeichelt.

„Wo hast du die Sachen her?“ Rudolf hatte die Decken, Werkzeug, Pfannen und Töpfe entdeckt.

„Habe ich mir ‚ausgeliehen‘.“ Sergej grinste ihn an.

„Aha, ‚ausgeliehen‘, nennt man das heute. Früher hieß das schlicht ‚Diebstahl‘ und wurde empfindlich betraft.“

„Ja, früher hat man uns auch nicht ausgeraubt, geplündert und niedergebrannt. Da brauchten wir uns nichts *‚auszuleihen‘*.“

„Man darf nicht Gleiches mit Gleichem vergelten. Das steht in der Bibel, das weißt du doch“, belehrte ihn Rudolf.

„Eben darum sage ich ja a u s g e l i e h e n. Ich habe bis jetzt immer alles wieder zurückgebracht.“

„Auch die Kleidung?“

„Auch die Kleidung. Wenn sie mir nicht mehr gepasst hat.“

Darauf konnte Rudolf nichts mehr sagen. „Du wolltest mir erzählen, warum du nicht bei den Tuchmachern geblieben bist.“

„Nach einem halben Jahr ist der Mann gestorben, er war schon sehr krank, als wir dort hinkamen. Die Frau konnte die Geschäfte nicht so weiterführen, weil sie keine Ahnung davon hatte. Außerdem bezahlten die Käufer nach dem Tod des Mannes einfach die Rechnungen nicht mehr. Das Geld wurde sehr schnell knapp. Das Essen immer weniger. Dann fing die Tuchmacherin an, Herren in das Haus zu holen. Zunächst waren die recht freundlich zu uns, aber schnell stellte sich heraus, dass diese Herren was ganz anderes im Sinn hatten. Eines Tages schickte mich die Tuchmacherin hinaus, als sie Herrenbesuch hatte. Nur Malinka sollte dableiben. Ich sah durch das Schlüsselloch. Malinka musste sich ausziehen. Für jedes Kleidungsstück bekam die Tuchmacherin Geld und Malinka viel Lob. Das ging eine ganze Zeit so. Wir haben uns nichts dabei gedacht. Auf der Straße und am Fluss sind immer Kinder nackt zu sehen. Außerdem hatten wir wieder etwas zu essen und die Tuchmacherin war auch wieder netter zu uns."

„Aber ihr wart doch mit zwölf keine kleinen Kinder mehr!"

„Doch, die Frau hat uns gesagt, dass wir Kinder sind und das normal sei."

„Verzeih mir, meine dumme Bemerkung. Bitte erzähl weiter", entschuldigte sich Rudolf.

„Dann fing die Tuchmacherin an, Malinka mit den Männern allein im Zimmer zu lassen. Ich konnte nicht mehr durch das Schlüsselloch sehen, weil sie auf mich aufpasste und mit in die Küche nahm. Später kamen die Männer in die Küche und legten sehr viel mehr Geld auf den Tisch."

Rudolf krallte sich seine Finger in seine Oberschenkel.

„Ich weiß nicht, was in dem Zimmer mit Malinka gemacht wurde. Aber sie aß auf einmal weniger, fast gar nichts mehr. Die Frau sagte uns, das sei normal in der Entwicklung. Malinka weinte auch immer öfter. Die Frau kaufte ihr hübsche Kleider, zum Trost sagte sie. Aber Malinka durfte sie nur anziehen, wenn die Männer da waren. Irgendwann war Malinka so schwach und abgemagert, dass sie nur noch schlief. Ich durfte schon lange nicht mehr das Haus verlassen und konnte darum Juliana auch nicht Bescheid geben. Eines Tages sollte ich in das Zimmer kommen. Da saßen zwei Männer. Ich musste mich ausziehen und bekam viel Lob, die Frau das Geld. Das ging dann so eine Weile. Ich zog mich aus, die Männer fummelten mit merkwürdigen Gesichtern an ihren Hosen rum und gaben komische

Geräusche von sich. Malinka wachte eines Tages nicht mehr auf." Sergej stieß einen Seufzer aus. „Dann hörte ich, wie einer der Männer zu der Frau sagte, das nächste Mal solle sie aus dem Zimmer gehen. Die Männer wollten mit mir alleine sein. Ganz ehrlich, Rudolf, ich bekam Angst. Ab dem Zeitpunkt als Malinka mit den Männern allein im Zimmer gewesen war, ging es ihr von Tag zu Tag schlechter. Ich bin einfach abgehauen. Die Frau hatte vergessen, die hintere Tür abzuschließen. Ich wollte zu Juliana, aber die wohnte nicht mehr bei der Tante. Die Tante konnte sich nicht erinnern, wo Juliana wohnte. Ich glaube, sie war nicht mehr ganz richtig im Kopf. Dann bin ich hierher. Ich dachte, wenn ihr mich suchen würdet, dann hier." Sergej machte eine Pause. „Meinst du, ich bin schuld an Malinkas Tod?"

„Nein, bist du nicht! Auf gar keinen Fall. Du hast alles richtig gemacht."

„Wirklich? Oder sagst du das nur so?"

„Nein wirklich. Ich schwöre es dir bei unseren Eltern und Brüdern. Glaub mir bitte und denke nicht mehr daran. Jetzt wird alles gut. Jetzt sind wir wieder zusammen und Juliana geht es auch richtig gut." Rudolf sah seinem kleinen Bruder beschwörend in die Augen, so als könne er damit alle diese quälenden Erinnerungen aus seinem Gedächtnis löschen. „Sergej, hast du zufällig auch eine Axt ausgeliehen?"

„Ja, zufällig, wieso?"

„Ich muss jetzt dringend Holz hacken. Sofort."

„Warum denn? Wir haben doch reichlich Vorrat."

„Das ist egal. Ich erkläre es dir später."

Rudolf hackte und hackte unter Tränen, bis er das letzte Stück Holz so oft geteilt hatte, dass er es nicht mehr traf. Dann hackte er so fest auf den Holzklotz ein, dass er die Axt nicht mehr herausziehen konnte.

Sergej beobachtete seinen Bruder. Langsam begriff er, warum Rudolf es tat. Er ließ seine Wut beim „Hacken" heraus.

Als Rudolf wieder hereinkam, sah Sergej ihn verstehend an: „Es geht dir jetzt besser, nicht wahr?"

„Sehr viel besser! Jetzt könnte ich einen kräftigen Schluck vertragen. Du hast nicht rein zufällig …?"

„Doch, ich habe rein zufällig einen ‚ausgeliehen'. Ich weiß aber nicht, wie er schmeckt. Ich habe ihn für unser Wiedersehen aufgehoben."

„Na, dann her damit. Es wird der beste Brand sein, den ich in meinem ganzen Leben trinken werde."

Ein paar Tage blieben sie zusammen in der Jagdhütte. Sie genossen das Glück, sich wieder gefunden zu haben. Es war der einunddreißigste Dezember sechzehnhundertsiebenundfünfzig.

Vor ihrer Abreise wollten Rudolf und Sergej noch einmal das behelfsmäßige Grab ihrer Familienangehörigen besuchen.

Der Winterwind wehte empfindlich kalt. Sie beschlossen, trotzdem durch die Ruinen des zerstörten Schlosses zu streifen. Über die imposante Freitreppe gelangten sie direkt in die gewaltige ehemalige Empfangshalle. Bis auf den riesigen steinernen Kamin, war nichts mehr übrig. Auf der rechten Seite befand sich früher die Bibliothek, das Arbeitszimmer ihres Vaters und sein Herrensalon. Links der große Speisesaal und das kleinere Speisezimmer, das Arbeitszimmer ihrer Mutter und der Damensalon.

Von der Empfangshalle führten rechts und links geschwungene, gemauerte Treppen in den ersten Stock. In der Mitte des ersten Stockes befand sich der Spiegel- oder Ballsaal mit einer großen Balkonterrasse. Der rechte Flügel war früher den Großeltern vorbehalten gewesen. Links waren der weiträumige offizielle Salon und der gemütlichere kleinere Familiensalon. Angrenzend das Frühstückszimmer mit Blick in den Park hinaus. Im zweiten Stock lag früher, über dem Ballsaal, ihr überdimensionales Spielzimmer. Im linken Flügel waren ihre Kinder- und Jugendzimmer, im rechten die Privaträume ihrer Eltern untergebracht. Bis hier konnten Rudolf und Sergej noch durch die Mauern streifen und ihren schönen Erinnerungen nachhängen. Das Dachgeschoss war völlig ausgebrannt.

Nachdem sie einen letzten Rundgang durch die Wirtschaftsräume getan hatten, verabschiedeten sie sich auf dem Friedhof von ihrer Familie. Sergej saß hinter Rudolf auf dem Pferd und sie trabten langsam los. Plötzlich wendete Rudolf und ritt schneller zum Schloss zurück.

„Was ist los? Hast du etwas vergessen?", fragte Sergej.

„Ja, erkläre ich dir gleich!“

Vor dem Schloss sprang Rudolf ab und lief hinein. Sergej hinterher. Er fand seinen Bruder im ehemaligen Arbeitszimmer ihrer Mutter. Dort fuhr Rudolf mit den Händen über die Mauer.

„Lass das um Gottes willen! Davon wird sie auch nicht wieder lebendig!“, stöhnte Sergej.

Rudolf ignorierte ihn.

„Mensch, Bruder, lass den Blödsinn! Du machst mir Angst!“

Rudolf hörte auf, die Mauer zu betasten. Stattdessen ging er im Zimmer hin und her.

„Was soll das? Lass uns jetzt endlich losreiten!“, drängte Sergej.

„Mir ist da was eingefallen. Weißt du noch, dass wir als Kinder, wenn wir krank waren, hier bei Mutter auf dem Chaiselongue liegen durften?“

„Nein, weiß ich nicht. Komm jetzt“, antwortete Sergej ungeduldig.

„Ich habe hier geschlafen.“ Rudolf zeigte auf die Stelle, an der früher das Chaiselongue stand. „Ich bin durch ein Geräusch und die Stimmen von Mutter und Vater wach geworden. Ich habe gesehen, wie hier ein Loch in der Wand war.“ Rudolf wies auf die Stelle an der Wand: „Vater verschwand durch das Loch. Dann muss ich wieder eingeschlafen sein. Jedenfalls habe ich später gedacht, ich hätte es nur im Fieber geträumt. Was aber, wenn es hier doch ein Loch gibt?“

„Du spinnst ja. Du hast das geträumt. Hier war nie ein Loch.“

„Was wenn doch? Komm, hilf mir lieber suchen.“

„Was soll ich denn hier suchen? Hier ist doch nichts, außer Steine“, quengelte Sergej.

„Eben, wir müssen an jedem Stein ruckeln. Hilf mir lieber, umso schneller können wir hier weg.“

Lustlos ruckelte Sergej an ein paar Steinen.

„Wenn du merkst, dass sich ein Stein etwas bewegen lässt, sag mir sofort Bescheid.“

Nach einer Weile sagte Sergej. “Ich glaube …“

Sofort stürzte Rudolf zu ihm hin. „Wo? Zeig! Hier?“

„Ja.“

Rudolf ruckelte an dem Stein und darum herum. „Da bewegt sich gar nichts, kein bisschen.“ Er sah seinen Bruder böse an. „Du wolltest mich auf den Arm nehmen! Stimmt’s?“

„Ich habe nur gesagt: Ich glaube. Mehr nicht. Den Rest hast du gemacht.“ Sergej grinste Rudolf an.

„Wart’s ab, Bürschchen. Mach das nicht noch einmal! Sonst kannst du später zu Fuß gehen. Los weiter!“

„Mann, ist doch sinnlos. Ich habe keine Lust mehr.“ Sergej hockte sich mit dem Rücken gegen die Mauer. Neben ihm tat sich lautlos ein Spalt zwischen den Steinen auf.

„Ich glaube …?“

„Jetzt bist du fällig, du Wurm.“ Rudolf sah ihn nicht einmal an.

„Reg dich nicht auf! Sieh mal hier.“ Der Spalt neben Sergej wurde immer größer. „Nun komm schon, sieh mal. Ich glaube, hier ist das Loch, das du meinst.“

Rudolf warf einen kurzen Blick in seine Richtung. „Ich sehe nichts.“

„Kannst du von da auch nicht.“

Widerwillig ließ Rudolf von der Stelle ab, an der er gearbeitet hatte. Da war es tatsächlich. „Was hast du gemacht?“

„Wer ich?“

„Wer sonst? Siehst du hier noch jemanden außer uns?“

„Ich dachte, du hättest …?“

„Nein, dahinten hat sich kein Stein bewegt. Also, wo hast du gegen gedrückt?“

„Nirgends. Ich hatte keine Lust mehr. Ich habe mich nur hier hingesetzt.“

„Ha, ha!“, lachte Rudolf ironisch. „So einfach kann das nicht sein. Einfach nur hingesetzt. Pah! Denk mal nach! Was hast du noch gemacht?“ Rudolf versuchte, den Spalt mit den Händen zu erweitern, es ging nicht.

„Ich habe wirklich nichts gemacht, außer mich hier angelehnt und dann habe ich dir Bescheid gesagt.“

„Hast du dich dabei in meine Richtung bewegt?“

„Kann sein. Was willst du schon wieder von mir?“, keifte Sergej.

„Steh noch mal auf.“ Sergej stand auf und der Spalt schloss sich wieder. „Hock dich wieder hin, genauso wie du vorher gesessen hast.“

„Was willst du nun eigentlich von mir? Hinhocken oder aufstehen? Entscheide dich mal!“

„Los, hinhocken!“

Sergej kam doch nicht gegen seinen großen Bruder an, also hockte er sich wieder hin. Der Spalt öffnete sich wieder ein Stück. Sergej musste niesen, sein ganzer Körper schüttelte sich. Der Spalt ging noch weiter auf. Aber nicht so weit, dass Rudolf hindurchgepasst hätte.

„Noch mal. Drück noch mal mit deinem Rücken gegen die Mauer!“, befahl Rudolf.

Sergej drückte sich mit seiner ganzen Kraft dagegen. Aus dem Spalt wurde ein mannshoher schulterbreiter Durchgang. Rudolf sah hindurch: „Stockdunkel da drin. Steh wieder auf, wir müssen etwas suchen, was wir statt deiner dagegendrücken können.“

Die Öffnung hatte sich unter dem nachlassenden Druck wieder geschlossen. Hinter dem Haus fanden sie einen Mahlstein.

„Gut, damit können wir es probieren. Jetzt brauchen wir noch Licht“, überlegte Rudolf.

„Da hinten lagen alte Fackeln, mit denen haben sie wohl damals das Haus angezündet. Die haben bestimmt kein Öl mehr“, fiel Sergej ein.

„Glaube ich auch nicht, aber vielleicht ist noch etwas Pech daran?“

Sie hatten Erfolg. Den runden Mahlstein sicherten sie mit anderen Steinen, sodass er nicht wegrutschen konnte. Dann stiegen sie mit zwei Fackeln bewaffnet durch die Öffnung. Einige Stufen führten hinunter, bis sie aufrecht, in einem Gewölbe standen. Es war nicht sehr groß und bis auf einen alten Holztisch, auf dem ein paar tönerne Gurkentöpfe standen, leer.

„Das war’s. Jetzt können wir endlich losreiten“, stellte Sergej fest.

„Überlege doch mal. Warum gibt es oben einen geheimen Einlass und warum sollte Vater hier heruntergehen? Nur um leere Gurkentöpfe anzusehen? Das glaube ich nicht.“ Rudolf kippte die vier Töpfe um.

„Was sonst? Oder Vater fand es hier so gemütlich? Ist ja geradezu kuschelig hier unten mit den Spinnweben.“

Rudolf hatte angefangen, die Wände abzutasten.

„Vielleicht sollte ich mich der Einfachheit halber lieber vor jeden einzelnen Stein hocken? Oder wie hätten es der ‚Prinz‘ gerne?“, fragte Sergej ironisch.

„Idiot!“ Rudolf stupste ihn an der Schulter an. Sergej geriet ins Wanken und fiel gegen den Tisch. Der Tisch wurde durch die Wucht des Aufpralls gegen die Wand gedrückt.

„Tut mir leid. Das wollte ich nicht. Hast du dir wehgetan?“, erkundigte sich Rudolf.

Sergej sah an ihm vorbei und deutete auf die Wand hinter Rudolf. Rudolf drehte sich um. Wieder eine Öffnung in der Mauer. Er half seinem Bruder hoch. Sie gingen unsicher zu der Öffnung. Je näher sie kamen, desto heller schien es dahinter zu sein. Es war das Licht, das durch die goldenen und silbernen Kerzenhalter, Bilderrahmen, Spiegel, Kästen und Kisten reflektiert wurde. Mit offenen Mündern bestaunten die Brüder das wertvolle Hab und Gut ihrer Eltern.

Sergej fasste sich als Erster. „Nun können wir nicht mehr losreiten“, stellte er so trocken fest, dass Rudolf in ein befreiendes Lachen ausbrach.

„Nein, diesmal hast du recht. So einfach geht es jetzt nicht mehr.“

Nachdem sie sich wieder beruhigt hatten, beschlossen sie, beide Durchlässe wieder zu verschließen und alle ihre Spuren zu beseitigen.

„Pass auf, Sergej. Wir sollten noch in den Kästen nachsehen, ob Vater dort Papiere hinterlegt hat. Er hat ja alle Schlüssel stecken lassen. Wahrscheinlich hat Vater gedacht: Wenn Räuber das Ganze hier entdecken, brechen sie sowieso die Kästen auf und wenn einer von uns das findet, brauchen wir nicht lange zu suchen. Wenn Vater so dachte wie ich, dann werden gleich oben in dem Kasten wichtige Papiere sein.“

So war es auch. Im oberen Kasten lag auf einer der dicken Papierrollen der Siegelring der Landgrafen von Soskie. Rudolf steckte ihn in seinen Brustbeutel.

„Warum steckst du ihn dir nicht auf?“

„Ist noch zu früh. Erkläre ich dir später. Wir müssen jetzt erst einmal so schnell wie möglich weg von hier. Los, wir stecken so viel von den Papieren unter unsere Hemden, wie es geht, und nehmen einige Münzen mit.“

Sergej hatte den nächsten Kasten geöffnet. Der war randvoll mit Gold- und Silbermünzen. „Wir können doch viel mehr mitnehmen. Ich habe noch meine Taschen frei und die Satteltaschen vom Pferd sind auch leer.“

„Nein, los komm jetzt!“, drängte Rudolf.

Sie verschlossen die Eingänge wieder, brachten den Mühlstein in die Eingangshalle hinaus und verwischten ihre Fußspuren, so gut es ging. Überall lagen Blätter von kleinen Bäumen und Gestrüpp herum, welches sich im Laufe der Jahre im Haus angesiedelt hatte. Diese verteilten sie großflächig über ihre Spuren. Rudolf sah sich zufrieden um.

„So müsste es gehen.“

„Warum machen wir uns hier so viel Arbeit, wenn wir doch morgen alles abholen?“, wollte Sergej wissen.

„Später. Los jetzt. Wir reiten durch den Wald zurück, damit uns keiner sieht.“

„Verstehe ich nicht. Wir sind doch jetzt wieder reich.“

„Eben darum.“

In der Jagdhütte angekommen setzte sich Sergej mit verschränkten Armen auf sein Lager.

„Mann, hab ich Hunger. Wir haben doch noch etwas zu essen?“ Rudolf sah sich suchend um. Bis jetzt hatte sich Sergej um das Essen gekümmert.

„Ja, wir haben noch was. Aber es gibt nichts“, antwortet Sergej.

„Was soll der Unsinn? Ich sterbe gleich vor Hunger.“

„Na dann stirb mal. Ich kann es noch aushalten.“

„Was ist los mit dir? Du siehst aus wie eine ‚beleidigte Leberwurst‘.“

„Weißt du Rudolf, den ganzen Tag geht es: *Sergej mach ‚dies‘, Sergej mach ‚das‘*. Ich mache das dann. Dann geht es weiter: Mach *‚dies‘* und *‚das‘*. Nie erklärst du mir, warum ich das machen muss. Du sagst immer ‚Später‘ oder ‚Nachher‘. Ich komme mir schon vor wie ein Trottel. Ich habe die Nase gestrichen voll. Bevor du mir nicht alles erklärt hast, bekommst du auch nichts zu essen. Und damit hat sich’s.“

Damit hatte Rudolf nicht gerechnet. Er setzte sich und dachte nach: *„Sergej ist eben mein kleiner Bruder. Normalerweise hat er zu tun, was ich ihm auftrage. Nur habe ich dabei vergessen, dass er sich zwei Jahre ohne mich und ohne jegliche Hilfe anderer Menschen* *durchgeschlagen hat. Nun bevormunde ich ihn auf einmal und er soll meinen Anordnungen folgen, ohne Erklärungen von mir zu bekommen. Wenn ich ehrlich bin, würde ich genauso reagieren. Nein, Sergej hat recht, so kann ich mich ihm gegenüber nicht benehmen.“*

„Sergej?“

„Ich höre?“

„Entschuldige bitte. Du hast recht. Ich habe mich unmöglich benommen. Es tut mir leid. Ich habe mich benommen wie der ‚große‘ Bruder und dabei nicht daran gedacht, dass du die ganze Zeit ohne mich sehr gut zurechtgekommen bist.“

„Das will ich wohl meinen!“, bestätigte Sergej stolz.

„Wie wollen wir jetzt weiter miteinander umgehen? Hast du einen Vorschlag?“

„Ja, habe ich. Du behandelst mich ab sofort, wie du auch behandelt werden willst. Wir besprechen alles und entscheiden dann gemeinsam. Mir ist schon klar, dass du in den meisten Dingen mehr Erfahrung hast. Aber ich habe auch schon Erfahrungen gesammelt und die könnten manchmal vielleicht sogar hilfreicher sein als deine.“

„Gut. Was ist aber, wenn es schnell gehen muss? So wie vorhin.“

„Siehst du, genau das ist es. Du sagst einfach ‚los‘ und ich weiß nicht warum. Sag doch zum Beispiel ‚los bevor wir entdeckt werden‘.“

„Kann ich machen.“

„Und sag nicht immer ‚später‘, ich bin doch kein kleines Kind mehr, dass nicht alles wissen darf. Du könntest auch sagen, ‚wenn wir zu Hause sind‘ oder so. Und dann bitte gleich, nicht erst Ostern oder irgendwann. Ich muss dir alles aus der Nase ziehen. Warum haben wir nicht mehr von dem Gold mitgenommen? Das hast du mir auch noch nicht erklärt.“

„Gut, gut. Du hast ja mit allem recht. Ich verstehe dich und ich will mich bessern, versprochen. Können wir das beim Essen besprechen? Mir ist schon ganz mulmig.“

„Einverstanden. Aber wehe du machst das nicht und sagst wieder *‚später‘*.“

Beim Essen erklärte Rudolf ihm, dass sie auf gar keinen Fall auffallen dürften und schon gar nicht den Anschein erwecken sollten, dass es sich lohnen könnte, sie auszurauben.

„Es gibt zu viele Wegelagerer und Räuber. Die töten für viel weniger, als wir bei uns haben. Wir können uns also nicht einfach ein, zwei Wagen kaufen und die Sachen aus dem Gewölbe abtransportieren, da kämen wir noch nicht einmal bis nach Wittenberg. Wir können uns auch nicht ein gutes Zimmer nehmen, obwohl wir jetzt reich sind. Wir würden wahrscheinlich am nächsten Morgen nicht mehr aufwachen. Wir müssen uns so verhalten, als wenn wir nichts besitzen. So wie vor unserem Fund."

„Aber dann ist es doch Blödsinn, reich zu sein."

„Ja, momentan bringt es uns in der Tat nicht viel. Wir müssen uns gedulden und abwarten." Rudolf nahm sich die erste Schriftrolle vor und begann, Sergej Satz für Satz vorzulesen. Es waren die Schriftstücke, die seine Eltern und die Kinder als Derer von Soskie auswiesen. Angefangen bei ihren Urahnen mit Geburtsdaten, allen Vornamen und sämtlichen Titeln. Hier war auch festgelegt, wer von den Kindern in der Erbfolge als Nächster nachrücken würde.

„Sag mal Rudi, wenn du jetzt Vaters Nachfolger als Landgraf bist, müsste ich demnach Theologie studieren und Pastor werden. Das kommt gar nicht infrage! Das interessiert mich kein Stück. Überhaupt glaube ich noch nicht einmal mehr an Gott. Wenn es den wirklich geben würde, dann hätte er nicht zugelassen, dass unsere Eltern und Brüder bei dem Brand ums Leben gekommen sind. Nein das mache ich auf keinen Fall! ‚Graf' hin oder her, das ist mir schnuppe!", regte Sergej sich auf.

„Beruhige dich. Du musst nicht Theologe werden. Kann ich mir bei dir auch irgendwie nicht vorstellen. Das ist nur so festgelegt, damit klar geregelt ist, wer das Familienoberhaupt wird. Natürlich kannst du dir aussuchen, was du werden willst. Oder willst du das Familienoberhaupt sein? Dann müsstest du gegen Vaters Willen angehen."

„Nein, will ich nicht. Mir scheint, Familienoberhaupt zu sein ist mit sehr viel Arbeit verbunden. Das ist nichts für mich."

„Nicht nur Arbeit, Kleiner, auch eine Menge Verantwortung. Nur so einfach reich sein, geht nämlich nicht auf Dauer."

In den nächsten Papierrollen folgten die Auflistungen ihrer Ländereien mit den dazugehörigen Urkunden. Sergej fielen die Augen zu. Auch Rudolf war müde. Sie beschlossen, es für heute gut sein zu lassen.

Nach einem ausgiebigen Frühstück erklärte Sergej, er wolle nach den Fallen sehen, schließlich bräuchten sie was zu essen.

„Du ‚leihst‘ dir aber nichts mehr aus, oder?“, vergewisserte sich Rudolf.

„Nur wenn es sein muss“, grinste Sergej. Er nahm Pfeil und Bogen mit.

Rudolf überflog währenddessen weitere Papiere. *Eigentlich haben wir hier alle wichtigen Unterlagen, die uns ausweisen und unseren Anspruch auf das Erbe geltend machen, beieinander,* stellte er zufrieden fest. *Nur, was nun? Wo gehen wir damit hin und wen können wir fragen? Wen können wir in unser Vertrauen ziehen?* Rudolf hatte auf einer Urkunde den Namen eines Advokaten entdeckt, ebenso auf einer anderen Urkunde den Namen des zuständigen Vogtes. Dieser Vogt war früher schon als habgierig und ungerecht verschrien gewesen. Auch im Zusammenhang mit Hexenverfolgungen wurde er damals erwähnt.

Sergej kam mit einem Huhn zurück. Rudolf sagte nichts dazu. Hühner pflegten nicht im Wald in Wildfallen zu stürzen. *Wird Zeit, dass wir hier wegkommen,* dachte Rudolf, machte aber Sergej keinen Vorwurf.

Sie rupften, säuberten und kochten das Huhn.

„Na, hast du schon einen Plan, großer Bruder?“

„Nicht wirklich. Ich denke nur, wir sollten wirklich bald aufbrechen.“ Rudolf erklärte Sergej seine Überlegungen.

„Sag mal, gibt es den alten Pastor noch?“, fiel es Rudolf plötzlich ein.

„Ja, den gibt es noch. Meinst du, wir sollten den um Rat fragen?“

„Ja, ich denke schon. Wir könnten gleich los.“

„Ist noch zu früh, in einer Stunde ist es besser. Da ist er sicher zu Hause.

„Du kennst dich wohl ganz gut mit den Gewohnheiten der Leute hier aus?“

„Muss ich ja wohl, wenn ich mir etwas ‚leihen‘ muss.“

„Aber doch nicht beim Pastor!“

„Nein, bei dem habe ich mich nicht getraut. Außerdem hat er selbst nicht viel.“

Eine Stunde später schlichen sie im Dunkeln um das Pfarrhaus. Durch das Fenster sahen sie den Pastor in seinem Sessel am Ofen sitzen.

„Ist um diese Zeit noch jemand im Haus?“

Sergej schüttelte verneinend den Kopf. Sie klopften an der Haustür. Sie warteten ziemlich lange und wollten unverrichteter Dinge wieder abziehen, als der Pastor öffnete.

„Was kann ich für euch tun?“ Der Pastor musterte die beiden mit zusammengekniffenen Augen.

Rudolf verbeugte sich und stieß seinen Bruder an, damit er es ihm gleichtat. „Entschuldigen Sie bitte die späte Störung, Hochwürden. Wir bräuchten dringend Ihren Rat.“

„Treten Sie ein, Hoheiten. Es wird Zeit, dass Sie endlich wieder da sind.“

Völlig verblüfft blieben die Brüder vor der Tür stehen.

„Nun kommen Sie schon. Es wird kalt hier drin. Nehmen Sie bitte hier Platz, ‚Durchlaucht‘ und Sie, ‚Prinz Sergej‘, hier bitte.“

„Woher wissen Sie, wer wir sind?“

„Erstens vergesse ich nie Kinder, die ich getauft habe und zweitens ist die Ähnlichkeit mit ihrem verstorbenen Vater, Gott hab ihn selig, nicht zu übersehen. Auch wenn Sie alle unterschiedliche Augen- und Haarfarben haben, sehen Sie einander sehr ähnlich. Die hohen ausgeprägten Wangenknochen, das breite Kinn, der ausgeprägte Mund und nicht zu vergessen ihre Statur. Sie sind alle außergewöhnlich gut gewachsen. Es war immer eine Freude, Ihre Familie anzusehen. Darüber hat früher das ganze Dorf gesprochen, wenn Ihre Familie zum Sonntagsgottesdienst gekommen ist. Nun, wie gesagt, was kann ich für Sie tun?“

Rudolf und Sergej hatten sich von ihrer Verblüffung erholt. In knappen Worten schilderten sie, wo sie die letzten Jahre geblieben waren und dass sie nun im Besitz ihrer Urkunden seien, die sie ausweisen können. Den Fund im Gewölbe erwähnten sie nicht.

„Und jetzt wollen Sie von mir wissen, was Sie als Nächstes tun müssen, um Ihre Ansprüche geltend machen zu können?“

„Ja“, bestätigte Rudolf. „Wir wissen nicht, wem wir außer Ihnen vertrauen können, Hochwürden.“

„Vorab möchte ich Ihnen berichten, was sich seit dem ‚Bauernaufstand‘ vor acht Jahren hier getan hat. Ich habe noch Messwein nebenan. Wenn Sie so freundlich wären, Prinz? Die Gläser stehen hier im Schrank“, er sah Sergej dabei an.

„Die Bauern waren damals sehr gut organisiert“, fuhr der Pastor fort. „Der Aufstand fing im Nordosten von diesem Gebiet an und zog sich weit hinunter in den Südosten. Die Soldaten des Königs waren trotz der Warnungen der Großgrundbesitzer nicht sehr gut vorbereitet und trafen dementsprechend überall zu spät ein. Auch hatten sie das Ausmaß des Aufstandes über ein so riesiges Gebiet völlig unterschätzt. Sie trafen nur noch auf ausgebrannte Schlösser und Herrenhäuser. Leider konnten die Soldaten keine Menschenleben mehr retten. Die Burgen blieben, bis auf einige kleinere, unversehrt. Die letzten Aufstände im Südosten schlugen die Truppen des Königs nieder und das grauenhafte sinnlose Gemetzel hatte ein Ende. Danach wurde mit den aufständischen Männern und Frauen kurzer Prozess gemacht. Von dem Galgen bleibt so gut wie keiner verschont, hieß es. Auch hier in der Gegend nicht. Sogar der Dorfschenk und seine Frau wurden wegen Mitwisserschaft hingerichtet. Es haben sich in den letzten Jahren einige angebliche Erben auf Ihren Besitz gemeldet. Sie sind allesamt wegen versuchten Betruges empfindlich vom König selbst verurteilt und des Landes verwiesen worden“, fuhr der Pastor fort. „Um auf die Beisetzung Ihrer Familie zu kommen.“ Er sah Rudolf an, dieser schüttelte kurz den Kopf. Der Pastor nahm dies als Zeichen, dass Sergej keine Ahnung von der Enthauptung und Zerstückelung seiner Eltern und Brüder hatte.

„Hm. Nun ja, um auf die Beisetzung zurückzukommen: Ich selbst habe Ihre Familie beigesetzt und ihnen den letzten Segen gegeben. Sie können also beruhigt sei, was dies betrifft.“

„Wir sind Ihnen zu Dank verpflichtet, Hochwürden.“

„Nein sind Sie nicht. Das war eine Selbstverständlichkeit.“ Der Pastor fuhr fort: „Seitdem gibt es hier keine Bauern mehr, die in der Lage sind, das Land zu bewirtschaften und dazu noch Vieh in ausreichender Anzahl zu halten. Die überlebenden Frauen und Familien kommen allesamt gerade so über das Jahr. Und vor allem gibt keinen Menschen mehr, der sich dafür verantwortlich fühlt. Darum sagte ich eingangs, dass es Zeit wurde, dass Sie wieder hier in Soskie sind.“

Der Pastor sah Sergej an. „Du kannst sicher deinem Bruder bestätigen, was ich sage. Du bist ja schon geraume Zeit hier in der Gegend. Ich habe dich in der Kirche gesehen, auch wenn meine Augen schon recht müde geworden sind, erkenne ich alle meine Schäfchen wieder.“

Rudolf sah schmunzelnd seinen Bruder an. *So ist das also. Nicht an Gott glauben wollen, aber in die Kirche gehen.*

Sergej hatte bei den Worten des Pastors seine Augen auf den Boden gerichtet. „Ja, ich habe es gesehen. Die Felder liegen brach. Keiner kümmert sich darum. Das Vieh ist abgemagert und die Leute haben wirklich kaum das Nötigste.“

„Was raten Sie uns Hochwürden? Wie sollen wir jetzt vorgehen? Bei wem müssen wir uns melden?“ Rudolf sah den Pastor erwartungsvoll an.

„Gut, der Reihe nach: Sie sagen, Sie sind jetzt in den Besitz der Papiere gekommen, die Sie als rechtmäßige Erben ausweisen. Lassen Sie mal sehen.“ Der Pastor überflog kurz die ersten Seiten, die Rudolf ihm gereicht hatte.

„Die sind, soweit ich es beurteilen kann, in Ordnung. Ich kann Ihnen noch eine Abschrift aus dem Kirchenbuch machen und außerdem bestätigen, dass ich Sie beide wiedererkannt habe. Damit gehen Sie dann zum Vogt in Wittenberg. Sie haben auch Papiere, in denen Ihr Erbe aufgelistet ist?“

„Ja, dort ist auch bei einigen Urkunden die Bestätigung über den Grundbesitz vom Vogt beigelegt.“

„Mit Siegel nehme ich an. Sie haben auch den Siegelring ihres Herrn Vaters?“

„Ja.“ Heinrich reichte ihm den Ring mit dem Familienwappen.

„Nun meinerseits kann ich überhaupt keine Probleme sehen. Im Gegenteil, ich denke, dass alle Beteiligten sehr erfreut sein werden, wenn Sie die Sache in die Hand nehmen würden. Der Vogt wäre ein gewaltiges Problem los. Die Steuern sind nämlich nicht gesunken. Im Gegenteil, der König drängt nach immer mehr Einnahmen. Selbst vor unserer ‚Mutter Kirche‘ macht er nicht halt. Aber wo kein Geld ist, ist eben auch nichts zu holen. Das versteht der König aber nicht. Er weiß nur, wie viel Land jeder Einzelne besitzt, wer die Arbeit macht, kümmert da oben keinen. So können Sie, Hoheit, eigentlich sicher sein, dass Sie offenen Türen begegnen.“

Sie erhoben noch einmal ihre Gläser und stießen auf die Zukunft an.

„Wo leben Sie momentan, wenn ich fragen darf?“, erkundigte sich der Pastor freundlich.

„In der Nähe von Celle bei Hannover auf Gut Eldingen.“

„Wie groß ist dort Ihr Besitz?“

Rudolf setzte sich kerzengerade hin. „Hier liegt ein Irrtum vor. Ich bin nicht der Besitzer. Ich bin dort der Butler.“

„Habe ich richtig gehört? ‚B u t l e r‘?“ Der Pastor war irritiert.

„Ja, haben Sie, und ich bin sehr stolz auf das Vertrauen, welches mir Baron Heinrich von Eldingen entgegenbringt. Ich habe dort wieder ein Zuhause bekommen. Das wiegt mehr als alles Gold der Welt“, erwiderte Rudolf mit fester Stimme.

*Der Graf mit seinen gerade mal zweiundzwanzig Lenzen, weiß, was im Leben wichtig ist. Respekt!, d*achte der Pastor. „Darauf können und sollen Sie auch stolz sein, Durchlaucht. Ich musste nur bei der Vorstellung, dass ein Familienmitglied ‚Derer von Soskie‘ als Butler arbeitet, lächeln, weil sie so unsagbar reich sind. Sie könnten sich selbst Hunderte von Bediensteten leisten. Ein König eines kleineren Landes könnte bei Ihrem Reichtum schon neidisch werden.“

„Das war mir zu keiner Zeit bewusst. Ehrlich gesagt, kann ich es mir noch nicht vorstellen und glauben schon gar nicht.“

„Das kommt mit der Zeit. Sie werden es glauben müssen. Genauso unvorstellbar reich, wie Sie jetzt sind, genauso unvorstellbar groß wird die Verantwortung sein, die Sie in Zukunft zu tragen haben. Reichtum ist kein Zuckerschlecken, heißt es im Volksmund. Sie haben in beiderlei Hinsicht kein leichtes Erbe anzutreten. Aber wie ich Ihren Herrn Vater kannte und Sie heute kennengelernt habe, werden Sie es schaffen.“

Der Pastor sah Rudolf prüfend mit zusammengekniffenen Augen an: „Doch, ja, Sie werden es ganz bestimmt schaffen. In einigen Jahren werden Sie an meine Worte zurückdenken. Ich wünsche Ihnen beiden und Ihrer Schwester alles erdenklich Gute für die Zukunft.“

„Danke, Hochwürden.“ Die Soskie-Brüder verbeugten sich zum Abschied.

Nachdenklich ritten Rudolf und Sergej in der Nacht zur Waldhütte zurück. Eine bleierne Müdigkeit hatte sie nach all der Aufregung erfasst. Sie legten sich gleich auf ihre Lager.

„Gute Nacht, du stinkreicher Fatzke“, konnte sich Sergej nicht verkneifen.

„Selber, und gute Nacht“, lächelte Rudolf.

Am späten Morgen holten sie die vereinbarten Dokumente beim Pastor ab und ritten nach Wittenberg. Dort suchten sie zunächst ihr Schwester Juliana auf. Sie berichteten ihr von dem Fund der Papiere. Auch hier erwähnten die Brüder nicht die Schätze, die sie entdeckt hatten. Sie kannten ihren Schwager noch nicht gut genug und wollten erst alle Dinge geregelt haben, bevor sie ihre Schwester damit überraschten.

Tags darauf sprachen Rudolf und Sergej beim Vogt vor. Dieser reagierte genau so, wie es der Pastor vorhergesagt hatte. Nach einer Stunde traten sie mit Brief und Siegel als Erben des Soskie-Vermögens auf die Straße.

Vier Tage später trafen sie auf Schloss Eldingen ein.

Überraschungen

Eines der Dinge, auf die sich Heinrich während seiner Trennung von Elisabeth gefreut hatte, war, neben seiner jungen Frau einzuschlafen. Eng aneinander gekuschelt schlief sie zu seiner linken Seite ein. Sie drehte ihm nach einem Gutenachtkuss den Rücken zu und er rutschte von hinten ganz nah an ihren Körper heran. Mit dem Duft ihrer Haare in der Nase schlummerte er ein.

Kurz vor sechs Uhr in der Früh stand er auf und ging zu den anderen in die Schlossküche, um seinen ersten Tee zu trinken. Es war ein schönes Ritual. Sie waren alle noch etwas schlaftrunken und wurden gleichermaßen zusammen wach. Waren ihre Lebensgeister geweckt, besprachen sie die Dinge, die an diesem Tag zu erledigen waren. So hatten schon Generationen der Eldinger Barone ihren Tag begonnen.

Alles war beim Alten geblieben, nur Elisabeths Schlafgewohnheiten hatten sich verändert. Zunächst kuschelte sie sich wie immer mit ihrem Rücken an ihn. Nach ein paar Minuten wurde sie unruhig und drehte sich auf den Rücken. Dann fing sie an zu stöhnen, stieß sich mit einem Bein in die Höhe und drehte sich in der Luft auf die rechte Seite. Dadurch verschob sich ihre Schlafhaube, die sie neuerdings trug so, dass Heinrich sie vor der Nase hatte. Bis dahin hatte er noch keine Sekunde geschlafen. Er rückte ihr die Schlafhaube vorsichtig wieder zurecht, denn sie schlief bereits tief und fest. Dann konnte Heinrich auch endlich schlafen. Bis Elisabeth zu schnarchen anfing. Früher hatte sie ab und zu ein sanftes ruhiges monotones *Phöööhrrrrratschpöwwww* von sich gegeben, welches Heinrich sozusagen in den Schlaf wiegte. Nun schloss sich ein täuschend leises *phiiiirumpf*, an. Dieses Geräusch steigerte sich in nervenzerreißende hohe Töne, von der Lautstärke ganz zu schweigen. Das Ganze wiederholte sie genau drei Mal. Dann war Ruhe, eine trügerische Ruhe. Heinrich schien es, als wenn sie ihn absichtlich in Sicherheit wiegen wollte. Kaum war er eingeschlafen, ging es, treffsicher in sein linkes Ohr, von vorn los. Heinrich hatte diese Geräusche für sich in die große Säge mit ihrer kleinen Schwester eingestuft. Dieses ganze Drama ging nachts eine gute Stunde so. Dann war er so müde, dass er trotzdem einschlief. Bis ihn Elisabeth, wahrscheinlich von ihren eigenen Geräuschen wach geworden, schüttelte und ihm laut ins Ohr raunte, er würde schnarchen, sie bräuchte ihren ungestörten Schlaf für das Kind und er solle sich umdrehen.

Nach einigen Nächten war er überzeugt davon, dass die Geschwistersägen bereits genügend Holz für zwei Kinderzimmer gesägt hatten und er schlich nach der ersten Schnarchattacke in sein nebenliegendes Schlafzimmer. Dort zog er sich die Decke über den Kopf.

Auf Elisabeths Frage, warum er nicht bei ihr geschlafen hatte, erklärte er ihr mit einer weißen Lüge, dass er sie durch sein Schnarchen nicht um ihren ungestörten Schlaf bringen wolle. Elisabeth war ganz gerührt von so viel Fürsorge. Sie von der Wahrheit überzeugen zu wollen, wäre sinnlos gewesen. In Elisabeths Weltbild war es undenkbar, dass eine Dame wie sie auch nur im Ansatz schnarchen könnte. Diese leidige Eigenschaft war ausschließlich nur den Männern zuzuschreiben.

„Lisa, morgen werde ich mit Georg den ‚speziellen' Pächter aufsuchen. Justus Schubert, wie du mit Rudolf festgestellt hast, hat uns letztes Jahr das dritte Mal in Folge betrogen. Ich habe der Feiertage wegen bis jetzt abgewartet. Damit die Familie in Frieden das Fest begehen konnte. Jetzt kann ich aber nicht länger warten."

„Bitte Heinrich, sei nicht so streng mit ihm, denk an seine Familie, er hat doch sieben Kinder, nicht wahr?"

„Ja, ich versuche es. Aber durchgehen lassen kann ich es ihm auch nicht."

Heinrich und Georg trafen Schuberts Frau an. Ausweichend gab sie an, sie wisse nicht, wo ihr Mann sei. Heinrich und Georg machten sich auf den Rückweg.

„Du, mir kam es irgendwie merkwürdig vor. Es ist kurz nach dem Mittagessen. Der Justus nicht da, die Kinder habe ich auch nicht gesehen. Christa weiß nicht, wo ihr Mann ist. Wo soll er schon sein? Es gibt, außer vielleicht im Wald Holz zu machen, um diese Jahreszeit nicht viel zu tun. Er hätte zumindest in den Ställen sein müssen", überlegte Georg.

„Du hast recht. Irgendetwas stimmt da nicht. Lass uns wieder zurückreiten", stimmte Heinrich zu.

Sie stellten Christa zur Rede, aber sie knetete nur an ihrer Schürze herum. Die Kinder seien nebenan und die Kleinsten hielten Mittagsschlaf. Die Männer beschlossen, sich in den Ställen umzusehen.

„Nein, das können Sie nicht! Ich meine, ohne meinen Mann sollten Sie nicht in die Ställe gehen."

Heinrich und Georg taten es trotzdem. Von den ehemals achtundzwanzig Kühen waren nur noch sechs da. Nach ihrer Berechnung hätten es mit dem Nachwuchs ungefähr vierzig sein müssen. Ebenso bei den Schweinen und Ziegen war der Bestand immens geschrumpft, statt angewachsen.

„Ich verstehe das nicht. Justus war früher einer unserer besten Pächter. Er hat immer ausgezeichnet gewirtschaftet", meinte Heinrich entsetzt.

Christa Schubert saß schluchzend am Küchentisch.

„Gute Frau", begann Heinrich, „bitte beruhigen Sie sich. Wir sind hier, um alles in Ruhe zu besprechen."

„Da gibt es nicht viel zu besprechen. Wie Sie sehen, Herr Baron, ist fast alles weg. Wir haben kaum noch Futter für die paar Viecher. Bald haben wir auch nichts mehr zu essen."

Georg, der die Panik in den Augen der Frau sah, beruhigte sie: „Christa, so weit ist es noch lange nicht. Du und die Kinder, ihr werdet sicher keinen Hunger leiden müssen. Außer du hast mit dieser Misswirtschaft auch etwas zu tun. Erzähl uns doch, an wen hat Justus das Vieh verkauft und wie viel hat er dafür bekommen?"

„Er hat das Vieh nicht verkauft. Oh Gott, steh mir bei! Er hat es verspielt", murmelte Christa Schubert leise.

„Das gibt es doch nicht!", entfuhr es Georg. „Jeder weiß doch, dass das Glücksspiel verboten ist und nur Unglück bringt!"

„Seit wann geht das schon?", erkundigte sich Heinrich.

„Es hat vor knapp vier Jahren angefangen. Er hat in der Schenke einige neue Freunde kennengelernt. Zuerst traf er sich nur hin und wieder mit ihnen. Ich habe mich für ihn gefreut. Justus war wie ausgewechselt, wenn er mit ihnen zusammen gewesen war. So gut gelaunt und lieb zu mir und den Kindern. Ab und zu hat Justus ein Stück Vieh verkauft. Damit es uns besser geht, hat er gesagt. So wie immer eben. Im zweiten Jahr war Justus nicht mehr so gut gelaunt. Er trank auch mehr. Er kam immer öfter betrunken nach Hause und hatte schlechte Laune. Das Wetter sei mies, die Ernte schuld, das Vieh würde keine guten Preise mehr erzielen. So ging das immerzu. Dieses Jahr ist es ganz schlimm geworden. Eines Tages wurden achtzehn Kühe, zwanzig Ziegen und Schafe und zehn Schweine an einem Tag weggetrieben. Auf meine Fragen hat er schon lange nicht mehr geantwortet. Ich hatte Angst, dass er nicht nur mich schlägt, sondern sich auch an den Kindern auslässt."

Christa hatte sich vollkommen beruhigt. „Jetzt bin ich richtig froh, dass Sie hier sind, Herr Baron. Jetzt wird alles wieder gut."

Heinrich und Georg sahen sich an. Sie waren nicht Christas Meinung. Verbotenes Glücksspiel, Betrug der Vogtei, damit am Herzog und Betrug an Heinrich, das zusammen würde ganz sicher mit dem Tod bestraft werden.

„Frau Schubert, wissen Sie, wo Ihr Mann jetzt ist?", fragte Heinrich noch einmal.

„Er ist sicher bei dem ‚Pack'. Da ist er jetzt jeden Tag. Ich bin ihm einmal hinterher. Aber er hat mich entdeckt und wurde fuchsteufelswild wild. Bis hinter dem Wald da", Christa zeigte aus dem Fenster, „weiter habe ich mich nicht getraut."

„Christa, wir werden jetzt deinen Mann suchen. Falls er in der Zwischenzeit kommt, tust du gut daran, von unserem Gespräch hier nichts zu erzählen. Sag Justus einfach nur, dass wir ihn sprechen wollten und so allgemein ein wenig geplaudert haben. Das ist besser so", empfahl Georg.

„Was machen wir nun?", fragte Heinrich, als sie unter sich waren.

„Wir könnten zur Schenke reiten und Wolfgang fragen, ob er etwas weiß."

Heinrich wartete hinter der Schenke. Georg kam mit Wolfgang heraus.

„Was gibt es denn so Dringendes?"

Sie schilderten ihm kurz die Situation.

„Ja, dieses Pack ist mir damals aufgefallen. Ich habe mich gewundert, dass Justus sich mit denen abgegeben hat. Die passten nicht zu ihm. Ab und zu habe ich im letzten Jahr mal wieder einen von ihnen gesehen. Der Mann suchte dann das Gespräch mit den anderen Männern. Welchen Wald habt ihr gesagt?"

Heinrich erklärte es Wolfgang.

„Da kenne ich mich auch nicht aus. Da solltet ihr unseren Förster fragen."

Der Förster, den alle Dörfler den alten Waldschrat nannten, obwohl er erst Anfang vierzig war, kannte sich natürlich aus.

„Ja, sicher gibt es da eine Hütte, die zur Pacht von Justus Schubert gehört. Ich habe da schon Licht gesehen, aber mir natürlich nichts dabei gedacht."

Der Waldschrat führte sie dort hin.

In der Dämmerung schlichen sie sich an die Hütte heran. Durch ein Fenster konnten Heinrich und Georg an einem spärlichen beleuchteten Tisch vier Gestalten erkennen. Georg und Heinrich nickten sich lautlos zu und zogen sich wieder zurück.

„Das war es für heute", erklärten sie dem Förster, der nicht wusste, worum es ging. „Wir haben genug gesehen. Es scheint dort friedlich zu sein."

Der Förster fragte nicht weiter nach und ging seiner Wege.

„Ich hätte jetzt Lust auf ein Bier. Du auch?", fragte Georg.

„Kannst du wissen! Ich hole Doktor Röder und Pastor Boreen hinzu. Würdest du im Schloss Bescheid sagen, dass es etwas später wird, aber alles in Ordnung ist", bat Heinrich. „Wir treffen uns dann in der Ratsstube."

Nach der ruhigen Jahreszeit waren auch Pastor Boreen und Doktor Röder für etwas Abwechslung dankbar und sofort bereit mitzukommen.

Heinrich und Georg schilderten die Situation, das Gespräch mit Christa Schubert und die Gestalten in der Hütte, von denen einer Justus war.

Nun beriet der Gemeinderat, wie sie am klügsten vorgehen könnten, um Aufsehen zu vermeiden. Nur allzu leicht waren die Menschen bereit, ohne einen ordentlichen Prozess, Selbstjustiz zu üben.

Sie kamen überein, den Beedenbosteler Vogt gleich am nächsten Tag zurate zu ziehen.

Diese Aufgabe übernahmen Heinrich und Georg. Hans-Hermann von Bergdorf war alles andere als angetan von dieser Neuigkeit: „Ich habe weiß Gott genug zu tun. Einen schlechteren Zeitpunkt hätten die Verbrecher sich nicht aussuchen können“, war Bergdorfs erster Kommentar. „Es nützt alles nichts, meine Herren, diese Sache muss unsofort dem Großvogt von Celle berichtet werden. Dafür reichen unsere Kompetenzen nicht aus. Und ich bin, ehrlich gesagt, ganz froh darüber. Wir ‚Bezirksvögte‘ sind in solchen Prozessen nur Beisitzer. Das reicht schon, es geht hier immerhin um Menschenleben.“ Der Beedenbosteler Vogt sprach Otto aus der Seele.

„Sobald die vier Verbrecher dingfest gemacht worden sind, werde ich mit Baron Otto nach Celle fahren und dem Oberamtsvogt Bericht erstatten. Zur Festnahme bekommen Sie noch sechs kräftige Männer von uns zur Seite gestellt. Die Männer werden sich morgen bei Ihnen in der Kirche einfinden. Bis dahin versuchen Sie bitte zu ermitteln, wann der beste Zeitpunkt für die Festnahme sein könnte.“

Das war leichter gesagt als getan. Der Winter war dieses Jahr zwar recht mild und es lag kein Schnee mehr, aber stundenlanges Beobachten im Wald war bei Temperaturen um null Grad Celsius trotzdem kein Vergnügen.

Nach zwei Tagen war es so weit. Die sechs Gehilfen überwältigten die ahnungslosen Spieler ohne Probleme. Die Verbrecher wurden auf direktem Weg nach Celle gebracht. Bis zum öffentlichen Prozess wurden sie unter der Stadtkirche in einem Verlies eingesperrt.

Die drei Mitspieler von Justus Schubert sollten schon drei Jahre zuvor in Celle, wegen verbotenen Glücksspiels, festgenommen werden. Wurden damals aber gewarnt und konnten untertauchen. Dies und der erneute Gesetzesbruch führten dazu, dass sie ebenso wie

Justus Schubert zum Tod durch Rädern verurteilt wurden.

Das Rädern der Verurteilten fand auf dem Galgenberg statt. Dieser Richtplatz befand sich außerhalb von Celle auf einem Hügel in Richtung Braunschweig. Hingerichtete Verbrecher wurden dort so zur Schau gestellt, dass sie als Warnung für Reisende nach Celle von Weitem zu sehen waren. Die Reisenden wussten sofort, in dieser Stadt Celle wird jedwedes Verbrechen empfindlich bestraft.

Eine riesige Menschenmenge hatte sich versammelt, um die Vollstreckung der Urteile durch den Scharfrichter zu sehen.

Die vier Verurteilten wurden auf dem Rücken liegend festgebunden. Der Scharfrichter hob ein schweres Wagenrad an und ließ es dann Stück für Stück auf den Körper eines Verurteilten niederfallen. Dabei wurden diesen, angefangen bei den Füßen bis hin zum Schädel, die Knochen zertrümmert. Die Verurteilten schrien vor Schmerzen und die Schaulustigen klatschten Beifall. War der Scharfrichter gnädig gestimmt, fing er mit dem Rädern am Kopf an. Der Verurteilte war dann entweder sofort tot oder zumindest so benommen, dass er die Schmerzen am restlichen Körper nicht richtig mitbekam. Die vier Verbrecher hatten keinen gnädigen Scharfrichter erwischt. Im Gegenteil. Heute war die Prüfung eines neuen Scharfrichters angesetzt. Dieser junge, kräftige Mann sollte das Amt des alten Scharfrichters übernehmen und musste dafür eine öffentliche Hinrichtung vollziehen. Um die Prüfung zu bestehen, vollzog der junge Mann die Bestrafungen sozusagen bilderbuchmäßig. Dadurch zogen sich die Qualen der Bestraften übermäßig in die Länge.

Nach dem Rädern wurden die Verurteilten auf große Wagenräder gebunden. Diese Wagenräder wurden auf hohen Pfeilern befestigt, damit sie weit sichtbar als Mahnmal zu erkennen waren. Die Bestraften waren meistens noch nicht tot. Das besorgten in den folgenden Tagen die Vögel, die sich an ihnen genüsslich taten.

Christa Schubert, als Mitwisserin, wurde mit ihren sieben Kindern des Landes verwiesen und galt ab dem Zeitpunkt als vogelfrei. Das bedeutete für sie, dass sie keinerlei Rechte mehr besaßen und jeder Mensch mit ihr und ihren Kindern anstellen konnte, was er wollte. Unterkunft und Verpflegung durfte ihnen niemand geben.

„Baron Otto, wie geht es Ihnen?“ Hans-Hermann von Bergdorf musterte Otto.

„Ich bin froh, dass der Schauprozess vorbei ist. Wenn ich ehrlich sein darf.“

„Dürfen Sie, Baron. Mir geht es ebenso. Ich verstehe manchmal die Menschen nicht. Warum machen sie solche Dinge, wenn sie doch wissen, dass sie dafür mit ihrem Leben bezahlen müssen?“

„Ich denke, unser Pastor würde sagen: „Der Geist ist willig, aber das Fleisch ist schwach.“

„Ja, das könnte hinkommen. Schließlich haben wir alle unsere kleinen Schwächen. Aber dafür sterben?“ Hans-Hermann von Bergdorf schüttelte seinen Kopf.

Katharina war seit Tagen unruhig und sie wusste nicht warum. Bis pünktlich zum Beginn des sonntäglichen Gottesdienstes die letzten Kirchgänger die Kirchentür öffneten. Wie die anderen drehte sie sich um, um zu sehen, wer da auf die letzte Minute die Kirche betrat. Da war es mit ihrer inneren Unruhe vorbei und sie bekam Herzklopfen. Endlich war Rudolf wieder da. Er suchte die Reihen nach ihr ab. Als sich ihre Blicke kurz trafen, wusste sie, dass sie ihn liebte und für immer lieben würde. Es war ihr plötzlich egal, ob er sich seiner Gefühle genauso sicher war wie sie oder nicht. Sie wollte nur noch bei ihm sein.

Rudolf nickte freundlich jedem in der Kirche zu, wie er es immer tat, und setzte sich mit seinem Bruder leise in die letzte Reihe. Während des gesamten Gottesdienstes verweilten seine Blicke auf dem Hinterkopf von Katharina.

Sergej langweilte sich in der Kirche und beobachtete die Menschen. Ihm fiel auf, dass sein Bruder während der ganzen Zeit in die gleiche Richtung sah. Sergej konnte außer einer Menge Hinterköpfe nichts Aufregendes entdecken. Die Kirche sah aus wie die in Soskie und der Pastor hätte die jüngere Ausgabe des heimatlichen Pastors sein können. Schräg rechts vorn von Sergej fielen ihm allerdings lange goldfarbene Haare auf. Solche wunderschönen Haare hatte er noch nie gesehen. Die winterlichen Sonnenstrahlen spielten mit den goldenen Haarsträhnen. Einmal drehte sich der Kopf mit den wunderschönen Haaren und er konnte deutlich das perfekte Profil eines

Mädchens erkennen. Sergej bewunderte schöne Dinge. Menschen, Tiere, Pflanzen, den Himmel bei Tag oder Nacht, das Wasser bei Sonne oder Regen. Er sah einfach mehr als andere Menschen, das war schon in der Kindheit seinen Lehrern und seiner Familie aufgefallen. Die Geschwister zogen ihn meist auf, wenn er stundenlang einfach nur dasaß und etwas ansah. Für Sergej war es aber jedes Mal eine Offenbarung und er erfreute sich daran.

Nach dem Gottesdienst stellte Rudolf seinen Bruder zunächst Pastor Boreen vor, danach Heinrich und Elisabeth. Im Gegensatz zu der herzlichen Freude, die ihm Elisabeth entgegenbrachte, schien ihm Heinrich merkwürdig distanziert zu sein.

Die Schlossfamilie freute sich, Rudolf wiederzusehen und seinen Bruder kennenzulernen, ebenso Doktor Röder und Helene.

Katharina und Rudolf hatten den ganzen Sonntag keine Gelegenheit mehr, miteinander zu sprechen.

Gegen Mitternacht beschloss Katharina, da sie nicht einschlafen konnte, in die Küche zu gehen.

„Ich habe so gehofft, dass du kommst“, wurde sie von Rudolf sehnsüchtig begrüßt.

„Hast du mich vermisst?“, fragte Katharina leichthin und machte sich am Ofen zu schaffen.

„Natürlich. Sicher. Warum fragst du?“

„Ach, nur so. Willst du auch einen Tee?“, tat Katharina desinteressiert.

„Ja, gerne. Wie geht es dir?“ Rudolf wollte es wirklich wissen.

„Ach, ganz gut. Und dir?“

„Auch ganz gut, jetzt wo ich wieder hier bin. Ich habe euch, dich, sehr vermisst.“ Rudolf merkte sofort, dass er einen Fehler begangen hatte.

„Wie dir sicher aufgefallen ist, haben dich hier auch alle vermisst.“ Katharina stellte ihm den Tee hin.

„Was hast du die ganze Zeit so gemacht?“

„So dies und das. Und du?“, antwortete sie ausweichend.

„Ich habe meine Schwester besucht und Sergej wiedergefunden.“

„Das war alles in den ganzen vier Wochen?“

„Im Groben schon. Nun erzähl doch mal, Käthe. Hast du Anna besucht?“

„Ja."
„Habt ihr euch ein wenig angefreundet?"
„Ja."
„Und sonst so?" Da Katharina so einsilbig antwortete, wusste Rudolf nicht weiter.
„Das was ich immer mache: Putzen, Kochen, Putzen, Kochen und mit Maria spielen. Ich glaube, ich kann jetzt schlafen. Gute Nacht." Und weg war sie.
Rudolf hatte sich das Wiedersehen anders vorgestellt. Er wollte sich ihr erklären. Ihr sagen, dass er glaubte, sie zu lieben. Ihr alles erzählen, was er erlebt hatte und sie in seine Pläne einbeziehen. Aber so war es ihm nicht möglich. Sie hatte ihn wie Irgendjemanden behandelt. *So spricht sie auch mit jedem dahergelaufenen Stallburschen,* dachte Rudolf. *Vielleicht ist sie sogar netter zu so einem?* Was ist los mit ihr? *Warum ist sie so kühl zu mir? Sie hat doch gesagt, sie empfindet sehr viel für mich. Ist das schon wieder vorbei?* Rudolf war verunsichert und beschloss, es morgen noch einmal zu versuchen.

Am Montag fand sich Rudolf zur gewohnten Zeit in der Bibliothek ein, um mit Baron Heinrich die Post durchzugehen. Wie immer lächelte er Heinrich freundlich an und erkundigte sich nach dessen Befinden.
„Danke der Nachfrage. Es ging mir gut bis ‚das' mit der Post gekommen ist." Heinrich schob Rudolf einen Umschlag hinüber.

An
Rudolf Graf von Soskie
Schloss Eldingen bei Celle

Rudolf ärgerte sich über sich selbst. Er hätte schon längst mit seinem Arbeitgeber darüber sprechen müssen.
„Herr Baron, gestatten Sie mir, mich bei Ihnen zu entschuldigen. Ich hätte Sie längst darüber aufklären sollen."
„Ich höre", war Heinrichs reservierte Aufforderung.
„Ich habe Ihnen doch erzählt, dass meine Eltern und meine älteren Brüder bei einem Brand ums Leben gekommen sind. Ich habe Ihnen

auch gesagt, dass mein Vater auf einem Gut gearbeitet hat. Das entspricht nicht ganz der Wahrheit.“

„Bevor Sie mir hier noch mehr Märchen auftischen, Graf, überlegen Sie ganz genau, was Sie sagen. Momentan bin ich geneigt, Ihnen den Fehdehandschuh hinzuwerfen. Es fehlt nur noch ein ganz kleines Stück, dann ist es so weit.“

„Herr Baron, bitte. Ich werde Ihnen nichts als die vollständige Wahrheit sagen. Das schwöre ich bei meinen verstorbenen Eltern und Brüdern.“

Rudolf klärte Heinrich über seine Herkunft auf. Er erzählte ihm vom Bauernaufstand und wie sich all das Schreckliche zugetragen hatte. Wie er und seine Schwester Juliana zu einer verwitweten alten Tante und die Zwillinge zu der Tuchmacherfamilie gekommen sind. Bei welchen Familien Rudolf vor dieser Stelle in Eldingen gearbeitet hatte. Dass er jahrelang auf einen Brief von Juliana gewartet habe, dieser ihn aber erst während Heinrichs Aufenthalt an der See erreicht hatte. Wie er seinen Bruder Sergej wiedergefunden hatte und dass sie in der niedergebrannten Schlossruine seiner Eltern in einem Versteck die Papiere entdeckt hatten. Nur das Kellergewölbe mit den Wertgegenständen seiner Eltern ließ Rudolf aus.

„Herr Baron, ich dachte die ganzen Jahre, unser Titel wäre nicht mehr rechtskräftig und unser Vermögen vom König beschlagnahmt worden.“

„Haben Sie sich denn nicht danach erkundigt? Hat Sie keiner informiert?“

„Nein, ich habe mich nicht danach erkundigt. Ich war damals sechzehn und wollte nur vergessen, was die Bauern meinen Eltern und Brüdern angetan haben. Eigentlich wollte ich nie wieder nach Soskie zurück. Ich dachte nur, ich bin es meiner Familie schuldig, noch einmal zu sehen, ob sie anständig begraben worden sind. Informiert hat mich niemand. Wahrscheinlich wurde angenommen, dass wir jüngeren Kinder auch irgendwie ums Leben gekommen sind.“

Heinrich und Rudolf sahen nachdenklich vor sich hin und schwiegen.

Nach einer längeren Pause ergriff Heinrich das Wort: „Zunächst, Herr Graf, möchte ich Ihnen mein Bedauern zu den tragischen Ereignissen aussprechen. Kein Kind sollte so etwas Grauenhaftes erleben müssen. Ich möchte Ihnen sagen, dass ich Sie verstehe und Ihnen glaube. Wenngleich ich bei unserem vertrauensvollen Arbeitsverhältnis davon ausgegangen bin, dass Sie mir zumindest Ihre Herkunft nicht verschweigen. Diese Enttäuschung muss ich erst verarbeiten. Des Weiteren brauche ich Ihnen ja nicht zu sagen, dass Sie hier nicht mehr arbeiten können. Wie stellen Sie sich jetzt Ihre Zukunft vor?“

„Verzeihung, Herr Baron, aber wieso kann ich hier nicht mehr arbeiten?“

„Ihnen ist doch klar, dass sie im Rang wesentlich höher stehen als meine Familie. ‚Landgraf‘, da könnte ja schon fast der ‚Herzog von Celle‘ für mich arbeiten“, versuchte Heinrich, einen kleinen Scherz zu machen. „Haben Sie einen Überblick, wie groß Ihre Ländereien sind?“

„Nein nicht genau. Ich vermute so von hier bis Celle oder größer.“

„Bis C E L L E oder G R Ö S S E R ?“ Heinrich schluckte. „Bei Gott, das ist unvorstellbar.“

„Das mag ja sein, aber warum kann ich hier nicht weiter arbeiten?“

„Das erklärt sich doch von selbst, Graf Soskie, oder soll ich Sie mit Durchlaucht ansprechen? Sie stehen im Rang höher als ich.“

„Ich bin aber doch noch der gleiche Mensch. Nur weil ich jetzt einen Titel habe?“

„Was für einen Titel, darauf kommt es an. Sie stehen nicht nur höher im Rang, sondern *wesentlich* höher. Noch dazu sind Sie jetzt um ein Vielfaches reicher als ich. Nein, so geht das nicht. Umgekehrt wird ein Schuh daraus. Vielleicht kann ich jetzt für Sie arbeiten?“, schlug Heinrich ironisch vor.

„Herr Baron waren doch zufrieden mit meiner Arbeit, oder nicht?“

„Ja, sehr. Mit Betonung auf: *waren.“*

„Können Sie mich nicht einfach behandeln wie vorher? Ich liebe meine Arbeit bei Ihnen. Außerdem habe ich hier eine neue Heimat gefunden.“

„Ich weiß nicht? Ich weiß wirklich nicht, wie das funktionieren soll? Es fängt schon damit an, dass ich Sie mit ‚Graf‘ und nicht mit Rudolf ansprechen müsste. Das widerstrebt mir.“

„Aber ich lege keinen Wert darauf. Ich war es jetzt jahrelang nicht gewöhnt.“

„Was ist mit Ihrem Bruder?“

„Sergej denkt wie ich. Er weiß, dass es wichtigere Dinge im Leben gibt als Titel und Geld. Außerdem, was hätte er davon, wenn ihn jemand mit ‚Prinz‘ ansprechen würde? Er und ich, wir müssen genauso arbeiten wie die anderen Menschen auch. Das weiß er ganz genau. Da wäre ein Titel sogar hinderlich, wie Herr Baron ganz richtig festgestellt haben.“

„Herr Graf, Rudolf, so kommen wir keinen Schritt weiter. Das muss ich mir erst ganz in Ruhe durch den Kopf gehen lassen. Was planen Sie denn für Ihre Zukunft? Sie werden doch sicherlich das Schloss wieder aufbauen wollen und die Felder wieder bewirtschaften lassen?“

„Das habe ich mir noch nicht überlegt. Momentan liegt alles brach. Die Männer fehlen in Soskie und Umgebung. Die meisten Bauern hat König Ludwig nach dem Aufstand hinrichten lassen.“

„Das wird König Ludwig aber nicht davon abhalten, von Ihnen Steuern und andere Dienste abzuverlangen. Egal wie ertragreich ihre Ernte ist. Sie werden sich darum kümmern müssen. Jetzt wo Sie da sind, bleibt Ihnen da keine andere Wahl. Außer sie verzichten auf ihr Erbe, dann gehört es dem König. Aber ehrlich gesagt, würden Sie doch nicht im Ernst daran denken, Ihr jahrhundertealtes Erbe zu verschenken, nicht wahr? So schön kann eine Arbeit bei mir nicht sein. Auch nicht anderswo. Abgesehen von der Verantwortung, die Sie für die dort lebenden Menschen mit geerbt haben. Die können Sie nicht einfach so ihrem Schicksal überlassen. Sie und Ihr Bruder sind jung. In zehn oder zwanzig Jahren haben Sie alles wieder aufgebaut. Dafür lohnt es sich zu arbeiten. Ich hätte das Gut hier nie im Leben aufgeben können. Dann gäbe es auch diese Schlossfamilie nicht, in der Sie eine neue Heimat gefunden haben.“

„Herr Baron, ich muss gestehen, dass ich mir über die Freude Sergej wiedergefunden zu haben, noch keinerlei Gedanken in dieser Richtung gemacht habe.“

„Dann sollten Sie damit anfangen. Und ich werde mir über unsere weitere Zusammenarbeit Gedanken machen.“

„Darf ich denn vorläufig so weiterarbeiten, bis Herr Baron sich entschieden haben?“, fragte Rudolf traurig.

„Wir sehen morgen weiter, Graf.“

„Herr Baron, was Sergej betrifft. Darf er hierbleiben? Kost und Unterkunft können Sie mir von meinem Lohn abziehen. Außerdem kann er sich im Stall nützlich machen." Rudolf versuchte es ein letztes Mal.

„Ja vorerst, wie gesagt. Ich weiß wirklich nicht, wie es weitergehen soll."

Heinrich und Rudolf gingen zu ihrer täglichen Arbeit über.

Katharina war weiter freundlich, aber sehr kurz angebunden zu Rudolf. Auf seine Frage, was er falsch gemacht habe, antwortete sie Rudolf: „Die Frage ist falsch. Du solltest lieber fragen, was du ‚nicht' gemacht hast." Dann ließ sie ihn stehen. Rudolf beschloss, mit Lennard zu sprechen.

Heinrich erzählte Elisabeth am Abend von der neuen Entwicklung mit Rudolf. Bis dahin hatte Heinrich den an Rudolf adressierten Brief nicht erwähnt. E hatte auf ein Missverständnis gehofft.

„Ah, jetzt fällt mir ein, dass während deiner Abwesenheit schon ein Brief für Rudolf eintraf. Das muss der Brief seiner Schwester gewesen sein, auf den er so lange gewartet hatte. Ich freue mich so sehr, dass sich die Geschwister wieder gefunden haben. Was für ein Glück. Gott ist doch gnädig. Findest du nicht?", freute sich Elisabeth.

„Nach der Tragödie, mit den Eltern und den älteren Geschwistern ist das wohl das Mindeste, was man von ihm da oben erwarten kann, nicht wahr?", antwortete Heinrich trocken.

„Ach, Hein, freue dich doch auch ein wenig für die Geschwister."

„Tue ich ja auch. Ich bin schließlich nicht herzlos. Das hilft mir nur nicht weiter."

„Jetzt weiß ich wirklich nicht, was du daran so schrecklich findest. Nur weil Rudolf jetzt einen höheren Rang hat als du? Dann hätte ich dich ja auch nicht heiraten dürfen", wollte Elisabeth Heinrichs Bedenken zerstören.

„Das war doch etwas ganz anderes."

Elisabeth sah von ihrer Handarbeit auf und wurde ernst: „Das war genau dasselbe. In einer anderen Familie wäre es nicht zugelassen worden, dass die Tochter einen im Rang niedrigeren zum Manne nimmt, ohne ausgestoßen zu werden. Also warum misst du jetzt mit zweierlei Maß? Rudolf hat dir doch bestätigt, dass er keinen Wert darauf legt, Sergej ebenso. Sie möchten hier bei uns bleiben. Außerdem findest du so schnell keinen Ersatz für Rudolf. Er hat nun mal einen Titel geerbt und damit Besitz und Verpflichtungen. Ich könnte mir vorstellen, dass er nicht einmal annähernd weiß, was es für ihn bedeutet. Dir ist es doch damals, nach dem Tod deines Vaters, ähnlich ergangen. So wie du mir erzählt hast."

„Ja, das stimmt. Ich hatte keine Ahnung von der Verantwortung."

„Und alle haben dir dabei geholfen, nicht wahr?"

„Ja", bestätigte Heinrich kleinlaut.

„Dann wäre es jetzt eine gute Gelegenheit, davon etwas zurückzugeben."

„Ja, das wäre es", gab Heinrich zu.

„Dann tu es einfach und straf ihn nicht ab. Es könnte für Außenstehende sogar neidisch wirken."

„Neidisch?" Irritiert sah Heinrich seine Frau an.

„Ja, neidisch. Wenn du ihn deswegen entlässt. Lass erst einmal alles so, wie es ist, und biete Rudolf und seinem Bruder deine Hilfe an. Es ist gut, wenn die beiden erst einmal zur Ruhe kommen, bevor sie neue Pläne schmieden. Denn du hast recht, Rudolf muss das Erbe seiner Familie fortsetzen. Alles andere würde er sich später nicht verzeihen."

„Das glaube ich auch, meine Liebe."

„Lenni, hast du Zeit für mich?", drängte Rudolf.

„Klar, Rudi, ich muss dich auch dringend sprechen. In einer Stunde? Ich sage Anna Bescheid, dass ich heute Abend nicht nach Hause komme." Lennard freute sich ehrlich auf einen Männerabend mit Rudolf.

„Nach Hause?", grinste Rudolf.

„Ja, darüber will ich mit dir sprechen", lachte Lennard. „Ich habe einen Brand besorgt. Ich bin wohl schon längst mal dran."

„Schadet nicht."

Rudolf hätte in dem ganzen Durcheinander beinahe sein Geschenk für Hermine vergessen. Er ging hinauf in sein Zimmer, um es zu holen.

Sergej saß mit dem Rücken zu ihm am Tisch.

„Was machst du da?“, erkundigte sich Rudolf.

„Nichts weiter.“ Sergej räumte schnell seine Papiere zusammen.

„Zeig mal her. Was hast du da?“

„Nichts, habe ich gesagt.“

„Und warum hältst du die Papiere so an deine Brust gedrückt. Hast du ein Geheimnis vor mir?“, fragte Rudolf leicht vor sich hin.

„Wenn du mich nicht auslachst, zeige ich es dir.“

„Warum sollte ich dich auslachen? Zeig schon her.“

Vorsichtig reichte Sergej ihm die Papiere. Rudolf blätterte sie durch. Dann noch einmal. Hin und wieder studierte er ein Blatt länger, hielt es hoch, drehte es ein wenig und schüttelte den Kopf. Er setzte sich, legte die Papiere vorsichtig nebeneinander auf den Tisch und sah seinen Bruder erstaunt an: „Das hast du von Mutter geerbt. Nur dass du viel, viel besser bist als sie.“

„Gefallen dir die Bilder?“

„*Gefallen* ist wohl sehr stark untertrieben. Sie sind einmalig schön.“

„Ehrlich? Du verarscht mich nicht?“

„Nein, ehrlich. Das kannst du mir glauben.“

„Du konntest schon immer am besten von uns Kindern malen. Aber das hier sind Kunstwerke, würde ich sagen. Wer ist das auf den Bildern?“

„Weiß ich nicht. Ich habe das Mädchen in der Kirche gesehen. Aber nur von der Seite.“

„Ist sie wirklich so schön? So viel Schönheit kann nicht von dieser Welt sein. Du hast sie schöner gemalt, als sie in Wirklichkeit ist. Stimmt’s?“, vermutete Rudolf.

„Ich habe sie so gesehen. Für mich sah sie so aus.“

„Weißt du, dass andere Frauen dafür tage-, sogar manchmal wochenlang Modell sitzen müssen. Selbst dann sehen sie nicht halb so gut aus. Das habe ich bei meiner früheren Herrschaft gesehen. Und du willst das hier, nach nur *einmal Sehen* in der Kirche, aus dem Kopf gemalt haben?“ Rudolf konnte sich das nicht vorstellen.

„Ja, habe ich. Bis jetzt habe ich das Mädchen nicht wieder gesehen.“

„Ich glaube dir. Würdest du für Baron Heinrich seinen Hengst

Adolpho malen? Hast du schon Tiere gemalt, außer im Zeichenunterricht?“

„Ja, sehr viele. Die Bilder sind leider mit verbrannt. Mutter hatte sie in ihrem Arbeitszimmer aufbewahrt. In den letzten zwei Jahren habe ich nur in die Erde gemalt. Papier konnte ich mir nirgends leihen.“

„Daran wird es ab jetzt nicht mehr scheitern. Würdest du dir nun zutrauen, Adolpho zu malen oder nicht?“

„Ich kann es versuchen.“

„Gut, dann komm mit. Zuerst müssen wir Hermine noch unser Geschenk geben. Ich bin gespannt, was sie dazu sagt.“

Hermine freute sich über den Kaviar, den Rudolf in Seidenpapier hatte einpacken lassen. „Dass du daran gedacht hast!“

„Hatte ich dir versprochen, Hermine.“

„Weißt du, mir hat man schon eine Menge versprochen, aber gehalten haben es die Wenigsten.“ Hermine umarmte Rudolf herzlich und gab ihm sogar einen kleinen Schmatzer auf die Wange. „Du bist auch einer von den Guten“, lobte sie Rudolf.

Rudolf wusste nicht, dass dies Hermines höchstes Lob über einen Menschen war. Anschließend nahm sie Sergej in den Arm und gab auch ihm einen kleinen Kuss auf die Stirn. „Dir auch meinen herzlichen Dank, Sergej.“ Sie sah ihm tief in die Augen. „Du darfst ab jetzt Tante Hermine zu mir sagen. Das darf sonst nur der Herr Baron.“

Sergej strahlte von einem Ohr zum anderen. Er sah zu Katharina, die am Tisch Kartoffeln schälte. „Ich könnte dir helfen“, bot er Katharina an.

„Wenn du das machst,“ lächelte sie Sergej an, „dann darfst du Schwester zu mir sagen.“ Katharina hatte sich schon immer einen Bruder gewünscht.

Stolz sah Sergej seinen großen Bruder an. Rudolf hatte vor Rührung Tränen in den Augen. So glücklich hatte er Sergej schon lange nicht mehr gesehen. *Es war genau richtig, dass ich ihn mit hierher genommen habe. Nun hat auch er wieder eine Familie.*

„So, jetzt aber zuerst in den Stall. Danach kannst du deiner ‚neuen‘ Schwester helfen.“ Rudolf lächelte Katharina und Hermine dankbar an.

„Hermine, der Kaviar sollte kalt stehen. Am besten du stellst ihn nach draußen. Morgen, mit frischem Brot wird er dir sicher schmecken. Es soll einer von der besten Sorte sein, hat man mir gesagt. Ich gehe gleich zu Lennard rüber. Bis morgen!“, verabschiedete sich Rudolf.

Im Stall berichtet Rudolf seinem Bruder kurz, dass Baron Heinrich damit einverstanden sei, wenn Sergej bei ihm wohnen würde. „Wir sind uns doch einig gewesen, dass du auch arbeiten musst. Das hast du nicht vergessen, nicht wahr? Und du hältst dich daran?“, vergewisserte sich Rudolf.

„Doppel-Ja“, bestätigte Sergej.

„Gut, dann stehst du morgen früh um sechs mit mir auf. Wir treffen uns zum ersten Tee in der Küche. Baron Heinrich kommt auch dazu und wir besprechen gemeinsam, was für den Tag anliegt. Du gehst mit dem Stallmeister Lennard von Eckberg in den Stall. Er zeigt dir, was zu tun ist. Ich mache meine Arbeit. Um neun gibt es Frühstück. Ich wünsche dir viel Vergnügen beim Kartoffelschälen mit deiner neuen Schwester!“

„Bist wohl ein wenig neidisch, hm?“

„Könnte man so ausdrücken. Los geh schon, sie wartet auf dich.“ Rudolf gab Sergej einen Klaps auf den Hintern.

Das Gespräch zwischen Lennard und Rudolf fing nicht so schleppend an wie sonst. Auch brauchten sie sich nicht erst ‚entspannt‘ trinken. Beide hatten einfach zu viel zu erzählen.

„Rudi, ich habe deinen Rat befolgt. Und es hat geklappt!“

„Ich kann mich nicht erinnern, dir einen Rat gegeben zu haben.“

„Wundert mich nicht, wir waren schon ganz schön betrunken. Du hast mir geraten, ich sollte Anna gegenüber offen sein. Ihr sagen, dass ich sie verstehe, nach alldem, was sie durchgemacht hat. Ich sollte Anna aber zu verstehen geben, dass ich mehr möchte, als nur Händchen halten. Ich aber abwarte, bis sie zu mir kommt, weil ich sie nicht bedrängen möchte.“

„Ah, jetzt erinnere ich mich. Und wie hat sie reagiert?“

„Anna hat erst geweint. Dann meinte sie, es würde ihr genauso gehen. Sie hätte sich bloß nicht getraut, weil ich sonst schlecht von ihr denken würde.“

„Also habt ihr schon *gedingst?“, f*ragte Rudolf.

„Nein haben wir nicht, Mensch! Wir haben uns ausgesprochen. So richtig. Und ich habe sie gefragt, ob sie meine Frau werden will. Sie hat ja gesagt.“ Lennard strahlte ihn selig an.

„Das freut mich für euch. Wann ist es so weit?“

„Wir müssen leider noch die Trauerzeit abwarten. Sonst gibt es wieder Gerede. Das eine Jahr und sechs Wochen sind erst Anfang August um. Echt noch lange hin. Aber Anna besteht darauf. Und sie hat recht, es ist besser so. Außer wir würden von hier fortgehen, dann könnten wir gleich heiraten.“

„Wollt ihr denn hier fortgehen?“

„Ja, wenn wir etwas Passendes gefunden haben, gehen wir hier fort. Anna wünscht es sich. Sie will die Vergangenheit hinter sich lassen.“

„Kann ich verstehen. Sie will also den Hof verkaufen?“

„Ja. Dazu hat sie noch das Bargeld vom Biedermann gefunden. Das ist eine ganze Menge. Damit und mit dem Erlös vom Hof können wir uns schon was Anständiges leisten. Ein wenig habe ich auch all die Jahre gespart. Aber ich will nicht von ihrem Geld leben. Ich bin der Mann und ich will für meine Familie sorgen. Ich denke, ich finde schon irgendwo eine gute Anstellung.“

„Hätte ich schon für dich“, meinte Rudolf im Scherz.

„Wirklich? Erzähl! Wo denn?“

„Ach, das war Unsinn. Habe ich nur so daher gesagt“, sagte Rudolf ausweichend.

„Komm, los. Erzähl schon. Je eher wir hier weg können, desto besser ist es für uns.“

„Also, was ich dir jetzt erzähle, bleibt unter uns. Versprochen? Du wirst du sehen, dass das Unsinn war.“

„Ja, Ehrenwort.“

Rudolf erzählte ihm alles, was er schon am Vormittag Baron Heinrich geschildert hatte. Nachdem er geendet hatte, bestand Lennard auf einen dreifachen Brand: „Das ist ja ein dickes Ei! Ich fasse das mal zusammen, damit ich dich richtig verstehe: Du besitzt Land ohne Ende und eine riesige Schlossruine in Soskie. Du bist stinkreich und du bist ein Graf. Nein, verzeih ‚Durchlaucht‘, ein ‚Landgraf‘ muss es ja gleich sein. Ich finde, du übertreibst ein wenig. Die Hälfte davon hätte auch genügt. Weiter: Du besitzt das alles, kannst aber damit nichts anfangen, weil du nicht weißt, was du tun sollst. Richtig?“

„Ja, ich habe dir doch gesagt, es ist alles Unsinn!“

„Und weg willst du auch nicht von hier, nicht? Was ist mit Katharina? Was sagt sie zu der ganzen Geschichte?“

„Die ist das eigentliche Problem! Seitdem ich wieder hier bin, ist sie ganz komisch geworden. So als wenn vorher nichts zwischen uns war. Sie behandelt mich, wie sie jeden behandeln würde. Erst waren ihr meine Gefühle nicht ausreichend genug. Sie meinte, für eine gemeinsame Zukunft reichen sie nicht aus, weil sie mehr für mich empfindet, als ich für sie. Nun ist alles wie weggefegt. Sie weicht mir aus und ist kurz angebunden. Ich hatte noch nicht einmal die Gelegenheit, ihr das alles zu erzählen.“

„Aber Katharina muss doch irgendetwas zu dir gesagt haben? So was wie: „Schön, dass du wieder da bist oder so?“

„Nein, so was nicht.“

„Was hat sie gesagt, ich meine genau gesagt?“, bohrte Lennard nach.

„Als ich sie gefragt habe, ob ich etwas verkehrt gemacht habe, hat sie nur gesagt, dass die Frage falsch ist. Ich hätte fragen sollen: „Was ich ‚nicht‘ gemacht habe. Was soll ich denn *nicht* gemacht haben? Ich werde da nicht schlau draus.“

Lennard runzelte die Stirn. „Könnte es sein, dass sie darauf wartet, dass du dich ihr erklärst? Dass du ihr vielleicht endlich sagst, wie genau du zu ihr stehst?“

„Ich liebe sie. Das ist mir in Soskie klar geworden.“

„Hast du es ihr gesagt?“

„Nein. Wann denn? Sie spricht ja nicht mit mir.“

„Das wird Katharina auch nicht tun, so wie ich die Frauen kenne. Das ist ein Spiel, was sie mit uns treiben. Sie halten uns so lange auf Abstand und sind kühl zu uns, bis sie uns zur Verzweiflung gebracht haben. Bei dir hat sie es fast schon geschafft“, grinste Lennard. „Du musst es ihr schon sagen. Da musst du durch, wenn du es ernst meinst.“

„Ich dachte, sie merkt das.“ Rudolf war verblüfft.

„Wenn sie hellsehen kann? Selbst wenn sie es merken würde, wollen Frauen es hören. Und zwar nicht nur einmal, immer wieder. „Das und die anderen Dinge.“

„Was denn noch?“

„Wie schön sie sind. Dass du nicht ohne sie leben kannst. Dass du dir Kinder wünschst, die genau so aussehen wie sie. Dass du nicht eine Minute ohne sie sein willst. Eben die ganze Palette.“

„Du machst mich fertig!“ Rudolf raufte sich die Haare.

„Nein, nicht ich. Es sind die Frauen, die uns fertigmachen. Komm, lass uns die Flasche austrinken. Vielleicht hast du dann den Mut, Katharina alles zu sagen, falls du sie heute Nacht wieder in der Küche triffst.“

„Ich hoffe schon, so kann ich das nicht aushalten.“

„Vergiss aber nicht, vorher noch Milch zu trinken, damit du nicht wie eine ganze Dorfschenke stinkst. Sonst glaubt sie dir kein Wort.“

„Und wenn sie mich nicht mehr mag?“

„Das wirst du dann schon merken! Lieber ein Ende mit Schrecken als eine endlose Qual. Aber ich denke, sie mag dich wirklich sehr. Ich sehe doch, wie sie dich ansieht, wenn du es nicht merkst. Mich wundert, dass Hermine noch nichts gemerkt hat. Die bekommt doch sonst sofort alles mit.“ Lennard lachte. „Das wird übrigens dein *allergrößtes Problem* werden. Darum beneide ich dich nicht. Hermine wird um ihre Tochter kämpfen, das sage ich dir. Da lobe ich mir meine Anna ohne Mutter und so.“

„Du kannst mir vielleicht Mut machen! Danke!“

„Nein, im Ernst. Ich wünsche dir viel Glück, mein Freund!“

„Danke, kann ich gut gebrauchen!“

Rudolf hatte in dieser und in den folgenden Nächten kein Glück. Katharina ließ sich nicht in der Küche blicken.

Hermine Schlüpfer

Heinrich war genauso liebenswürdig wie früher und erwähnte Rudolfs Titel nicht ein einziges Mal. Heinrich war sogar übermütiger Laune.

„Was halten Sie davon, Rudolf, wenn wir Hermine heute Abend die Neuigkeit von Doktor Röder und Helene berichten? Wir wollten doch mal sehen, wie Hermine aussieht, wenn sie nicht als Erste davon erfährt. So weit Doktor Röder angedeutet hat, wollen die beiden dieses Jahr noch heiraten."

„Ich bin dabei, Herr Baron."

„Ich denke, Rudolf, die gesamte Schlossfamilie sollte dabei sein. Das könnte ein einmaliges Erlebnis werden. Informieren Sie die anderen? Ich gebe Elisabeth Bescheid."

„Sehr wohl, Herr Baron."

Hermine saß am Küchentisch und machte sich an dem Glas gekühltem Kaviar zu schaffen. So nach und nach trudelte die Schlossfamilie ein. Elisabeth war die Erste, die sich, unter dem Vorwand, sie hätte unstillbaren Appetit, in der Küche einfand. Mit Georg waren sie zum Schluss vollständig.

Sie stellten oder setzten sich allesamt so hin, dass sie Hermines Gesicht genau beobachten konnten.

„Was ist los mit euch? Warum seht ihr mich alle so an? Der Kaviar ist ein Geschenk von Rudolf und Sergej für mich. Also macht euch da bloß keine Hoffnungen."

„Wenn du uns nichts abgeben willst, ist es auch nicht schlimm“, meinte Lennard.

„Ich bin kein Freund von Kaviar“, sagte Heinrich. „Baronin Elisabeth auch nicht.“

„Wisst ihr schon das Neueste?“, fragte Rudolf in die Runde. Er machte eine bedeutungsvolle Pause.

Keiner fragte ihn, was es gäbe. Sie sahen nur Hermine an. Diese stocherte im Kaviar herum und sah nicht einmal auf. Vom Hals hinauf bis in zum Gesicht überkam sie eine leichte Röte.

Ha, dachte Heinrich, *es hat geklappt! Sie ärgert sich, dass sie das neueste Gerücht nicht weiß. Endlich!*

„Mm, Mm“, gab Hermine bei jedem Löffel Kaviar von sich. „Das Neueste kann noch niemand wissen, das ist erst gestern spätabends gewesen.“

Heinrich und Rudolf sahen sich irritiert an.

„Nein, das ist schon ein paar Tage her“, konnte Heinrich sich nicht verkneifen.

„Nein, das muss ich ja wohl selbst am besten wissen“, trotzte Hermine.

„Wieso du, Tante Hermine?“ Heinrich war verunsichert.

„Weil ich dabei war. Das ist normal bei einem Heiratsantrag“, sagte Hermine verlegen.

Totenstille.

„Willst du damit sagen …?“ Katharina fasste sich als Erste.

„Ja, will ich.“

„Oh, Mutter! Ich freue mich für dich!“ Katharina umarmte ihre Mutter.

„Danke, mein Kind.“ Hermine sah erwartungsvoll in die Runde.

„Frau Hermine, auch meine herzlichsten Glückwünsche.“ Elisabeth war aufgestanden und reichte Hermine die Hand.

Die anderen schlossen sich an.

„Und was war nun eure große Neuigkeit?“, fragte Hermine.

„Tja also: Dass Doktor Röder und Helene wahrscheinlich heiraten wollen“, sagte Heinrich enttäuscht.

„Ach, das weiß ich schon lange.“

„Tante Hermine, du kannst einem auch jeden Spaß verderben. Einmal im Leben wollte ich vor dir etwas wissen. Und nun tust du so, als wenn das ein alter Hut wäre.“ Heinrich war gekränkt.

„Ich kann doch nichts dafür! Ist nun mal so, dass ich immer als Erste alles weiß.“

„Aber warum?“, fragte Rudolf. „Doktor Röder und Helene werden doch nicht mit dir darüber gesprochen haben. Selbst uns gegenüber haben sie das nur angedeutet.“

„Ich weiß es aber ganz sicher. Meine Quelle ist zuverlässig.“

„Wer oder was ist deine Quelle?“, wollte nun Lennard wissen.

„Sag ich nicht!“

„Ach, komm schon“, bettelte Lennard.

„Nein! Nur über meine Leiche. Und damit basta!“

„Wann wollt ihr denn heiraten?“, erkundigte sich Georg.

„Steht noch nicht fest.“ Hermine wurde wieder rot. Was ihr entzückend stand. Nur Hermine fand das nicht. Sie wurde rot, weil sie gelogen hatte. Sie konnte es nicht ausstehen, wenn andere Menschen mehr wussten als sie. Das war ihre schwache Seite.

„Wir sollten heute Abend Verlobung feiern“, schlug Heinrich vor, der über seine Enttäuschung hinweg war. „Du machst dich fein, Tantchen, und einer von uns holt Alexander Rotermann ab. Das wird eine Überraschung für ihn“, freute sich Heinrich über seine Idee.

Die anderen stimmten frohgelaunt mit ein.

„Der kann heute nicht. Er hat schon eine Verabredung“, log Hermine weiter.

„Die kann Alexander bestimmt verschieben“, meinte Katharina zuversichtlich. „Ich werde ihn fragen gehen.“

Das fehlte Hermine noch. „Ich glaube, mir wird schlecht“, stöhnte sie.

Rudolf stürzte zum Kaviar, roch daran und probierte ihn. „Am Kaviar kann es nicht liegen. Der ist einwandfrei. Wir sollten Doktor Röder holen, Herr Baron. Vielleicht ist es etwas Ernstes?“

„Oh mein Gott, das wird ja immer schlimmer! Hermine bekam es mit der Angst zu tun. *Was habe ich mir nur dabei gedacht? Ich bin wohl total verrückt geworden?*

„Nein, keinen Arzt, so schlimm ist es auch nicht, wirklich nicht. Vielleicht nur die ganze Aufregung.“

„Ja, das kann sein“, kam ihr Elisabeth zu Hilfe. Warten wir es einfach ab. Ich würde Ihnen trotzdem einen Magenbitter empfehlen,

Hermine."

Das auch noch! Mir wird schon schlecht, wenn ich nur an dem Kräuterzeug rieche. Das ist die Strafe für meine Lüge! Bestimmt!, quälte sich Hermine innerlich.

Aber es half nicht, sich dagegen zu wehren. Schon war Rudolf mit einem riesigen Löffel da: „Mund weit auf. So ist es gut. Schlucken nicht ausspucken!"

Hermine würgte den Magenbitter hinunter.

„Ich denke, wir lassen Hermine jetzt in Ruhe", ordnete Elisabeth an.

Dafür erntete sie einen dankbaren Blick von Hermine.

Als Katharina mit ihrer Mutter alleine war, setzte sie sich ihr gegenüber und sah sie enttäuscht an.

„Was ist?", fuhr Hermine ihre Tochter an.

„Warum hast du gelogen, Mutter?"

„Ich habe ‚was'?"

„Du brauchst es gar nicht versuchen. Auch Töchter kennen ihre Mütter. Du hast gelogen. Warum?"

„Weiß ich auch nicht", trotzte Hermine wieder.

„Kann es sein, dass du nicht ertragen konntest, dass wir mehr wussten als du?"

„Kann sein." Hermine schämte sich vor ihrer Tochter.

„Mutter, das *kann* nicht sein, das ist so. Gib es zu."

„Ja", kam die kleinlaute Antwort.

„Und was soll ich jetzt machen?", fragte Hermine kleinlaut.

„Mutter, da musst du alleine durch. Als Erstes würde ich an deiner Stelle mit Baron Heinrich und Baronin Elisabeth sprechen. Dann solltest du schleunigst mit Alexander reden, bevor ihn jemand darauf anspricht."

„Ich glaube, ich kann weder Heinrich noch Baronin Elisabeth in die Augen sehen. Alexander schon gar nicht."

„Doch, das schaffst du. Und das musst du, bevor das ganze Dorf über dich redet."

„Mir ist jetzt erst richtig schlecht." Hermine rutschte unruhig auf ihrem Schemel hin und her.

„Das glaube ich dir gerne, aber es nützt dir nichts, Mutter. Am besten du gehst sofort hoch und klärst das Missverständnis auf. „Je eher daran, je eher davon. Das sagst du doch immer zu mir."

Verlegen, mit hochrotem Gesicht, stand Hermine vor Elisabeth und Heinrich. „Ich möchte mich entschuldigen. Ich habe gelogen. Ich konnte es nicht ertragen, dass ich nicht diejenige bin, die das Neueste weiß. Da habe ich das mit dem Heiratsantrag erfunden. Es tut mir wirklich leid."

„Hermine, wir nehmen deine Entschuldigung an. Aber lohnt es sich, deswegen zu lügen? Du hast mit mir, als ich klein war, immer geschimpft. Und das war richtig so. Ich bin enttäuscht von dir, das kannst du dir wohl vorstellen?" Heinrich war tief getroffen.

„Hm, kann ich."

„Ich denke, wir sollten nicht zu streng sein, Heinrich. Keiner ist unfehlbar. Selbst der Papst nicht. Und wie steht es schon so richtig in der Bibel?: *Wer meint, er sei frei von Sünde, der werfe den ersten Stein.* Ich tue es bestimmt nicht. Hermine, Sie haben sich entschuldigt. An uns ist es, Ihnen zu verzeihen. Wie mein Mann schon gesagt hat, nehmen wir Ihre Entschuldigung an. Damit ist die Sache erledigt. Oder Heinrich?", lenkte Elisabeth ein.

„Ja, du hast recht. Die Sache ist für uns erledigt." Heinrich lächelte Hermine aufmunternd zu. „Viel Glück bei den anderen, Hermine."

Das konnte sie gebrauchen.

Schweren Herzens machte sie sich auf den Weg zu Alexander. Sie schilderte ihm die Situation.

„Und dann hast du ‚was' gesagt?", fragte Alexander sie schon zum zweiten Mal.

„Dass du mir einen Heiratsantrag gemacht hast."

„Du weißt, das schreit geradezu nach einer Strafe!"

„Ja, ich weiß. Es tut mir leid, dass ich dich in so eine Situation gebracht habe, ehrlich", antwortete Hermine zerknirscht.

„Ich denke, deine Situation ist viel schlimmer." Alexander machte eine Pause. „Jetzt musst du mich heiraten. Ob du willst oder nicht. Das ist jetzt deine Strafe."

„Aber ich wollte doch nie wieder heiraten!", entrüstete sich Hermine.

„Ich weiß, du hast es mir oft genug gesagt. Aus irgendeinem

Grund ist dir ausgerechnet diese Lüge eingefallen. Warum wohl? Du hättest ja auch etwas anderes erfinden können."

„Du hast recht. Ich weiß doch auch nicht, warum ich ausgerechnet diese Lüge gesagt habe."

„Sieh mich mal an, Knuffi. Wäre es denn so furchtbar schlimm für dich, mich als Mann zu haben? Sei ehrlich."

„Ich bin ehrlich, ich will nie wieder lügen." Hermine sah ihn ernst an „Nein, das wäre nicht schlimm. Ich wäre geehrt, wenn du mich zum Weib nehmen würdest. Und das ist die Wahrheit. Ich habe nur so schreckliche Angst davor. Es wird dann alles so anders und was ist, wenn du mich eines Tages satt hast? So wie mein erster Mann? Einfach auf und davon ist er. Kein Wort hat er gesagt."

„Wir haben doch schon so oft darüber geredet. Du weißt doch gar nicht, ob er dich verlassen hat. Er musste wegen seiner Arbeit weg und ist nicht wieder gekommen. Vielleicht ist ihm damals etwas zugestoßen und er konnte dir nicht mehr Bescheid geben. Ich bin ein ganz anderer Mensch. Ich bin hier fest verwurzelt. Mich wirst du nicht mehr los. Wenn dich das beruhigt."

„Ja, das bist du. Du bist hier wirklich zu Hause. Gott sei Dank! Auf dich kann ich mich verlassen."

„Ich möchte jetzt auch ganz ehrlich zu dir sein, Knuffi. Ich möchte dich schon lange zu meiner rechtmäßigen Ehefrau machen. Ich habe sogar schon von unserer Hochzeit geträumt. Kannst du dir das vorstellen? Albern, was?"

„Ehrlich?" Hermine sah Alexander erstaunt an.

„Ich sagte doch, ich bin ehrlich. Warum sollte ich dich anlügen? So eine Entscheidung trifft man nicht mal nebenbei. Das muss schon gut überlegt sein", erklärte Alexander ihr.

„Warum willst du mich denn heiraten? Du bist Lehrer und ich nur eine einfache Köchin. Das passt doch nicht zusammen."

„Du weißt genau, dass das nicht stimmt. Erstens bist du eine hervorragende Köchin und ich habe keine Kinder zum Unterrichten. Zweitens ist es völlig egal, wer was ist. Und drittens zählt nur eines, dass ich dich liebe und für immer mit dir zusammen sein möchte."

„Du liebst mich?" Hermine hatte es geahnt, aber es war schön, die Worte aus Alexanders Mund zu hören.

„Ja, das tue ich. Ich weiß auch, dass du mich nicht liebst."

„Aber das stimmt doch gar nicht! Ich liebe dich nicht so wie meinen ersten Mann. So verrückt, so wild. Ich liebe dich anders. Ruhiger, nicht so aufregend. Weißt du, was ich meine?“

„Mir geht es genauso. Das liegt wohl daran, dass wir älter geworden sind. Die Aufregung und das ‚Wilde‘, das verändert sich. Dafür können wir jetzt viel mehr miteinander lachen und uns mehr vertrauen. So eine Mischung aus der früheren Liebe und Freundschaft. Meinst du nicht auch?“, fasste er zusammen. Alexander stand auf und knöpfte sich seine Wolljacke zu.

„Willst du weggehen?“, fragte Hermine plötzlich ängstlich.

„Nein, meine Liebe. Im Gegenteil.“ Alexander kniete sich umständlich vor Hermine auf die Dielenbretter. „Wenn schon, dann richtig.“ Er räusperte sich: „Hermine Schlüpfer, willst du mich heiraten?“

„Kann ich mir das noch überlegen?“, grinste Hermine ihn an.

„Auf keinen Fall, Knuffi. Jetzt oder nie! Ich kann das nicht noch einmal machen. Ich weiß jetzt schon nicht, wie ich wieder hochkommen soll. Also, mach schnell!“

„Ja, Bärlie. Ja, ich will.“

„Na endlich! Wenn ich wieder aufrecht bin, dann freue ich mich über dein Jawort. Jetzt muss ich erst einmal irgendwie zum Sofa kommen.“ Alexander kroch unter Gestöhne auf allen vieren durchs Zimmer und zog sich am Sofa hoch.

„Lass dir doch helfen, meine Güte!“, bot Hermine ihm an.

„Nein, dieses Mal muss ich da alleine durch. Ich habe auch meinen Stolz. Beim nächsten Mal nehme ich deine Hilfe gerne an“, widersprach Alexander.

Schweißgebadet von den Schmerzen und der Anstrengung saß Alexander glücklich neben der ebenso glücklichen Hermine auf dem Sofa.

„Ich habe da noch einige Fragen, die wir unbedingt vorher klären müssen“, sagte Hermine plötzlich.

„Nur zu.“

„Schnarchst du?“

„Ja, und du?“

„Ich auch“, gab Hermine zu. „Schläfst du lieber im kühlen oder im warmen Zimmer?“

„Im warmen Zimmer.“

„Ich lieber im kalten Zimmer. Also können wir nicht zusammen in einem Zimmer schlafen“, stellte Hermine, wie immer praktisch, fest.

„Nein, ist wohl besser, wenn wir in zwei Zimmern schlafen. Was noch?“ Langsam wurde Alexander die Fragerei zu viel.

„Müssen wir auch ‚dingsen‘?“, fragte Hermine verlegen.

„Nein, müssen wir nicht. Aber dann ist unsere Ehe nicht rechtskräftig.“

Hermine nahm ihren ganzen Mut zusammen. „Na gut. Aber nur ein Mal.“

Alexander grinste. „Ein Mal?“

„Versprichst du mir das?“

„Ich verspreche es dir“, lachte Alexander. „Aber was ist, wenn es dir gefällt?“

„Kann ich mir nicht vorstellen. Damals war es so – na komisch eben.“

„Das wird es ganz bestimmt diese Mal nicht sein, Knuffi. Das kann ich dir versprechen. Das wird richtig schön.“ Alexander bekam einen verträumten Blick.

„Na, wer es glaubt, wird selig“, zweifelte Hermine.

Alexander kam auf den Boden der Tatsachen zurück: „Es fehlt noch etwas.“

„Was denn? Wir haben doch alles geklärt.“

„Nicht alles. Wir haben uns noch keinen Verlobungskuss gegeben.“

Sie küssten sich ganz sanft und liebevoll.

„Und jetzt müssen wir noch besprechen, wie es weitergehen soll.“ Alexander wollte Nägel mit Köpfen machen, falls Hermine doch noch einen Rückzieher machen würde. „Was hältst du davon, wenn ich Katharina und Baron Heinrich morgen um ihren Segen für uns bitte?“

„Das ist eine sehr gute Idee, Bärlie.“

„Und was hältst du davon, wenn Katharina deine Trauzeugin wird?“

„Das wäre schön“, freute sich Hermine.

„Ich hätte gerne Rudolf als meinen Trauzeugen. Ich schätze ihn sehr.“

„Ja, er ist ein ‚Guter', bestätigte Hermine.

„Anschließend könnten wir morgen zu Pastor Boreen gehen und einen Termin für unsere Hochzeit festlegen. Damit gibt es kein Gerede im Dorf gibt."

„Du bist mein Retter. Ich freue mich auf unser gemeinsames Leben. Es fühlt sich hier drin richtig gut an." Hermine deutete auf ihre Brust.

„Ja, das tut es." Verwegen küsste Alexander sie noch einmal und Hermine gefiel der Kuss.

Nach dem schweigsamen Abendbrot in der Schlossküche schmiss sich Rudolf im Zimmer auf sein Bett.

„Was ist los mit dir?", erkundigte sich Sergej.

„Ach, alles scheiße!" Rudolf drehte sich mit dem Gesicht zur Wand.

Sergej setzte sich an den Tisch und arbeitete weiter an der Zeichnung von Adolpho. Nachdem sich Rudolf gefühlte zwanzig Mal hin und her geworfen hatte, versuchte es Sergej noch einmal: „Habe ich etwas falsch gemacht?"

„Es gibt nicht nur dich auf dieser Welt! Du nimmst dich zu wichtig, Kleiner!", antwortete Rudolf bissig.

Das hatte gesessen. Sergej bekam Tränen in die Augen und verließ wortlos das Zimmer. Weinend ging er in die Schlossküche hinunter. Katharina kam mit Maria herein und fand ihn schluchzend am Tisch sitzend. Sie erwärmte Milch für Maria und stellte Sergej auch einen Becher hin.

„Willst du reden, Bruder?"

Bei dem Wort Bruder fing Sergej noch mehr an zu weinen. „Sag das nicht! Bruder! Ich hasse ihn!", stieß er aus.

„Tust du nicht. Was ist los? Hat er dir wehgetan?" Voller Mitgefühl sah Katharina ihn an.

„Er hat gesagt, ich nehme mich zu wichtig. Und ich wäre nicht der einzige Mensch auf der Welt. Außerdem hat er gesagt, es ist alles *scheiße*. Der hat vielleicht eine Laune", beschwerte sich Sergej. „Ich will ihn nie wieder sehen! Ich gehe zurück nach Soskie. Das hat er dann davon!"

„Nun erst mal langsam. Schön der Reihe nach. Es ist sicher nur ein

Missverständnis, Sergej. Rudolf liebt dich sehr. Er hat dir bestimmt nicht mit Absicht wehgetan“, beruhigte Katharina ihn.

Im Gang vor der angelehnten Küchentür stand Rudolf und hörte jedes Wort mit. Er hatte längst bereut, was er gesagt hatte, aber da war Sergej schon verschwunden.

„Rudolf war aber so fies“, fuhr Sergej fort. „So, als wenn ich Luft für ihn wäre.“ Es tat gut, dass Katharina ihm zuhörte.

„Weißt du, Sergej, jeder Mensch hat doch mal schlechte Laune. Du sicher auch. Dann sagt man manchmal Dinge, die man gar nicht so meint. Frag mich nicht, warum das so ist. Das weiß ich auch nicht. Es ist oft verletzend für andere. Hinterher bereut man dann, was einem so rausgerutscht ist. Glaub mir, Rudolf hat das nicht so gemeint“, wiederholte Katharina.

„Woher willst du das wissen? Kennst du ihn so gut?“ Sergej sah sie skeptisch an.

„Ja, ich denke schon.“

„Er dich auch", meinte Sergej.

„Wie kommst du darauf?“ Katharinas Neugierde war geweckt.

Rudolfs Neugierde auch.

„Er hat auf der ganzen Reise hierher nur von dir gesprochen. Fast nur von dir. Von den anderen natürlich auch.“

„Was hat Rudolf denn so über mich gesagt?“ Katharina konnte sich die Frage nicht verkneifen.

„Dass du sehr nett bist und so. Dabei hat er immer so anders ausgesehen. So als wenn er in der Ferne etwas sehr Schönes sehen würde und davon träumt. So geht es mir auch immer, wenn ich an etwas Schönes denke. Ich habe da ein Mädchen in der Kirche gesehen. Die habe ich gemalt. Willst du das Bild mal sehen? Ich kann es schnell holen.“

Katharina passte es gar nicht, dass das Gespräch jetzt eine andere Richtung nahm. Trotzdem ermunterte sie ihn, das Bild zu holen.

Rudolf ging schnell einige Schritte im Flur zurück und tat überrascht, als Sergej aus der Küche kam.

„Hier bist du! Sergej, es tut mir leid. Ich habe vorhin nicht so gemeint, was ich gesagt habe. Natürlich bist du mir wichtig. Sehr wichtig sogar. Bitte verzeih mir meine schlechte Laune! Bitte!“ Rudolf meinte jedes Wort ehrlich.

„Ist schon gut. Aber mach das nicht noch einmal. Sonst werde ich nämlich auch mal wütend und verletze dich. Hast du mich verstanden?“, drohte Sergej.

„Ja, sicher. Ist jetzt alles wieder gut?“, wollte Rudolf wissen.

„Ja! Ich habe es eilig. Ich will das Bild von dem Mädchen holen. Katharina möchte es sehen.“

„Es ist ein ausgesprochen schönes Bild, sie wird es genauso schön finden wie ich. Könntest du dir etwas Zeit lassen, ich möchte mit Katharina noch einiges besprechen?“

„Mach aber nicht zu lange“, bat Sergej.

Rudolf riss sich zusammen. Seine schlechte Laune war noch nicht vorbei. „Schön, dass ich dich hier antreffe, Katharina.“

Sie spielte mit Maria, die in ihrem Laufstall stand. „Ich warte auf Sergej, er holt nur schnell ein Bild, was er mir zeigen möchte.“

„Hast du so lange Zeit für mich?“

„Wenn es schnell geht?“, antwortete Katharina abweisend. „Was gibt es?“

„Ich wollte dir sagen – . Nein, *so* kann ich das nicht. So zwischen Tür und Angel.“

„Dann kann es ja nicht so wichtig sein.“ Sie sah Rudolf nicht einmal an.

„Doch es ist schon wichtig. Sehr wichtig! Wann hättest du mehr Zeit?“

„Kann ich jetzt noch nicht sagen.“ Katharina konzentrierte sich ganz auf Maria.

„Für Sergej hattest du auch Zeit!“

Sie sah ihn an. „Das war auch etwas anderes. Du hattest ja keine Zeit für ihn.“

„Stimmt doch gar nicht!“ *Herrje!,* dachte Rudolf. *Das Gespräch läuft in eine ganz Richtung.* „Ich war mal kurz nicht so gut gelaunt. Das war alles.“

„Das war alles, hm? So ‚kurz‘ schlecht gelaunt, dass Sergej bitterlich geweint hat, ja?“

Rudolf überlegte, wie er aus dieser verfahrenen Situation herauskommen sollte. „Ich habe mich bereits bei Sergej entschuldigt. Er hat mir verziehen.“

„So, so. Er hat dir verziehen, ja?“

„Ja, hat er. Wann hättest du also Zeit für mich?“, versuchte Rudolf es noch mal.

„Kann ich dir jetzt wirklich nicht sagen, irgendwann wird es schon passen,“ lenkte Katharina stur ab.

„Irgendwann? Wie wäre es mit heute Abend. So wie früher hier in der Küche?“, schlug Rudolf vor.

„Geht nicht. Nicht mehr so wie früher. Entschuldige mich bitte, ich muss Maria die Windeln wechseln.“ Katharina verstand sich selbst nicht mehr: *Warum bin ich so zu ihm. Ich warte doch nur darauf, dass er mit mir spricht. Ich bin eine Idiotin! Jetzt will er bald nichts mehr mit mir zu tun haben.“*

„Nun, wenn es nicht mehr so geht wie früher, gibt es wohl auch nichts mehr zu reden.“ Rudolf gab auf.

Katharina hätte sich lieber ihre Zunge abgebissen, als ihm zu antworten.

In dem Moment platzte Sergej dazwischen. Er wedelte mit einigen Blättern. „Seid ihr fertig?“

„Ja“, antworteten sie wie aus einem Munde.

Sergej hielt Katharina sein Bild hin. „Kennst du das Mädchen? Ich habe sie in der Kirche gesehen.“

„Ja, ich kenne sie“, sagte Katharina langsam. Sie war überwältigt von der Schönheit des Bildes.

„Sag schon, wer ist sie?“

„Wenn ich es nicht besser wüsste, würde ich sagen: Es ist die ‚Mutter Jesus Christus‘. Aber es ist Maria-Magdalena, die Nichte unseres Pastors.“ Sie konnte sich von dem Bild nicht losreißen.

„Wie findest du es? Habe ich sie gut getroffen?“

„Wie soll ich das beurteilen? Ich habe noch nicht so viele Bilder gesehen. Nur in der Kirche und hier im Schloss. Und in einigen Büchern. Aber so ein schönes Bild habe ich noch nie gesehen.“

„Ehrlich?“, freute sich Sergej. „Hier, wie findest du das Bild?“, er legte ihr die Skizze von Adolpho hin.

„Oh, das ist aber ein schönes Pferd. Kennst du das von früher?“

„Schwester! Das ist doch Adolpho, der Hengst vom Baron“, lachte Sergej.

„Der Hengst vom Baron? Den hätte ich nicht wiedererkannt. Er sieht so edel aus und so stolz:“

„Ist er auch. Ich habe mit ihm geredet. Adolpho ist sehr stolz. Ich denke, er ist stolz darauf, der Hengst vom Baron zu sein. Darauf kann er sich ja auch wirklich was einbilden.“

Katharina lachte. „Du hast mit ihm geredet?“

„Ja, glaubst du mir nicht?“

„Doch, ich glaube dir. Nur können Tiere nicht sprechen. Habe ich jedenfalls noch nicht gehört.“

„Doch, können sie. Da kannst du Lennard fragen. Er spricht auch mit ihnen. Sie antworten nur nicht mit Worten wie wir. Sie geben andere Laute von sich. Und sie sprechen mit ihrem Körper. So wie kleine Kinder, die noch nicht sprechen können. Hat Maria doch auch gemacht.“

„Wenn ich so darüber nachdenke. Ja, das ist richtig. Maria hat das auch gemacht.“ Katharina hörte auf zu reden und horchte nach draußen.

„Das ist nur Rudolf. Er hackt immer Holz, wenn er Sorgen hat oder sich ärgert. Das tut ihm gut, sagt er. Dadurch bekommt er wieder einen klaren Kopf. Mach dir um ihn keine Gedanken. Der wird schon wieder, wirst sehen. Nachher ist er ganz der Alte.“

Katharina hatte nicht bemerkt, dass Rudolf die Küche verlassen hatte. Plötzlich fehlte er ihr schrecklich. „Sergej, kannst du bitte auf Maria aufpassen. Es ist wichtig.“ Sie schnappte sich ihren Umhang und lief so schnell sie konnte hinaus.

Rudolf sah sie nicht angelaufen kommen. Er hackte verbissen vor sich hin.

Zwischen zwei Schlägen sagte Katharina laut. „Du kannst aufhören. Es wird alles gut.“

Rudolf blickte sie verzweifelt an.

„Sieh mich bitte nicht so an. Komm einfach her und nimm mich in deine Arme.“ Katharina breitete ihre Arme aus.

„Sicher?“ Rudolf traute ihr nicht.

„Ganz sicher! Du stolzer Mann!“

Rudolf ging langsam auf Katharina zu. Sie lächelte ihn an. „Lange kann ich nicht mehr so stehen, Rudi. Beeil dich! Sonst denke ich wieder, dass du mich nicht mehr magst.“

Rudolf schloss sie in seine Arme. „Wie kommst du nur darauf? Natürlich will ich dich. Ich liebe dich doch!“

Katharina liefen die Tränen herunter.

„Was ist? Habe ich etwas Falsches gesagt?“

„Nein, nein! Du hast alles richtig gemacht. Es ist nur, weil du gesagt hast, dass du mich liebst.“

„Es stimmt. Ich liebe dich so sehr, wie man einen Menschen nur lieben kann.“

„Ich liebe dich auch, du stolzer Hengst!“

„Stolzer Hengst?“

„Hat mich Sergej drauf gebracht. Erkläre ich dir später. Jetzt küss mich endlich“, forderte sie Rudolf auf.

„Aber uns kann jeder sehen“, flüsterte Rudolf ihr ins Ohr.

„Dafür ist es zu spät. Jetzt oder nie!“

Rudolf hatte recht. Es konnte sie jeder sehen.

Heinrich sah die beiden vom Fenster im ersten Stock. Er schmunzelte.

„Was ist, mein Lieber?“

„Ich glaube, das möchtest du selbst sehen. Komm her.“

Elisabeth und Heinrich standen oben am Fenster und sahen Katharina und Rudolf im aufgehenden Mondlicht zu.

„Ich möchte dich jetzt auch küssen, Liebste.“

„Lass dich nicht abhalten.“ Elisabeth bot ihm ihren Mund an.

Lennard machte sich gerade auf den Weg zum Stall, als er Katharina und Rudolf eng umschlungen sah. *Na endlich! Wurde auch höchste Zeit! Rudis Laune war nicht mehr zu ertragen.* Lennard lächelte vor sich hin.

Sergej beobachtete seinen Bruder und seine neue Schwester aus dem Küchenfenster. *Jetzt wird wohl aus meiner Schwester meine Schwägerin. Ist egal, Hauptsache, sie hat Zeit für mich.*

Dieses Mal bekam Hermine tatsächlich eine wichtige Sache nicht mit. Da waren sich alle einig.

Am nächsten Tag sprachen Hermine und Alexander bei Heinrich und Elisabeth vor und erbaten ihren Segen. Ebenso freuten sich Katharina und Rudolf. Sie waren stolz darauf, Trauzeugen sein zu dürfen.

Pastor Boreen war ganz aus dem Häuschen: „Dass ich das noch erleben darf! Hermine heiratet! Wer hätte das gedacht?“, er klatschte vor Freude in die Hände. „Wann soll der Hochzeitstermin sein?“

„Wenn Baronin Elisabeth nach der Entbindung dabei sein kann. So lange wollen wir warten“, antwortete Alexander.

„Das wird Baronin Elisabeth freuen. Ich finde das sehr anständig von euch. Es sind ja auch nur noch drei bis vier Wochen, wenn ich richtig informiert bin?“

„Ja“, bestätigte Hermine. „In ein paar Tagen reist Gräfin Beatrice mit ihrer Gesellschafterin an. Wir haben noch alle Hände voll zu tun.“

„Kommt Graf Karl auch?“ *Ein Pastor muss über alles informiert sein,* fand Pastor Boreen. Nicht, dass er neugierig gewesen wäre.

„Graf Karl kommt nach.“

„Sag mal, Hermine, warum wollte Pastor Boreen wissen, ob Graf Karl auch kommt?“, fragte Alexander später.

„Weil er fürchterlich neugierig ist, deshalb. Das ist seine große Schwäche. Wusstest du das nicht?“

„Geh zu! Nein, das wusste ich nicht. Das erklärt natürlich, warum er immer so intensiv nachfragt. So bis ins kleinste Detail.“

„Ja, da sollte man schon aufpassen, was man ihm erzählt. Sonst bekommt man es irgendwann wieder unter die Nase gerieben. Pastor Boreen meint das nicht böse. Da brauchst du keine Bedenken haben. Er kann einfach nicht anders.“

„Gut zu wissen,“ schmunzelte Alexander.

Katharinas und Rudolfs heimliche Beobachter verloren kein Wort darüber. Sie sprachen die beiden auch nicht darauf an. Jeder dachte für sich: *Die beiden werden es schon erzählen, wenn sie es für richtig halten.*

Am Tag vor der Anreise von Gräfin Beatrice, lud Heinrich die gesamte Schlossfamilie in die Dorfschenke zum Verlobungsessen ein.

„Du sollst keine Arbeit bei deiner Verlobung haben, Tante Hermine. Und damit basta, um es mit deinen Worten zu sagen“,“ beharrte Heinrich auf seiner Entscheidung.

Hermine war in ihrem ganzen Leben noch nie essen gewesen. Sie war sehr aufgeregt. Zwei Tage fragte sie abwechselnd Erika, Katharina und sogar Elisabeth, was sie anziehen solle und wie sie sich benehmen sollte. Als es so weit war, zog sie doch wieder die Kleidung an, die sie jeden Sonntag zur Kirche trug. Viel Auswahl hatte sie eh nicht. Dies war einer der schönsten Abende in ihrem Leben. Sie brauchte rein gar nichts tun, war Mittelpunkt und hatte ihre Schlossfamilie um sich herum. Besser konnte es in ihren Augen nicht sein. So war sie auch gutwillig, das Essen der Schenkwirtin Wilma über Gebühr zu loben. Das tat Hermine sonst nicht. Sie sah Wilma als ernstzunehmende Konkurrentin an.

Elisabeth war erleichtert, ihre Mutter zu sehen. Im letzten Monat ihrer Schwangerschaft war Elisabeth recht schwerfällig geworden, das Gehen strengte sie zunehmend an. Zur Schlossfamilie, hinunter in die Küche, schaffte es Elisabeth nicht mehr. Daher freute sie sich über jede Unterhaltung, die sie bekommen konnte.

„Wie geht es dir mein Kind?“, mitfühlend fragte Beatrice ihre Tochter.

„Mama, eigentlich recht gut. Wie die ganze Schwangerschaft über. Nur die Tage werden jetzt so lang. Die Zeit scheint nicht zu vergehen.“

„Das ist normal. Wenn man so lange darauf wartet, sein Kind in den Armen zu halten, kann die Zeit schon sehr lang werden. Aber jetzt bin ich da und du wirst sehen, in Nullkommanichts ist dein Kind auf der Welt.“

Nullkommanichts scheint mir doch etwas untertrieben, wenn ich mir den Gebärstuhl so ansehe. Außerdem kann die erste Geburt sehr lange dauern. Zumindest habe ich das gehört.“

„Ich meinte auch nicht die Geburt an sich. Nur, die Zeit bis dahin, wird jetzt schneller vergehen, als du annimmst.“

„Mama, sag ehrlich. Waren deine Geburten sehr schlimm?“

„Ich weiß es nicht mehr genau“, antwortete Gräfin Beatrice ausweichend, „als ich euch in den Armen hielt, war alles vergessen. Das ist ein unbeschreibliches Gefühl. Dafür lohnt es sich allemal, den Schmerz auszuhalten. Glaub mir. Eines kann ich dir aber sagen, ‚Kinder machen‘ ist schöner als ‚Kinder zu bekommen‘“, wollte die

Gräfin einen Scherz machen.

„Mama!“, rief Elisabeth entrüstet aus. „Kein Wort mehr! Ich will mir nicht vorstellen wie du und Papa. Du weißt schon was. Bitte erspare mir das!“

„Meine Güte, Kind. Ich wollte doch nur einen Scherz machen. Sonst stellst du dich in solchen Dingen auch nicht so an.“

„Bei dir und Papa` ist es aber etwas *ganz* anderes.“

„Ist ja schon gut. Ich sage nichts mehr.“

Einige Tage vor der Entbindung reiste Graf Karl an. Er war so voller Vorfreude, dass er fast jedem im Schloss damit auf die Nerven ging. Karl hatte es sich zur Aufgabe gemacht, alle Stunde nach Elisabeth zu sehen, um sich nach ihrem Befinden zu erkundigen. Anschließend informierte er reihum jeden einzelnen Schlossbewohner davon, dass sich noch nichts tat, es Elisabeth aber den Umständen entsprechend gut ginge. Nach dem Abendessen war er von dem vielen Treppensteigen so erschöpft, dass er bei der abschließenden Zigarre einschlief. Dies waren die ruhigsten Stunden für die Schlossbewohner.

Die Dinge waren für das große Ereignis vorbereitet. Die uralte Familienwiege war neu bezogen. Die Handtücher und Laken frisch gewaschen und geglättet. Die Männer wurden eingeteilt, für genügend frisches Wasser zu sorgen. Katharina kümmerte sich um die Verpflegung. Gräfin Beatrice und Hermine sollten bei der Entbindung assistieren. Elisabeth hatte darauf bestanden, dass Doktor Röder nur im Notfall zur Entbindung hinzugezogen werden sollte. Sie vertraute völlig Helenes Erfahrungen. Außerdem weigerte sie sich vehement, sich vor einem anderen Mann zu entblößen.

Die Wehen dauerten einundzwanzig Stunden. Die Geburt verlief ohne Komplikationen.

Am 23. März 1658 erblickte
Bernhard Heinrich Wilhelm Karl Georg von Eldingen
das Licht der Welt.

Zum Schluss

Mein herzlichster Dank
gilt meinem Mann Wolfgang,
der mich immer wieder zum Weiterschreiben ermuntert hat.

Ganz herzlich danken möchte ich
meinem Neffen Tim,
der mich mit seiner unermüdlichen Geduld
bei meinen mangelnden PC-Kenntnissen
unterstützt hat.

Anhang 1 - Figuren und dazugehörige Tiere

März 1658

Schloss Eldingen

März 1658		geb.	Alter
Baron Karl-Wilhelm, gest. Nov. 1654 Baronin Eleonore , gest. 1650	Eltern von Otto und Heinrich	*1590 *1598	64 52
Baron Otto	älterer Bruder von Heinrich	*15.05. 25	33
Baron Heinrich, verh. mit Elisabeth	Erbe von Schloss Eldingen	*10.06. 33	25
Baronin Elisabeth, geb. Komtesse von Heimtraut	Heinrichs Gemahlin	*03.08. 38	20
Bernhard	Sohn von Elisabeth und Heinrich	*23.03. 58	
Adolpho	Heinrichs Hengst, Rappe	*1652	6
Cockie	Schlosshund, Cockerspaniel	*1656	2

Die `Schlossfamilie`

März 1658		geb.	Alter
Joseph	ehem. Kammerdiener und Freund des alten Barons	*1601	57
Hermine, die gute Seele von Schloss Eldingen	Köchin	*k. A.	k. A.
Katharina	Küchenmamsell und Putzfrau	*1642	17
Gottfried, gest. Nov. 1654	ehem. Kutscher vom Schloss	*1600	54
Georg Berger	neuer Kutscher	*1632	26
Lennard von Eckberg, Freund von Rudolf	Stallmeister	*1630	28
Rudolf von Soskie	Butler seit 1656	*20.12. 35	23
Sergej von Soskie	jüngerer Bruder von Rudolf, Stallbursche im Schloss	*1641	17
Maria	Findelkind	*01.06. 56	1

März 1658		geb.	Alter
Gräfin Beatrice		*23.08. 1614	44
Graf Karl, Stiefsohn von Gräfin Beatrice	Gutsbesitzer	*1621	37
Komtesse Elisabeth, verh. mit Baron Heinrich seit Mai 1657		*03.08. 1638	20
Komtesse Rosalie-Sophie, verh. mit Prinz Ferdinand von Waldegg seit Aug. 1657	ältere Schwester von Elisabeth Bayer, großer Weinbauer	*22.08. 1637	21
Hildegard von Dornenbach, verh., seit Juni 1657 mit Joseph (ehem. Kammerdiener)	Gesellschafterin der Gräfin	*1606	52

Dorfbevölkerung in Eldingen und den umliegenden Dörfern

März 1658		geb.	Alter
Pastor Ewald Boreen	Pastor	*1617	41
Doktor Rüdiger Röder, verlobt mit Helene	Dorfarzt	*1623	35
Wolfgang Walter,	Dorfschenkwirt	*1623	28
Wilma Walter, Ehefrau von Wolfgang Walter	Dorfschenkwirtin	*1623	28
Helene, verlobt mit Doktor Röder	Hebamme und Kräuterfrau, Assistentin von Dr. Röder	*1630	28
Ludmilla, Witwe 3 Kinder: Henrike Herbert Lena	bis 1655 Geliebte von Heinrich	*10.6.33 *1650 *1652 *1654	25 8 6 4
Rachel	Katharinas Freundin	*1642	
Erika Berger 2 Töchter: Betunia	Ehefrau von Georg Berger (Kutscher)	*1634 *1653	24 5

Manella		*1654	4
Alexander Rotermann, verlobt mit Hermine seit 1657	Dorflehrer	* 1614	44

Der Gemeinderat

März 1658		geb.	Alter
Pastor Ewald Boreen,	1. Vorsitzender	*1617	41
Doktor Rüdiger Röder,	2. Vorsitzender	*1623	35
Baron Heinrich von Eldingen	1. Kassenwart	*10.06. 33	25
Wolfgang Walter, Dorfschenkwirt	2. Kassenprüfer	*1623	28
Rudolf von Soskie, Butler	Schriftführer	*20.12. 35	23

Vogtei Beedenbostel

März 1658		geb.	Alter
Hans-Hermann von Bergdorf	Vogt in Beedenbostel	*1594	64
Otto von Eldingen	Amtsanwärter	*15.05.25	33
Sophia Fröhlich, Nichte vom Vogt	Haushälterin im Amtsgebäude	*1633	25
Innozenz Schmutz	Sekretär des Vogtes	*1622	36

Nebenfiguren

März 1658		geb.	Alter
Georg Wilhelm, Herzog zu Braunschweig - Lüneburg	Herzog in Celle ab 1648	*1624	34
Anna Biedermann 2 Kinder: Victoria Levin	Witwe von Oswald Biedermann	*1633	25 8 6
Hans von Mollenstein	Advokat	*1614	42
Emma Schulz, 12 Kinder	Amme von Maria	*1629	29
Else	Hermines ältere Schwester	*1619	39
Constanza	Hermines ältere Tochter, ist bei Else aufgewachsen	*1639	19
Juliana	Rudolfs Schwester	*1636	22
Malinka, gest. 1655	Sergejs Zwillingsschwe ster	*1641	17
Bischof Leineweber		*1604	54

Isabella, Spanierin	Elisabeths beste Freundin	*1638	20
David Stengel	Pastor in Soskie	*1606	52
Frau Schniedel, Malerin	Skizzenzeichner in für die Vogtei	*1631	27
Justus Schubert	Betrüger und Spieler, 1657 verurteilt zum Tod durch \`Rädern\`	*1615	43
Christa Schubert, Witwe von Justus Schubert	Witwe von Justus Schubert, 1657 als \`vogelfrei\` erklärt und mit ihren 7 Kindern aus Eldingen vertrieben	*1628	30

Anhang 2 - Historie, Orte etc.

Anmerkungen zu historischen Personen, Orten, Gebäuden und Begebenheiten in meinen Büchern:

Nur die nachfolgenden aufgeführten historischen Personen haben wirklich gelebt, deren Handlungen und Aussagen in meinen Romanen sind frei erfunden. Alle anderen Ähnlichkeiten zwischen den Personen dieses Romans und realen Personen, ob lebendig oder tot, wären rein zufällig und unbeabsichtigt.

Nur die hier aufgeführten Orte, Gebäude und Begebenheiten entsprechen der Wahrheit.

*

„Schloss Eldingen“ wurde 1905 von Baron Walther Johannes von Caron (1855 – 1937) im neobarocken Stil erbaut.

Das ***„Dorf „Eldingen“*** liegt am Südrand der Lüneburger Heide, nördlich von der ehemaligen Residenzstadt Celle.

Die ***„Sankt Marienkirche“*** *in Eldingen* wurde indirekt schon 1231 geschichtlich erwähnt.

Quellen: de. wikipedia.org. „Eldingen“; „Magische Orte in der Südheide“; Adolf Meyer, „Metzingen“, Geschichte der Gemeinde Eldingen, Band 1;www.nordmedia.de.

*

„Stadt Celle“ erstmals erwähnt 985 als „Kellu“, heutiges Altencelle. 1292 Neugründung ca. 4 km nordwestlich vom alten Kellu. 1524 wurde die Reformation in Celle eingeführt.

1665 – 1705 erlebte Celle eine kulturelle Blüte als Residenzstadt unter Herzog Georg Wilhelm Herzog von Braunschweig – Lüneburg. In dieser Zeit wurden der Französische Garten und der Italienische Garten angelegt, sowie das barocke Schlosstheater errichtet. (Heute das älteste, ganzjährig bespielte barocke Theater in Europa.)

Quelle: „Geschichte der Stadt Celle“

von Helmut Rüggeberg

*

„***Georg Wilhelm, Herzog zu Braunschweig – Lüneburg***“ (1624-1705), lebte ab 1655 bis zu seinem Tod 1705 als „Heidekönig“ auf Schloss Celle, welches er zu einer barocken Residenz umgestalten ließ. 1676 heiratete er *„Eleonore d'Olbreuse“* (1636-1722), eine Hugenottin von niedrigem Adel. Eine gemeinsame Tochter, Sophie Dorothea, ein unehelicher Sohn des Herzogs Lucas von Bucco.

Quellen: www.deutschebiografie.de,

www. Celle.de-Celle entdecken

*

„***Schloss Celle***“ wurde um 1290 errichtet (vormals Burg). Im Laufe der Jahrhunderte wurde es immer wieder verändert und erweitert. Unter *Herzog Georg Wilhelm zu Braunschweig - Lüneburg* erhielt es seine endgültige Gestalt.

Quelle: Helmut Rüggeberg, Geschichte der Stadt Celle (2007)

*

Das ***„Zucht – Werk – und Tollhaus“*** **von Celle,** (in meinem Buch als Irrenanstalt bezeichnet) wurde 1700 bis 1724 von *Johann Casper*

Borschmann nach dem Vorbild französischer Schlösser, und zwar als allgemeines Zucht- und Tollhaus. erbaut. Er war seit 1696 Oberbaumeister des Celler Herzogs Georg Wilhelm. Die ehemaligen Gebäude des Zucht – Werk – und Tollhauses, heutige JVA – Celle = Justizvollzugsanstalt Celle befinden sich noch heute an der ursprünglichen Stelle in der Stadt, Trift 14. Seine Fassaden und Mauern erinnern an den Prunk vergangener Zeiten und lassen den Betrachter dort ein schlossähnliches Anwesen vermuten.

Quelle: de.wikipedia.org.justizvollzugsanstalt Celle

*

„Beedenbostel“ liegt zwischen der Stadt Celle und dem Ort „Eldingen“. Beedenbostel war seit Ende des 15. Jahrhunderts Sitz einer Amtsvogtei, später eines Amtes, welches 1859 aufgehoben und nach Celle verlegt wurde. Zu dem Beedenbosteler Kirchspiel gehörten ursprünglich auch die späteren Pfarrorte Eschede und Eldingen mit ihren dazugehörigen Dörfern und Wohnplätzen. Das Patronat war der Bischof von Hildesheim.

Quelle. Kirchengemeindelexikon.de/einzelgemeinde beedenbostel

*

Vogteien und Ämter im Fürstentum Lüneburg

Beginnend im 13. Jahrhundert waren im Fürstentum Vogteien als Träger der Lokalverwaltung entstanden. Seit dem 16. Jahrhundert setzte sich die Bezeichnung Amt durch. Die Unterbezirke der Ämter wurden als Vogteien bezeichnet. Unterstellt waren die Ämter der herzöglichen Finanzverwaltung, der Rentenkammer in Celle. Die Ämter nahmen die herzöglichen Herrschaftsrechte wahr und waren an der Erhebung der Landessteuern beteiligt. Insbesondere waren sie erstinstanzlicher Gerichtsort für alle Zivilstreitigkeiten und niedere Strafgerichtsfälle (s. Thingplätze). Zudem waren sie Verwaltungsmittelpunkt für den herzöglichen Grundbesitz, d. h. sie erhoben die dem Herzog zustehenden grundherrschaftlichen Abgaben. Anfang des 17. Jahrhunderts gliederte sich das Amt Celle in 12 Vogteien, u. a. auch in die Vogtei Beedenbostel.

*

Die „***Vogtei Beedenbostel***“ wurde bis in das 15. Jahrhundert als Vogtei auf dem Grete bezeichnet. Dann als Vogtei Beedenbostel und im 18. Jahrhundert schließlich als Amtsvogtei Beedenbostel. 1438 gehörten 21 Ortschaften zu der Vogtei u. a. auch Eldingen.

Auf dem Gebiet der Vogtei Beedenbostel bestand ursprünglich ein „**Gogericht**“, auf das ein Landgericht zurückgeht, welches noch im 17. Jahrhundert in Beedenbostel abgehalten wurde.

Quelle: de.wikipedia.org. Liste der Ämter

und Vogteien im Fürstentum Lüneburg

*

Das „**Gogericht**“ ist eine historische Gerichtsstätte. Es lag meist auf einer Anhöhe, Hügel oder Grabhügel und/oder unter einem Baum. (Gerichtslinde), jedoch immer unter freien Himmel (daher auch Tagung). Belege dafür gibt es zwischen dem 14. und 17. Jahrhundert.

Dort wurden Thingversammlungen abgehalten (auch Thingstätte oder *Thingplätze*), Volks- und Gerichtsversammlungen nach dem alten germanischen Recht.

Quelle: de.wikipedia.org. „Gogerichte“

de.wikipedia.org./wild/Thing

Anmerkung der Autorin: In Celle befindet sich der historische

Thingplatz im Ortsteil Groß-Hehlen.

*

„Galgenberg“

Auf einem Galgenberg fanden öffentliche Hinrichtungen statt. Auf Hügeln oder Erhebungen weit sichtbar vor den Toren der Stadt, damit jeder Neuankömmling gleich wusste, dass hier Vergehen und Verbrechen nicht geduldet und hart bestraft wurden.

Quelle:de. wikipedia.org. „Galgenberg“

Anmerkung der Autorin: In Celle befindet sich eine Straße namens „Galgenberg“ im Südosten Nähe der B214 im Stadtteil Blumenlage.

*

Die ***„Ziegelei“***

Etwa auf halbem Wege zwischen den Dörfern Eldingen und Wohlenrode lag einstmals eine der bedeutendsten und ältesten Industriebetriebe des Landkreises Celle, die *herzögliche Ziegelei.* Sie soll bereits unter Herzog Ernst dem Bekenner zwischen 1521 und 1530 entstanden sein.

Die Anfänge der Ziegeleien stehen in Zusammenhang mit einem Umdenken hinsichtlich des Bauens und der Feuersicherheit. Noch um 1500 waren auch in den Städten die Häuser mit Stroh gedeckt. Bei einem Brand fielen oftmals ganze Straßenzüge oder Viertel dem Feuer zum Opfer.

Da die Umstellung auf Backsteine und Ziegel langsam vonstattenging, findet man seit dem Aufkommen der Ziegeleien im 15. Jahrhundert nur ganz wenige Betriebe dieser Art. Erst im letzten Jahrhundert schnellte die Anzahl in die Höhe.

Quelle: aus Adolf Meyer, „Metzingen“ „Geschichte der Gemeinde Eldingen, Band 1

*

Die ***„Stadt Braunschweig“*** ist urkundlich belegt ab 1031. Durch die schwere Pestepidemie 1657 und 1658 verlor die Stadt viele ihrer Bürger.

Quelle:de. wikipedia.org. „Geschichte der Stadt Braunschweig“

*

„Kurfürst Johann Georg II. von Sachsen“ (1613 – 1680)

Die Tätigkeit des Kurfürsten Johann Georg II. war von dem wirtschaftlichem Aufbau Sachsens nach dem Dreißigjährigen Krieg geprägt. Sein Hauptinteresse lag aber auf kulturellem Gebiet. Unter seiner Regierung wurde Dresden zu einem europäischen Zentrum für Kunst und Musik. Er holte zahlreiche Künstler an den Hof. Er ließ u. a. ein Opernhaus errichten, ein Ballhaus, ein Schießhaus sowie ein Reithaus.

Das Dresdner Schloss ließ Fürst Johann Georg II. im barocken Stil ausbauen und verschönern. Er führte einen, der Verschwendung, dem Prunk, der Jagd und den unzähligen Festlichkeiten gewidmeten Hof. Er vermehrte den Hofstaat auf über 300 Personen. Die Bauten am Schloss und die Anlage des Großen Gartens in Dresden gehen auf ihn zurück.

Der Wiederaufbau nach dem langen Krieg und seine aufwendige Hofhaltung verschlangen gewaltige Summen. Obwohl er verschiedene zusätzliche Steuern erließ, führten seine Ausgaben zu einem drohenden Staatsbankrott.

Er machte sich durch Subventionen politisch abhängig vom französischen König Ludwig dem XIV. Diese Abhängigkeit der Allianz versuchte der Kurfürst, durch Geheimdiplomatie mit dem Kaiserhaus Brandenburg und Bayern auszugleichen.

Bei seinem Tod hinterließ er Schulden von 4 Millionen Talern.

Quelle: www.deutschebiografie.de, Kurfürst von Sachsen

*

„**Martin Luther**" (1483 – 1546), Reformator. Am 31. Oktober schlägt er die 95 Thesen an die wittenbergische Schlosskirche (umstritten).

Quelle: www.denkmalschutz.de

*

„Hexenbulle" 1484 und **„Hexenhammer" 1486**

Der bis dato unbedeutende Dominikanermönch *Heinrich Kramer*, (sein lat. Name: *Henricus Institoris)*, tritt bereits 1475 das erste Mal als Inquisitor auf. Er darf sofort kirchliche Gerichtsverfahren gegen Andersgläubige durchführen. Zwei Jahre später wird er zum „Großinquisitor für ganz Oberdeutschland" ernannt. Kramer macht sich einen Namen als gefürchteter Hexenverfolger in den Diözesen Konstanz und Ravensburg, wo er zahlreiche Hinrichtungen initiiert und überwacht. Widerstand in den eigenen Reihen gegen die Hexenverfolgungen bildet sich. Er braucht Rückendeckung. **1484** legt er dem neuen Papst einen Text vor, welchen dieser absegnet und als sogenannte **Hexenbulle** veröffentlicht. Darin erkennt die Kirche zum ersten Mal die Existenz der Hexerei an und legitimiert die Verfolgung.

1486 erstellt Kramer den Hexenhammer, lat. Malleus maleficarum. Eines der verheerendsten Bücher der Weltliteratur. Tausende Menschen fanden durch dieses Buch einen grausamen Tod.

Hierin beschreibt Kramer u. a. an Beispielen aus seiner Praxis die Folterung der Hexen und detaillierte Regeln zur Durchführung der Hexenprozesse.

Quelle: Tobias Aufmkolk

*

Die Pest in Celle trat noch Mitte des 17. Jahrhunderts auf. 1657 findet die Pest in Celle gar keine Opfer. 1664 noch einmal in der Neustadt, kann sich aber nicht austoben. 1666 sterben in Celle wieder 293 Einwohner. 1679 wollte die Pest wieder um sich greifen. Allein im Jahr 1689 gab die Celler Kanzlei zwei Erlasse heraus, wie sich Passkontrollen und Wächter an den Stadttoren zu verhalten hatten, damit keine Menschen mit Pesterregern in die Stadt kämen. 1681 wandte sich die Celler Regierung vor allem an die Landbevölkerung.

Quellen: Adolf Meyer, Erich Woehlkens

„Pest und Ruhr im 16. u. 17. Jahrh.“,

Uelzen 1954 von Adolf Meyer

Über die Autorin

Salina Voltaire, geb. 1957 in Hannover, ist das Pseudonym einer Autorin, die sich seit ihrer Kindheit für alte Geschichte interessiert.

Zunächst war es die Antike des alten Ägypten. Später, als ihre Wege sie nach ihrer Kindheit in einem Dorf am Rande der Südheide, über Hannover, Berlin, Salzburg in die historische Residenzstadt Celle geführt haben, begann sie sich für die Zeit der Renaissance ab dem 15. Jahrhundert zu begeistern. Katholisch getauft, hat sich Salina Voltaire zeit ihres Lebens mit der Institution Kirche beschäftigt, die einen gewaltigen Einfluss auf das Leben der Menschen, angefangen von Kriegen bis hin zum alltäglichen Dasein, hatte und hat.

Mit ihrem ersten Buch der historischen Familiensaga „Die Erben von Eldingen" möchte sie das allgemein vorherrschende Bild vom tristen, dunklen, langweiligen und humorlosen Leben der Menschen in der Neuzeit verändern. Liebe, Lust, Leidenschaft, Familie, Freundschaft sowie die Faszination von Reichtum und an schönen Dingen gehörten damals wie heute zum Leben. Genauso wie Armut, Elend, Trauer, Verzweiflung, Hass, Wut, Rachsucht, Intrigen, Kriege und unvorstellbare Grausamkeiten wie die Folter. „Sich für die wirklich wichtigen Dinge im Leben einzusetzen, war von jeher ein Grundbedürfnis der Menschheit. Langweilig war das Leben unserer Vorfahren auf keinen Fall", resümiert Salina. „Es ist mir ein Bedürfnis, den Lesern historischer Romane das tägliche Leben der Menschen von damals, die kleinen und großen Ereignisse, die sie erlebten, mit einer Prise Humor, Ironie und Gefühl näherzubringen."

Als gelernte Hauswirtschaftsleiterin hat sie u. a. im eigenen gastronomischen Betrieb, später in öffentlichen Bildungseinrichtungen jungen und älteren Menschen zu einer Berufsausbildung verholfen. Zum Schreiben ist Salina Voltaire durch ihren Vater gekommen, der ihr die Lust und Freude daran mitgegeben hat. Seit 2017 kann sie sich nun ganz der Schriftstellerei widmen.

Die spannende Familiensaga geht weiter,
in ihrem neuen Roman

„Eldingen – die neue Generation“

erzählt Salina Voltaire

* Ob Rudolf und Katharina wirklich heiraten.
* Ob Otto seinen ersten Hexenprozess übersteht.
* Ob Rudolf und Sergej, mit Hilfe von Freunden, einer bösen Intrige entkommen können.
* Ob der lange Treck tatsächlich in Soskie ankommt.
* Ob Sergejs malerisches Talent entdeckt wird.
* Wer Sergej in Soskie das Leben retten wird.
* Wer Graf Karls `Auserwählte` wird und ob sie ihm ihr Jawort gibt.
* Warum Gräfin Beatrice plötzlich ihre eigenen Wege geht.
* Was es mit der schaurigen Entdeckung auf dem Dachboden von Schloss Eldingen auf sich hat …

und vieles mehr.

Erscheint 2020.